議会政の憲法規範統制
議会政治の正軌道を求めて

加藤一彦 [著]

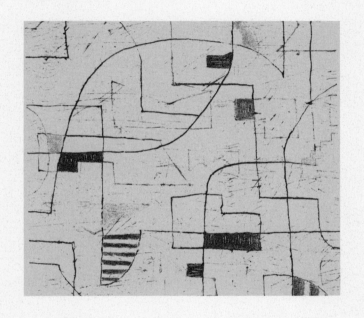

三省堂

国権の最高機関解散の
力はあらじ神のほかには
　　　　　　尾崎咢堂
（尾崎咢堂全集第 12 巻 164 頁より）

はしがき

　本書は、ここ数年公表してきた議会政に関する論攷を中心に構成されている。出版にあたっては、判例／法令のデータ、引用文献の訂正のほか、政治状況の変化もあり既出論文に加筆・修正を加えた。また、第1章と第13章は、現在の憲法状況を踏まえ、議会政の課題と憲法改正問題について新たに書き下ろした。既出論文と本書の構成との対応は、以下の通りである（転載許可済み）。

第1章　議会政の病理の様相／書き下ろし。
第2章　選挙権の平等性の憲法的価値／阪口正二郎ほか編集『浦田一郎先生古稀記念 憲法の思想と発展』（信山社、2017年）所収。
第3章　参議院の意思化された原像形成／『現代法学』30号（2016年）所収。
第4章　参議院の緊急集会論／同31号（2017年）所収。
第5章　両院協議会の憲法的地位論／同20号（2011年）所収。
第6章　憲法69条の原意／『現代法学』33号（2017年）所収。
第7章　ドイツ基本法における連邦参議院の憲法的地位と権能／岡田信弘編『二院制の比較研究』（日本評論社、2014年）所収。
第8章　ドイツ基本法における法案審議合同協議会の憲法的地位と権能／『現代法学』21号（2012年）所収。
第9章　ドイツ連邦首相の基本方針決定権限の法概念／同22号（2012年）所収。
第10章　ドイツ基本法における連邦首相と連邦議会との対抗関係性／『獨協ロー・ジャーナル』11号（2017年）所収。
第11章　地方自治特別法の憲法問題／『現代法学』18号（2009年）所収。
第12章　硬性憲法の脆弱性／同26号（2014年）所収。
第13章　日本国憲法改正の条件／書き下ろし。

　第1章では、本書の内容紹介をしながら、現在の議会政と民主主義のあり様について記述した。読者におかれては、この章をまず読んで下されば、全体の構成は理解できると思われる。もちろん本書の読み方は自由である。第1章を眺めながら、興味ある章を繙いて下さってもよい。また憲法改正問題

ii　　はしがき

に興味のある読者は、第13章から読み始めても差し支えはない。

　第2章から第12章までは各論研究である。特に、第2章から第6章までは、日本の議会制度問題を扱っている。議会政論の中で抜け落ちていると思われる論点をとりあげ、私なりの見解を示しておいた。

　第7章から第10章までは、ドイツの議会制度についてふれている。ドイツ議会政に関しては、イギリスのそれとは異なり研究素材が乏しく、未開拓な分野である。その穴を少しは埋めることができたのではないかと考えている。

　第11章と第12章は、議会政とは少し離れるが、当時の私の問題関心に即して書かれた作品である。本書の構成上、憲法条文と対応させて配列したため、最後の方に収めておいた。

　第13章は、終章として昨今の憲法改正問題につき一つの視角を打ち出してみた。特に、昨今話題となっている憲法改正4項目について、批判的に分析を加えておいた。

§　　　　　§　　　　　§

　本書は、私にとって3冊目の研究書である。『政党の憲法理論』（有信堂、2003年）、『議会政治の憲法学』（日本評論社、2009年）は、ともに議会政についての研究であった。本来であれば、次のテーマへと進展するのであろうが、未だ日本の憲政について私自身不勉強なところが多々あり、議会政からは逃れることはできず、細々ながら勉強を続けてきた。本書を書きあげた今となっても、このテーマの研究を終えた気がしないのは、どうしてであろうか。

　それには勉強不足のみならず、もう一つ別の理由もありそうである。おそらく日本国憲法の約束された何かしらのものが、未だ到来せず、むしろ21世紀の最初の世代に「解凍された世界」がむき出しに現れたことと関係するのであろう。1990年代中期の政治改革の時代以上に国内外政治は変動している。ポピュリズムと呼ばれる最大瞬間風速的政治選択が、愚者を為政者にさせ、この者たちが政治世界を席巻している。有権者は政治的市民としての役割を再認識する前に、暴風の中に放り出され、公民的理性的政治判断をすることが難しくなっている。この状況は、民主政を獲得した諸国においてこそ顕著である。日本に関していえば、およそ民主主義論のイロハとは隔絶された内閣政治が、代表民主制それ自体を敵視し、両議院における与野党間の

討論・審議のあり様は、官僚の虚偽答弁とこれを擁護する与党議員たちによって、もはや「虚像化された言論の府」を呈している。こうした姿を眺めながらも、絶望的にはならず、何とか本来のあるべき代表民主制を探求しようと考えてきた。本書の副題を「議会政治の正軌道を求めて」とした理由はそこにある。

　校正を終えようとしてる今、改めて多くの方によるご支援があったことに気づかされる。畏友たちとの語らいは、研究への情熱をいつも焚きつけてくれた。健康を害してからぼんやりした不安を感じつつも、友人たちの作品を読みながら、萎えがちの心は鼓舞された。また、滞独中、いつもお世話になっているエツコ亀田夫人、ハルトムート・ゼーバッハ氏とエミコ夫人に感謝の意を表したい。ゲッチンゲンで困ったことがあれば、直ちに対応して下さる心優しさに誠心より御礼申し上げたい。

　今回も、東京経済大学学術出版助成を受けることができた。審査にあたられた久保健助教授、藤原修教授、野村武司教授には、学年末のご多忙の時期に時間を割いて下さり、お詫びとともに感謝の意を表したい。

　また、原稿の整理に校正、さらには法令・判例検索の煩瑣な作業について、鎌塚有貴さん（三重短期大学専任講師）、本庄未佳さん（東京経済大学TA）の協力を得た。加えて、出版計画から親身になってバック・アップされた黒田也靖氏には、プロのお仕事とは何かを教わった。末筆ながら皆様方に御礼を申し上げる。

平成が終わる2019年の
還暦を迎える早春に
湯河原にて

加藤　一彦

目　次

第1章　議会政の病理の様相
——本書の道案内として—— ……1

第1節　はじめに ……1

第2節　現況分析 ……3
  - Ⅰ．代表制　4
  - Ⅱ．内閣統治　8
  - Ⅲ．政党政治の質　10

第3節　処方箋 ……15
  - Ⅰ．二院制　16
  - Ⅱ．内閣への国会統制　18

第4節　小　結 ……22

第2章　選挙権の平等性の憲法的価値
——克服すべき対象としての1976年判決—— ……25

第1節　はじめに ……25

第2節　ドイツ基本法の場合 ……26
  - Ⅰ．選挙権の平等性とその適用範囲　26
  - Ⅱ．立法者と連邦憲法裁判所　28

第3節　日本の場合 ……30
  - Ⅰ．選挙権の権利性と平等性　30
  - Ⅱ．数値の不存在　32

第4節　解決策の模索 ……35
  - Ⅰ．選挙権の権利性と選挙権平等への認識の軽重　35
  - Ⅱ．数値化の回避　37
  - Ⅲ．判例変更への論理　38

第5節　小　結 ……40

第3章　参議院の意識化された原像形成
──一つの理念型の素描── ……………………………… 45

第1節　はじめに ……………………………………………………… 45

第2節　参議院の成立過程 …………………………………………… 46

　　Ⅰ．近衛／佐々木ルート　46

　　Ⅱ．幣原／松本ルート　49

　　Ⅲ．貴族院廃止と参議院の新設　55

　　Ⅳ．帝国議会の審議　60

第3節　参議院議員選挙法の成立過程 ……………………………… 66

　　Ⅰ．貴族院改革から参議院新設の動向と政府原案の作成　66

　　Ⅱ．第91回帝国議会の審議　68

第4節　緑風会の始動 ………………………………………………… 73

　　Ⅰ．第1回参議院議員選挙　73

　　Ⅱ．緑風会の誕生　75

　　Ⅲ．緑風会の行動形式　77

第5節　小　結 ………………………………………………………… 80

第4章　参議院の緊急集会論
──緊急集会の守備範囲── …………………………… 83

第1節　はじめに ……………………………………………………… 83

第2節　緊急集会条項導入の経緯 …………………………………… 84

　　Ⅰ．3月2日案と3月5日案　84

　　Ⅱ．復活交渉　87

　　Ⅲ．評　価　92

第3節　緊急集会の国家実践 ………………………………………… 94

　　Ⅰ．第1回目の緊急集会　94

　　Ⅱ．第2回目の緊急集会　98

第4節　緊急集会の憲法的課題 ……………………………………… 101

　　Ⅰ．緊急集会の開催端緒　102

　　Ⅱ．「国に緊急の必要」の意味　105

　　Ⅲ．内閣の緊急集会認定権と請求権の範囲　110

vi 目 次

Ⅳ．参議院の緊急集会の権能　112
Ⅴ．衆議院の同意までの手続　114
Ⅵ．衆議院の同意の効力　115
第5節　小　結 ………………………………………………120

第5章　両院協議会の憲法的地位論
——両院の合意形成の論理——………127

第1節　はじめに ……………………………………………127
第2節　両院協議会の設置 …………………………………129
Ⅰ．歴史的経緯　129
Ⅱ．両院協議会の実例　130
第3節　両院協議会の法的地位 ……………………………133
Ⅰ．両院協議会の性格づけ　133
Ⅱ．両院協議会と衆議院再議決の対象　134
第4節　両院協議会の機能 …………………………………138
Ⅰ．両院協議会における法律案への成案作成機能　138
Ⅱ．両院協議会開催中の衆議院再議決　140
Ⅲ．両院協議会の不完全な審議環境　144
第5節　小　結 ………………………………………………146

第6章　憲法69条の原意
——第1回目の衆議院解散の波動と解散権論への影響——…147

第1節　はじめに ……………………………………………147
第2節　憲法制定過程における議論 ………………………148
Ⅰ．マッカーサー草案起草過程　148
Ⅱ．日本政府3月2日案　152
Ⅲ．3月4日・5日のGHQ民政局との交渉から4月17日の憲法改正草案
　　発表までの経緯　155
Ⅳ．枢密院における憲法改正草案の審議　160
Ⅴ．第90回帝国議会の審議　163
第3節　第1回目の衆議院解散の憲法的影響 ……………168

Ⅰ．政治的背景　168

Ⅱ．解散権条項の二つの解釈　169

Ⅲ．第1回衆議院解散の実現　175

Ⅳ．解散の余韻　177

第4節　小　結……………………………………………………………181

第7章　ドイツ基本法における連邦参議院の憲法的地位と権能
——二院制の例外形態としての連邦参議院——……187

第1節　はじめに……………………………………………………………187

第2節　連邦参議院のドイツ基本法上の地位………………………………188

Ⅰ．非議院・非議会としての連邦参議院　188

Ⅱ．連邦参議院の法律制定への関与　191

第3節　連邦参議院の第二院性をめぐる対立………………………………193

Ⅰ．第二院としての連邦参議院論　193

Ⅱ．連邦参議院による連邦議会への封鎖問題　198

第4節　小　結……………………………………………………………201

第8章　ドイツ基本法における「法案審議合同協議会（VA）」
の憲法的地位と権能
——法律制定への真摯な憲法機関——………………205

第1節　はじめに……………………………………………………………205

第2節　法案審議合同協議会の組織構造……………………………………206

Ⅰ．連邦法律制定の図式　206

Ⅱ．法案審議合同協議会の構成と権能　207

第3節　法案審議合同協議会の実質的機能…………………………………209

Ⅰ．成案作成過程　209

Ⅱ．成案作成の実態　211

Ⅲ．合意形成への批判的視座　213

第4節　小　結……………………………………………………………215

viii　目　次

第9章　ドイツ連邦首相の基本方針決定権限の概念
——政治と憲法との狭間——……………………217

第1節　はじめに………………………………………217
第2節　基本方針決定権限への分析視角………………218
　Ⅰ．ドイツ基本法65条の三つの原理　　218
　Ⅱ．連邦首相の対外的憲法関係性　　219
　Ⅲ．法的課題としての基本方針決定権限　　221
第3節　基本方針決定権限の内容と限界………………225
　Ⅰ．基本方針権限の定位置　　225
　Ⅱ．基本方針権限の優位性と限界　　227
第4節　日本との関連性…………………………………230
第5節　小　結…………………………………………233

第10章　ドイツ基本法における連邦首相と連邦議会との
　　　対抗関係性
——連邦首相の信任動議の憲法問題——……………235

第1節　はじめに………………………………………235
第2節　ドイツ連邦議会の解散制度……………………236
　Ⅰ．背　景　　236
　Ⅱ．実例の紹介　　239
第3節　分　析…………………………………………245
　Ⅰ．ドイツ基本法68条に基づく連邦議会に対する解散権行使の
　　許容性　　245
　Ⅱ．連邦議会の自己解散制度の否定論拠　　248
　Ⅲ．プレビシットとしての解散権の質的要素　　249
第4節　小　結…………………………………………251

第11章　地方自治特別法の憲法問題
——住民自治としての住民投票の実態——………255

第1節　はじめに………………………………………255

目　次　ix

第2節　地方自治特別法の制定 ……………………………………………256
　Ⅰ．地方自治特別法制定手続の法構造　256
　Ⅱ．地方自治特別法制定の識別基準　260
　Ⅲ．首都建設法と北海道開発法の相違　262
第3節　地方自治特別法の改正と住民投票 ……………………………264
　Ⅰ．首都建設法の廃止と首都圏整備法の制定　264
　Ⅱ．伊東国際観光温泉文化都市建設法とその改正法の問題　266
第4節　地方自治特別法制定の回避 ……………………………………269
　Ⅰ．沖縄問題と内閣の支配権確保　269
　Ⅱ．地方自治特別法の形式的識別　272
第5節　小　結 ………………………………………………………………273

第12章　硬性憲法の脆弱性
──その硬質度と国民意思の相関関係性── ………277

第1節　はじめに ……………………………………………………………277
第2節　憲法解釈の度量 …………………………………………………278
　Ⅰ．憲法解釈の機会　278
　Ⅱ．内閣法制局の役割の限界　279
第3節　憲法制定権力の「復活」 ………………………………………281
　Ⅰ．憲法制定権力の凍結　281
　Ⅱ．憲法制定権力の「保存」の意義　284
第4節　憲法の留保とポピュリズム ……………………………………287
　Ⅰ．背　景　287
　Ⅱ．憲法の留保と憲法附属法　289
第5節　小　結 ………………………………………………………………293

第13章　日本国憲法改正の条件
──なぜ、今、何を変えなければならないと
　いうのであろうか── ………297

第1節　はじめに ……………………………………………………………297
第2節　四つの憲法改正条項 ……………………………………………299

x 目 次

Ⅰ.「日本国憲法改正草案」の前提　299

Ⅱ.四つの憲法条項改正の検討　301

第3節　憲法改正の手順………………………………………321

Ⅰ.憲法改正の端緒　321

Ⅱ.国会発議の時期　323

Ⅲ.最低投票率制度の導入　325

第4節　小　結………………………………………………327

索　引　330

装画＝安田みつえ
装丁＝三省堂デザイン室
組版＝木精舎

第1章

議会政の病理の様相
——本書の道案内として——

第1節　はじめに

　日本国憲法制定直後、日本人に民主主義を教えるために文部省より『民主主義』が公刊されたことがある。上下2冊の大部である[1]。読者対象は中学生から高校生までのようである。この作品は、当時の文部省が著作者となっているため、誰が実際に執筆したかはこの本からはわからない。ただ、宮沢俊義が、同書について尾高朝雄が執筆したことを明らかにした叙述を残している[2]。その箇所は「第五章　多数決」である。その章において、尾高はホトトギスがウグイスに托卵をする特性に目を向け、民主主義が危機に陥る様子を見事に描ききっている。

　「多数を占めた政党に、無分別に権力を与える民主主義は、愚かなうぐいすの母親と同じことである。そこを利用して、独裁主義のほととぎすが、民主政治の巣ともいうべき国会の中に卵を産みつける。そうして、初めのうちはおとなしくしているが、一たび多数を制すると、たちまち正体を現わし、すべての反対党を追い払って、国会を独占してしまう。民主主義はいっぺんにこわれて、独裁主義だけがのさばることになる。ドイツの場合は、まさに

---

1)　文部省著作教科書『民主主義　（上）（下）』（1948・1949年）。本書は、径書房より文部省著作教科書『民主主義』（1995年）として復刻版が出されている。
2)　宮沢俊義「たたかう民主制」尾高朝雄教授追悼論文集『自由の法理』（有斐閣、1963年）87-111頁所収。同論文は宮沢『法律学における学説』（有斐閣、1968年）にも再録されている（151-175頁）。引用は後者による。尾高作品であることは同153頁と154頁の脚註（二）に記述がある。

2   第 1 章　議会政の病理の様相

そうであった。こういうことが再び繰り返されないとは限らない。民主国家の国民は、民主政治にもそういう落し穴があることを、十分に注意してかかる必要がある」[3]。

　尾高のこの記述は、ヴァイマル憲法崩壊寸前の1932年に出版されたケルゼンの「民主制の擁護」を思い出させる。ケルゼンは、ナチス党の躍進を前に「民主制はその敵よりの攻撃に対し最も脆弱な政体である。民主制はその最悪の敵さえもその乳房で養わざるをえないという悲劇的宿命を負っている」[4]、「民主主義者は身を忌むべき矛盾に委ね、民主制救済のために独裁を求めるべきではない。船が沈没してもなおその旗への忠実を守るべきである。自由の理念は破壊不可能なものであり、それは深く沈めば沈むほどやがて一層の情熱をもって再生するであろうという希望のみを胸に抱きつつ、海底に沈み行くのである」[5]と語り、絶望的状況の中で民主主義の再生を訴えていた。

　この二つの論文を念頭に置いた宮沢の「たたかう民主制」論文は、当時の西ドイツ基本法（ボン基本法）が西側憲法体系とは異質な「自由の敵には自由を与えず」式の憲法原理を採用したことに対する自身の違和感を著している。この論文の枠組みは、「自由は、つねに、乱用の可能性を含む。その乱用を封じようとすると、自由そのものの本質を否定することになる恐れがある。絶対に乱用できない自由は、自由ではない。」[6]とみる宮沢の価値相対主義に裏打ちされた自由観を説くところにある。ただ、この宮沢論文が、自身の「議会制の生理と病理」（1962年）[7]の後に書かれたことから窺い知れるように、当時の日本の議会政治が自己の諸条件を自ら崩しゆく「民主主義のジレンマ」に直面し、宮沢がこれを意識していたことに留意が必要である。「たたかう民主制」論文の最後が、「悪質な議事妨害の発生を予防するもっとも

---

3)　文部省著作教科書『民主主義（上）』（1948年）90頁。

4)　ケルゼン〔長尾龍一訳〕「民主制の擁護」上原行雄ほか訳『ハンス・ケルゼン著作集Ⅰ』（慈学社、2009年）103-113頁所収。引用は112頁。

5)　同上・113頁。ケルゼンの価値絶対主義への懐疑は、自由と民主主義に向けられつつも、自由と民主主義を選択するところに意味がある。引用文について、樋口陽一は「これほど、自分の選びとった価値に賭けた美しい言葉は、そう沢山あるまい」と指摘する。樋口陽一「規範主義を徹底的に批判」『朝日ジャーナル』19巻33号（1977年）43頁。

6)　宮沢・前掲論文（註2）170頁。

7)　宮沢俊義「議会制の生理と病理」『憲法と政治制度』（岩波書店、1968年）33-55頁所収。なお初出は『公法研究』23号（1962年）1-23頁である。引用にあたっては、前者の本を利用した。

有効な道は、議会制の基本原理の健康を保全すること以外にない」[8]と結ばれているのは、宮沢にとっては必然であったろう。

そしてこの一連の宮沢論文が公表されてからおよそ50年後の21世紀前半の現状は、もっと深刻である。「一強多弱」と揶揄される自由民主党の一党支配体制は、衆議院及び参議院において――公明党と連立を組みつつ――3分の2以上の絶対安定多数を背景に権威主義的国家運営に傾斜しているからである。この「何でも決められる政治」状況では、首相の意思が内閣の意思となり、内閣の意思は自動的に国民代表の名の下に国会の意思となっていく。国会内の反対意見は封殺され、メディアにおける反対意見の表明は、首相と内閣による攻撃対象となり、こと放送メディアに対しては放送法4条違反を理由に電波法76条に基づく停波が言及される。この現況は、議会政の危機を超えている。

そうした状況の中、樋口陽一が1970年代に翻訳したC.シュミットの「現代議会主義の精神史的地位」[9]をこの時代に文庫化[10]した意味は奥深い。樋口は、形象は異なりつつも独裁制が生まれる契機が現代日本社会に宿っていることを教えている。シュミットが議会主義と民主主義を切断し、歓呼（アクラマティオ）による独裁統治を求めたことはよく知られている。樋口は現代の日本政治がデジタル思考化された投票民主主義に堕したことに警鐘を鳴らし、シュミットを再読する意味を語る。シュミットが説く「近代議会主義とよばれているものなしにも民主主義は存在しうるし、民主主義なしにも議会主義は存在しうる。そして、独裁は民主主義の決定的な対立物ではなく、民主主義は独裁の決定的対立物でない」[11]との虚言は、今日の日本にあてはまる。

第2節　現況分析

宮沢が「議会制の生理と病理」を発表したのは、1961年10月の第25回日本公法学会においてである。1961年は、日米安保条約の国会承認をめぐる

---

8) 宮沢・前掲書（註2）175頁。
9) 清水幾太郎責任編集『現代思想1　危機の政治理論』（ダイヤモンド社、1973年）49-111頁所収。
10) カール・シュミット〔樋口陽一訳〕『現代議会主義の精神史的地位』（岩波文庫、2015年）。
11) 同上・32頁。

4　第1章　議会政の病理の様相

安保闘争直後であり、また日本国憲法が施行されてから僅か14年しかたっていない時代である。国会が日本国憲法の統治方法をまだ十分に習得していない時代だといってもよいであろう。当時、宮沢は議会制の本質的原理として代表制と多数決をあげ[12]、議会制が正常に機能するには国会が合議体であることから代表が「共通の意見」を反映しつつ、多数決が「利益相互間の現実的な妥協」を含んだものとして機能することが不可欠であると見抜いていた。その上で、議会制の前提条件（あるいは限界点）として、代表制については普通選挙、自由選挙、選挙が短い間に行われること（解散権の適切な行使）、政治上の言論の自由と報道の自由の確保、政治上の集会の自由の確保、政党の発達、議事の公開とその報道の自由の保障をあげた。また多数決については、複数意見の存在、意見の対立があること、複数意見に平等な価値を認めること、複数意見について、客観的・具体的に知る基準がないことを認識すること、複数意見の内、どれか一つを選択すること、複数意見の対立の底には基礎的な同質性・共通性が存在することを指摘した[13]。この宮沢の見解は、議会制は価値相対主義に立脚しつつも——しかし相対主義的政治観の下でも——人権の承認と国民主権は絶対的価値を有するものとして相対性の対象から除外し、悪しき法実証主義的価値相対主義とは異なる位置にある[14]。

　宮沢の以上のように把握された議会制の意義は、その後の政治社会でも実現してはいない。今なお、日本国憲法上の制度的民主主義は赤字の様相を見せている。

Ⅰ．代表制

　代表制の妙味は、民意を再現させることが、代表の言葉自体（representation／Repräsentation）に内在している点にある。少なくとも為政者は代表の形式に多様な形があろうとも、民意を反映させない制度が必要だとはおくびにも出さない。

　日本国憲法に基づく衆議院議員総選挙は、長らく中選挙区制であった。この制度は旧憲法時代でも採用されていたため、違和感なく受け入れられたのであろう——戦後の最初の衆議院議員総選挙において大選挙区制限連記制が

12）宮沢・前掲書（註7）35頁参照。
13）同上・40-45頁参照。
14）同上・46-47頁参照。

第2節　現況分析　**5**

一度だけ利用されたことはあった[15]。中選挙区制は、一つの選挙区において当選人3名ないし5名（例外的に2人区、6人区があった）を選ぶ制度である。各選挙区の候補者の多くは、政党公認候補であることから、各党の獲得票数の割合と議席占有率との間には、比例的関係性がある。いわば中選挙区制は、準比例代表制でもある。そこでは、少数政党も議席獲得の機会があり、野党がそれぞれ単独候補を擁立し、議員定数配分が大きな選挙区では、野党の議席獲得の機会は増していく——現在の参議院選挙区選挙の内、6議席が付与されている東京選挙区を想定すればよいであろう。

　ただ中選挙区制には、選挙権の平等の内、投票価値の平等の点で問題があった。都市と地方との人口偏差が次第に大きくなり、議員定数不均衡問題が発生したからである。中選挙区制自体は比例性をもち、それぞれの選挙区において少数意見を汲みとる要素をもってはいたが、全体としての選挙区議席配分をみれば、都市部における有権者の投票の価値は、地方に比べて軽んじられていた。当時、議員定数不均衡問題と呼ばれたのは、正に都市部の議席配分が少なく不均衡であることを表していたが、これは中選挙区制固有の課題であった。

　代表制が一層問題となるのは、衆議院議員総選挙に小選挙区比例代表並立制が導入されてからである。1994年3月に政治改革関連4法が成立したが、当時の公職選挙法では小選挙区300議席、比例代表11ブロック型200議席である。日本国憲法上、初めて小選挙区制が採用されたが、この制度は代表のもつ意味を決定的に変化させた。小選挙区制は、投票の平等の内、投票の結果価値の平等性を犠牲にする。小選挙区内で相対多数を獲得した者のみが当選者となる総取り方式だからである。そこでは、第2位以下の得票数は切り捨てられるため、政党別各候補者の総獲得票数と議席占有率との間に比例性はない。それ故、2017年6月の公職選挙法改正[16]によって各選挙区間の1票の較差が1対2以内にとどまり、投票の価値の平等性が憲法の許容範囲に収まっても、政党公認候補者の総獲得票数の割合と各党の議席配分割合との不一致は、議員定数不均衡があった中選挙区制の場合よりも、一層大きくなる。

15）第22回衆議院議員総選挙は1946年4月10日に行われた。選挙区は2人区から14人区までの混在型である。当時の制限連記大選挙区制については、朝日新聞社『新国会選挙大観』（1947年）6-8頁、自治省選挙部編『選挙法百年史』（第一法規、1990年）16頁参照。

16）現行公選法4条1項によれば、小選挙区289議席、比例代表176議席（総定数465議席）である。

6　第1章　議会政の病理の様相

　要するに小選挙区制では少数意見は死票となるため、少数意見は代表されないのである——小政党は比例代表部分でかろうじて議席を獲得することができる。

　現在の公職選挙法の下、衆議院議員の総定数は465人の戦後最小値であり、小選挙区数は289、比例代表は176である。人口数をベースにすると、最小の人口数である鳥取2区の人口数は283,502人であり、最大の人口数である神奈川16区の人口数は554,516人である[17]。地方の選挙区ですら約30万人から1名のみを選挙できるだけであり、選挙民と候補者の日常的連関性は希薄である。ましてや、都市部では50万人単位が1選挙区であり、両者間の政治社会的紐帯はまずないといえる。となれば、候補者個人の政治的力量ではなく、候補者が背負う政党の看板をみるしか有権者は選択しようがない。小選挙区制が個人本位選挙といわれつつも、政党選択選挙といわれる所以である。

　もちろん、第8次選挙制度審議会第1次答申は、「政策本位、政党本位の選挙が行われること」、「議院内閣制の下においてどの政党に内閣を組織させるかについては、政党間の交渉によって決められるのではなく、選挙の結果によって国民が直接端的に示すことが必要である」[18]ことを求めており、その意味で小選挙区制導入後の議会政治状況は、この意図通り推移したといえる。並立されたブロック型比例代表の部分は、小政党が生息できる環境のために用意された「改革へのガス抜き」程度の効能であったろう。

　政治改革の成果としての小選挙区比例代表並立制の効果は、次第に第8次選挙制度審議会答申とは違った形で進行してきている。第1に、政権交代の現実的可能性の意味の問題、第2に、与党の過剰代表問題と野党の弱体化問題、第3に、内閣統治の質の課題である。第1と第2の論点に関して言及すれば、次のことが指摘できる。

　小選挙区比例代表並立制は、確かに、政権交代の現実的可能性を高め、実際、2009年の民主党政権の誕生を促したといえる。しかし子細にみると、第1次安倍政権（2006年9月26日発足）が2007年7月の参議院選挙において敗北し、参議院において与党が過半数に届かず、逆転国会が生まれたことが重

17）総務省HP「衆議院議員選挙区画定審議会」2017年〔平成29年〕4月19日公表された「衆議院小選挙区選出議員の選挙区の改定案についての勧告　参考資料」12-13頁参照。
18）第8次選挙制度審議会の答申については、小沢隆一＝村田尚紀編「資料／選挙制度と政党助成」『法律時報』64巻2号（1992年）126頁以下に答申が掲載されている。

要である。野党の追及に安倍首相は政権を投げ出し、その後の福田・麻生政権は逆転国会を乗り切れず、ともに政権運営に失敗し、1年ごとに首相を交代せざるを得なかった。そのあり様に国民が自由民主党それ自体に対し不信の念を抱き、その結果として、民主党政権が誕生したとみられる。すなわち、小選挙区比例代表並立制が政権交代の原因であったのではなく、自由民主党政権の政治運営に対する国民の不信任が政権交代の直接的原因である。換言すれば、2009年8月の衆議院議員総選挙において民主党が第1党となり、民主党政権が誕生したのは、自由民主党政権の失政が原因であり、小選挙区制は政権政党の失敗が政権交代へと至る動きを増幅させたとみるべきであろう。中選挙区制であれば、自由民主党を中心にした連立政権の構築が模索されたはずである。ただ、この政権交代は過大評価を受けた。政権の質を問うことはなしに、政権交代自体を祝福しただけであったからである。その後の展開をみれば、目を覆うばかりの悲劇の始まりであった。

　民主党政権も参議院の壁に遭遇する。鳩山内閣は普天間基地問題で自滅し、次の菅内閣は2010年7月の参議院選挙で敗れ、非民主党系が参議院において過半数を獲得することとなった。再度の逆転国会の発生である。菅退陣後、野田政権が誕生したが、首相自身が政権の意味を把握していないことから、自由民主党の戦略にはまり、野田首相は無謀にも2012年11月16日に衆議院を解散した。結果は民主党惨敗（230議席から57議席）、自由民主党圧勝（294議席）であり、野田政権も自滅した。

　2012年12月26日に第2次安倍連立政権が誕生した。安倍政権は2014年11月21日に衆議院を解散し、自由民主党は475議席中291議席を獲得し、自公連立政権は前回衆議院選挙の勝利を引き継ぎ3分の2以上を確保した。このときも、小選挙区制が自由民主党の力を増幅させたといえる。2016年参議院選挙において与党は今回も勝利し、参議院内において与党勢力は3分の2以上の多数を得た。また2017年9月28日の国会召集冒頭の衆議院解散後の総選挙でも、自由民主党は圧勝し、自公安定政権（自民284議席＋公明28議席）は継続している。野党民進党は自己崩壊し、野党が分断され、その再編が現在進行中である。

　第2次安倍政権誕生から6年後の現在、政権交代の現実的可能性は、「夢のまた夢」にまで遠のいた。自由民主党一党支配としての巨大与党の再生産、「安倍一強」と呼ばれる首相権限の強大化、政権担当能力のない破片的野党のひ弱さ、これが日本の今の政治状況である。

8　　第1章　議会政の病理の様相

II．内閣統治

　先にあげた第3の論点についてみておこう。政治改革時に高橋和之は「『国民内閣制』の理念と運用」を発表した[19]。高橋の議論は、内閣中心構想の下、有権者の選挙を通じて国民の多数が求める政策体系を遂行していくことが、民主制の中心課題とみる点にある[20]。その政策体系の選択にあたっては、「国民が首相を直接的に選出しうるような制度運用の実現」[21]が必要と描かれる。国民内閣制論からすれば、間接民主制たる議院内閣制の中に直接民主政的運用を実体化することが不可欠となる。その決定的ポイントは、国民から支持される首相が強いリーダーシップを発揮し、一つの政策体系を実現していくことが現代民主政の課題だと把握される[22]。

　国民内閣制論は、当時の行政改革と呼応関係をもっている。当時、橋本内閣は行政改革を推進するために行政改革会議を設置し（1996年）、同会議は1997年12月3日に『行政改革会議最終報告』を公表した。この最終報告では、「『この国のかたち』の再構築を図る」ことが謳われ、「内閣総理大臣の指導性の強化」が求められた。内閣行政改革会議委員であった佐藤幸治は、「内閣機能の強化」の応援のために積極的に論文を公表していた。佐藤の場合も、既存の議院内閣制論に懐疑の目を向け、「国民・国会・内閣を一体的に捉えて『政治』と観念し、その『政治』が行政機関の専門的・技術的能力を活用しつつ、またそれをコントロールするという『かたち』へと転換する」[23]ことが必要であるとみる。そこでは国会の役割は「チェック機関にして、最終的に決定する場」[24]へと格下げされる。

　両者に共通する法論理は、有権者の選挙を「自由な多数」による「議会までの民主主義」ではなく、「強いられた多数」による「内閣までの民主主義」[25]の現実化を目指し、衆議院議員総選挙を首相選出プレビシットとして機能さ

19）高橋和之「『国民内閣制』の理念と運用」憲法理論研究会編『憲理研叢書1号　議会制民主主義と政治改革』（敬文堂、1994年）55-65頁所収。高橋報告は1993年5月である。なお、同論文は同『国民内閣制の理念と運用』（有斐閣、1994年）17-43頁に再録されている。引用は同書からである。

20）同上・41頁参照。

21）同上・43頁。

22）高橋和之『現代立憲主義の制度構想』（有斐閣、2006年）103頁以下参照。

23）佐藤幸治『日本国憲法と「法の支配」』（有斐閣、2002年）237頁。

24）同上・238頁。

25）樋口陽一『議会制の構造と動態』（木鐸社、1973年）155頁参照。

せる点にある。「強い内閣」とその内閣を統括する「もっと強い首相」作り
出すことこそが、新しい「国のかたち」とみる。行政改革会議は、これを推
進するために司馬遼太郎の『坂の上の雲』を念頭に「われわれは、勇気をもっ
て、この大きな転換への具体的ステップを踏み出す瞬間を迎えている」(『最
終報告』の文末)とのエールを送り、この言葉が世上に響き渡った。

　旧憲法以来、日本は中央集権的国家であり続け、行政権は突出して強力で
ある。旧憲法時代も行政権は強大であり、弱かったのは内閣の権能であっ
た。内閣が弱いからこそ天皇と軍部が結合すれば、内閣自体が軍部に掌握さ
れ、同時に帝国議会を従属させることができた。日本国憲法の権力分立が確
立した下でも、行政国家は、現象ではなく現実であり続けている。旧憲法に
あった天皇の権能を削除し、これを内閣の権能にほぼ移行させ、しかも軍部
を消滅させて軍事部門も内閣の下に置いた。そうした中で、内閣が弱いとの
言説は、どこをみて何をどうしようと考えたのであろうか。おそらくは、吉
田内閣 (1948-1954年)、佐藤内閣 (1964-1972年)、中曽根内閣 (1982-1987年)
のような長期政権を前提に、内閣が弱いといったのではないだろう。中曽根
内閣を継いだ竹下内閣 (1987年11月発足) 以降、橋本内閣が倒れるまでの各
内閣の平均寿命がおよそ2年間であったことが、強い内閣を希求した所以で
あろう。ただ、当時、自由民主党の総裁任期が2年であり、そのため2年ご
とに派閥単位の総裁選挙が行わざるを得なかったこと[26]、政界用語としての
「一内閣一仕事」が共通認識になっていたこと、派閥連合体的政権と政局的
派閥政治の跋扈など、非制度的要因が短命内閣で弱い内閣を生む主因だった
と思われる。換言すれば、内閣が弱かったのは与党の責任であり、自由民主
党の党内権力関係が短命政権を生み出したと見た方が正確である。

　もちろん高橋も強い内閣と首相のリーダーシップの強化に対しては、「統
治——コントロール」図式に基づき少数派の国政調査権の保障[27]、司法概念
の再定義に基づく提訴権の拡大[28]、裁判所の法秩序維持機能[29]を対抗させ
ている。また、佐藤も強化された行政部門に対しては「法の支配」の実質化
をそのブレーキとして設定し、行政訴訟制度の改革[30]を指摘している。エン

---

26)　当時の自由民主党党則85条1項は任期2年2期までという制限があった。その後任期
　　は3年に改正され、2017年段階では任期3年3期までと改正されている (同80条・総
　　裁公選規程10条4項)。
27)　高橋・前掲書 (註22) 107頁参照。
28)　同上・155頁以下参照。
29)　同上・179-180頁参照。

10　　第1章　議会政の病理の様相

ジンとアクセルを新調するときには、ブレーキの再整備をしなければ、規範科学としての憲法論は成立しない。その点、両者の視点設定は納得できる。ただ、法の支配の実働部門として裁判所を活用するという見方は、裁判所への過大評価であったろう。「事前規制・調整型社会から事後監視・救済型社会への転換」を求めていくとなれば、当然、裁判所が救済の役割を引き受けざるを得ない。しかし、裁判所は法適合性の視点でかつ受動的・事後的に物事を見ることを本旨とする。国会と内閣の固有任務は政治であり、政策の実現であり、諸条件の中で最適解を求め、与野党が相争い、最終的に内閣の責任において政治決定が下される。裁判所が内閣の決定する諸政策に関与できるのは、違法性の説明が可能な場面であって、適切性の次元ではない。裁判所と政治部門とは、ものの量り方の尺度が異なるからである。法適合性の知的トレーニングを受けたキャリア裁判官に事後監視を求めてみても、無い物ねだりの感は否めない。行政改革と司法制度改革を終えた現在、裁判所が国会と内閣の政治部門を事後的に監視し、個人救済のために行政裁判において従来以上に私人を保護し、また与党が制定させてきた精神的自由規制立法について、裁判所が法律違憲の判断をしたという事実はみあたらない。

Ⅲ．政党政治の質

　55年体制を支えた制度的仕組みは、衆議院議員総選挙を中選挙区制とした準比例代表制に起因する。自由民主党は、派閥単位選挙を通じて衆議院と参議院において過半数を獲得できるほどの総体的力量をもち、またその持久力を今日まで維持してきた。他方、政権監視の党としての社会党が3分の1勢力を誇示し続けることで、「政治の芸術」としての「妥協」が議会政の本旨と目されたこともある。「国対政治」と呼ばれる野党の顔を立てながら、自由民主党が目玉政策実現のために法案審議を遂行するという「古典芸能」である。

　しかし、小選挙区制導入後、衆議院議員総選挙が繰り返される内に、自由民主党の一党優位性は、一党支配性へと姿を変えてきた。小選挙区制下の選挙戦は、二つの大きな政党が、各小選挙区において比較第1位を目指して総力をあげて戦うところにある。巨大与党である自由民主党に野党が一体化して選挙戦に臨まなければ、政権交代の現実的選択肢を国民に提示することは

30）佐藤・前掲書（註23）87頁。

第2節　現況分析　　**11**

できない。野党は、同一選挙区内に複数候補者を擁立しても、票が分散する
だけであり、相当な個人的人気と固い選挙区地盤がなければ、当選は不可能
である。もちろん、与党に逆風があり、その風を野党候補者が受け止められ
れば、小選挙区制の効能は、野党に有利に作用する。しかし、風は風でしか
ない。カミカゼはいつ吹くか分からない。

　小選挙区制の効能は、中選挙区制時代とは異なり、自由民主党内における
同一選挙区での派閥対立型選挙を解消させるのと同時に、派閥単位の利益誘
導型政治を遂行しないで済むことにある。他方、野党は、分散型選挙ではな
く選挙協力関係を構築し、できれば野党統合化を目指さなければならない。
ただ野党が統合化すれば、自ずと野党は与党の性格と似てくる。というの
も、野党が政策担当能力があることを本気で示したいのであれば、政権交代
にともなう激変は回避したい。有権者は、「未知なる選択」に不安感を覚え
るからである。したがって野党は対立軸を提示しつつも、たらいの中の波の
大きさを競うだけにとどまる。二大政党制の下、二つの政党がイデオロ
ギィー基盤の多くを共通のものとし、その一方でその時々の政策の相違——
そのほとんどが市場経済の意味合いを巡る争い——を拡大化してみせるの
は、そもそも二つの大政党にあるイデオロギィー基盤の根本的相違が最小化
されているからである。

　以上の小選挙区制の説明は、現在の日本政治にあてはまるであろうか。第
1に、日本が二大政党制であるという言説自体が成立していない。政権政党
は、55年体制以来、ほぼ一貫して自由民主党であり、この政党を中心に政
治が動いている。宗教政党である公明党は、政権政党であり続けるために自
由民主党の衛星政党として振る舞っている。公明党にとって政権与党であり
続けることが、党勢維持・拡大の要素であり、自由民主党の引力ほど魅惑的
なものはない。大阪の地域政党にまで格下げした日本維新の会に至っては、
いつでもこの引力に呼応する体制を整え、政党政治において別の選択肢を積
極的に提起する意思は希薄である。民進党は、希望の党に「希望」を託して
崩壊し、今度は新党／国民民主党に変化し、この政党がどこに向かうかは不
明である。立憲民主党はリベラル勢力ではあるが、国民利益の何を代表した
いのか、未知の部分が多く国民の支持は定まっていない。本来、旧民進党に
所属した国会議員グループは、旧民主党時代から都市型政党の性格をもって
おり——各府県における衆議院選挙区第1区有権者対応型政党——給与所得
者層、積極的無党派層の支持を受け止める役割が期待された。しかし、現状

12 第1章 議会政の病理の様相

では、自由民主党に対峙するだけの力量は立憲民主党も国民民主党もなく、選挙のたびごとに後追い的政策を「政権公約」として提示するにとどまっている。日本共産党は独自の道を歩み、反対意見が世間にあることを示す健全野党にとどまり、到底、政権を目指す政党とはみなされていない。

こうした政党地図を見ると、有権者が投票に行かないことも納得できる。第41回衆議院議員総選挙（1996年／小選挙区比例代表並立制導入後の最初の選挙）における投票率は59.65％であり、その後今日まで50％-60％台で推移している。ところが中選挙区制時代では、1960年代以降1993年まで65％-74％であった[31]。参議院議員選挙は、そもそも投票率が低い傾向があるが、1995年過去最低の44.52％を記録して以来、現在まで55％前後で推移している[32]。この国政選挙の投票率の低さは、有権者の政治的無関心を主因とみるよりも、有権者が意識的に投票に行かない無党派層にならざるを得ない状況があることを示唆している。おそらくは、「票を入れる政党がない」という既存政党への不信・諦念・猜疑というマイナス要因が複合しているのであろう。有権者が多い都市市民に関していえば、派遣労働者、給与水準の低い名ばかり正社員、共働きをせざるを得ない子育て世代、こうした有権者は、どの政党が勝利すれば、自分たちの生活が親の若かりし時代と同水準になるのか、考えあぐねている。社会的公平、働く者への敬意のある給与水準、彼らを支える社会福祉の充実、平和的な政治経済社会の確保と持続的経済発展。そうした諸利益を統合し、代表する政党が存在していないことが、現代日本における政党制の根本的問題なのである。

では、どうしてそうした政党が存在しないのであろうか。大局的にみれば、1955年以降1990年代半ばまでは、その役割を自由民主党が果たしてきた。利益誘導型政治と蔑まれつつも、自由民主党は利益調整型政党でもあった。しかし、1990年代を境に自由民主党の体質が変化したことが重要である。1989年11月にベルリンの壁が崩壊し、12月マルタ会談によって冷戦が終結した。その2年後の1991年12月ソビエト連邦が解体され、社会主義体制が世界地図から放逐されていった。資本主義国家群は、その後、フリードマン流の新自由主義をベースにあらゆる資源を世界的規模の市場経済に委ね

31）総務省HPの内、「政策」欄より各選挙の投票率のデータが公開されている。
　　http://www.soumu.go.jp/menu_seisaku/senkyo/index.html
32）同上。また石川真澄＝山口二郎『戦後政治史〔第3版〕』（岩波新書、2010年）の巻末「データ」も参照。

始めた。ちょうどこの時期に日本では政治改革の議論が始まり、自由民主党政権も新資本主義体制／グローバル経済の大きな波を積極的に受容した。その代表例が小泉政権（2001年4月-2006年9月）である。

　小泉政権は、構造改革の名の下、郵政民営化路線を突き進んでいくが、2005年7月のいわゆる小泉劇場が、自由民主党の体質変化を象徴的に表している。すなわち、郵政民営化法案は、7月5日に衆議院において自由民主党の造反議員がいたため僅か5票差で可決され、参議院に送付された。参議院では、8月8日に野党及び自由民主党からの造反議員によって同法案は17票差で否決された。衆議院再議決が困難の中、小泉首相は、同日、衆議院を解散した[33]。この衆議院解散それに続く衆議院総選挙は、戦後日本において初めて経験する郵政民営化一点のみを争点とするプレビシット[34]であった。しかし、この選挙で注目すべきは、プレビシットの運び方である。小泉首相は、自由民主党の総裁としての権力を候補者公認権として活用した。また、党本部に政治資金が集中していることで、潤沢な選挙資金を郵政民営化に賛成する候補者選挙区に投下することができた。小泉改革に同調する者を新規に党公認候補（いわゆる「刺客」候補）として担ぎ出し、党公認を得た者には自己の政策の同調を求め、その公認候補当選を確実にするために、人とカネを集中化するという従来にはない小泉改革忠誠型選挙が行われたのである。

　小泉首相のこの成功体験は、その後の首相のモデルになっている。第2次安倍政権（2012年12月26日-）における安倍首相の政治手法は、党公認権が首相にあることを国会議員に呼びおこし、もし首相に刃向かえば、次の選挙で党公認権と選挙資金が剥奪されることを自由民主党国会議員に信じさせるに十分である。「首相の政治権力」と「党総裁としての政党権力」が一元化され、実際にその政治権力を権威として一度確立させたならば、党内野党的行動は、政治生命を失う覚悟のある「大物」以外はすることはできないであろう。しかし、首相個人の思いが政策となり、法律へと格上げされればされるほど、民意との乖離が生じる。国民が願っているのは、超高齢社会の到来に備えたバックアップ制度の充実であり、経済的格差社会の是正である。第1次産業従事者においては持続可能な経営の確保、第2次・3次産業従事者は、

33）以上の流れは、同上・214-215頁参照。
34）加藤一彦『議会政治の憲法学』（日本評論社、2009年）158頁以下参照。政治改革後、日本においてもポピュリズムが政権選択選挙と相関関係性があるという指摘として、只野雅人『代表における等質性と多様性』（信山社、2017年）278-279頁参照。

14　第1章　議会政の病理の様相

正社員としての継続的雇用関係の確保と定年延長と定年までの給与保障であり、貧困労働からの脱却であり、社会的公平の実現である。本来、自由民主党という包括政党（俗にいう「百貨店政党」）[35]は、多層的基盤の支持を得、衆議院議員総選挙で議席変動を繰り返しつつも——鳩山民主党政権樹立を除いては——衆議院内比較第1党の地位を保ち続けていた。有権者は、物事への非政治的な生活第一主義的対応を執拗低音として底流に保持しつつも、大きな危機に対しては、安全運転のために自由民主党を慎重に選択してきた。換言すれば、経済的に安定している状況では、与党側に政治スキャンダルがあれば、「お灸をすえる」こともあるが、その「お灸」の意味合いは、自由民主党が「更生して欲しい」という願望の裏返しでしかない。政治スキャンダルに対して党内の自浄能力がなく、国民の批判に耳を閉ざすという目を覆うばかりの政治不信がない限り、政権交代の現実的可能性は閉ざされるという特殊日本的政治のあり方は、有権者の選択の結果でもあった。だが首相の感性が、自由民主党の色合いを決めるのであれば、有権者は選挙に期待せず、自閉的空間の中で逼塞生活を過ごした方が、少なくともこれ以上の害悪は発生しないはずだと誤読するしかない。

　この状況は、長期政権であった中曽根内閣の時代とは異質である。1986年7月の衆議院議員総選挙（参議院議員通常選挙とのW選挙）において、中曽根内閣は512議席中304議席を獲得した。この総選挙の特質は、自由民主党の派閥政治を背後にしつつ、各派閥が反中曽根を掲げ自己の派閥の勢力を拡大させるべく、派閥単位で総力戦を行った。投票率は71.4％と高く、その結果、自由民主党は得票率において約50％の高率を得た[36]。総選挙後、中曽根首相は自由民主党の大勝、野党惨敗の結果を受け、「自民党はウイング（翼）をこれまでよりもさらに左の方に伸ばし、新自由クラブ、民社党、社会党右派を含む中道右派までカバーした」と言わしめた[37]。

　この中曽根首相の言説は、現在の自由民主党にはあてはまらない。第1に、派閥政治はグループ政治へと変化した。第2に、自由民主党の得票率は、小

35）自由民主党の基本性格として利益誘導政治の推進とみるのが通常である。これを転換させたのが政治改革（1994年前後）である。自由民主党が、この政治改革によって国民統合的包括政党から離脱し、変質化したとみられる。中北浩爾『自民党政治の変容』（NHKブックス、2014年）が良書である。

36）朝日新聞選挙本部編『朝日選挙大観　第38回衆議院総選挙・第14回参議院通常選挙』（朝日新聞社、1986年）巻末「資料　衆参両院選挙」3-5頁参照。

37）1986年8月30日、自由民主党の軽井沢セミナーでの発言。『朝日新聞』1986年8月31日朝刊掲載。

選挙区比例代表並立制導入以来、小選挙区では50％を超えたときはなく、比例代表選挙では20％台から30％台で推移しているだけである[38]。しかも有権者の半数弱は投票さえもしないため、現在の自由民主党は「右から左まで」の包摂政党ではなくなった。

　第2次安倍政権に関していえば、その政権の性格は、国民の多様な利益の統合を量り、党内の統合された政策を実現するのではなく、首相利益の実現のために政権維持自体が政権の目的と化した点にある。とりわけ、首相に課せられている最大の任務が「常勝自民」であるが故に、憲法7条に基づくいわば「首相大権」としての衆議院解散権行使が、その道具として絶大な効能を果たし、しかしだからこそ、その後に続く衆議院議員総選挙において有権者が投票マシンに化していく。衆議院解散権に制限があるとすれば、「今選挙をすれば必ず負ける」という首相の政治判断しかない。これはもはや憲政の根本義とは異質ですらある。総体としての国民のための政策よりも、政権維持可能な政治環境を政権政党が自作するという政治的意味空間の矮小化が、現在進行している（第9章・10章参照）。

第3節　処方箋

　民主主義は、「民」が「天」を待つ政治支配ではなく、「民」が「天」を作り、人為によって作られたその「天」としての政治社会の中で、各人の幸福な生活を作り出す権力的営みである。その権力的営みは、多層的選挙による権力の民主化にとどまらず、民主主義も政治支配の一つであることを各人が自覚し、民主的支配といえどもその行使は謙抑され、その行使の過程と結果を改めて「民」が多元的水路を通じて問いただす永久回路の形成を意味する。

　この言説は、特段目新しくもなく[39]、したがってこの言説に基づく処方箋もすでに発行済みである。宮沢の「議会制の生理と病理」がその好例であろう。ただ、1990年代の政治改革を経た現在、政党制の形が変わり、宮沢論文にもう一つ加えなければならないことがある。いわゆる日本型議院内閣制固有の課題である[40]。政権交代の現実的可能性を高めるために衆議院議員選

38）　石川＝山口・前掲書（註32）の巻末「データ」参照。
39）　丸山眞男『現代政治の思想と行動〔増補版〕』（未来社、1964年）574頁参照。
40）　加藤・前掲書（註34）246頁以下参照。

16　第1章　議会政の病理の様相

挙制度を小選挙区比例代表制に改めた後の政党状況からいえることは、衆議院与党が参議院において多数派を有するときには顕在化しないが、参議院において与党が少数派である場合、政権運営が著しく困難である状態が継続する点である。すなわち、日本型議院内閣制の特質は、衆議院議員総選挙によって成立した政権与党が衆参両院において多数派をもつことが安定政権の絶対的条件であり、政権与党が参議院少数派の場合には、逆転国会（いわゆる「ねじれ国会」）が発生し、政権が立ち往生するという課題である。第1次安倍内閣（2006年9月-2007年9月）から民主党政権の野田内閣（2011年9月-2012年12月）まで、この逆転国会が発生し、各内閣は政権運営に苦しみ、政権はそれぞれ1年単位で崩壊していった。当時、「強すぎる参議院」に基づく国会運営に批判が出されたが[41]、しかし、参議院は憲法上の権能を行使したのであり、参議院に非があるという見方は正しくはない[42]。むしろ、逆転国会が発生した場合、どのような対処方法があるかを検討し、日本国憲法上の二院制の意味を構築するのが本道である（第5章参照）。

Ⅰ．二院制

　二院制の形は、各国の憲法事情に応じて多様である。第二院の構成の仕方に着眼して、貴族院型、連邦型、多角的民意反映型に大別できる[43]。日本国憲法上の参議院は、多角的民意反映型に属する。ただこの型は、貴族制もなく連邦制でもない国家が、第二院を有する場合のことを言い表しているだけであり、特段この型に独自性があるわけではない。検討すべき点は、第二院がいかなる憲法的地位と権能をもち、それに対応する選出方法がとられているか否かである（第3章参照）。

　日本国憲法上、参議院は衆議院と同様、全国民の代表機関である（第43条）。また参議院は、憲法所定事由がある場合は、衆議院が優越するが、それ以外の権能は同格である。特段、跛行的二院制[44]と描く必要はない。実際、参議院は、いわゆる国会同意人事案件について、衆議院の優越を定めていた会計検査院法旧4条2項[45]を問題視し、1999年に同4条1項を「検査官

41）高見勝利『政治の混迷と憲法』（岩波書店、2012年）63-98頁、大石眞『統治機構の憲法構想』（法律文化社、2016年）164-179頁。

42）加藤・前掲書（註34）15頁参照。

43）樋口陽一ほか『憲法　Ⅲ』（青林書院、1998年）32-33頁参照〈樋口陽一執筆〉。

44）宮沢俊義『憲法〔5版改訂版〕』（有斐閣、1973年）225頁。

は、両議院の同意を経て、内閣がこれを任命する」と改正させ、両院対等制にこだわってきた。現在、法律上、衆議院が優越する議決権は、国会法13条に基づく会期延長、臨時会、特別会の会期決定議決に限定されている（「両議院の議決が一致しないとき、又は参議院が議決しないときは、衆議院の議決したところによる」と定めている）。

政治状況に応じて「強い参議院」が問題視されるときがある。特に、野党が参議院多数派を形成したとき、参議院はいわゆる「直近の民意」を主張し、政権に揺さぶりをかける態様がみられる。「直近の民意」の政治的効能は、参議院議員選挙において野党が勝利したとき、野党が政権政党に対し政権運営の見直しを求め、内閣に対し衆議院解散を要求し、衆議院の与党活動を停滞させるところにある。もちろん多分に野党が政権交代を目指す政局的運動を伴う場合が大半である。逆に、与党側が参議院議員選挙に勝利する場合もあり、その場合には、さらなる与党勢力拡大を目指して、内閣は衆議院解散権を行使することもあろう。

参議院議員選挙において実際に問題が発生するのは前者の場合で、逆転国会が生まれたときである。従来、参議院において与党が少数派であっても、問題は深刻化しなかった。たとえば、1970年代の保革伯仲時代、田中内閣は参議院においてぎりぎりの過半数（2議席差）を有していたが、政権運営の安定性を目指し自公民路線を採用した[46]。この手法は、1990年代の海部内閣、宮沢内閣に踏襲され続けたが、当時そうした野党協調的路線が可能であったのは、衆議院議員選挙制度が中選挙区制であったからである。しかし、小選挙区制が採用されてからは、基本的には参議院勢力図を眺めながら連立を組み替え、あるいは親自民党勢力に閣外協力を求めることは著しく困難である。というのも、小選挙区比例代表並立制における衆議院議員総選挙は、首相選択の選挙の色合いが強く、参議院選挙結果によって内閣が、参議院の議席状況を考慮に入れて、衆議院における与党と野党を選別することは、多くの場合、内閣の政権の質的変化をもたらすからである。しかもこれまで敵であった野党と新規に連立を組むことは、衆議院の各小選挙区における候補者間対立が発生するため、現実的可能性は著しく低い。1999年の小

---

45) 会計検査院法旧4条2項は、「検査官の任命について、衆議院が同意して参議院が同意しない場合においては、日本国憲法67条2項の場合の例により、衆議院の同意を以て両議院の同意とする」と定め、衆議院の議決を優先させていた。

46) 林茂＝辻清明編著『日本内閣史録　6』（第一法規、1981年）349頁参照。

18　第1章　議会政の病理の様相

渕内閣の折りに、自自公連立政権が発足し、現在まで自公連立政権が継続しているのは、自公が各小選挙区において棲み分け的な選挙協力が可能な状況があり、また自公が選挙で協力し合わなければ、政権を失うという実際的理由があるからである。

　参議院議員選挙結果に基づき野党が参議院多数派になったとき、「直近の民意」を主張するのは、自然の流れである[47]。しかし、野党が参議院の憲法的権能を最大化しようと政局的に動くのであれば、「決められない政治」に直面する。参議院は、その創設のときから「院の独自性」を主張し、衆議院の二軍の地位であることを拒否してきた。おそらく「参議院は第二院である」という自覚を参議院自身にもたせたならば、これまでとは異なる参議院の運用ができたであろう。たとえば、イギリス憲政の例にみられるように、貴族院がソールズベリー原則（Salisbury doctrine）を受け入れ[48]、総選挙後の庶民院多数派の意思に抗してまで法案を否決することは許されないなどの憲法慣行が援用できたはずである。しかし、日本国憲法上、そうした政治文化によって参議院の権能を縮小化する試みは、成功の可能性は低い。そうすると、逆転国会があるときには、憲法機関としての両院協議会の活用しか方策はない。ただ、両院協議会の活動実態を眺めてみると、成功事例はごく僅かである。逆転国会時にあわてて両院協議会の活用を謳っても、両院協議会の構成員が衆議院側が全員与党、参議院側が全員野党であれば、成案獲得はまず無理であろう。逆転国会がない通常時にこそ、落ち着いて両院協議会の再構築が論じられるべきであろう。国会の成案作成の本気度が試される重要課題だと思われる（第5章・第8章参照）。

Ⅱ．内閣への国会統制

　憲法41条に定める国会の最高機関性について、通説は政治的美称説である。この学説の主眼点は、旧憲法における天皇の最高機関性を否定し、代表民主制（憲法前文）の中心にある国会の地位を旧憲法よりも高めるところにある[49]。政治的美称説は、浦和充子事件を契機に通説を獲得したが、逆にこ

47）只野は、「『強い参議院』を、『障碍』としてではなくむしろ積極的に位置づける議院内閣制の理解も、決して不可能ではないように思われる」と指摘する。只野・前掲書（註34）437頁。

48）田中嘉彦『英国の貴族院改革』（成文堂、2015年）40頁参照。

49）宮沢・前掲書（註44）221頁。

れ以降、国会の最高機関性は縮小されていったように思われる。当時、浦和充子事件において参議院法務委員会は、その「調査の目的は『抵抗力なき子供の生命権の尊重及び封建的思想に関する係検察官及び裁判官の認識』と『その判決が社会人心に及ぼした影響』であり、その調査の方法も判決の確定をまって着手し裁判官に対しては最高裁判所を通じて書面による回答を求めた」[50]などの国政調査権を行使した。しかし、確定した刑事事件といえども、参議院法務委員会の調査は、司法権の対外的独立と対内的独立としての裁判官職権の独立に抵触する可能性があり、そのために国会の最高機関性をことさら強調することが学会では不人気であり、それ故、最高裁判所による参議院議長宛の「意見」[51]に同調する見解が出された[52]。

　この事件を契機に、各議院の国政調査権は司法に対しては事実上及ばないとする方向性が打ち出され、その根拠が国会の最高機関性という言葉は、所詮、政治的美称に過ぎないという言説にあった。しかし、ひとたび、国会の最高機関性が「政治的美称」と描かれれば、「政治的環境」によって、「美称」の色合いが変化する。国会と内閣との関係性について、当初は、「弱い政府と強い議会という原則」に国会の最高機関性の意義を読み込んでいたが[53]、1990年代の橋本内閣以降、「強い内閣」への指向が強まっていけば、政治的美称説は、浦和充子事件の時代よりも一層、国会の最高機関性の意味を削っていく。すなわち、議院内閣制の下、内閣が衆議院の多数派の意思に従属することが条件化されることをもって、国会が国権の最高機関とされようとも、両者をつなぐ政権政党が国会と内閣の意思決定に優越的影響力を行使しているため、そもそも政権政党が国会の最高機関性を主張する意義は小さい。実際、浦和充子事件において参議院法務委員会が国政調査権を行使できたのは、参議院多数派が政権与党ではなかったからである[54]。最高機関性を説く効能は、野党の側にある。国会運営が与党主導に従いながら進行していくことは、内閣にとって都合が良く、逆に、各議院が国会の最高機関性を主

---

50) 参議院法務委員会『国会の国政調査権と司法権の独立——最高裁判所の申入に対する参議院法務委員会の声明』（1949年）4頁。同文書は『法律時報』21巻7号（1949年）62頁にも掲載されている。

51) 同意見は、同上『法律時報』61-62頁に掲載されている。なお、最高裁判所による参議院法務委員会に対する反論書として、最高裁判所事務総局編著『司法に関する国政調査権　一般裁判資料第3号』（1950年）がある。同報告書は、斉藤秀夫の手による。

52) 宮沢俊義「議院の国政調査権と司法権の独立」『法律時報』21巻3号（1949年）35-39頁参照。

53) 宮沢俊義・芦部信喜補訂『全訂　日本国憲法』（日本評論社、1978年）338頁。

20　　第1章　議会政の病理の様相

張すれば、内閣にとっては野党が最高機関たることを主張しているかのように映るからである。

　内閣と与党が一体的に行動するとき、悪い意味で政治的美称説は最大の効果を発揮する。現在問題となっている点は、臨時会の召集と大臣出席義務の問題である。憲法53条は「内閣は、国会の臨時会の召集を決定することができる。いづれかの議院の総議員の4分の1以上の要求があれば、内閣は、その召集を決定しなければならない」と定めている。本規定は義務条項である。憲法53条の意義は、小勢力である野党に臨時会開催請求権をもたせ、内閣がこれに応える義務を発生させることにある。しかし、過去の実例をみると、各議院による臨時会召集要求書提出（国会法3条、衆議院先例20）、さらには補充書を提出しても、臨時会の召集は内閣の権能の内にあり、臨時会召集の時期は内閣の裁量とみなされている。過去には、要求書の内閣送付から臨時会召集の前日までの期間が124日もかかった例がある（第25回国会）[55]。また臨時会召集を内閣が事実上握りつぶし、内閣の都合のよいときに常会召集をもって各議院からの要求書に応えたとする脱法行為もみられた[56]。加えて2017年9月28日の衆議院解散事例に至っては、野党が臨時会召集を求めてから約100日間放置され、9月28日に臨時会（194回国会）は召集されつつも、召集日冒頭に衆議院は解散された。野党の臨時会召集権限を無視し、しかも衆議院を解散するために首相がその時期を選び、解散目的のためだけに臨時会を召集するという「二重違憲」が行われた。こうした行為の是非は、その後の衆議院議員総選挙の政治過程に委ね、選挙結果で物事を計ると考えてよいのであろうか（第6章参照）。

　先の「違憲の憲法実例」が、国会と内閣の関係性において生じても、政権政党がこれを問題視せず、内閣優位にことが進行している現状は、憲政が憲

54）最初の参議院の構成は、緑風会が第一会派である。浦和充子事件について、第5回国会（特別会）中、参議院法務委員会において調査が始まった。第3次吉田内閣（民主自由党）は、参議院内において安定過半数を獲得していなかったため、かかる調査を阻止することはできなかった。当時の議席状況、政情については、衆議院＝参議院編『議会制度百年史　国会史（上巻）』（1990年）151-155頁参照。

55）衆議院事務局『衆議院先例集付録　平成29年版』（2017年）141頁参照。

56）最近の実例として、安倍内閣が臨時会召集要求書（2015年10月21日）を無視し、同年12月15日付けで内閣総理大臣から「常会召集通知書」を発した例がある。同文書の文面は「政府は、明年1月4日に、常会を召集することを決定いたしましたから、よろしくお取り計らいお願いします」（衆議院議長宛）となっている。同文書は、『官報第6679号』2015年12月17日7頁の「国会事項」に掲載されている。なお、同上・148頁参照。

第3節　処方箋　**21**

法規範に基づかないで運営されていることを示している。このような「違憲の憲法実例」は、事後救済を目的とする裁判所の審査によって是正されるはずであるが、裁判所はあまりにも自己抑制過ぎ、その役割を果たさず、野党側の憲法上の利益救済が法廷において実現されることはまずない（第10章参照）。

　では、どのような解決策があるだろうか。内閣の専断的行為を抑制するには、内閣による行為が憲法適合的か否かを審査する機関を新規に国会内に設置することが必要なように思われる。たとえば、衆議院と参議院合同の「憲法審査院」なる機関を新たに作り、内閣の憲法逸脱行為について、当該機関に法令審査権を行使させ、内閣に是正を迫る方策が適切である。さらに、訴訟の方途も開かれるならば、憲法規範が憲法習律としてではなく、裁判規範として実効性をもつことになろう。これによって内閣とこれを支える政権政党の国会議員に対し、憲法99条の憲法尊重擁護義務を実質化させることができる。過去には国会に置かれた両院法規委員会が、その一端の任務をもち、内閣に対して勧告権を有していた（国会法旧99条-102条）。すなわち、最初の国会法99条において「両院法規委員会」の設置が法定され、「両院法規委員会は、両議院及び内閣に対し、新立法の提案並びに現行の法律及び政令に関して勧告し、且つ国会関係法規を調査研究して、両議院に対し、その改正につき勧告する」[57]と定めていた。本条項は、第2回国会（1948年）において改正され、内閣の勧告権条項は削除され、もっぱら両議院の勧告権のみを有することになったが[58]、両院法規委員会は確実に重要な役割を果たしてきた。たとえば、内閣による衆議院解散権行使について、第13回国会（1952年）中に開かれた両院法規委員会では、衆議院議長に対し「衆議院の解散制度に関する勧告」を行い、「内閣の専恣的判断」による解散を禁じ、「民主的な解散の制度を確立」させ、「憲法上の疑義を一掃すべきである」との議決[59]を行ったことがある。

　両院法規委員会は、第5次国会法改正（1955年）によってその根拠規定を失い、消滅したが[60]、本来であれば、内閣と国会の議会運営を監督する独立

---

57) 参議院事務局『国会法改正経過概要』（1959年）319頁以下の「国会法改正通覧」資料により最初の国会法を知ることができる。

58) 同上・357頁参照。

59) 『第13回国会　両院法規委員会議録附録』昭和27年〔1952年〕7月28日。なお、勧告議決日は、1952年6月17日である。この勧告の要旨は、衆議院＝参議院編・前掲書（註54）442頁に掲載されている。

22　第1章　議会政の病理の様相

した機関が代替的に設置されるべきだったのであろう。今後の大きな課題だと思われる。

第4節　小　結

　旧憲法以来、また日本国憲法制定時においても、憲政の憧れの対象がイギリス議会政であったため[61]、これにいかに近づくかが日本憲政の課題であり続けた。ただ、議会政の雛形をイギリスに求めても、かの国の議会政が現在、変革期にあり[62]、雛形とするには躊躇を覚える。とはいえ、議会政の本義が、責任内閣制にあることは間違いない。憲法66条3項が「内閣は、行政権の行使について、国会に対し連帯して責任を負ふ」と定めているが、本規定は、内閣が総体としての対国会に責任を負うに止まらず、対衆議院及び対参議院それぞれの議院に責任を負うことを定めている[63]。逆転国会の折りには、参議院が内閣の責任追及を行い、その結果、内閣の体力が奪われることもあった。再確認すれば、第1次安倍内閣（2006年9月-2007年9月）から民主党政権崩壊（2011年9月-2012年12月）までの6年間、ほぼ1年ごとに内閣が作り直されてきた。これは確かに憲法66条3項の結果であるといえる。ただ当時、そもそも責任内閣制が存在しうる政治的条件が整っていなかったとみることもできる。すなわち、各内閣が政治責任を負って退陣したというよりも、内閣の存立基盤自体が液状化し、議会政そのものが機能不全に陥っていたと分析できるからである。

　第2次安倍内閣（2012年12月発足）では、安定した政権運営が可能になったが、今度は逆に、内閣の責任のあり様が問われている。内閣の責任は政治責任であり、内閣の所作に対する結果責任である。安定政権では、対国会、対

60)　参議院事務局・前掲書（註57）277頁以下参照。
61)　たとえば、宮沢俊義「議院内閣制のイギリス型とフランス型」『憲法と政治制度』（岩波書店、1968年）57-79頁所収。
62)　小松浩「イギリス連立政権とウェストミンスター・モデルの行方」は、イギリスにおける強い首相権限のあり方を批判的に分析している。また植村勝慶「イギリスにおける庶民院解散権の廃止」は、2011年に制定された議会任期固定法に基づく首相による庶民院解散権の事実上の廃止を描いている。両論文は、本秀紀編著『グローバル化時代における民主主義の変容と憲法学』（日本評論社、2016年）227頁以下及び253頁以下所収されている。また、イギリス議院内閣制を通観し、現在の問題にも言及した作品として、高安健将『議院内閣制』（中公新書、2018年）が良書である。
63)　宮沢・前掲論文（註52）509頁参照。

衆議院・対参議院の内閣の責任は曖昧になりがちである。しかし、政党政治が内閣責任制を支える要素である限り、内閣対野党の関係性が責任内閣制の実質的意義を作る。内閣は、野党からの責任追及に対し、応答責任（responsibility）、説明責任（accountability）、被制裁責任（liability）を負う立場に置かれるが、どの場面においても安倍政権と首相自身は不誠実であり続け、責任に基づく具体的行動を内閣の行動様式にすることはなかった。むしろ内閣と与党は、責任回避に協力し合い、いわゆる「安倍一強」体制を作り、守り続けてきた。その状況では、首相への野党による責任追及は逆に首相による野党への攻撃素材となり——安倍首相による国会審議における野次の連発、選挙演説では有権者に対する「こんな人たち」と蔑む発言など——安倍内閣は、旧憲法時代の無責任体制と同質の無責任のサイクルを回し続けている。そして、この無責任体制への批判をメディアが追及すれば、逆に首相自身が主体となってメディア攻撃を行い、「社会の公器としてのメディア」自体が萎縮し、表現の自由の空間が縮小していった。

　以上のことは、日本国憲法に欠陥があるのではなく、政権政党が憲法規範力を強化してこなかったこの70年余の結果であり、したがって「憲政の赤字」は憲法規範自体にあるのではない。憲法規範の役割は、一方では、各憲法条項に基づく国家機関間のコントロール（対抗する役割）であり[64]、他方では、市民社会の自立性を確保させながらの政府に対するコントロールであり、市民社会の自立に委ねるべき領域に対する謙譲を憲法が自己認識することにあったはずである。いわば国家権力がしなければならない、同時にしてはならない領域を仕分ける指標が、憲法規範の役割である（第9章参照）。

　しかし、憲法規範を動かすモーターである政権政党はそのような仕事をしてこなかった。民主的正当性を与える国民の声よりも、特殊利益を体現する産業界との経済関係性を重視し、今日ではグローバル経済に対応した役割を引き受けることを自己使命としてきた。グローバル社会では、否、その社会だからこそ強い国家が要求される。そこでの国家は、社会権を「国家からの自由」と読み替えながら、国民生活領域につき国家が意識的に退場し、国家による個人の幸福条件整備よりも個人の資質を問題視し、失敗の結果を個人の能力に帰し、個人の自己責任を最大化することを自己使命とする。グローバル経済は、カジノ資本主義とも揶揄される。その言葉はある意味正確であり、同時に残酷でもある。社会にいる個人が博徒となり、ただ一回限りの生

64）本・前掲書（註62）29頁以下〔本執筆〕参照。

が黄金を夢見る世界となるからである。しかし、博打は博打でしかない。人間社会を博打をもって正当化する理論を古今東西、聞いたことはない。カジノに熱中する輩を博徒と蔑むのは、人間の文明より得られた経験智なのであろう——その意味で経済再生政策／成長戦略の目玉がカジノ解禁法であったのは偶然ではない。

　他方、個人の憲法上の中核的精神的自由の領域では「国家による自由」という逆説的な規制強化が図られている。このキー・ワードが「安心安全な社会の確保」である。「法に従属することが自由」だと誤解させ、「逸脱」行動者は、「安心安全」を脅かす「テロ準備者」として描いていく。およそ誰もが反対しにくい「安心安全な社会の確保」の言説が、一定の説得性をもったとき、精神的自由への国家介入は許容され、その動かされた「自由の状況」が水準点となり、そこからまた、規制介入が進行するという悪循環が継続していく。元来の「国家からの自由」を基軸にすれば、そうした「規制された市民社会の自由」は、所詮、「ラップで包まれた自由」でしかない——この透明の包みを見るには、相当の鑑識眼が必要である。それは見たいと思っている人にしか見えない[65]。

　以上、本書の道案内として縷々述べてきた。大きな個別的論点は、各章ごとに分析するが、本書の基本線は次の点にある。政権政党が不器用な故に憲法運用ができなかったのであり、自身の器量のなさを日本国憲法典の欠陥と騒ぎ立てる昨今の政治状況にあって、近現代立憲主義にこだわり続ける者たちは一層、日本国憲法の黒字化を目指していく。筆者は友人と共にこの立場にある。

---

65) 統治機構の一翼を担う裁判所に人権保障の役割を期待することは、日本では難しい。裁判所による法律規定の違憲判断をした領域には、精神的自由に関する立法はないことがそのことを端的に示している。このことは、司法消極主義という概念で説明するよりも、裁判所が治安維持の補完機能を発揮してきたからだという見方で説明した方が自然であろう。しかも、キャリア裁判官層にみられる「憲法の優位への畏敬の念」の欠如と政権政党が作り続ける「下位法令群への忠誠的解釈」は、交換不能な「個人の自由」の存在を忘れさせるに十分である。

第2章

選挙権の平等性の憲法的価値
──克服すべき対象としての1976年判決──

第1節　はじめに

　衆議院議員選挙における1票の不平等としての較差訴訟が、議員定数不均衡訴訟と呼ばれていた頃、最高裁判所は1976年に衆議院議員選挙の執行全体について「違憲」判断を初めて下したことがある[1]。もちろん、行政事件訴訟法31条が援用されたため、選挙の効力自体は有効であり、それ故、この判決はいわゆる「違憲有効型判決」と呼ばれる。本判決は、従前の2つの「違憲無効型判決」（刑法旧200条尊属殺規定違憲無効判決、旧薬事法距離制限規定違憲無効判決）とは異なり、立法府に公職選挙法の別表改正を一定の時期までに求める「違憲警告型判決」に分類できる。

　一方、衆議院議員選挙制度がいわゆる小選挙区比例代表並立制に変更された後も、各選挙区間の人口偏差問題が継続してきた。小選挙区制に関し、当初の衆議院議員選挙区画定審議会設置法3条1項において「二以上とならないようにすることを基本」と定められたが、衆議院議員総選挙の当日に全小選挙区間の較差が1対2以内に収まった例は、第48回衆議院議員総選挙（2017年10月22日／較差：1対1.979）以前にはなかった。小選挙区間の較差訴訟において、これまで最高裁判所は、「違憲有効型判決」、「違憲状態型判決」、「合憲型判決」を繰り返し、請求を棄却し続けている。

　本章での関心事は次の点にある。約40年前の1976年判決が──おそらく

---

1)　最大判1976年〔昭和51年〕4月14日民集30巻3号223頁。

当時の最高裁判所裁判官は皆、鬼籍に入っていると思われるが——何故、今日まで維持されているのであろうか、という点である。およそ40年前の問題が未だに解決できず、有権者団によって今なお公選法204条を用いて訴えの提起をし続けなければならない状況、その訴えに対する裁判所の問題先送り的判決手法。このある意味「異常な状態」が一世代以上継続しているそのあり様は、最高裁判所による判例の墨守姿勢を超えて、最高裁判所自体が問題解決能力をもっていないことを表している。そこで本章では、1976年判決及びその後の判決にみられる判例の欠点を指摘し、1票の較差訴訟の終着点を提示することにしたい。較差訴訟が今後とも提起され続けることは、統治構造における民主主義の正常なルートが、日本国憲法制定後70年を経ても確立していないと考えるからである。

第2節　ドイツ基本法の場合

I．選挙権の平等性とその適用範囲

　ドイツ基本法38条1項は「ドイツ連邦議会の議員は、普通、直接、自由、平等および秘密の選挙によって選挙する」と規定している。本条項は、近代選挙法原則を全て憲法典に実定化することによって、それぞれの選挙原則が憲法規範として妥当することを求めている。

　基本法上明示された平等選挙の憲法上の意義は、「民主制原理によって前提とされた公民の均等性を確保する」[2]点にある。一般に、この平等選挙の意義は、「一切の投じられた有権者の票は——立法者によって選択された選挙制度の枠組みの中で——選挙結果に関し同等な影響力をもたなければならない」ものと解されている。つまり選挙制度がどの形態をとろうとも、平等選挙の侵害は許されず、そこで平等選挙には「全ての投票は平等な数的価値（gleicher Zählwert）のみならず、平等な結果価値（gleicher Erfolgswert）」の二つの要素を確保することが要求されている[3]。

　この通説及び確立した判例を実現させるための実定法上の制度として、連

---

2) V.Epping u. C.Hillgruber, Grundgesetz Kommentar, Art.38.,2.Aufl.,2013, S.928.
3) Ibid. もちろん選挙制度は立法事項であるが、この平等選挙原則は、立法によって排除することはできない。この点については、立法裁量との関係で後述する。

邦選挙法3条は、「選挙区割委員会（Walhkreiskommission）」を設置しているが、同委員会に対しては連邦議会における小選挙区間の較差是正のための原案作成について、枠を定めている[4]。同法3条1項1号によれば、「各ラントにおける選挙区の数は、可能な限り住民の数（Bevöllkerungsanteil）[5]に対応しなければならない」との原則の下、各選挙区間の住民偏差につき相対的上限と絶対的上限規定が設けられている。相対的上限とは、各選挙区間の平均住民数を上限下限とも15％以内（較差1対約1.35）とすることであり、絶対的上限とはその値を25％（較差1対約1.66）とし、この25％の値を超えた場合には、ラント内における選挙区は必ず変更するという絶対条件規定である[6]。

　一方、選挙権の平等は、各有権者団の選挙権及び被選挙権を基本的に守備範囲とするが、選挙自体が平等主義的民主制原理と結合するために、選挙権の平等性は全選挙過程にも妥当する法原理でもある[7]。すなわち、選挙運動に関わる選挙準備行為のほか、選挙推薦権、選挙広告のみならず、国民の政治的意思形成の予備段階（Vorfeld）における選挙運動に関わる財政支援、政党の平等、すなわち、政党への国家補助の配分基準にも妥当する。平等主義的民主制原理は、公民への平等評価を選挙権行使の全場面で用いられ、かつその実現を求めているからである[8]。

　このように厳格に把握される選挙権の平等原則は、ドイツ基本法3条1項に定める基本権の総論的規定である「法律の前の平等」原則から導き出せる平等の観念ではなく、平等主義的民主制原理に拘束された特別な意味に根拠を置いている[9]。連邦憲法裁判所の確立した判例[10]及び通説においても、選

---

4)　選挙区割委員会については、W.Schreiber,Kommentar zum Bundeswahlgesetz, 8.Aufl., 2013,SS.211-238. が便利である。同委員会による改革案のための『報告書』は、連邦選挙法3条の枠組に従い作成され、連邦内務省に提出される。これを受けて、連邦政府は、ドイツ基本法76条1項に基づき当該『報告書』に添った政府原案を連邦議会に提出する。『報告書』は法的拘束力をもたないが、連邦政府及び連邦議会は、「完全に（無修正に）あるいは部分的に（修正を加えて）」引き継がれることが求められる。しかし、『報告書』内容は、尊重されつつも覆される場合もある。『報告書』に関し、連邦議会内務委員会によって2007年に初めて原案が否決された例がある。この点については、Ibid.,S.236f.

5)　連邦選挙法3条1項によれば、住民の数に外国人は算入しないと定めている。

6)　選挙区割りは、同法3条3項に基づいて設置される常設の「選挙区委員会」(Wahlkreiskommission)が行う。同委員会の概略に関しては、加藤一彦「連邦議会選挙の選挙区割と平等原則」ドイツ憲法判例研究会編『ドイツの憲法判例〔第2版〕』(信山社、2003年) 481-486頁参照。

7)　M.Sachs, Grundgesetz Kommentar , Art.38.,7.Aufl.,2014,S.1235.

8)　Ibid.,S.1236.

挙権の平等性は、「厳格かつ形式的平等（strenge und formale Gleicheit）」として把握され、「やむを得ない理由（zwingende Gründe）」がない限り、これを修正することは許容されないと捉えられている[11]。

II. 立法者と連邦憲法裁判所

ドイツ基本法38条3項によれば——ヴァイマル憲法22条1項がライヒ議会の構成について「比例代表」選挙を明示しているのとは異なり——具体的な選挙制度は、連邦法律に委託されている。そこで立法者が自己の裁量により具体的な選挙制度を立法化することはできるが、その領域は限定化される。基本法38条1項の法文に一義的に抵触する制度化はそもそも不可能であるほか、当該法文の憲法解釈による拘束も当然受けることになる。

多くの憲法学説が一致するのは、次の点である。形式的平等としての選挙権の平等は、立法者に選挙法の秩序づけのための裁量を与えているが、その裁量の余地は、「止むを得ない特別の事理にかなった正当な理由[12]」により拘束される。そこで立法者の選挙制度設計において、投票の数的価値に関し、これを差異化（Differenzierungen）することは許容されない。ただ結果価値に関しては、多数代表選挙制度と比例代表選挙制度に関して異なった評価をせざるを得ない。というのも、多数代表選挙においては、その差異化は必然的だからである。つまり、小選挙区制の下、トップ当選者への投票のみが評価されるからである——死票の問題。他方、比例代表選挙においては、結果価値が最大限尊重される。そこでは、結果価値の場面における差異化は「やむを得ない理由」がある場合に限り、正当化されるに止まる[13]。

もとより、結果価値の平等性に強調点を置けば、立法者が多数代表選挙を重視する見方を立法裁量内の事項として、これを合理化する——連邦議会選挙全般に多数代表制を導入することなど——ことは困難であろう。その点、立法者にあっては、選挙制度設計において先の二つの選挙制度のいずれかを自由に決定できるとの考えは排除され、むしろ基本法上承認された政党の役割を重視し、政党本位の比例代表制が適切であるとする。すなわち、「連邦

9）Ibid.

10）BVerfGE 41,399(413). を嚆矢とする。

11）Epping u. Hillgruber, a.a.O., (Fn.2), S.928.

12）Sachs,a.a.O., (Fn.7), S.1236. そのほか、Epping u. Hillgruber,a.a.O., (Fn.2), S.928. H.Dreier, Grundgesetz Kommentar, Bd.2, Art.38., 1.Aufl.,1998,S.820f. にも同一の指摘がある。

議会の構成は、国民間にある本質的な政治的諸潮流を確実に表現し、選挙の正当化作用と全ての投票の同等な結果価値が確保されなければならない」[14]ことがドイツ基本法の基本命題だからである。したがって、立法者は白紙から選挙制度を設計することはできず、基本法上の選挙権の平等性及びその憲法解釈、加えて、その他の憲法命題に当初より拘束されると把握されている。

この立法者を拘束するドイツ基本法38条1項に定める「選挙権の平等性」は、今日その拘束力を一層強化する方向で展開されている。たとえばモルロークは、多数代表制と比例代表制をドイツ基本法上、等価値なものと描く発想を否定し[15]、「選挙権の平等性の内容は、当初より結果価値の平等の次元を内包している」[16]と指摘し、「比例代表制の憲法的優位性」[17]が当該条文に読み込むことができると指摘している。そこには、投票の数的平等に加えて投票の結果価値の平等性を損なう立法者の裁量的選択は許容されないという姿勢がみられる。

こうした基本法38条1項に対する憲法解釈による立法者の拘束、さらには立法裁量の余地を狭めるあり方は、当然、連邦憲法裁判所の判例の方向性に影響を与える。というのも、憲法解釈を通じた憲法規範の規範力強化は、連邦憲法裁判所の判決の出し方にまで及び、その結果、判決と立法の緊張関係を意識的に惹起させるからである。

連邦憲法裁判所は、選挙権の平等性に関しこれまで幾度も重要な判決を下し、立法者を枠づけてきた。その中で画期をなしたのは、2008年判決と2012年判決との連携である[18]。連邦憲法裁判所は、2008年判決において2005年改正連邦選挙法を基本法38条1項1文に違反し違憲と判示したが、そ

13）Sachs,a.a.O., (Fn.7), S.1236.比例代表選挙の場面における「止むを得ない理由」に該当する代表的なものは、連邦選挙法6条3項に定める5％阻止条項である。ドイツの選挙制度は、「小選挙区比例代表併用制」と呼ばれるが、基本は比例代表制である。具体的に当選人を決定する過程において、小選挙区当選者に議席確保優先権を付与する制度である。したがって比例代表制固有の問題である小党分立状況が生じ得るため、当初より5％阻止条項が導入されていた。現在では、5％の算出母数は全ドイツ地域であり、したがって、各連邦議会選挙において有効な第2投票（政党への投票）の5％を獲得できない政党は、原則として連邦議会の議席配分を受けない。2013年連邦議会選挙では、伝統あるFDPが初めて阻止条項によって議席獲得に失敗した。

14）Dreier,a.a.O., (Fn.12), S.821.

15）M.Morlok,Demokratie und Wahlen,in: hrsg., P. Badura und H. Dreier , Festschrift 50 Jahre Bundesverfassungsgericht , Bd.2, 2001, S.597.

16）Ibid.,S.598.

17）Ibid.

の際に、「立法者は遅くとも2011年6月30日までに憲法適合的規定を制定する義務を負う」[19]とする明示的期限を付した立法改革義務付け判決を下した。また、後者の判決では、改正連邦選挙法がドイツ連邦議会選挙の固有性（日本的にいえば、小選挙区比例代表併用制）から生じる超過議席の数を15議席までとする数値を明示し、さらなる立法改革が行われるまで当該連邦議会選挙法規定の効力を停止する違憲判決を下した[20]。

　ここで注目すべきは、連邦憲法裁判所の判決の出し方である。すなわち、連邦憲法裁判所は、第1に、数値で語ることができる問題については、数値で判決を記述していること、第2に、この数値を明示するということは、連邦憲法裁判所が自身を拘束するだけではなく、立法裁量に枠をはめる機能を果たすこと、第3に、連邦憲法裁判所が場合によっては立法者の役割を果たさざるを得ないという自覚をもっていること、である。つまり、連邦議会固有の問題に関しては、立法者の自己拘束が機能しないことを踏まえ、選挙区区割委員会が連邦大統領の下に設置されつつも、この『報告書』が不十分な場合、あるいは連邦議会によって遵守されない場合、連邦憲法裁判所が立法者の役割を引き受け、判決によって立法裁量の余地を限界づけるという判決手法である。つまり、連邦議会が選挙制度という議会固有の問題に関して、立法改正を不十分にしか果たさないときには、連邦憲法裁判所が立法代行機関者として——立法者へ法律の設計図を下書きするという意味において——立法裁量の限界づけが行われる点が重要である。

第3節　日本の場合

Ⅰ. 選挙権の権利性と平等性

　憲法15条1項は、選挙権を「国民固有の権利」と定めている。この選挙権の権利性について、通説は二元説である[21]。もちろんプープル主権論を基盤に権利一元説も健在である[22]。この両学説の差異は、選挙権を制限する場合

18）BVerfGE 121,266；BVerfGE 131,316. 両判決の内容及び当時の立法改革については、かつて論じたことがある。加藤一彦「ドイツ連邦選挙法改革と憲法裁判」『現代法学（東京経済大学現代法学会誌）』23=24号合併号（2013年）77-97頁参照。

19）BVerfGE 121,266（267）.

20）BVerfGE 131,316（375）. 加藤・前掲論文（註18）86頁以下参照。

に、選挙制度と絡めて説明するか（二元説）、権利の内在的制約として説明するか（権利一元説）にみられる。しかし、両学説とも選挙権の権利性を制約することに慎重であり、憲法15条3項、4項さらには憲法14条に定める平等原則の適用を最大限配慮する点では共通している。

　最高裁判所は、選挙権の法的性格を初めて判示した公選法違反事件において「国民主権を宣言する憲法の下において、公職の選挙権が国民の最も重要な基本的権利の一であることは所論のとおりであるが、それだけに選挙の公正はあくまでも厳粛に保持されなければならない」[23]と判示したことがある。ただこの判決は、選挙権の法的性格を人権論の場で正確に分析した上で「基本的権利」と把握したというよりも、選挙権の「公務性」に着眼し、選挙という「国民の公務」に背反する行為を罰することに力点を置いていた。つまり、大事な選挙権を侵害する者に対して刑事上の責任を負わせるという文脈において、「公務としての選挙の権利性」が強調されたとみるべきであろう。選挙権の権利性それ自体について、謙譲の姿勢をもたないこの判決は、その後の最高裁判所の諸判例に一貫している。

　最高裁判所が、選挙権自体の権利性につき、ある意味冷淡な態度をとり続けている姿勢は、選挙権の「投票価値の平等」という側面に端的に表れている。「投票価値の平等」を初めて認めた1976年判決において最高裁判所は次のように判示している[24]。「元来、選挙権は、国民の国政への参加の機会を保障する基本的権利として、議会制民主主義の根幹をなすものであり、現代民主国家においては、一定の年齢に達した国民のすべてに平等に与えられる」、「憲法14条1項に定める法の下の平等は、選挙権に関しては、国民はすべて政治的価値において平等であるべきであるとする徹底した平等化を志向するものであり……選挙権の内容、すなわち各選挙人の投票の価値の平等もまた、憲法の要求するところであると解するのが、相当である」と判示し、投票価値の平等性の憲法的意義を承認する。しかし、同時に選挙権が選挙制度の中に包含されるという発想から、「投票価値の平等は、常にその絶対的

21）芦部信喜『憲法〔第6版〕』（岩波書店、2015年）261頁参照。同旨・加藤一彦『憲法〔第3版〕』（法律文化社、2017年）154-155頁。

22）辻村みよ子『憲法〔第6版〕』（日本評論社、2018年）312-313頁、同「『投票価値平等』と選挙制度」全国憲法研究会編『日本国憲法の継承と発展』（三省堂、2015年）205-206頁参照。

23）最大判1955年〔昭和30年〕2月9日刑集9巻2号217頁。

24）最大判1976年〔昭和51年〕4月14日民集30巻3号223頁。

な形における実現を必要とするものではないけれども、国会がその裁量によつて決定した具体的な選挙制度において現実に投票価値に不平等の結果が生じている場合には、それは、国会が正当に考慮することのできる重要な政策的目的ないしは理由に基づく結果として合理的に是認することができる」、「それ故、国会が衆議院及び参議院それぞれについて決定した具体的選挙制度は、それが憲法上の選挙権の平等の要求に反するものでないかどうかにつき、常に各別に右の観点からする吟味と検討を免れることができない」と逆向きの姿勢をみせている。

1976年判決は、この判旨を踏まえ選挙権の投票の価値が約1対5の較差に関し「選挙権の平等の要求に反する程度となった」とし、しかし「これによつて直ちに当該議員定数配分規定を憲法違反とすべきものではなく、人口の変動の状態をも考慮して合理的期間内における是正が憲法上要求されていると考えられるのにそれが行われない場合に始めて憲法違反と断ぜられる」として、違憲条件を一つ加えることを忘れなかった。加えて、選挙の効力に関しては、「行政事件訴訟法の規定に含まれる法の基本原則の適用により、選挙を無効とすることによる不当な結果を回避する裁判をする余地もありうる」と新解釈を提示し、学問上、違憲有効判決と表示される特異な違憲警告型判決を下したのである。

この1976年判決は、最高裁判所にとっては一種独特な「アイデア賞」的判断であった。もちろん最高裁判所の意図は、本判決後、立法者の意識改革が進み、1票の較差を是正しなければ、平等選挙権は侵害されるという認識を立法者にもたせ、立法者の自己改革を進めるところにあったのだろう。しかし、立法者はその意図を汲みとるほど成熟していなかった。その成熟化に失敗した要因は多様であるが、主因は1976年判決以降の最高裁判所の判例にある。

Ⅱ．数値の不存在

最高裁判所は、1983年判決において、較差が1対3.94に縮小化された状況の下、「右較差の拡大による投票価値の不平等状態がいかなる時点において憲法の選挙権の平等の要求に反する程度に達したのかは、事柄の性質上、判然と確定することはできない」と判示し、較差の限界点と較差が発生した始点を特定化しなかった。その結果、「選挙区間における議員一人当たりの選

挙人数の較差が憲法の選挙権の平等の要求に反する程度に達した時から本件選挙までの間に、その是正のための改正がされなかつたことにより、憲法上要求される合理的期間内における是正がされなかつたものと断定することは困難である」[25]と判示し、違憲要件の「合理的期間」論が以後、再定着していった。

　もっとも、1976年型の「違憲有効型判決」は、1985年判決にもみられる[26]。本判決における「違憲」理由は、第1に、先の1983年の違憲状態判決後、較差が1対4.4に拡大化したこと、第2に、較差是正の措置を立法府が放置し、「合理的期間」が経過した点にある。ただし、この判決においても、較差の限界と合理的期間の経過時間は明示されてはいない。この数値の不存在の方向性は、1990年代における政治改革後の新選挙制度の下でも維持され続けている。

　政治改革関連4法の一つに公職選挙法改正が含まれ、新規立法として衆議院議員選挙区画定審議会設置法（1994年）が制定された。当時の同法3条1項は、「各選挙区の人口の均衡を図り、各選挙区の人口（官報で公示された最近の国勢調査又はこれに準ずる全国的な人口調査の結果による人口をいう。以下同じ。）のうち、その最も多いものを最も少ないもので除して得た数が二以上とならないようにすることを基本とし、行政区画、地勢、交通等の事情を総合的に考慮して合理的に行わなければならない」と定め、較差の限界値が初めて法律上、「二」（1対2）と明示された。しかし、同2項において「前項の改定案の作成に当たっては、各都道府県の区域内の衆議院小選挙区選出議員の選挙区の数は……衆議院小選挙区選出議員の定数に相当する数から都道府県の数を控除した数を人口に比例して各都道府県に配当した数を加えた数とする」いわゆる、「1人別枠方式」が法定化されたため、「二」の数値の厳格性が当初より揺らいでいた。

　政治改革後の最初の衆議院小選挙区比例代表選挙に関する最高裁判所の1999年判決は、この較差問題について、次のように判示している。すなわち、「選挙区間における人口の最大較差は、改正の直近の平成2年10月に実施された国勢調査による人口に基づけば1対2.137であり、本件選挙の直近の同7年10月に実施された国勢調査による人口に基づけば1対2.309であったというのである。このように抜本的改正の当初から同条一項が基本とすべきもの

25）最大判1983年〔昭和58年〕11月7日民集37巻9号1243頁。
26）最大判1985年〔昭和60年〕7月17日民集39巻5号1100頁。

34 第2章 選挙権の平等性の憲法的価値

としている二倍未満の人口較差を超えることとなる区割りが行われたことの当否については議論があり得るところであるが、右区割りが直ちに同項の基準に違反するとはいえないし、同条の定める基準自体に憲法に違反するところがないことは前記のとおりであることにかんがみれば、以上の較差が示す選挙区間における投票価値の不平等は、一般に合理性を有するとは考えられない程度に達しているとまではいうことができ（ない）」[27]。

こうした最高裁判所の較差是正への消極的態度は、最高裁判所自体に混乱を与えるようになった。最高裁判所は2007年判決では、1人別枠方式を合憲とし、かつ選挙日当日の較差が1対2.171であることも12対3で合憲と判断した。しかし、これには3人の反対意見のほか、4人の補足意見、3人の意見が付されている[28]。すなわち、本判決では、合憲判断は12名の多数によって形成されたが、その合憲性の根拠については分散し、もはや何を理由に多数意見が形成されたのか不明確な姿を表している。

その不明確性に一定の形式を与えたのが、2011年判決である。本判決では、「1人別枠方式」について独特な判断を示している。すなわち最高裁判所は、「1人別枠方式がこのような選挙区間の投票価値の較差を生じさせる主要な要因となっていたのであって、その不合理性が投票価値の較差としても現れてきていたものということができる。そうすると、本件区割基準のうち1人別枠方式に係る部分は、遅くとも本件選挙時においては、その立法時の合理性が失われたにもかかわらず、投票価値の平等と相容れない作用を及ぼすものとして、それ自体、憲法の投票価値の平等の要求に反する状態に至っていたものといわなければならない」[29]。

この判断の前提には、「1人別枠方式は、おのずからその合理性に時間的な限界があるものというべきであり、新しい選挙制度が定着し、安定した運用がされるようになった段階においては、その合理性は失われるものというほかはない」という「新たな合理的期間論」を提起した点である。もっとも最高裁判所は、旧来の較差是正のための合理的期間論をここでも採用し、「本件選挙までの間に本件区割基準中の1人別枠方式の廃止及びこれを前提とする本件区割規定の是正がされなかったことをもって、憲法上要求される合理

27）最大判1999年〔平成11年〕11月10日民集53巻8号1704頁。9対5の僅差による合憲判決である。

28）最大判2007年〔平成19年〕6月13日民集61巻4号1617頁。

29）最大判2011年〔平成23年〕3月23日民集65巻2号755頁。

的期間内に是正がされなかったものということはできない」と判示し、「違憲状態型判決」にとどめたのである。

ただ、この判決によって、数値「二」が一層、尊重される可能性が生まれ、較差是正への新たな展開が期待されたが、最高裁判所は2013年判決において、前年行われた「0増5減」改正、すなわち、衆議院議員小選挙区議席定数を300議席から295議席に削減した後の衆議院議員選挙に関し、1対2.425の較差について、従来型の合理的期間論に基づき「違憲状態型判決」を下すにとどまった[30]。しかもこの判決では、合理的期間について、「憲法上要求される合理的期間内における是正がされなかったといえるか否かを判断するに当たっては、単に期間の長短のみならず、是正のために採るべき措置の内容、そのために検討を要する事項、実際に必要となる手続や作業等の諸般の事情を総合考慮して、国会における是正の実現に向けた取組が司法の判断の趣旨を踏まえた立法裁量権の行使として相当なものであったといえるか否かという観点から評価すべきもの」とし、合理的期間を数値で評価することを放棄した内容となっている。

通説では、較差の限界値は明確に1対2以内とされている。また2016年改正衆議院議員選挙区画定審議会設置法3条1項は、「二以上とならないようにすることとし」と改められ、従来以上に「二」の値が重視されている。このような法環境の下、較差「二」以上について違憲ではないとする判決は、もはや説得力をもつことはできないであろう。

第4節　解決策の模索

Ⅰ．選挙権の権利性と選挙権平等への認識の軽重

連邦憲法裁判所は、選挙権の平等の実現に関し、具体的な選挙制度を作る立法者に対し、憲法典上の明文規定とその憲法解釈、加えて、選挙権の平等性への憲法解釈を通じて具体的事件を解決しようとする。その際、選挙権の平等性が立法委託の外枠を確定させることが重要である。連邦憲法裁判所は、これまでの判決の中で、次の決定的枠組を設定してきた。すなわち、「ど

30）最大判2013年〔平成25年〕11月20日民集67巻8号1503頁。

36 第2章 選挙権の平等性の憲法的価値

の有権者の投票も原則的に同等な数的価値と同等な法的結果価値を持たなければならない。……すべての選挙人は、自己が投じた投票によって選挙結果への同等な影響力を及ぼすべきである。すべての選挙制度にとってこの統一的尺度は、選挙法の立法者が全選挙地域において結果の機会の平等を保障し、同時に選挙法立法者によって確定させた議席配分手続があらゆる段階においてその規制をどの有権者の投票についても同等に適用し、その適用にあたっては、いかなる選挙人も選挙結果に関し同等な潜在的影響力をもつ形で作用しなければならない」[31]。

　一方、最高裁判所には別の思考がみられる。憲法上の与件の下（憲法44条及び47条）、選挙制度は立法者に委ねられ、立法裁量の問題として選挙権の実現が語られる。そこでは、立法裁量を限界づける尺度が、選挙権の平等性という憲法上の権利に関する憲法解釈の上で設定されるというよりも、公職選挙法という法律事項の問題として描かれていく。最高裁判所が、多数代表選挙と比例代表選挙とを区別し、それぞれの「権利としての選挙権の平等性」に無関心であることがこれを端的に表している。むしろ、最高裁判所の出発点は、選挙権の権利性それ自体が法律事項の範囲内にあり、選挙権行使の具体的場面では、その権利を任意に制約可能な「権限」として描いてきた伝統的なドイツ公権論[32]にきわめて近い捉え方のように思われる。

　しかも、立法裁量論を展開するならば、その裏返しの問題として法律論的に当然な平等の実現に付随する「恣意の禁止」問題に配慮すべきなのであるが[33]、この立法制定・改正権を枠づける「恣意の禁止」を伴う立法者の拘束という法論理すら考慮に入れない判例のあり方は――立法者非拘束説に立った上で――いわば立法裁量論が行政裁量論の段階にまで及んでいないかの感を呈している。すなわち、平等適用における「恣意の禁止」の法理は、不平等の禁止を意味するだけではなく、平等の適用段階での一定の差異化に関し、「差異化を制限する」機能をも果たす。しかし、最高裁判所の判決には、立法裁量を限界づける法論理はなく、事実上、立法者非拘束説的な裁量行為を承認しているといえる。

　加えて、連邦憲法裁判所が選挙権の平等性に関し、立法裁量を語る場面では、改正法律規定が、憲法適合性を有するか否かが最初に審査される。すな

31）BVerfGE 131,316(337).
32）加藤一彦『議会政治の憲法学』（日本評論社、2009年）45頁以下参照。
33）S.Huster, Recht und Ziele,1993, S.225f.

わち、立法者による選挙制度改革に関する選択肢の内容的合憲性について、立法者のその動機自体に立法裁量の制限を加えるという形で、連邦憲法裁判所は、審査を行っている。これに対し、最高裁判所は既存法律規定の憲法適合性を測る最初の場面で、立法裁量論を認めているが故に、立法裁量論は法律規定を作った立法者の動機自体に対する違憲審査基準としては、事実上、機能しない点に原理的な相違がある[34]。

Ⅱ．数値化の回避

　連邦選挙法3条1項3号は、各選挙区間の平均住民数を基準に上下15%以内（較差1対約1.35）を較差の相対的上限とし、上下25%（較差1対約1.66）を絶対的上限と定め、絶対的上限があった場合には選挙区の変更が立法者の義務とされている。一方、現行衆議院議員選挙区画定審議会設置法（2016年）3条は、各選挙区の人口を下に、最大人口数と最小人口数を除し、「二以上とならないようにすること」と定め、1対2を限度としながらも、この較差を許容する点に大きな差異がある。本来であれば、有権者数を元に小選挙区数で除し、その平均値からの上下偏差の許容性が——都道府県の境を考慮して——描かれるべきだったのであろう。こうした投票の結果価値の平等性への眼差しがないまま、最大格差「二」の値が法定化されたが、この法定値を遵守しない公職選挙法別表第1についても、最高裁判所は寛容であり続けている。それは、同法3条において「行政区画、地勢、交通等の事情を総合的に考慮して合理的に行わなければならない」とする緩和規定があるからというよりも、「二」の値が最高裁判所において絶対的上限として認識されていないからであろう。この最低限の「二」の値が立法改正権者に対する絶対的命令規範であるという判決を最高裁判所はこれまで出したことはない。

　加えて、合理的期間論という了解不能な最高裁判所の判決の出し方にも問題がある。「期間」という言葉は時間の単位を前提としており、当然、始期と終期が明示されるはずである。法的世界には、時間的通用性が本来的に内包しており、判決の通用性も例外ではない。しかし、最高裁判所は意識的に始期と終期を示さず、「合理的」という言葉に多様な斟酌事由を含ませている。1人別枠方式が違憲とされた2011年判決では、「合理的期間」がマジッ

34）ドイツ型立法裁量論に関しては、永田秀樹「立法裁量論批判」ドイツ憲法判例研究会編『憲法の規範力と憲法裁判』（信山社、2013年）193頁以下、特に213-214頁参照。

ク・ワードのように用いられ、従来の「合理的期間論」に新たな要素を含ませた。しかし、こうした判決の態様は、時間的通用範囲を厳格に現実化する法的思考枠組の外にあり、もはや禅問答の体をなしているといわざるを得ない。

Ⅲ. 判例変更への論理

1976年の「違憲有効型判決」は、衆議院議員選挙が日本固有の中選挙区制度であった時代に、裁判所がこれに対応する形で日本固有の違憲警告判決を作り上げたと評価し得る。すなわち、1票の較差は同時に議員定数不均衡を惹起せしめ、各中選挙区の議員定数配分の増減が多岐に渡り、これを是正するには国会の包括的立法改正が不可欠である。そこで裁判所としては、国会の自助努力に期待せざるを得なかった。それ故、公選法改正案策定のきっかけを作るために行政事件訴訟法31条に基づく事情判決を援用し、判決主文において「衆議院議員選挙の千葉県第一区における選挙は、違法である」と判示しつつも、「（各選挙区の議席配分は——引用者）相互に有機的に関連し、一の部分における変動は他の部分にも波動的に影響を及ぼすべき性質を有するものと認められ、その意味において不可分の一体をな（し）」、「右配分規定は、単に憲法に違反する不平等を招来している部分のみでなく、全体として違憲の瑕疵を帯びるものと解すべきである」と捉え、「選挙自体はこれを無効としない」とする独特な判例を打ち出したのである。

この「違憲有効型判決」手法は、本来であれば、一回限りの違憲警告として利用価値があったのであろう。しかし、国会は中選挙区制時代に通説であった1対2以内の較差是正をせず、微調整に終始した。しかも最高裁判所は、較差の厳格な限界値と合理的期間の値を明示しないことによって、国会の微調整を自助努力として評価してきた。このおよそ「出来レース的」な国会と裁判所のキャッチボールは、小選挙区比例代表並立制の時代にも引き継がれた。

小選挙区制の下では、1票の較差は純粋に数値的較差の問題であり、議員定数不均衡の問題には発展しない。衆議院小選挙区の数（現在は289議席／公選法4条1項）は絶対値であり、小選挙区制では各選挙区配分議席は1議席である以上、較差問題は各小選挙区間の線引きの問題だからである。しかも、較差のある小選挙区の数は、中選挙区制の時代よりも相対的に小さく、国会が較差是正をする場合に、衆議院議員選挙区画定審議会設置法2条に基づく

「勧告」を基本とすれば、容易に改正案作成は可能なはずだった。

　こうした環境変化の下、今日、最高裁判所が1976年判決を維持する必要性はほとんどない。基本は、次のように描けば良いであろう。第1に、較差は同法3条にあるように「二」を絶対的上限とする。これを超えた小選挙区選挙は、違憲である。第2に、違憲範囲は、全小選挙区としつつも、違憲無効の範囲は、訴訟対象となっている較差「二」以上の小選挙区に限定する可分説[35]が適切である。第3に、ただ無効の発生条件としては、次の経過措置が不可欠である。最初に「違憲有効型判決」を下し、較差是正をするには、一定程度の時間的余裕が必要であり、その期間の終期を最高裁判所が明示することである。第4に、この判決後、国会が終期までに改正法を制定しない場合、あるいは不十分な改正法である場合には、新規の裁判において——各高等裁判所が100日以内に違憲無効判決を下しながら——最高裁判所は、今回は将来に向かって形成的に1対2以上の較差がある小選挙区について選挙違憲無効の判断を下し、当該小選挙区の衆議院議員を失職させれば良い[36]。確かに、複数の小選挙区の選挙無効判決が想定できるが、失職議員数が憲法56条に定める3分の1以上の定足数、また憲法53条に定める4分の1以上の国会召集請求定数を超えることはないであろう[37]。仮にそうした判決手法が確立すれば、較差是正策を国会が立案する段階において、立法府の自己抑制が可能であり、今後同種の訴訟が提起される可能性は最小化していくであろう[38]。

---

35) これまでの通説は不可分説である。しかし、これは中選挙区制時代の発想であろう。1976年判決時にすでに可分説が提唱されていた。高橋和之「選挙」奥平康弘＝杉原泰雄編『憲法学4』（有斐閣双書、1976年）122頁以下参照。また最近では、加藤・前掲書（註21）83頁参照。1976年判決の5名の反対意見は可分説である。この反対意見は小選挙区制導入以後、説得力を増している。この反対意見は今後の判例変更の基本線を提示していると思われる。

36) 2012年の衆議院議員総選挙に関する訴訟の内、広島高等裁判所（2013年3月25日判時2185号36頁）及び広島高等裁判所岡山支部（同3月26日裁判所HP）の2つの判決が、「違憲無効型」判決である。前者の判決は、将来効判決であり、較差解消のための緊急是正措置を講じた2012年〔平成24年〕11月26日の1年後の2013年〔平成25年〕11月26日の「経過をもって（判決効力が——引用者）発生するもの」と判示している。後者の判決では、事情判決の法理を用いず、ストレートに判決確定日に違憲無効とする判断を示した。なお、本件上告審では、3名の反対意見を含め違憲無効の判決手法は否定されている（最大判2013年〔平成25年〕11月20日民集67巻8号1503頁）。違憲無効型判決の最初の形態は、前者の手法が適切である。この将来効判決を下に、期日までに国会が改正法を制定しない場合、あるいは不十分な場合、新規の訴訟において違憲無効判決を下し、議席剥奪をするのが適切であろう。

37) 2009年衆議院選挙時に較差2倍以上の小選挙区は45選挙区、2012年のときは72選挙区である。

40 第2章 選挙権の平等性の憲法的価値

第5節 小 結

　ドイツの学説及び判例は、選挙権の平等性が民主制の基本的約束として正常に機能することに留意している。選挙権の平等は、有権者の政治的意思形成を同等に評価するという絶対的条件を意味するだけでなく、選挙以外の領域、すなわち政治的意思形成の予備段階においても妥当する法原則として機能することを求めている。そこには民主主義の正常な回路を維持することが、「自由で民主的な基本秩序」形成に不可欠な構成要素であるという深い認識がある。

　一方、日本の最高裁判所は、「選挙権の平等」以前の「選挙権それ自体」を国会の法律事項内に位置づけ、憲法44条に基づく制度設計によって伸縮可能な「権利」だという認識から出発している。選挙権の二元説の論理の内、「選挙の公務性」を必要以上に斟酌し、憲法15条1項をあたかも「抽象的権利」として描こうとする姿勢である。出発点がこの程度であれば、選挙権の平等性の課題が、民主制社会において統治構造に内在する国民の政治的意思形成を国家の意思形成へと正確に連動させる民主的正当性の回路設定の問題なのだという認識は希薄になる。そうした最高裁判所の立場は、政治社会における国民の政治的意思形成が選挙以外の領域においても多層的に行われ、多事争論的政治空間が確保されるべきだという民主主義論とは異質である[39]。

　かかる最高裁判所の1票の較差訴訟の扱い方は、次の二つの点で問題性を孕む。第1に、多数代表選挙と比例代表選挙との識別が不完全な点である。民主主義国家の選挙制度では、数を正確に把握することが前提である。量的数と質的数を正確に計量し、各有権者の票の集積が既存の選挙制度の下、最適な効果を与えなければならないとする視点である。その点、ドイツの国家実践は、多数代表選挙が小選挙区制であり、そこでは1人1票制という量的

---

38) 2016年5月に成立した衆議院の較差是正法律において、小選挙区は6削減、比例代表は4削減され、議員定数は465議席となった。較差是正のためのアダムス式の導入が2020年であるため、その折りには「7増13減」が予定されている。しかし、選挙区割りが法案化される過程において、この案が立法者の意思によって「ねじ曲げられる」可能性はある。これを回避するのが、裁判所の「違憲無効型」判決手法である。

39) 最高裁判所が、精神的自由権の領域において規制立法をことごとく合憲判断をしていることと無関係ではない。最高裁判所の諸判例に「民主主義の政治空間の確保」という視座、また連邦憲法裁判所において承認されている「政治的意思形成の予備の領域」という視座はないように思われる。

第5節　小　結　**41**

数の平等性に加えて、その票の質的数としての1票制を確保すること——1票の価値の平等性——に留意し、連邦選挙法の枠組が構成されている。また、比例代表制では、有権者の1票が連邦議会選挙の議席割合と比例的に連動すること——結果価値の平等の確保——が求められ、比例代表の比例制は全ドイツ領域において統一的に計算され、その計算式も少数党に有利なサンラゲ式を導入している。連邦憲法裁判所は、これらの既存選挙制度の基底にある「平等な選挙の実現」をまさに有権者の投票の量的・質的な「平等の権利」の問題として描いてきたのである。「自由と平等の内に選挙と投票を通じて人物も政策も決定するという市民の権利は、民主制原理の根本的構成要素である」[40]という法廷意見は、そのことを端的に表している。

　これに対し、最高裁判所は小選挙区における較差を「質的数の不平等」の問題、すなわち、各有権者の継続的な平等権侵害と把握していない。選挙の時だけ選挙権行使の問題が発生し、行使の段階で較差「二」以上がある場合に、憲法適合性が表面に出てくると考えているようである。しかし、本来、投票の価値の平等性の課題は、有権者がどの地域に生活していようとも、他者と同等な政治空間に存在していること、これを確保する点にあったはずである。この政治空間を形成し、維持し続けることが、選挙権の平等保障の意味である。最高裁判所が多数代表選挙にその程度の低い認識しかもっていないが故に、比例代表選挙に関してはほとんど無関心である。比例代表制が議席配分と比例的に連動すること、すなわち有権者の1票の集積が、衆議院の比例的構成と一致しているか否かの課題も、包括的な立法裁量論の問題として描き、ブロック制の問題、比例代表の議席配分計算式（日本では唯一ドント式を衆議院・参議院議員の比例代表選挙に利用している）の課題に無頓着であり続けている。

　第2に、最高裁判所は較差是正のための数値化を意識的に回避している点についてである。較差「二」の値の限界性、「合理的期間」の数値化を回避する理由が、もはや了解不明な段階にまで達している。そのため、較差訴訟の第一審である各高等裁判所の諸判決が分散化し、判例の予測可能性は低減化してきている。加えて、その上告審である最高裁判所が判例統一をしても、その都度、「違憲有効型判決」、「違憲警告型判決」、「合憲型判決」が混在し、どういう場合に「違憲無効型判決」になり得るのか、最高裁判所の判決から読み取ることは著しく困難である。とりわけ、数値化不能な「国会の

---

40)　BVerfGE 123,267；BVerfGE 131,334.

42　　第2章　選挙権の平等性の憲法的価値

努力」が較差訴訟における違憲審査基準として設定されているため、本来、社会科学的言語によって語られるべき合違憲性の問題が、忖度を要する「政治の言葉」に移行している。そこには司法裁判所が語るべき予測可能性を含んだ言説はない。

　その様相は、最高裁判所の判決にある「数値化されない曖昧な言語」の中から各高等裁判所裁判官たちが何を読み込み、判決の出し方を競わせ、最高裁判所の判例分析能力をはかり、各裁判官に対する人事評価の素材として使用しているかの感を与える。較差1対2.43があった2012年衆議院議員総選挙に関していえば、16件の高等裁判所の判決が出されたが、その判決は「違憲有効型判決」12件、「違憲状態型判決」2件、「違憲無効型判決」2件[41]であった。加えて2014年衆議院議員総選挙については、17件の訴えが提起され、較差1対2.13につき各高等裁判所は、「違憲有効型判決」1件、「違憲状態型判決」12件、「合憲型判決」4件に分散化した。これら高裁判決につき、最高裁判所は、相も変わらず2015年11月25日に3度連続して「違憲状態型判決」を下した[42]。この傾向は現在進行形である。1対1.98の較差があった2017年衆議院議員総選挙でも、16件の訴訟が提起され、高裁レベルで「合憲型判決」が15件、「違憲状態型判決」は1件であった[43]。最大較差が1対2以内にかろうじて収まったことと、次回国勢調査時にさらなる改革が行われると判断されたため、各高等裁判所は「合憲型判決」を下したのであろう。

　この高裁レベルの合憲判断は、2018年に最高裁判所の判決でも支持された[44]。同判決でも、従来の判例の枠組みは維持され、人口要素「以外の要素も合理性を有する限り国会において考慮することが許容され」、「選挙制度の合憲性は、これらの諸事情を総合的に考慮」することが違憲審査基準となることが再確認された。較差1対2以内に収まった2017年の衆議院議員選挙について合憲とした最高裁判所の判断は、今後、次のように流れていくであろう。すなわち、衆議院議員選挙区画定審議会設置法3条1項に定める較差2倍を目安として設定し、これを超える場合には違憲判断の可能性が高まり、

---

41)「違憲無効型判決」は、前掲註（36）参照。一連の高裁判決の動向については、『朝日新聞』2013年11月21日朝刊参照。
42)『朝日新聞』2015年4月29日朝刊参照。いわゆる「0増5減」の「国会の努力」が評価されたため、高裁レベルで合憲判決が多く出されたのであろう。その方向性は、最高裁判所の同上告審においてもみられる。最大判2015年〔平成27年〕11月25日民集69巻7号2035頁。
43)『毎日新聞』2018年3月31日朝刊参照。
44) 最大判2018年〔平成30年〕12月19日。判例集未登載／裁判所HP参照。

較差1対2以内に収まるのであれば、合憲判断が下されるということである。つまり、最高裁判所は、較差1対2を法定している法律の規定自体への違憲審査をせず、較差の数値をさらに狭めるか否かは、立法裁量に委ねられるという消極姿勢をとり続けるであろう。「ぎりぎりの2倍未満の較差」を合憲とするこの2018年判決によって、1票の較差訴訟は、冬の時代に突入したと評さざるを得ない。

　日本国憲法制定から70年余、1976年判決から43年を経た現在でも同一の訴訟が提起され続けている事態は、最高裁判所が問題処理能力がないことを表している。1票の較差訴訟の課題は、もはや最高裁判所の人的資源の問題、さらには裁判所機構改革の問題にまでに及びかねない[45]。

---

45)「違憲無効型判決」を出せない最高裁判所のあり方を批判する視点を共有する見解として、藤田宙靖「『一票の較差訴訟』に関する覚え書き」『法の支配』171号（2013年）95-96頁参照。

第3章

参議院の意識化された原像形成
——一つの理念型の素描——

第1節　はじめに

　「参議院は、何であるのか」という問いへの解答欄は、日本国憲法制定史を復習すれば、一定程度、埋めることはできる。しかし、この解答欄には余白が多分にある。というのも、日本国憲法の公布時（1946年11月3日）、参議院は成立していなかったからである。

　憲法101条は、「この憲法施行の際、参議院がまだ成立してゐないときは、その成立するまでの間、衆議院は、国会としての権限を行ふ」、同100条2項は、「この憲法を施行するために必要な法律の制定、参議院議員の選挙及び国会召集の手続並びにこの憲法を施行するために必要な準備手続は、前項の期日よりも前に、これを行ふことができる」と定めている。この補則条項は——現在では、本条項は実質的意味を失ってはいるが——参議院議員選出方法が、大日本帝国憲法に基づく法律事項であることを明示している。すなわち、形式的にみれば、法律制定権を有する日本国憲法上の「国会」自体が未完成であるが故に、参議院の構成は、大日本帝国憲法上の帝国議会に委ねられたのである。そのため、憲法制定時における参議院の新規設置の意味が、帝国議会において審議されただけではなく、日本国憲法公布後も、参議院選挙法として、法案が継続的に審議され続けたという側面もある。おそらくこの周辺を整理すれば、参議院の法的性格づけの半分は、解答可能であろう。

　残余の一部分は、最初の参議院議員通常選挙のあり方とこの選挙結果に基づく新たな政治主体の誕生が、かかわっていると思われる。というのも、新

46   第3章　参議院の意識化された原像形成

たな議院の創設は、憲法制度設計者の意図を超えて機能し得るからである。具体的にいえば、参議院選挙法の枠組とその選挙制度に基づいて形成された緑風会の活動である。特に緑風会の誕生とその活動は、憲法施行後の参議院のあり様に関して、重要な規範性を提供したと思われる。

　「第二院としての参議院論」を展開するならば、参議院成立から今日にいたるまでの参議院の行動様式を分析しなければならない。しかしこれは私の能力と体力を超えた課題である。そこで本章では、最初期の参議院論の一つとして、憲法制定時における参議院論と緑風会のあり様に焦点を絞り、論を進めたい。この作業を通じて、「参議院は何であってはならないのか」という問題に架橋することが可能であり、またこれによって、参議院廃止論への対峙可能的論理を提供できると考えるからである。

第2節　参議院の成立過程

Ⅰ．近衛／佐々木ルート

　公式レベルにおける大日本帝国憲法の改正は、2つのルートより始まる。近衛／佐々木ルートと幣原／松本ルートである。まず、前者のルートから確認しておこう。

　1945年10月4日、近衛文麿（副総理格／無任所大臣）は、マッカーサー（GHQ最高司令官）と会談の機会をもち、そこでマッカーサーより憲法改正の必要性について言及がなされた[1]。10月8日、近衛はアチソン（GHQ政治顧問）を訪問し、「非公式」にアチソンから憲法改正に関し、9項目の指摘を受けた。近衛は、会談後、直ちに木戸幸一（内大臣）を訪問し、憲法改正について自身が「内大臣府御用掛」として行うことが話し合われ、翌9日、近衛が天皇に拝謁し、同11日に内大臣府御用掛に任命された[2]。任命されるまでの間、近衛は細川護貞（近衛の女婿）を訪ね、佐々木惣一（京都大学教授）に憲法草案の作成を依頼することとし、早速に細川は京都に赴き、佐々木は同13日に上京し、内大臣府御用掛の勅命を受けた[3]。

---

1) この会談の様子は、奥村勝蔵「近衛公爵とマッカーサー元帥」林正義編『秘められた昭和史』（鹿島研究所出版会、1965年）266-281頁が詳しい。なお、国立国会図書館HP上の「日本国憲法の誕生」に「近衛國務相、『マックアーサー』元帥會談録」がある。

第2節　参議院の成立過程　**47**

　10月下旬頃より、近衛と佐々木は、箱根宮の下にある奈良屋別館3階にて、憲法改正作業を始めた[4]。ところが11月1日にマッカーサーが、近衛が憲法改正作業にあたることを否定する声明を発した。近衛は戦争犯罪人として調査対象となることが決しており、また内大臣府の廃止がこの時期の既定方針であったからである。そこで、近衛は、自身の最後の仕事として[5]、11月22日に「要綱」を天皇に上奏した。一方、佐々木はこの「要綱」を基本にしつつも、自らの学識を取り込んだ「憲法案」を作成した[6]。佐々木「憲法案」は、11月23日に上奏され、翌24日進講された[7]。

　それでは、両案は現在の参議院の原型なる議会制について、どのように描いていたのであろうか。近衛案（帝国憲法ノ改正ニ関シ考査シテ得タル結果ノ要綱）によれば、「帝国憲法改正ノ要点」の中で、次のような貴族院の改革が構想されている。

五、衆議院ハ一般国民ニ代テ活溌ニ国務ニ参加シ貴族院ハ平静ナル態度ヲ以テ国務ニ参加スル機関タラシムル主旨ノ下ニ
　　イ、貴族院ノ名ヲ改メ特議院（仮称）トシソノ議員ハ衆議院ト異リタル選挙其ノ他ノ方法ニヨリ選任ス

---

2) 以上の経緯については、古関彰一『日本国憲法の誕生〔増補改訂版〕』（岩波現代文庫、2017年）11-19頁参照、佐藤達夫『日本国憲法成立史　第1巻』（有斐閣、1962年）177頁以下、特に201-209頁参照。また、この近衛ルートの設定は、明らかに天皇の意思が働いている。この点については、『昭和天皇実録』公表の成果を踏まえた、豊下楢彦『昭和天皇の戦後日本』（岩波書店、2015年）3-11頁参照。なお、「内大臣府」は、内大臣府官制（明治40年皇室令第4号）に根拠を置く。同官制2条は、「内大臣ハ親任トス常侍輔弼シ内大臣府ヲ統轄ス」と定める。同4条は「内大臣府ニ左ノ職員ヲ置ク」と定め、次の3種類を列挙している。「秘書官長」、「秘書官」、「属」である。御用掛は同官制上の職種ではなく、臨時・非常勤の職名である。
3) 古関・前掲書（註2）22-25頁参照。
4) 佐々木の弟子、磯崎辰五郎（立命館大学教授）及び大石義雄（和歌山高商教授）は、内大臣府嘱託として佐々木の仕事を助けた。この点については、佐々木惣一『改訂日本国憲法論〔補正版〕』（有斐閣、1954年）98頁参照。
5) 近衛に対して12月6日、GHQより逮捕指令が発せられ、同月16日、荻窪の自宅にて服毒自殺した。当日の様子については、細川護貞『細川日記［下］〔改版〕』（中公文庫、2002年）457頁以下が正確である。また、矢部貞治『近衛文麿』（光人社NF文庫、1993年）201頁以下も参照。
6) 近衛案と佐々木案は、基本的に同一である。佐々木惣一『憲法改正断想』（甲文社、1947年）109頁参照。この佐々木自身の言葉に同意するものとして、佐藤・前掲書（註2）230頁、松尾尊兊「敗戦前後の佐々木惣一」『人文学報』98号（2009年）132頁がある。
7) 憲法改正に関する近衛の一連の動きについては、岡義武『岡義武著作集　第5巻　山県有朋・近衛文麿』（岩波書店、1993年）319頁以下参照。

48　　第3章　参議院の意識化された原像形成

　ロ、特議院ノ組織モ衆議院ト同ジク法律ニ依リ定メラルルコトトス
　ハ、本来帝国議会ノ議決ヲ以テスルヲ妥当トスルモ議会ノ行動ヲ待ツヲ
　　　得ザル事項ヲ審議スル為両院議員ヲ以テ憲法事項審議会ヲ置ク。[8]

　佐々木案（帝国憲法改正ノ必要）[9]も同一である。佐々木は、「帝国憲法ノ解釈運用ノミニ頼ルコトガ今日ノ社会事情ニ即応スルニ不十分ナルコト此ノ如シ。加之国家ガ今日ノ如キ特殊ノ社会事情ノ下ニ置カレ未曾有ノ苦難ヲ忍バザルヲ得ザルニ至レルハ従来国家活動ノ目標ガ反平和的ノ意図ヲ以テ定メラレ又民意ヲ基礎トスル国家総力ヲ発揮セザルノ事実アリタルノ結果ナリ」との認識の下、逐条的憲法改正案を構想している。先の近衛案との対応関係をみると次のような具体的条文が列挙されている。

第四十二条　帝国議会ハ衆議院特議院ノ両院ヲ以テ成立ス
第四十三条　衆議院ハ選挙法ノ定ムル所ニ依リ公選セラレタル議員ヲ以テ組
　　　　　織ス
第四十四条　特議院ハ特議院法ノ定ムル所ニ依リ皇族及特別ノ手続ヲ経テ選
　　　　　任セラレタル議員ヲ以テ組織ス

　佐々木は「理由書」の中で、「貴族院」に代わって、「特議院」を設ける意味を次のように述べている。「憲法案第四十四条ハ貴族院ノ名ヲ改メテ特議院トシ特議院ハ皇族ノ外特別ノ手続ヲ経テ選任セラレタル議員ヲ以テ組織スルモノトス。蓋シ我ガ国ニ於テ平静ニ国務ヲ考慮スルコト比較的容易ナルベキ立場ニ在ル者トシ着目スベキハ先ヅ皇族ナルコト疑ナキガ故ニ憲法ニ依リ特議院ヲ組織スル議員ノ中ニ皇族ヲ加フ。皇族以外ノ者ニシテ如何ナル者ガ平静ニ国務ヲ考慮スルコト比較的容易ナルベキ立場ニ在ル者トシテ着目セラルベキカハ時代ニ依リ一概ニ断定スルヲ得ズ。故ニ之ヲ憲法ニ於テ確定スルコトナク憲法ニ於テハ単ニ特別ノ手続ヲ経テ選任セラルベキモノナルコトヲ規定ス。従テ憲法上特議院ヲ組織スル議員ノ中ニ華族ヲ加ヘズ。議員選任ノ

8）本稿におけるオリジナル資料の引用は、国立国会図書館HP上の「日本国憲法の誕生」のほか、芦部信喜ほか編著『日本立法資料全集71　日本国憲法制定資料全集(1)』（信山社、1997年）による。引用における頁数は、後者による（以下、同じ）。近衛案は同書に所収されていないため、国立国会図書館HP上の「日本国憲法の誕生」によった。引用において頁数を明示していない場合は、HPからの引用である。
9）佐々木案の引用は、同上・75-76頁参照。

方法ハ前示ノ立場ニ在リト認メラルル者ヲ選任スルニ適当ナルモノヲ定ム」。

　以上のことから、次のことが確認できる。①「貴族院」が廃止されること。②両院制維持のため「特議院」が新設されること。③その構成員として、皇族のほか、「平静ニ国務ヲ考慮スルコト比較的容易ナルベキ立場ニ在ル者」が選ばれるべきこと。④構成の仕方は、法律事項とすること。

　近衛／佐々木ルートによる両憲法案は、「奉答」に止まった。というのも、次に述べる幣原／松本委員会ルートが公式化されたからである。

II．幣原／松本ルート

　10月4日（第2回マッカーサー＝近衛会談と同一日）に、GHQはいわゆる「人権指令」（政治的、公民的及び宗教的自由に対する制限の撤廃に関する覚書）を発令した。これに対応できない東久邇宮内閣は、翌5日総辞職した。翌6日、幣原喜重郎に大命が下り、9日に幣原内閣が正式に誕生した。11日（近衛が内大臣府御用掛に任命された日）、幣原はマッカーサーを訪問したが、その際にマッカーサーより「五大改革指令」[10]が示された。この会談において、「伝統的社会秩序ハ是正セラルルヲ要ス右ハ疑ヒモナク憲法ノ自由主義化ヲ包含スヘシ」とマッカーサーが言及したが、必ずしもその時点では、幣原内閣に憲法改正を命じてはいない。むしろ、GHQは、「日本の政治的再編」を「可能な限度まで、占領軍による一般的な指導と監視の下にみずからの改革を行なうこと」を許容する方針であった[11]。

10）国立国会図書館HP上の「日本国憲法の誕生」による。「十月十一日幣原首相ニ対シ表明セル『マクアーサー』意見」の中でいわれた「五大改革指令」は、次の通りである。「一、参政権ノ賦与ニ依リ日本ノ婦人ヲ解放スルコト―婦人モ国家ノ一員トシテ各家庭ノ福祉ニ役立ツヘキ新シキ政治ノ概念ヲ齎スヘシ」、「二、労働組合ノ組織奨励―以テ労働ニ威厳ヲ賦与シ労働者階級カ搾取ト濫用ヨリ己レヲ擁護シ生活程度ヲ向上セシムル為大ナル発言権ヲ与ヘラルヘシ、之ト共ニ現存スル幼年労働ノ悪弊ヲ是正スル為必要ナル措置ヲ採ルコト」、「三、学校ヲヨリ自由主義的ナル教育ノ為開校スルコト―以テ国民カ事実ニ基礎付ケラレタル知識ニ依リ自身ノ将来ノ発展ヲ形成スルコトヲ得政府カ国民ノ主人ニアラスシテ使用人タルノ制度ヲ理解スルコトニ依リ解答スルヲ得ヘシ」、「四、国民ヲ秘密ニ審問ニ濫用ニ依リ絶エス恐怖ヲ与フル組織ヲ撤廃スルコト―故ニ専制的恣意的且不正ナル手段ヨリ国民ヲ守ル正義ノ制度ヲ以テ之ニ代フ」、「五、日本ノ経済制度ヲ民主主義化シ以テ所得並ニ生産及商業手段ノ所有権ヲ広ク分配スルコトヲ保障スル方法ヲ発達セシムルコトニ依リ独占的産業支配ヲ是正スルコト」。

11）高柳賢三＝大友一郎＝田中英夫編著『日本国憲法制定の過程II』（有斐閣、1972年）9頁参照。なお、以下、本書を引用するときは、高柳I・IIとする。

50 第3章 参議院の意識化された原像形成

　10月13日、幣原、近衛、松本烝治（国務大臣）が会談し、近衛に対抗する意味で、松本から憲法改正は内閣の仕事である旨の発言があり、同日の閣議において松本を憲法問題調査委員会の委員長にするとの決定が下された。ただこの段階では、旧憲法の「改正」ではなく、旧憲法の問題点を研究するのが主眼であった。そのため同委員会の名称に「改正」の文言を付すことは、意識的に避けられた[12]。松本が委員長に就任してから、幣原／松本ルートが形成されたが、憲法問題調査委員会の正式の発足は10月27日である。ただこの委員会は、官制に基づかない閣議了解の形式[13]に基づいていた。

　憲法問題調査委員会第2回総会（11月10日）の席上、松本委員長より「日本をめぐる内外の情勢というものはまことに切実なものがある……憲法改正の問題は、内はともかくとして外からの要請があつた場合に、いつでもそれに応じ得るように差当つてまず大きな問題を研究する」[14]との発言があり、この頃より憲法問題調査委員会は、実質的に憲法改正のための会議体へと変質していった。

　以下、憲法問題調査会における議会制の部分について、時間軸に沿って原文を紹介し、必要に応じてコメントを付しておきたい[15]。

①憲法問題調査委員会第1回総会／1945年10月27日午後2時〜4時
　出席者：松本委員長、清水、美濃部、野村各顧問、宮澤、石黒、楢橋、入江、佐藤各委員、刑部、佐藤補助員、岩倉内閣書記官、大友内閣属
　〔美濃部顧問〕
　「広ク各条ニ亙ツテ研究スル必要モアルト思フガ、私ハ問題ヲ分ツテ調

12）　同上・14頁参照。
13）　同委員会の目的として「一、調査ノ目的ハ憲法改正ノ要否及必要アリトセバ其ノ諸点ヲ闡明スルニ在ルカラ、先ツ憲法全般ニ亙リテ内外ノ立法例、学説等ニ関スル研究ヲ為シ十分ノ資料ヲ備ヘ以テ極メテ慎重ニ調査ヲ遂ゲントスルモノデアル」とされ、その結果、調査会の法的性格に関して、「二、上述セル次第デアツテ、調査ノ具体的範囲等ハ初ヨリ確定セルモノデハナイカラ、寧ロ官制ニ依ルモノニ非ザル調査会ヲ設置スルコトトシタ。従テ名称モナイノデアツテ仮ニ命名スレバ憲法問題調査委員会トデモ称スベキデアラウ」と記載されている。「憲法問題調査委員会設置の趣旨」については、国立国会図書館HP上の「日本国憲法の誕生」及び芦部ほか編著・前掲書（註8）130-131頁による。
14）　高柳Ⅱ（前掲註11）14-15頁参照。また同書でも引用しているが、憲法調査会『憲法制定の経過に関する小委員会第11回議事録』8頁における佐藤達夫参考人発言（1958年9月25日／於：内閣総理大臣官邸）。
15）　国立国会図書館HP上の「日本国憲法の誕生」及び芦部ほか編著・前掲書（註8）135頁以下に同委員会の基本的資料が所収されている。

査研究ヲ為スベキデアルト思フ。私ハ問題ヲ四ツニ分ケタイト思フ。即チ第一ハ憲法ト皇室典範トノ関係デアル。……第三ハ議会制度デアル。両院制ノ可否ノ問題、貴族院制度ノ問題、両院ノ関係及協賛ノ問題等多々アルト思フ」。

②憲法問題調査委員会第1回調査会／1945年10月30午後1時30分〜4時30分
　出席者：松本委員長、宮澤、河村、清宮、石黒、小林、大池、楢橋、入江、佐藤各委員、刑部、佐藤各補助員、岩倉内閣書記官、大友内閣属

　　「第34条〔旧憲法の両院制条項のこと——引用者〕　問題ガ多イ。貴族院トイフ名称ノ問題、華族ノ問題、貴族院令等モ問題ニナリ得ル。貴族院法ニセヨトイフコトニナルデアラウ。相当良ク研究スルヲ要スル」。

　なお、この調査委員会の議事録によれば、冒頭に「本日ノ会議ニ於テ、本調査会ニ於ケル発言内容ガ発言者ノ氏名ト共ニ外部ニ洩ルルトキ種々不都合ヲ生ズル虞アルヲ以テ、発言者ノ氏名ヲ書類ニ残スコトヲ避ケ度キ旨述ベラレタルニ依リ速記録的形式ヲ避ケ、唯議事要領ノミヲ記録スルコトトセリ」とされたため、発言者の氏名は特定できない。以下、発言者名を記載できないのは、そのことを理由とする。

③憲法問題調査委員会第2回調査会／1945年11月2日午後1時30分〜4時30分
　参集者：松本委員長、宮澤、清宮、石黒、小林、大池、楢橋、入江、佐藤各委員（河村委員欠席）刑部、佐藤補助員、岩倉内閣書記官、大友内閣属

　　「五、衆議院ニハ解散ヲ以テ臨ミ得ルガ、貴族院ニ対シテハ現在ハ停会シカ出来ナイ。嘗テ衆議院ノ可決シタモノヲ貴族院ガ之ヲ握ツテ可決シサウモ無カツタトキ、衆議院ヲ解散シタ例ガアル。解散ハ懲罰デハ無イカラ、理論上ハ何等差支無イガ、貴族院ニ対シテモ何等カノ措置ヲ要スルトイフ議論ハアリ得ル。現在ノ貴族院ノ組織デハ解散ハ考ヘラレナイガ、英国流ニ之ヲ弱クスルコトモ考ヘラレル」。

④憲法問題調査委員会第3回調査会／1945年11月8日午後1時30分〜5時
　参集者：松本委員長、宮澤、清宮、石黒、小林、大池、佐藤各委員（河村、楢橋、入江各委員欠席）刑部、佐藤補助員、岩倉内閣書記官、大友内閣属

（二）一八

（イ）両院制ヲ維持スベキヤ

此ノ問題ハ大キ過ギル。実際問題トシテハ、二院制ヲ廃止セヨトイフ声ハ無イ。然シ問題ガ起ツタ場合ノ準備トシテ資料ハ作成シナケレバナラヌ。

（ハ）一院制トスベキヤ　之ハ問題トシナクテモ良イ。

52　第3章　参議院の意識化された原像形成

一九　貴族院ニ関スル規定ニツキ改正スベキ点アリヤ（Cf憲三四条）
（イ）貴族院ノ組織ヲ貴族院令ヲ以テ定ムトスル点ヲ改ムベキヤ
　（A）貴族院令ノ改正ニ両院ノ議決ヲ要スルトスベキヤ
　　　結論トシテハ之ガ適当デアルト思フ。
　（B）貴族院令ヲ貴族院法ト改ムベキヤ
（ロ）貴族院ノ構成分子ノ規定ヲ改ムベキヤ
　　　貴族院令改正ノ研究ト相俟ツテ研究スルヲ可トスルガ、貴族院ノ構成
　　　ニ付テ、貴族院議員側ノ意見ハ左ノ五点ニアル。
　　1.　皇族議員ヲ除クコト
　　2.　公侯爵ノ世襲ヲ廃シ伯子男爵同様互選トスルコト
　　3.　勅選議員ニ任期ヲ付スルコト
　　4.　全体ノ数ヲ削減スルコト
　　5.　職能代表的意味ヲ有スル地方選出勅任議員制ヲ設クルコト
　　　　「右ニ対シテハ皇族議員ヲ存置シテモ良イデハナイカトイフ意見及
　　　　存置シテモ皇族内ノ互選トシテ制限スル方法モアルカラ差支ナイト
　　　　イフ意見ガアル。」

　この段階で初めて両院制堅持が示されつつも、貴族院の構成・選出方法に
つき、「職能代表的意味ヲ有スル地方選出勅任議員制ヲ設クルコト」と言及
されたが、これが後の参議院議員選挙法の論点と関連していく。
　憲法問題調査委員会の議論は、その後、第4回調査会（11月19日）、同第5
回調査会（11月20日）、同第4回総会（11月24日）と継続するが、貴族院関係
については、目新しい展開はない。ただ、総会終了後に開かれた第6回調査
会（11月24日）では、まとめとして次のような報告がなされている。
　　「第三十四条　貴族院ハ貴族院令ノ定ムル所ニ依リ皇族華族及勅任セラ
　レタル議員ヲ以テ組織ス」
　　「『皇族議員、華族議員及ビ勅任議員ヲ全廃シ、選挙ニ依ル議員ヲ以テ組
　織スルモノトスベシ』ノ（3説）、『議員ハ地域代表的性質ヲ有スルモノノ
　外職能代表的性質ヲ有スルモノヲ置クベシ』ノ（試草）、『貴族院ハ貴族院
　法ノ定ムル所ニ依リ選挙セラレタル議員ヲ以テ組織ス』ノ『選挙』ヲ『特
　選』トシタラ如何。『貴族院』ニ代ル名称トシテ『審議院』ハ如何」。
⑤憲法問題調査委員会第7回調査会（1945年12月24日／午後1時半～5時半）
　出席者：宮澤、河村、清宮各委員、古井嘱託、刑部、佐藤各補助員

「第三章ニツイテハ両院制ヲ維持スルコトハ異論ガナイトシテ、マダ貴族院ヲイカニスルカニツイテ決マツテヰナイノデ調査会トシテモソレガ決マラナイ中ニハイロイロ考ヘテモ何ニモナラナイ。憲法改正ト貴族院改革ヲ何レヲ先ニスルカノ問題ト共ニ、早ク政府ノ最高方針ヲ明カニシテモラヒタイトノ意見ガ強カツタ。」

　「貴族院ノ改称ニツイテ、今マデ出タ名称ハ

上院下院、第一院第二院、左院右院、南院北院、元老院衆議院、参議院衆議院、公選院特選院、特議院衆議院、公議院衆議院、耆宿院衆議院、審議院衆議院　等々

ノ組合セガアルガ、参議院アタリガ無難ト云フベキデアラウカ。」

　ここで初めて議事録上、「参議院」の名称が現れる。この議事録の冒頭「……第二章以下ニツイテ各委員起草ノ試案ヲ網羅的ニ参照シツツ予メ重要ナ問題ノ所在ヲ明カニシテ置クタメニ小委員会ヲ開イタ」ことが明記されている。事前に提出された改正案の中で、特記すべきは清宮四郎委員（東北大学教授）の「大日本帝國憲法改正試案（1945年12月22日提出）」である[16]。この試案の中で、貴族院に関し次のような具体的な改正文が提言されている。

　「第三十三条中『貴族院』ヲ『参議院』ニ改ム

第三十四条　参議院ハ参議院法ノ定ムル所ニ依リ地方団体及職能団ヨリ選出セラレタル議員ヲ以テ組織ス」。

⑥憲法問題調査委員会第6回総会（1945年12月26日／午前10時半～午後4時）

16）芦部ほか編著・前掲書（註8）171-173頁所収。「参議院」の名称は、清宮の発案ではない。第89回帝国議会／貴族院本会議（1945年12月12日）において小原直が、「貴族院の名称を変へると致しますると、どう云ふ風に変へるか、是等は此処で彼此申す場合ではないのでありますが、試みに申しますると、上院と言つては、衆議院と云ふ名前が結構な名前でありまするから、是は存置すると、何か適当ではないやうに考へられるのであります、其の他色色考へて見ますると、参議院と云ふ名前の如きはどうでありませうか」と質問しているからである。清宮が「参議院」という名称をいつ思いついたかは、不明であるが、清宮案が公表される以前に小原が使用したことは事実である。もっとも小原発言以前に「参議院」の名称が使われたか否かは、不確定である。少なくとも、国立国会図書館HP上の「帝国議会会議録検索システム」では、小原の例が最初である。なお「参議」の言葉は、律令制時代からある。旧憲法時代では、1869年7月8日制定の「職員令」上、太政官の一種として「参議　三人」と法定されている（明治二年『法令全書』250-251頁、内閣官報局）。当時、参議には、副島種臣（佐賀）、前原一誠（長州）が任命された。なお、前原は任命後すぐに辞任し、代わって大久保利通（薩摩）が任命された。この点については、稲田正次『明治憲法成立史　上巻』（有斐閣、1960年）69-70頁参照。

54　第3章　参議院の意識化された原像形成

出席者：松本委員長、清水、美濃部、野村各顧問、宮沢、河村、清宮、石黒、大池、入江、佐藤、奥野、中村各委員、古井嘱託、刑部、佐藤、窪谷各補助員、大友内閣属（小林、楢橋委員欠席）。

　この総会において、貴族院の名称に関し、「貴族院ノ名称。両議院ト云ヒタイカラヤハリ衆議院ハソノママニシテ×議院ト云フ風ニシタイ。参議院位ガイイ。宿題」とされ、ここで基本的に「参議院」の名称が定まったといえる。その新組織の選出方法に関しても、「色々アルケレドモ法律ニヨルコトトスルコトハ異議ナシ。皇族議員、華族議員廃止モ異議ナシ、議員全部ヲ選挙ニヨルトスルカ、勅任ヲ認メルカガ問題。スベテ法律ニ委ネテモイイデハナイカ（衆議院ハ公選ト云フコトガ絶対ノ要件ダガ、何デモ入ツテイイト云フノナラスベテ法律ニ委ネテモ可ナラン）。折角改正ヲスルノナラ大方針ヲ規定スベシ。法律ニシタダケデハ別ニ改正シタコトニナラナイ。選挙セラレタモノ（職能、地方）ト勅任ニヨルモノ、ノ二種類ニシタイ。」と決せられた。

　この決定が、その後の「憲法改正要綱」（甲案／1946年1月26日）、「憲法改正案」（乙案／1946年2月2日）に引き継がれていった。すなわち、前者では「第三章　帝国議会」の下、「第三十三条以下ニ『貴族院』トアルヲ『参議院』ト改ムルコト」、「第三十四条ノ規定ヲ改メ参議院ハ参議院法ノ定ムル所ニ依リ選挙又ハ勅任セラレタル議員ヲ以テ組織スルモノトスルコト」と定められ、後者では「第三章　国会」の表題の下、「第三三条　国会ハ衆議院参議院ノ両院ヲ以テ成立ス」、「第三五条（A案）参議院ハ法律ノ定ムル所ニ依リ職域地域及学識経験ニ拠リ選挙又ハ勅任セラレタル議員ヲ以テ組織ス
（B案）参議院ハ法律ノ定ムル所ニ依リ職域及地域ヲ代表スル者並ニ学識経験アル者ヨリ選挙又ハ勅任セラレタル議員ヲ以テ組織ス
（C案）参議院ハ法律ノ定ムル所ニ依リ選挙又ハ勅任セラレタル議員ヲ以テ組織ス」とされた。

　しかし憲法問題調査委員会の憲法改正作業は一変する。GHQは、同委員会の憲法作成能力に疑義をもち[17]、日本政府は改めて試案の全面的修正をせざるを得ない状況に追い込まれたからである。次にその過程を一瞥しておこう。

17） 古関・前掲書（註2）94-95頁によれば、憲法問題調査委員会の孤立性に問題があると指摘している。古関は、同委員会がGHQ側と交渉することを拒否していたこと（松本の個性の問題）、在野の民間草案も無視したことをあげている。同・99頁参照。

Ⅲ. 貴族院廃止と参議院の新設

　1946年2月1日、『毎日新聞』に憲法問題調査委員会の試案がスクープされた。この試案は、所謂、宮沢俊義委員（東京大学教授）が第8回調査会（1946年1月4日）に提出したものである[18]。このスクープ記事を通じて、GHQは日本政府の憲法構想を知ることとなるが、早速、同日、ホイットニー（民政局長）は、マッカーサーにGHQが憲法改正案を作成することを進言した。同月3日、マッカーサーは日本の新憲法の骨格を示すいわゆる「マッカーサー三原則」を提示し、これ以降、ホイットニーを中心に民政局行政部内において憲法草案が作成されることとなった[19]。

　日本政府は、GHQの動きを知ることもなく、2月8日に「憲法改正要綱」をGHQに提出した。だがすでにGHQは憲法作成中であった。総司令部案は2月12日に完成した。2月13日、外務大臣公邸にてGHQからは、ホイットニーほか3名、日本政府側からは吉田茂（外相）、松本烝治（国務大臣）、白洲次郎（終戦連絡事務局参与）、長谷川元吉（外務省通訳官）の4名が会談に臨んだ。その席上、ホイットニーが松本案を拒否する旨を発言し、総司令部案を提示した[20]。この短時間の会談において[21]、松本烝治は、同草案中、一院制についてのみ質問をした。

　総司令部草案作成中すでにケーディス（民政局行政部長）が、「一院制か二院制かの点は、日本政府に総司令部案を受け入れさせるに当たって、取引の種として役立たせうるかもしれない」[22]と判断していたため、意図的に一院制の草案を用意していたのである。後日、松本は、GHQが二院制、チェックアンドバランスの意味も知らないような者たちに「驚き」、「こういう人のつくつた憲法だつたら大変だと思つた」[23]と語っているが、GHQの罠に松本

18）宮沢甲案のことである。宮沢甲案／乙案の原文は、国立国会図書館HP上の「日本国憲法の誕生」及び芦部ほか編著（註8）284頁以下に所収されている。スクープの状況については、佐藤達夫『日本国憲法成立史　第2巻』（有斐閣、1964年）647-657頁参照。なお、『毎日新聞』1946年2月1日第一面「社説」では、この憲法草案を否定的に紹介している。但し、貴族院を廃止し、参議院を新設する点は、好意的評価を示している。

19）古関・前掲書（註2）126-129頁参照。

20）同上・177頁参照。

21）午前10時10分から11時頃までの1時間ぐらいとされている。同上・180頁参照。

22）高柳Ⅱ（前掲註11）198頁。

23）憲法調査会事務局『憲資・総28号　松本烝治口述　日本国憲法の草案について』（1958年）12頁。

56　第3章　参議院の意識化された原像形成

は見事に嵌ったとみるのが現在の評価である[24]。

　総司令部草案は、2月19日に閣議に報告され、22日に閣議において受け入れが決定された。同草案の仮訳の一部は、2月22日に閣議に配布されたが（全文の外務省仮訳は翌26日に配布）[25]、それに先立ち「松本・ホイットニー会談」（2月22日）が行われ、日本政府は総司令部草案に関し、若干の修正と独自色を入れることを了承されたと判断し[26]、総司令部草案に着色する形式で正式な翻訳作業にあたった[27]。この作業は3月2日に終了し（所謂、日本側の「3月2日案」である）、同4日にGHQに提出された。

　英訳の終わっていない日本文のままの「3月2日案」は、5日午後までGHQによって再翻訳作業／意見聴取（佐藤達夫法制局第一部長が中心）が行われた[28]。同草案は、法制局（入江俊郎法制局次長が中心）による点検作業を受け、6日閣議決定された[29]。これが「憲法改正草案要綱」である。

　以上、3つの憲法草案の出現経緯を紹介したが、具体的に両院制条項は、どのように定められていたのであろうか。

〈総司令部草案〉

第四十条　　　国会ハ国家ノ権力ノ最高ノ機関ニシテ国家ノ唯一ノ法律制定機
　　　　　　　関タルヘシ

24）　高柳Ⅱ（前掲註11）199頁参照、古関・前掲書（註2）193頁参照。
25）　この間の事情は、入江俊郎『憲法成立の経緯と憲法上の諸問題』（第一法規、1976年）203-204頁参照。
26）　同会談において、ホイットニーは「右案ハ法典トシテ一体ヲ成セルモノニシテ其何レノ章、何レノ条規カ基本形態ニ当ルトノ説示ハ困難ナリ畢竟スルニ些末ノ点ハ適宜変更ヲ許スモノト解サレタシ」と松本に応えている。「会見記　二月廿二日（午后二時乃至三時四十分聯合軍司令部ニ於テ）会見／（吉田外相ト共ニホイツトネー将軍以下四人ト）顛末略」（松本烝治手記）。国立国会図書館HP上の「日本国憲法の誕生」に掲載されているほか、高柳Ⅰ（前掲註11）380-401頁では、アメリカ側からの資料が掲載されている。
27）　総司令部案の一院制に対し、松本が二院制に固執したため、松本自身が第二院（後の参議院）を挿入した。二院制が導入されたため、「第四章　国会」の部分は、大幅に修正された。この点については、佐藤達夫〔佐藤功補訂〕『日本国憲法成立史　第3巻』（有斐閣、1994年）80頁参照。
28）　いわゆる「3月5日案」の原文は、佐藤・前掲書（註27）163-174頁に掲載されている。なお、同案と「憲法改正草案要綱」との語句の相違については、同175-188頁参照。「国会」に関しては本質的な変更はみられない。但し、外国人条項（法の下の平等）に関しては、佐藤達夫による「日本化」が成功した。この点については、古関・前掲書（註2）221-222頁参照。
29）　高柳Ⅱ（前掲註11）103頁参照。

第2節　参議院の成立過程　**57**

第四十一条　国会ハ三百人ヨリ少カラス五百人ヲ超エサル選挙セラレタル議
　　　　　員ヨリ成ル単一ノ院ヲ以テ構成ス
第四十二条　選挙人及国会議員候補者ノ資格ハ法律ヲ以テ之ヲ定ムヘシ而シ
　　　　　テ右資格ヲ定ムルニ当リテハ性別、人種、信条、皮膚色又ハ社会
　　　　　上ノ身分ニ因リ何等ノ差別ヲ為スヲ得ス

〈3月2日案〉
第三十九条　国会ハ国権ノ最高機関ニシテ立法権ヲ行フ。
第四十条　　国会ハ衆議院及参議院ノ両院ヲ以テ成立ス。
第四十五条　参議院ハ地域別又ハ職能別ニ依リ選挙セラレタル議員及内閣ガ
　　　　　両議院ノ議員ヨリ成ル委員会ノ決議ニ依リ任命スル議員ヲ以テ組
　　　　　織ス。
　　　　　参議院議員ノ員数ハ二百人乃至三百人ノ間ニ於テ法律ヲ以テ之ヲ
　　　　　定ム。
第四十六条　参議院議員ノ任期ハ第一期ノ議員ノ半数ニ当ル者ノ任期ヲ除ク
　　　　　ノ外六年トシ、各種ノ議員ニ付三年毎ニ其ノ半数ヲ改選ス。
第四十七条　参議院議員ノ選挙又ハ任命、各種議員ノ員数及其ノ候補者タル
　　　　　資格ニ関スル事項ハ法律ヲ以テ之ヲ定ム。

〈憲法改正草案要綱／3月6日要綱〉
第三十七　国会ハ衆議院及参議院ノ両院ヲ以テ構成スルコト
第三十八　両議院ハ国民ニ依リ選挙セラレ全国民ヲ代表スル議員ヲ以テ之ヲ
　　　　　組織スルコト
　　　　　両議院ノ議員ノ員数ハ法律ヲ以テ之ヲ定ムルモノトスルコト
第三十九　両議院ノ議員及其ノ選挙人タルノ資格ハ法律ヲ以テ之ヲ定ムルコ
　　　　　ト但シ性別、人種、信条又ハ社会的地位ニ依リテ差別ヲ附スルコト
　　　　　ヲ得ザルコト
第四十　　衆議院議員ノ任期ハ四年トスルコト但シ衆議院解散ノ場合ニ於テ
　　　　　ハ其ノ期間満了前ニ終了スルコト
第四十一　両議院ノ議員ノ選挙、選挙区及投票ノ方法ニ関スル事項ハ法律ヲ
　　　　　以テ之ヲ定ムルコト
第四十二　参議院議員ノ任期ハ第一期ノ議員ノ半数ニ当ル者ノ任期ヲ除クノ
　　　　　外六年トシ三年毎ニ議員ノ半数ヲ改選スルコト

58 第3章 参議院の意識化された原像形成

　総司令部草案の一院制について、松本烝治は、「松本・ホイットニー会談」
（2月22日）において、二院制導入の了解をとっていた。しかし、3月2日案
では、この会談の基本線を逸脱した形で、参議院の構成が定められている。
「内閣ガ両議院ノ議員ヨリ成ル委員会ノ決議ニ依リ任命スル議員」（45条）に
あるように、「任命議員」の存在である。前記会談において、ホイットニー
は、松本による「議会ハ一院制ヲ採レルモ二院制ハ絶対ニ認メラレサルヤ」
との質問に対し、「二院ハ米国等ト国情ヲ異ニスル日本ニテハ無用ト考フル
モ強テ希望アレハ両院共ニ民選議院ヲ以テ構成セラルル条件下ニ之ヲ許スモ
可ナリ」（此ノ点十三日ノ初会見ニ於テ当方ヨリ両院制ノ作用ニ付一言シ置キタル結
果譲歩セルモノナラン）、と答えていた。しかし、松本の「例ヘハ商業会議所
議員ヲ選挙人トスルカ如キ職業代表ハ如何」との質問に対しては、「右ハ民
選的ト認メ得ス」？、また「議員ノ少数者ヲ勅任トスルハ如何」（松本）、「右
ハ認メ得ス」と答え、第二院が民選議院であることを条件化していた[30]。
　ホイットニーがそう答えざるを得なかったのは、GHQ が SWNCC-228
（STATE-WAR-NAVY COORDINATING COMMITTEE DECISION AMENDING SWNCC
228. 1946年1月7日／国務・陸軍・海軍三省調整委員会「日本の統治体制の改革」）
の「情報」をアメリカ政府よりすでに受けていたからにほかならない。同文
書「問題点に対する考察」の中で、「貴族院および枢密院の過大な権限」[31]が
問題視され、「結論」においては、「1. 選挙権を広い範囲で認め、選挙民に

30）註（26）の「会見記」参照。
31）高柳 I（前掲註11）427-429頁によれば、同文書におけるアメリカ政府の貴族院に対
　する評価は、次の通りである。「財政に関する法案は下院において先議されなければな
　らないということ、および、下院は何時たりとも天皇がその解散を命じうるのに対し、
　上院は停会されることがあるだけであるということを除けば、上下両院の立法権は同
　一である。貴族院は、大体、2分の1が貴族、4分の1が高額納税者の互選による者、4
　分の1が天皇の任命する者によって構成されているのであって、貴族院が民選の下院
　と同等の権限をもつことは、日本における有産階級および保守的な階級の代表者に、
　立法に関して不当な影響力を与えるものである」。枢密院については、「枢密院は、議
　長1名、副議長1名、天皇の任命する終身の顧問官24名および職務上当然に参加する
　閣僚で構成され、天皇に対する最高の助言機関としての役目を果たす。1890年に公布
　された、その権限を規定する勅令は、大まかにいえば、憲法問題、条約および国際協
　定に関し、並びに緊急勅令の発布に先き立ってのみ、天皇の諮問を受ける旨を規定し
　ていた。しかし、枢密院は、次第にその活動を拡大し……『第三院』に類似するに至っ
　た。同院は、しばしば政策問題に関し内閣に反対し、若干の場合においては、議会の
　信任をえている内閣の瓦壊を強要した……現在の姿での枢密院が、健全な議院内閣制
　の発達に対する重大な障害となることは、すでに明らかになっている」。

対し責任を負う政府を樹立すること」、「2. 政府の行政府の権威は、選挙民に由来するものとし、行政府は、選挙民または国民を完全に代表する立法府（a fully representative legislative body——引用者）に対し責任を負うものとすること」[32]が、新日本の統治原則とされていたからでる[33]。したがって、二院制を導入し、貴族院に代わって「参議院」を新規設置した場合においても、民選議院であることが絶対条件とされたのである。その結果、参議院の構成の仕方が、その後、大きな憲法問題となっていく。この点については、章を改めて論じる。

　憲法改正草案要綱公表後、「国会」の部面では大きな動きはないが、条文構成に関しては、修正が施されている。特に、憲法口語化との関係である。3月末頃、「国民の国語運動連盟」（会長／安藤正次）による「法令の書き方についての建議」が幣原首相宛に提出された[34]。受理したのは、松本国務大臣及び入江法令局長官である。口語化に積極的であった入江と「ほんやく臭の憲法」に違和感をもっていた松本も賛同し[35]、渡辺参事官を通じ、主に山本有三[36]に依頼し、憲法口語化が進められた[37]。口語化草案は、4月2日の閣議了解を受け、法制局内において口語化作業を継続し、GHQの了解を受けて、4月17日、「憲法改正草案」として発表された（16日／内奏）。[38]この草案では、「第四章　国会」は、次のように定められた。

第三十七条　国会は、国権の最高機関であつて、国の唯一の立法機関である。
第三十八条　国会は、衆議院及び参議院の両議院でこれを構成する。
第三十九条　両議院は、全国民を代表する選挙された議員でこれを組織する。

32）高柳Ⅰ（前掲註11）412-413頁。
33）同旨、佐藤功「参議院制度の由来」『憲法研究入門〈下〉』（日本評論社、1967年）52-54頁参照。
34）鈴木琢磨『日本国憲法の初心』（七つ森書館、2013年）37頁によれば、直接官邸に出向いた者は、安藤正次、山本有三、横田喜三郎、三宅正太郎、小野俊一、松坂忠則の計6名である。なお、同書36頁は、1945年11月20日『毎日新聞』社説において、憲法の口語化が提言されていると指摘する。『毎日新聞』の社説は、「憲法改正を機会に憲法前文を口語体に改めることを提唱する」との記述がある。口語体採用に関しては、入江俊郎『憲法成立の経緯と憲法上の諸問題』（第一法規、1976年）289頁以下の宮沢質問と入江の答えも参考になる。
35）古関・前掲書（註2）248頁。
36）鈴木・前掲書（註34）37-41頁参照。また入江・前掲書（註34）269-273頁に口語化の経緯が説明されている。
37）佐藤・前掲書（註27）274頁参照。
38）同上・284頁。

60　第3章　参議院の意識化された原像形成

　　　両議院の議員の定数は、法律でこれを定める。

第四十条　両議院の議員及びその選挙人の資格は、法律でこれを定める。但
　　　し、人種、信条、性別、社会的身分又は門地によつて差別してはな
　　　らない。

第四十一条　衆議院議員の任期は、四年とする。但し、衆議院解散の場合に
　　　は、その期間満了前に終了する。

第四十二条　参議院議員の任期は、六年とし、三年ごとに議員の半数を改選
　　　する。

第四十三条　選挙区、投票の方法その他両議院の議員の選挙に関する事項は、
　　　法律でこれを定める。

IV.　帝国議会の審議

　1946年3月12日、幣原内閣は、憲法草案を大日本帝国憲法73条に基づく
「憲法改正案」として扱い、次期議会に提出し、そのためには4月16日前に
枢密院に下付することを決定していた[39]。大日本帝国憲法73条は「将来此
ノ憲法ノ条項ヲ改正スルノ必要アルトキハ勅命ヲ以テ議案ヲ帝国議会ノ議ニ
付スヘシ」と定める一方、旧公式令3条は「帝国憲法ノ改正ハ上諭ヲ附シテ
之ヲ公布ス。前項ノ上諭ニハ枢密顧問ノ諮詢及帝国憲法第七十三条ニ依ル帝
国議会ノ議決ヲ経タル旨ヲ記載シ」と定めていたため、憲法改正草案は内閣
より枢密院に下付され（4月17日）、幣原内閣辞表奏呈の日（4月22日）に諮
詢案に関して第1回目の審査委員会が開催された[40]。

　諮詢に先立ち、内閣の変更という大きな変化が生じていた。この事情は複
雑である。まず、マッカーサーによる「五大改革指令」（1945年10月11日）に
おいて「参政権ノ賦与ニ依リ日本ノ婦人ヲ解放スルコト」が求められていた
ため、幣原内閣は、第89回帝国議会において、衆議院選挙法改正案を提出し、
同法は12月17日に公布された。同改正法附則において「本法ハ次ノ総選挙
ヨリ之ヲ施行ス」とされた。主たる改正は、①女性参政権の導入（3条）、②
選挙権年齢20歳、被選挙権年齢25歳への引き下げ（3条）、③大選挙区制限
連記制の導入（同法別表）などである[41]。本法議決の翌日（18日）、衆議院は
直ちに解散された。

39）入江・前掲書（註34）259頁。

40）佐藤・前掲書（註27）376頁参照。

幣原内閣は、総選挙を翌年1月22日と予定していたが、GHQは1月4日「公職追放指令」（SCAPIN-550）を発したため、総選挙は延期になった[42]。4月10日、第22回衆議院議員総選挙が行われた。この総選挙において幣原は退陣し、日本自由党（後の総裁／吉田茂）と日本進歩党（総裁／幣原）が連立政権を構築し、5月16日、天皇より吉田に大命が下り、同22日第1次吉田内閣は発足した。そのため、憲法改正の進行は、吉田首相に委ねられることになったのである。

　1946年4月22日、枢密院（議長／鈴木貫太郎、副議長／清水澄：清水は後に最後の議長となる）において諮詢案に関する第1回審査委員会が開催された。枢密院における憲法草案の修正は、語句の改正程度に止まり[43]、「憲法改正草案」の本質にはかかわってはいない。先に挙げた「憲法改正草案」における国会関係条文については、修正点はない[44]。とはいえ、幣原内閣から吉田内閣への変更に伴い諮詢のやり直しもあり[45]、審査会（委員長／潮恵之輔顧問官）

---

41) 当時の衆議院議員選挙法を知るには、自治省選挙部編『選挙法百年史』（第一法規、1990年）339頁以下が便利である。

42) 升味準之輔『戦後政治（上）』（東京大学出版会、1983年）167-168頁参照。

43) 佐藤・前掲書（註27）30-432頁に修正箇所の表が掲載されている。

44) 枢密院は秘密会のため、当時の公式記録はない。国立国会図書館HP上の「日本国憲法の誕生」中、「枢密院委員会記録　1946年4月～5月」（入江文書）が一番正確であろう。また、入江・前掲書（註34）320-357頁に概略的説明がある。前記「枢密院委員会記録」第五日（昭・二一・五・八　午前十時三十分ヨリ）では、「国会」の章が議論された。ここでは次のような質疑が行われている。

　　「林（頼三郎──引用者）　次に第三十八条に付、二院制なるにかかはらず、同様に『全国民を代表する選挙された議員』とある。尤も法律でも違ふ様にきめ得るが、憲法ではなにも差がない。これでは二院制を設ける趣意がたぬ。参議院の方は職能代表にする等、性格を異にする必要があらう。

　　松本（烝治／国務大臣──引用者）　第四十条で議員の資格、選挙人の資格は別々にきめる。米も然り。又任期に差がある。解散も一方にはない。故に実値は大いに異ることになる。又選挙の方法もことなる。例へば、私見にわたるが被選挙資格も大にかへる。選挙の方法も間接選挙式にする。仏も一院制が今度国民投票で否決された。両院同じなら意味はない。これをことならしめることは、この規定で充分できる。

　　林　両院ことならしめることは当然なるもそれが憲法に出てゐないでないか。附随的な任期に付てであるが、何人が議員かと云ふ根本的な点について規定がない。職能代表は認められるか。

　　松本国務大臣　私見としては、議員の被選挙資格を何業に何年従事したといふことを入れる事は出来よう。この程度は但書に関係あるまい。尤もこの点は后日立法の際にはじめてわかる。但書の字句では納税資格の制度も認められよう。米も住居、年令等には相違がある。従つてさう云ふ余地もあると私一個は解する。

　　政府側出席者：松本国務大臣、入江法制局長官、佐藤法制局次長、宮内第二部長、今枝第三部長、渡辺事務官、佐藤事務官、奥野司法省民事局長、佐藤同刑事事務長、鈴木内務省地方局行政課長。

62　第3章　参議院の意識化された原像形成

は合計9回開かれた。最終的には、6月8日、枢密院本会議において起立多数をもって改正案は可決された。起立しない者は、美濃部達吉顧問官だけであった[46]。

　6月20日、第90回帝国議会の開院式が行われ[47]、帝国憲法改正案は同25日、衆議院に上程された。上程時における「第四章　国会」は、次の規定である。

第三十七条　国会は、国権の最高機関であつて、国の唯一の立法機関である。

第三十八条　国会は、衆議院及び参議院の両議院でこれを構成する。

第三十九条　両議院は、全国民を代表する選挙された議員でこれを組織する。両議院の議員の定数は、法律でこれを定める。

第四十条　両議院の議員及びその選挙人の資格は、法律でこれを定める。但し、人種、信条、性別、社会的身分、又は門地によつて差別してはならない。

第四十一条　衆議院議員の任期は、四年とする。但し、衆議院解散の場合には、その期間満了前に終了する。

第四十二条　参議院議員の任期は、六年とし、三年ごとに議員の半数を改選する。

第四十三条　選挙区、投票の方法その他両議院の議員の選挙に関する事項は、法律でこれを定める。

　「第十一章　補則」は、次の規定である。

第九十六条　この憲法は、公布の日から起算して六箇月を経過した日から、これを施行する。

　　　　　　この憲法を施行するために必要な法律の制定、参議院議員の選挙及び国会召集の手続並びにこの憲法を施行するために必要な準備手続は、前項の期日よりも前に、これを行ふことができる。

第九十七条　この憲法施行の際現に華族その他の貴族の地位にある者については、その地位は、その生存中に限り、これを認める。但し、将

---

45)「吉田内閣は枢密院から一旦憲法改正諮詢案を撤回し、再諮詢の手続」をとらざるを得なかった。佐藤・前掲書（註27）379頁参照。

46)同上・442頁参照。

47)開院式勅語は次の通りである。「朕は、国民の至高の総意に基いて、基本的人権を尊重し、国民の自由の福祉を永久に確保し、民主主義的傾向の強化に対する一切の障害を除去し、進んで戦争を抛棄して、世界永遠の平和を希求し、これにより国家再建の礎を固めるために、国民の自由に表明した意思による憲法の全面的改正を意図し、ここに帝国憲法第七十三条によつて、帝国憲法の改正案を帝国議会の議に付する。御名御璽」

来、華族その他の貴族たることにより、いかなる政治的権力も有
　　　　　しない。
第九十八条　この憲法施行の際、参議院がまだ成立してゐないときは、その
　　　　　成立するまでの間、衆議院は、国会としての権限を行ふ。
第九十九条　この憲法による第一期の参議院議員のうち、その半数の者の任
　　　　　期は、これを三年とする。その議員は、法律の定めるところによ
　　　　　り、これを定める。

　この条文を下に、審議が始まるが、膨大な議事録より逐一、審議過程を紹
介することは到底不可能であるし、その必要もないであろう。ここでの関心
事に即していえば、日本社会党が参議院選挙制度に職能代表を加味すること
を求めた点を確認しておきたい。すなわち、第90回帝国議会衆議院本会議
（1946年6月21日／審議の実質的初日）において、吉田茂（首相）の施政方針演
説に対し、片山哲（日本社会党／委員長）は、この最初期に「参議院の構成で
ありますが、條文の中に参議院のことに付ては殆ど其の性格を明かに致し
て居ないのであります、参議院は我々の考へでは、職能代表制を可と致すの
であります、衆議院と二重の選擧を用ひる同種類の一院を他に置く必要はな
いと考へて居るのであります」[48]と論じている。片山がそう主張したのには、
次の理由があった。すなわち、日本社会党はすでに「憲法改正要綱」（発表／
1946年2月24日）[49]において、「議会は二院より成る、衆議院は比例代表によ
る国民公選の議員より成り参議院に優先す、参議院は各種職業団体よりの公
選議員を以て構成し、専門的審議に当る」とする案を公表していた。またこ
の「要綱」の線に沿って、1946年5月27日の段階で「憲法修正案」が作成
され、当該文書では「参議院の構成は職能代表制として、労働組織、文化団
体、商工経済団体の代表をもつてすることが妥当と思ふ。その具体案は目下
作成中である」[50]と記されていた。この日本社会党の立場は一貫しており、
衆議院帝国憲法改正案委員小委員会（委員長／芦田均）においても、職能代表
を主張し続けている[51]。
　これに対し、政府は職能代表に関しては否定的である。たとえば芦田委員

───────────────────
48)『衆議院議事速記録　第2号』。なお、引用にあたっては、国立国会図書館HP上の「帝
　国議会会議録検索システム」を利用した。同システムでは、「全文テキスト」と「画像」
　の2種類がダウンロードできるが、ここでは「全文テキスト」を利用した。そのため、
　引用では平仮名表示となる。

64 第3章 参議院の意識化された原像形成

長は、「職能代表の選挙のやり方は、此の憲法を作つた時の空気では一寸難かしいので、寧ろ一院制度の方に采配が上つて居つたのを、漸く二院制度に直してここに出して来たんだが、それを職能代表と云ふ今のやうな案で行つたならば、結局参議院と云ふものの成立は困難になるのではないか、是は私限りの感じですが、さう思ふのです」と答える一方、犬養委員の「佐藤さんに伺ふのですが、是は関係方面は職能代表と云ふ観念をどんな風に見て居られますか」との質問について、佐藤政府委員は「私共の今日までの接触に於きましては、それは困ると云ふことなのです」と答え、GHQが職能代表を否定していることを明らかにしている[52]。ただ佐藤政府委員が明らかにしているように、この当時、臨時法制調査会において、参議院選挙制度の審議が行われており、したがって、参議院選挙制度の構築は、小委員会の手から少しずつ離れていった。この点については、章を改めて論ずる。

　小委員会、特別委員会、本会議において、二院制と参議院選挙制度に関し、特段の修正はなく、1946年8月24日夕刻、本会議において帝国憲法改正案

---

49) 憲法調査会事務局『憲資・総第10号　帝国憲法改正諸案及び関係文書（二）』（1957年）82-85頁所収。なお、当時の民間憲法草案では、第二院の選挙方法につき、職能代表的要素を加えることがままみられる。憲法研究会（高野岩三郎、鈴木安蔵など）の「憲法草案要綱」（1945年12月26日発表）では、「第二院ハ各種職業並其ノ中ノ階層ヨリ公選セラレタル満二十歳以上ノ議員ヲ以テ組織サル」と定められていた。ただし、高野岩三郎の手による単独の「改正憲法試案要綱」（1946年2月公表）では、「第二院ハ各種職業等ニ其ノ中ニ於ケル階層ヨリ選挙セラレタル議員ヲ以テ組織ス　議員ノ任期ハ三年トシ毎年三分ノ一ヅツヲ改選ス」とされていた。大日本弁護士会聯合会憲法改正案（1946年2月21日）では、「第五　貴族院ノ改組　貴族院ノ名称ヲ改メ職域代表者及勲労ニ因リ勅任セラレタル者（華族制度ヲ存置スル場合ニハ其ノ代表者ヲモ加フ）ヲ以テ之ヲ組織スルコト」、憲法懇談会（尾崎行雄、岩波茂雄、渡辺幾治郎、石田秀人、稲田正次、海野晋吉）の日本国憲法草案（1946年3月5日）でも、「第三十四条　参議院ハ地方議会議員ニ依リ選出セラレタル任期六箇年ノ議員（二年毎ニ其ノ三分ノ一ヲ改選ス）各職能団体ヨリ選出セラレタル任期四箇年ノ議員（二年毎ニ其ノ半数ヲ改選ス）及学識経験アリ且ツ徳望高キ者ノ中ヨリ両議院ノ推挙シタル任期六箇年ノ議員ヲ以テ組織ス」とされていた。これら憲法草案についても、上記『憲資』に掲載されている。

50) 佐藤達夫〔佐藤功補訂〕『日本国憲法成立史　第4巻』（有斐閣、1994年）665頁。

51) 同上・719頁以下に「社会党の憲法改正草案修正意見」が掲載されている。同書の佐藤達夫は、本小委員会に「出席政府委員／法制局次長」として出席し続けた。なお、小委員会は秘密会とされ、その記録は一般には公開されていなかった。しかし現在では、衆議院事務局編『衆議院帝國憲法改正案委員小委員會速記録』（衆栄会、1995年）が公刊されたほか、国立国会図書館HP上の「帝国議会会議録検索システム」にも掲載されている。

52) 第6会小委員会（1946年7月31日）衆議院事務局編・同上158-162頁に職能代表制のやりとりが掲載されている。

第2節　参議院の成立過程　　**65**

は記名投票採決によって可決された（賛成：421票、反対：8票）[53]。この採決時に、小委員会段階で議決された附帯決議が同時に議決されている。参議院関係では「参議院の構成については、努めて社会各部門職域の智識経験ある者がその議員となるように考慮すべきである」[54]と明記されている。

憲法草案可決後、直ちに貴族院に送付され、8月26日、本会議に上程された。貴族院の審議では衆議院同様、特別委員会と小委員会において実質的審議がほぼ連日開催されている[55]。

貴族院帝国憲法改正案特別委員会第18回（1946年9月20日）において金森徳次郎（国務大臣）は、参議院の選挙制度に関し、「御配りした案の中に八つの案が含まれて居ると思ひますが、此の八つの案と云ふものは、選挙の年齢と選挙区の区域に、之に加へて若干の選挙方法と云ふ要素を組合せて出来たもの」と臨時法制調査会において検討中の草案を公表した。この案は、衆議院特別委員会（1946年7月19日）に提出した案と同一である[56]。この案の骨子は、①議員定数300人、②150人を都道府県別選挙（直接／単記制）、③被選挙権35歳以上、④全国区制、その定数の2倍を衆議院による推薦、⑤推薦された候補者のみ国民が選挙する、という当初の参議院議員選挙の原型が構想されていた。金森はこの案をベースに選挙制度を作るべきだとしたため、職能代表制に関しては、否定的評価を下している。たとえば、「所謂職能代表の制度を国会に現すべし、其の方法として参議院議員の組織は職能代表の方法に拠るべし、斯う云ふ主張でありました、此の主張は私共果して此の憲法の規定に適合するものであるかどうかと云ふ点に於て、稍稍疑を持つて居ります」、「確かに職能代表的の考で行くと云ふことは、理由があらうと思ひます、併し若し其の理由が成立するならば、参議院に於て之を行ふべきものではなく寧ろ衆議院に於て之を行ふべきものである、然るに衆議院は其の儘にして置いて、参議院だけ之を採ると云ふことは、理論的には大して根拠がないと私は考へて居ります」[57]。

貴族院においても、憲法草案の修正が行われたが、参議院関連条文については修正はない。結局、条文の移動に伴う修正があるだけであり、憲法草案は貴族院本会議において1946年10月6日に議決された。衆議院への回付が

53）佐藤・前掲書（註50）869頁参照。
54）附帯決議の原文は、同上・827頁に所収されている。
55）同上・883-884頁参照。
56）同上・910-911頁参照。
57）貴族院帝国憲法改正案特別委員会第18回（1946年9月20日）。

66 第3章 参議院の意識化された原像形成

即日なされ、翌7日衆議院本会議において起立採決された。憲法改正案は、両議院において修正されたため、10月12日改めて枢密院に諮詢された。枢密院では2回審査委員会が開催されたが、修正は行われなかった。枢密院本会議（議長／清水澄、副議長／潮恵之輔）は10月29日に開かれ、全員一致で議決され、その後、上奏裁可を経て、11月3日に「日本国憲法」は公式に公布された[58]。

第3節　参議院議員選挙法の成立過程

憲法レベルで参議院の新設の是非、参議院の特色の出し方が論じられる一方、法律レベルでも同一の問題が論じられてきた。もちろん法律レベルでは、参議院を新たに設置することが前提となるため、この問題は、参議院議員の選出方法、すなわち参議院議員選挙法の枠組み、参議院の性格づけと関連する。しかもここで展開された論議は、旧憲法改正論と相互関係性を有する。以下では、参議院選挙法制定過程を時間軸に沿って紹介しつつ、当初の選挙制度がどのような経緯で生まれたかを跡づけてみたい。

Ⅰ．貴族院改革から参議院新設の動向と政府原案の作成

資料上、戦後直後の貴族院改革は、1945年10月3日に設置された貴族院制度調査委員会に遡ることができる[59]。ただ本格的な改革は、政府、内閣法制局を中心にした貴族院令の改正構想からである。幣原内閣は、1946年1月8日、「貴族院改正要綱」を閣議決定した。本要綱によれば、議員の種類は、

---

58) 旧公式令3条は、「帝国憲法ノ改正ハ上諭ヲ附シテ之ヲ公布ス」と定めている。上諭文は、「日本国民の総意に基いて、新日本建設の礎が、定まるに至つたことを、深くよろこび、枢密顧問の諮詢及び帝国憲法第七十三条による帝国議会の議決を経た帝国憲法の改正を裁可し、ここにこれを公布せしめる。御名御璽」（1946年11月3日）である。

59)『朝日新聞』東京版1945年10月4日朝刊第一面参照。なお、調査委員会の委員長には細川護立（侯爵）、副委員長は河原田稼吉が就任した。同10月11日朝刊第一面参照。この点については、憲法調査会事務局『参議院議員選挙制度の制定経緯』（1960年）5頁の註(1)と(2)にも引用されている。この資料は、自治大学校研究部監修・地方自治研究資料センター編『戦後自治史　第2巻』からの借用である。本稿では、参照の便を考え、同書の復刻版『戦後自治史　第二巻』（文生書院、1977年）を利用した。頁数は同書による。

皇族議員、華族議員、勅任議員の三つに区分される。勅任議員はさらに、①
銓衡機関による学識経験議員、②帝国学士院の互選議員、③「教育、農林畜
産業、水産業……医業又は弁護士業」に従事した者で銓衡機関により銓衡さ
れた勅任議員、④「東京都議会、道府県会及町村会ノ議員……ニ於テ当該都
道府県内ニ住所ヲ有スル満三〇歳以上ノ帝国臣民ノ中ヨリ二人、四人又ハ六
人ヲ選挙シソノ選ニ当リ勅任セラレル」議員の4区分が構想されていた[60]。こ
の段階では、貴族院廃止は前提とされていなかったため、貴族院の世俗化が
中心課題であった。但し、この最初期に貴族院改革の方法として、職能代表
的議員と地方選出議員の二種類が構想されたことは注目に値する。

　憲法改正草案の公表後、貴族院廃止が既定方針であったため、参議院選挙
制度に関し、政府の本格的調査研究が始まった。政府内には当初、二つの部
門がこれにあたった。第1に、1946年4月11日の内務省地方局案「参議院議
員選挙制度要綱」、第2に、1946年春頃に構想された法制局案「参議院議員
選挙制度ニ関シ考へ得ベキ諸案」及びこれを下にした「参議院議員選挙制度
に関する若干の考察」である[61]。ただこの作業も憲法改正案作成が先行した
ため、中断されることとなる。

　参議院選挙制度の議論は、内閣の下に置かれた臨時法制調査会（1946年7
月3日勅令348号／会長は内閣総理大臣の兼務／吉田茂）の第二部（国会）におい
て再開された[62]。同部会（会長／北玲吉）は、1946年7月13日、第1回目の
会議において小委員会（14名）を設けることを決めたが、当日、「参議院議
員選挙法案に関し考慮すべき問題」（同12日法制局作成）[63]が配布された。

　この資料に参議院選挙制度構築の重要な論点がすべて含まれている。論点
を列挙すれば、①職能代表制をとるか、地域代表制をとるか。②職能代表制
の場合、憲法改正案の下に成立するか、職能団体を如何に定めるか、③地域
代表制の場合、間接選挙あるいは直接選挙のどちらとするか。④選挙権・被
選挙権年齢を如何にするかなどである。

　この配付資料を下に、小委員会／第二部会において法案骨子がまとめられ
ていくが、当然この間、GHQの意向が示されている。政府は、1946年10月
4日、「参議院の構成に関する試案」をGHQに提出した。同試案の骨子は、

---

60)「貴族院令改正要綱」の原文は、同上・24-25頁に所収されている。
61）同上・6頁参照。
62）同上・7頁参照。また、全国選挙管理委員会事務局『選挙年鑑』（1950年）5-19頁も
　　参考になる。
63）同上・56-57頁に掲載されている。

68　第3章　参議院の意識化された原像形成

次の通りである。①議員定数を衆議院議員よりも少なくすること（250〜300人）、②選出にあたっては、甲種議員（都道府県の区域による選挙）、乙種議員（全国一選挙区による選挙）の二本立てであること、③選挙権年齢は成年とし、被選挙権年齢は衆議院の場合に比して若干引き上げること、④乙種議員の選挙方法として、候補者銓衡委員会の推薦制（甲案）、農業者、商工業者等の各職域団体の候補者推薦制（乙案）、500名以上の連署推薦制（丙案）、自由立候補制（丁案）。

　これに対し、GHQは、次のような見解を表明した。①乙種議員につき、乙案を妥当としながらも職能代表の色彩を除去すること、②全国区制への疑念などである。1946年10月22日から24日にかけて、第3回臨時法制調査会総会が開かれ、26日に答申が提出された。同答申は、「一、議員定数　衆議院議員の定数の三分の二内外とすること。二、選挙区　（イ）略々半数については各都道府県の区域により、定数の最小限の割当は各選挙区につき二人、爾余は各都道府県における人口に按分し、偶数を附加する。（ロ）残余については全国一選挙区とする。三、年齢　選挙人は二十歳以上。被選挙人は四十才以上。四、選挙方法。直接選挙。単記、無記名投票。」[64]とされた。この答申が、参議院選挙制度の基本形である。内閣は、この答申に従い11月12日——日本国憲法公布後——「参議院選挙法案」を閣議決定した。同日、内閣は枢密院に諮詢し、審議に入ったが、11月14日にGHQより修正意見が出された。ヘイズ中佐の指摘は多くの点に及ぶが、重要な点は全国選出議員の数を減らすこと、被選挙権年齢を30歳に引き下げることなどが示された[65]。12月2日、枢密院は同法案を可決し、翌3日、内閣は同法案を貴族院先議とし、貴族院（第91回帝国議会）に同法案を提出した。

II. 第91回帝国議会の審議

　内閣が提出した参議院選挙法の政府原案の一部は、以下の通りである[66]。

第一條　参議院議員の定数は、二百五十人とし、そのうち、百五十人を地方

64）答申内容は、前掲書（註59）149頁に掲載されている。
65）同上・158-160頁参照。
66）参議院選挙法案の全文は『第91回帝国議会貴族院本会議第5号』1946年12月4日に掲載されている。

選出議員、百人を全國選出議員とする。

　　地方選出議員は、各選挙区において、これを選挙する。その選挙区
及び各選挙区において選挙すべき議員の数は、別表でこれを定める。

　　全國選出議員は、全都道府縣の区域を通じて、これを選挙する。

第二條　投票区及び開票区は、衆議院議員の選挙の投票区及び開票区による。

第三條　衆議院議員の選挙会を有する者は、参議院議員の選挙会を有する。

第四條　日本国民で年齢三十年以上の者は、参議院議員の被選挙権を有する。

　大村清一内務大臣による提案趣旨説明（1946年12月4日貴族院本会議）が行
われたが、この説明は最初期の参議院のあり方を的確に表現している。その
提案内容は、次の通りである[67]。

　第1に、参議院の構成に関する説明である。「参議院議員の組織に付きま
しては……新憲法の規定乃至は精神に何が最も能く適合するかを考慮する必
要があることは申す迄もない所であります、職能代表制は必ずしも新憲法の
規定に違反するものではないとも考へられますが、国民代表の制度として職
能代表制が果して適当なものであるかどうかに付きましては、理論的に多少
疑問がありますのみならず、職能代表制がよしんば国民代表制として適当な
ものであると致しましても、現在の我が国に於きましては、未だ職能組織の
完備したものがないのでありまして、此の不完全な職能組織の上に職能代表
制を強ひて用ひますことは、不適当であります」。

　第2に、参議院の憲法的地位についてである。「参議院の組織を如何に定
めるかの問題は、国民代表及び平等選挙並に自由選挙の原則と、参議院の独
立性確保の方針を堅持しながら、其の範囲内に於て参議院の構成を、衆議院
とは出来得るだけ異質的なものたらしめる為には、如何にすれば宜いかと云
ふことに帰着するのでありますが、結局主として被選挙人の年齢及び選挙区
の構成に付て、衆議院議員の選挙の場合と異ならしめることに依りまして、
此の構成上の相違を実現して行くより外致し方がないと云ふ結論に相成る訳
であります」、そこで参議院議員選挙法では「被選挙人の年齢を三十歳とし、
衆議院議員の被選挙年齢よりも五歳を高めることと致しました、次に参議院
議員は、地方選出議員と、全国選出議員の二種類に区分を致し、地方選出議
員は各都道府県を一選挙区として選挙し、全国選出議員は全国を一選挙区と

67）同上。

70 第3章 参議院の意識化された原像形成

して選挙することと致しました」。

第3に、地方選出選挙の意味についてである。「各選挙区に於て一時に選挙せられる議員の数が、参議院の場合には、衆議院の場合に比し、遙かに少いことになつて居りますから、此の同一選挙区より選出されましても、参議院議員と、衆議院議員との間には、自ら異つた色彩を有することになるものと期待致されます」、また単記制を採用すれば、「衆議院議員の選挙に於ける連記制に対して（戦後最初の衆議院議員総選挙では、大選挙区制限連記制が新たに導入された——引用者）、参議院の場合は、単記制を採ることに致して居りますので、両者は自ら異色を見せることになると考へられるのであります」。

第4に、全国区制採用の意味についてである。全国区制は、一定程度、職能代表要素が含まれ、これを積極的に評価している点が重要である。この点について、「全国選出議員は、全都道府県を通じ、全国を一單位として選挙されるのでありますが、是は地域代表的の考方を全然考慮に入れず、専ら学識経験ともに優れた、全国的な有名有為の人材を簡抜することを主眼と致しますと共に、職能的知識経験を有するものが、選挙される可能性を生ぜしめることに依つて、職能代表制の有する長所を採入れむとする狙ひを持つものであります」。

この参議院議員選挙法案は、12月4日から14日まで参議院議員選挙法案特別委員会において9回審議された。この審議の中で注目すべきは、齋藤隆夫（無任所／国務大臣）が、政府原案に反対の立場を明らかにしている点である[68]。齋藤大臣は、特に、全国区制に対し疑念を提示している。

齋藤は次のように指摘する。「私は職能代表と云ふことに付きましては元来賛成を致しませぬ、日本の社会組織が職能的に組織せられて居らぬと云ふことは御承知でありますするからして、職能的代表と云ふことは実際行はれるものではありませぬ、職能代表と申しますならば、其の職能所謂国民の一部を代表するのであります、一階級を代表するのでありまして、憲法に規定して居ります所の、衆議院も参議院も共に全国民を代表すると云ふ此の原則に矛盾するものでありますからして、私は職能代表と云ふ言葉は此の意味に於て憲法の精神と相容れないものであると思つて居ります」。

また、全国制をとれば著名人が選挙されやすいという利点についても、逆の視点を提供している。「全国的の大人物を出すと云ふのでありますが、是

68）『第91回帝国議会貴族院参議院議員選挙法案特別委員会』1946年12月9日。

は大人物でありまするならば、全国的の選挙区を設けぬでも、府県単位の選挙区に於て十分出られます、（拍手）例へば府県に於て出られぬけれども、全国的に於てなら出られると云ふことは、それは大人物でも何でもないのであります、例を採るのはをかしいのでありますが、例へば尾崎行雄君であります、是は大選挙区に於ても、中選挙区に於ても、小選挙区に於ても必ず出られるのであります、何も全国でなくては出られぬと云ふ訳はないのであります、（拍手）府県を単位とする選挙区では、出られぬと云ふことは実際今日に於てはないと思つて居ります、故に全国に向つて大選挙区を維持すると云ふことは、私には腑に落ちぬのであります」。

　齋藤はさらに、全国区制採用後の実質的問題——後に全国区制が廃止された理由でもある（1983年から拘束名簿式比例代表制に改正／現在は、非拘束名簿式）——を先取り的に予言している。ポイントをあげれば、①全国区は選挙区が大きすぎ政治資金が莫大になること、②投票の集計に相当時間がかかること、③二票制の結果、「一人は例へば自由党の議員を選出する、一人は共産党の議員に向つて投票する、と云ふことが可成り起るのでありまするから、全く是は意義のない選挙になる」という問題点である。

　特別委員会の議論には、その他、傾聴に値する議論が行われたが、結局、12月14日、選挙方法に関しては、政府原案通り可決され、若干の修正はあったが[69]、同16日委員会修正通りに同案は可決・衆議院送付が行われた。

　衆議院では、参議院議員選挙法案委員会において、12月20日から24日総計5回、審議された。その審議で次のことが、特徴的ある。原健三郎議員（日本進歩党）が、「全国一選挙区にして費用を無制限にいたしますならば、恐らくこれは金を沢山使つた者か当選するということは自明の理」[70]と指摘し、全国区制の立候補者側からみた問題点をあげている。また大澤喜代一議員（日本社会党）が職能代表制にこだわる視点から、全国区制の意味を問いただしている。ただ、大村国務大臣は「これは（職能代表制——引用者）、立法上の方法によつて解決することは、適正な案を得ることができなかつたので、これを放棄したのであります、しかして衆議院の附帯決議の趣旨に最も近い制度としては、全国一選挙区制がまずこの際採用し得る最善のものであるということで、全国一選挙区制をとつたのであります」、「これが運営につきま

69）修正箇所については、自治大学校研究部監修・地方自治研究資料センター編・前掲書（註59）172-173頁の表参照。

70）『第91回帝国議会衆議院参議院議員選挙法案委員会第2号』1946年12月21日。

72 第3章 参議院の意識化された原像形成

しては、今後の事実上の選挙の遂行途上において、適当に解決せらるべき問題でありまして、政府といたしましては、職能代表制が、自然的にこの事実上の選挙に行われますことを特に奨励もいたしません、反対もいたしません、これは選挙人及び候補者の自由に発展せしめられる所に任すべきが至当である」[71]と答弁していたことが、注目されよう。

同法案は、12月24日賛成多数で議決され、翌25日、貴族院の修正案通りに可決した。その後、政府は同法案を28日に枢密院に諮詢し、1947年2月5日可決し、2月24日公布された。日本国憲法公布より3ヶ月余の後のことであった[72]。

以上、参議院選挙法成立の経緯を概観してきたが、基本的には、当時、法務官僚として憲法改正、参議院選挙法制定に関与した佐藤達夫の評価が妥当する。すなわち、佐藤は、参議院が憲法上、GHQの了解の下に新設され、その選挙方法もGHQの支配下にあった状況に照らして、「両院の構成をできるだけ異質的ならしめるということが一貫した指導原理」[73]だったと回顧している。この「異質化」の方法が――憲法草案検討の段階から――職能代表、地域代表の論理であった。この線に沿って、推薦制も構想されたが、GHQの反対もあり、参議院の「全国民の代表制」を確保しつつ、衆議院との「異質化」を目指さざるをえなかった。そのことは、前出した政府提案趣旨に明確に現れている。すなわち、法設計上、職能代表制が立案不可能であるが故に、いわば「その次善の策としての全国区制」が導入されたと結論づけてもよい[74]。問題は、参議院が、その構成の面で衆議院と「異質化」され、ある意味独自の憲法的価値のある国家機関として成立しうるか否かにある。これは、参議院の存在根拠自体にかかわる課題である。

71）『第91回　帝国議会衆議院参議院議員選挙法案委員会第4号』1946年12月23日。
72）自治大学校研究部監修・地方自治研究資料センター編・前掲書（註59）16-17頁。
73）佐藤達夫「参議院全国区制の成立過程」『レファレンス』83号（1958年）26頁。
74）同上・26-27頁参照。

第4節　緑風会の始動　**73**

第4節　緑風会の始動

Ⅰ．第1回参議院議員選挙

　憲法102条は、「この憲法による第1期の参議院議員のうち、その半数の者の任期は、これを3年とする。その議員は、法律の定めるところにより、これを定める」と規定している。この規定に基づき最初の参議院議員選挙が行われたが、その選挙実施によって参議院の構成が完全に定まることとなった。その結果、憲法101条の適用問題、すなわち衆議院が「国会としての権限を行ふ」ことを回避することができた[75]。

　憲法102条は、参議院の議席構成に関し決定的効果を果たした。というのも、本来、3年ごとに行われる参議院議員選挙の定数の2倍の値が当選者数とされるため、全国区制では定員100名とされ、また地方区では全選挙区が大選挙区制（2名〜8名）による選挙となるからである。

　1947年3月20日、第1次吉田内閣の下、第1回参議院議員通常選挙期日の告示が行われた（立候補締切日は同31日）。立候補者数は、次の通りである（前者が全国区、後者が地方区）。日本自由党＝18人／54人、民主党＝13人／41人、日本社会党＝33人／66人、国民協同党＝7人／14人、日本共産党＝12人／28人、諸派＝23人／15人、無所属＝140人／113人、総計577人である[76]。投票は、4月20日に行われ、投票率は、約61％の値であった[77]。

　当選者を政党・会派別に示すと、次の通りである（前者が全国区、後者が地方区、末尾に総計数）。日本社会党＝17人／30人：総47人、日本自由党＝8人／31人：総39人、民主党＝6人／23人：総29人、国民協同党＝3人／7人：総10人、日本共産党＝3人／1人：総4人、諸派＝6人／7人：総13人、無所属＝57人／51人：総108人、総計250人である[78]。

---

75) 参議院選挙法附則12条の適用が発生したため、参議院議員の任期の起算日は、日本国憲法施行日（1947年5月3日）である。この起算日から3年議員と6年議員の任期が定まる。

76) 衆議院＝参議院編『議会制度百年史　国会史　上巻』（1990年）4-5頁。

77) 投票率のデータは、全国選挙管理委員会事務局・前掲書（註62）152-158頁参照。投票率が低かった要因として、①各地方自治体選挙（4月5日）と衆議院議員総選挙（4月25日．投票率67.9％）との中間に参議院議員選挙が行われ、いわゆる「選挙疲れ」が有権者にあったこと、②全国区制の故、候補者の氏名が周知されなかったことなどがあげられている。同146頁参照。

74　第3章　参議院の意識化された原像形成

　この選挙結果について、政府資料によれば、次の評価が下されている。①無所属議員が多く当選し、政党色彩が衆議院ほど濃厚にならず、衆議院に対しある程度、上院的保守的性格をもてたこと、②職能代表的性格をある程度もりこみ、文化人・官僚の進出が目立ったこと、③4月選挙一般（第24回衆議院議員総選挙）と同様、日本社会党の進出が顕著だったこと、④民主戦線労組、農業組合の全国的組織網が機能し、革新勢力の進出舞台ができたこと、である[79]。

　確かに、無所属議員は、全国区のみならず地方区にも多くの当選人を出している。地方区に関していえば、議席配分1の選挙区でも2人当選者を出すため——次点者が任期3年議員である——無所属候補者の当選の機会は増加する。特に、議席配分が大きな地方区では、その傾向が顕著である[80]。地方区総定数150名中、無所属当選者は51名数であるから、当選時における無所属議員の占有率は、34％である。

　一方、全国区では、総定数100名に対し、無所属当選者数は57人、議席占有率は、57％に及ぶ。全国区当選議員の各獲得票数をみると次の通りである。全国区の有効投票数は、21,271,172票である[81]。当選第1位の星一（民主党／製薬業）は、487,612票であり、第50位の岡本愛祐（無所属／官僚）は、123,679票である。第100位は、国井淳一（無所属／農業）で獲得票数は、68,128票である[82]。つまり、当選第1位は、有効投票の約2.3％、最下位の100番目は、約0.3％で当選するという特殊な選挙形態を示している。全国区100人中57名が無所属当選者であった原因は——同時に、後述する緑風会が成立する条件は——「倍加された全国区制」という特異な選挙法環境に求めることができる。

　ただ無所属議員といっても、かれらは何らかのバック・ボーンをもってい

78）衆議院＝参議院編『議会制度百年史　院内会派編　貴族院・参議院の部』（1990年）249-250頁参照。

79）全国選挙管理委員会事務局・前掲書（註62）146頁参照。

80）同上・155-156頁の表参照。たとえば、北海道選挙区は8名定数で無所属5名当選、鹿児島選挙区は4名定数で無所属4名当選である。

81）この参議院選挙では、投票率は約61％であったが、無効投票の割合が14.7％にも及び、有権者に対する有効投票率は、全国区＝51.93％、地方区＝53.83％であった。無効投票の割合が高い原因として、参議院議員選挙が2本立てで行うなどの制度の周知が徹底されていなかった点がある。なお、選挙データは、全国選挙管理委員会事務局・前掲書（註62）のほか、石川真澄＝山口二郎『戦後政治史〔第3版〕』（岩波新書、2010年）264頁以下の表も参照した。

82）朝日新聞社『新国会　選挙大観』（1947年）127-129頁参照。

る。ある意味、無所属とは、候補者の政治的傾向にかかわらず、既存政党の公認候補者ではないことも含意している。実際、無所属議員の多くは、旧貴族院議員、旧官僚組織団、業界団体、職域団体などを出身母体としている。著名文化人は少数派である。何らかの利益集団を背後にしなければ、無所属候補者は、万単位の票を獲得することは不可能であろう。

　無所属当選者が、参議院内において活動するには、会派に属することが不可欠である。では、無所属の参議院議員たちは、どのような行動を模索したのであろうか。

Ⅱ．緑風会の誕生

　緑風会の結成は、第1回参議院議員選挙の直後、無所属で当選した山本有三（山本勇造）[83]の当選祝賀会における参集者の会話に端を発する[84]。すでに民主党、日本社会党、日本自由党、日本共産党は、それぞれ参議院内の会派結成に動いており、そこで無所属議員を結集し、院内交渉団体を作ることが提唱されていた。無所属議員たちは、（山本のほか、赤木正雄、田中耕太郎、徳川宗敬など計20名）、1947年5月10日に第1回結成準備会に参集した。同16日の第2回準備会が開催され、翌17日、正式に緑風会は結成された。もっとも、当日の結成会では、この会派の名称は「中正会」であったが、山本有三が「緑風会」の名称を提案し、この会名変更が議決され、緑風会が誕生した[85]。

　第1回国会は、1947年5月20日に召集された。この時点で緑風会は、参議院のみの会派として92名の参議院議員を擁し、参議院内第1位の会派構成員を有していた。そのため、参議院議長は松平恒夫（緑風会）が選出されることとなった――副議長は松本治一郎（日本社会党）である[86]。

　ここで緑風会の組織形態を確認しておこう。結成式において、事前に配布された「緑風会規則」は次の通りである[87]。

---

83) 山本有三はペンネームである。「勇造」が本名であり、この氏名で立候補している。山本は全国区に立候補し、100番中9位6年議員当選である。獲得票数は、327,955票である。

84) 野島貞一郎編『緑風会十八年史』（中央公論事業出版、1971年）23頁参照。

85) 同上・31頁参照。また、山本有三自身の説明として「緑風会の名称と性格」参議院緑風会政務調査会緑風会編集発行局『緑風』1号（1949年9月25日）がある。前記の野島の書物は、これをベースにした記述と思われる。

86) 参議院議長は、第3代まで緑風会より選出されている。第2代は、佐藤尚武、第3代は河井彌八である。

76　第3章　参議院の意識化された原像形成

一、本会は緑風会と称する。

二、本会は参議院議員の有志あい集まり、意見の交換を目的とする。

三、本会は会員の意思を拘束しない。

(以下、四～六までの法文は、入会、役員、会費の規定であるためここでは省略する。)

　「本規則　三」には、緑風会を結成する動機が明確に表れている。山本の見解によれば、第1に、第二院の議員は、党派の利害にまきこまれない、公正な人であること、第2に、そのことによって参議院独自の機能を発揮すること、第3に、全ての会員は平等であり、自由であること、第4に、緑風会はあくまで参議院内の会派であり、衆議院とは異なり、参議院は「冷静な判断と公明な批判の場所」でなければならず、そうした使命を達成することが、緑風会の役割であること[88]、である。

　当時、緑風会には「規則」はあったが、「緑風会綱領」は未だ存在していなかった。国会開催後、最初の綱領は1947年11月28日に議決されたが、綱領作成は主に田中耕太郎が担った。同綱領は以下の通りである。

一、新憲法の基調たる人類普遍の原理にのっとり、愛と正義にもとづく政治の実現を期する

二、国際信義と人類愛を重んじ、世界恒久平和の実現を期する

三、個人の創意を尊び、自由と秩序の調和による共同福祉の実現を期する

四、家庭と民族における弊習を去り、その特性の発揚と完成を期する

五、教育を徹底せしめ、道義の高揚と文化の向上普及を期する

六、産業の公益的意義と勤労愛好の精神を強調し、国民経済の興隆を期する[89]

---

87)　この緑風会規則に関し、野島・前掲書（註84）27-31頁の記述によったが、これは必ずしも正確ではないように思われる。朝日新聞政党記者団『政党年鑑　昭和二三年』（1948年／但し、1998年刊の現代史料出版による）278頁以下及び村川一郎編著『日本政党史辞典　上』（国書刊行会、1998年）444頁以下では、「会則」として次のように記述されている。「一、本会は緑風会と称する。一、本会は参議院議員中の有志を以ってこれを組織する。一、本会は会員がその職責を完了することにより、参議院の機能を発揮し兼ねて会員相互の親睦をはかるを以って目的とする。一、会員は会則その他の本会の秩序を重んじなければならない。会員は政治に関する自己の意見を拘束せられる事がない」。以下略。

88)　野島・前掲書（註84）31-35頁参照。

89)　同上・35-41頁参照。また緑風会の機関誌／緑風会政務調査会『参議院緑風會』（1953年）の扉表紙に「緑風会綱領」が掲載されている。本文と同一の文書である。

第4節　緑風会の始動　**77**

　緑風会の政治的性格も、この綱領によく表れている。緑風会は無所属議員が結集した会派ではあるが、無所属議員の多くは旧貴族院議員、官僚出身者が占め、革新勢力の土壌組織体ではない。原案作成者であった田中耕太郎は、作成にあたり次のことに留意したと述べている。第1に、左右の激しい対立を克服する政治団体をつくること、第2に、新憲法の理念を遵守すること、第3に、無政府主義・共産主義への傾向を排し、家族・伝統の価値を保存すること、などである。加えて、野島貞一郎は、この綱領を敷衍して次のように緑風会の性格をまとめている。①政権を把握することを目的としないこと、②会員の自由意志を拘束しないこと、③中正主義・中庸主義を求め、一定の政治的イデオロギィーを前提としないこと、である。[90]

　問題は、政治権力の磁場の中で、こうした特異な会派形成が、当初の狙い通り運営され、機能していたか否かである。それは、参議院が衆議院とは異なる別個の「特殊な議院」として存立可能なのか否かの課題でもある。

Ⅲ．緑風会の行動形式

　緑風会は、その出発の段階では、無所属参議院議員を糾合した自由な会派的性格をもっていたといえる。同時に、緑風会を「超党派的」な存在に限定化し、「政争」から離れた党派[91]として自己規定することによって、両院制の実質化を目指したといえる。とはいえ、その会派としても、またその構成員個人としても保守的性格を兼ね備えたため、しかも他の参議院会派との競争状況が加わったため、緑風会の性格は変質していった。たとえば、片山内閣の発足時に（日本社会党・民主党・国民協同の連立内閣／1947年5月24成立）、早くも緑風会会員の和田博雄が、国務大臣に任命されている。もちろん緑風会としては、国務大臣就任を「個人の自由」として処理していた。しかしこれは、参議院が政党内閣制とは一線を画する議院として位置づけた憲法制定者の発想とは合致し得ない所作であった。

　次に、緑風会の団結性の問題もある。緑風会は、自己の拘束性を高めるかたちで会則を改正したことがある。すなわち、1948年6月27日の改正「規約」[92]

90）緑風会政務調査会・前掲機関誌（註89）7-8頁参照。
91）緑風会の外からもそうした認識が共有されている。たとえば、尾高朝雄「あく迄超党派的たれ」［参議院緑風会政務調査会］緑風編集発行局編『緑風』2号（1949年10月2日）に掲載された同氏の談話参照。及び同号に掲載された「あなたは緑風会に何を望むか」の記事参照。

78 第3章 参議院の意識化された原像形成

によれば、「会員は国会内における政党または他の政治団体に属してはならない」[93]と定めるほか、「会員は常に議員総会の決議を尊重し、とくに重要議員総会の決議に対しては一致の行動をとる。重要議員総会の決議がその良識と信念に一致しないため、やむを得ず一致の行動がとれない場合は、会員はこれを会務委員会に申出て除外例を求めることができる」と定め、会派の統一性の確保が求められ始めた。

もっとも、対行政機関と緑風会の関係は、切断する方向性で改革が進められてきた。緑風会発足当時の1947年7月、片山内閣は、行政調査部顧問として衆議院からは松岡駒吉（日本社会党）、参議院からは川上嘉市（緑風会）の両氏を選任すべく国会の承認を求めたことがある。これに対し、緑風会が中心となって「行政調査部に顧問を出すことは行政部に深くタッチする結果になり、国会議員の立法に専念すべき本来の建前にもとる」[94]として、これらを否決した。緑風会の対行政機関との関係性の原点は、おそらくここにあったのだろう。ただ、緑風会からは前述した福田の国務大臣就任のほか、栗栖趙夫、下条康麿、高瀬荘太郎、田村文吉、高橋龍太郎、村上義一、合計7名が国務大臣に――個人の資格とはいえ、また入閣後、緑風会を退会しつつも――就任し続けたのも事実である。緑風会は、確かに「会員の自由意思は拘束しない」との原則の下、国務大臣就任を認めてきたが、この状況は、緑風会の原点とは乖離している。そこで、1954年1月27日の議員総会において、改めて「こんご、会員が大臣もしくは政務次官となった場合は、会を脱退すること」という申し合わせを議決せざるを得なかった。緑風会の発足当時にあった参議院は政争に介入すべきではないこと、立法に専念すべきこと、それ故、国務大臣・政務次官になるべきではない、[95]という考え方を会として再確認しなければ、緑風会は、自己の存在根拠を失いかねなかったからであろう。

では、緑風会は、特異な会派として隆盛を維持し続けたのであろうか。確かに、発足当初、緑風会が参議院第一会派であったことから、第1回国会運営は、緑風会の意義を強く印象づけたと思われる。第1に、参議院初代議長

92）「規約」の「摘要」より引用した。「摘要」については、朝日新聞政党記者団『政党年鑑　昭和二四年』(1948年刊／但し、1998年刊の現代史料出版による) 195-196頁参照。

93）この規約改正によって、国民協同党の参議院議員2名は、緑風会に残留し、残余は緑風会を脱会することとなった。野島・前掲書（註84）40-41頁参照。

94）緑風会政務調査会・前掲機関誌（註89）11頁。

95）野島・前掲書（註84）273-274頁参照。

が、緑風会の松平恒雄が選出された点 (以後、第3代までは緑風会より議長選出)。第2に、第1回国会における常任委員会の委員長ポスト配分に関し、衆議院と異なった方式がとられた点である。すなわち、衆議院では委員長ポスト連立与党独占であったのに対し、参議院では会派の議員数に比例した配分が行われた。その結果、21常任委員会の委員長の内、緑風会が7ポストを占めることができた[96]。

　また、参議院における法案審議に関し、緑風会は政府に対する厳しい質問を行い、場合によっては、法案修正に成功する場合があった。もちろん、緑風会の政府に対する基本的立場は是々非々であるため、政府反対党的行動はさほど多くはない。緑風会政務調査会刊の公式記録によれば、最初期の法案修正としては、労働省設置法案 (1947年) の修正議決、国家行政組織法案 (1948年) の両院協議会での成案作成、法案握りつぶしとしては、参政官設置法案 (政務次官の倍増化計画) などがある。また、片山内閣総辞職 (1948年2月9日) に伴う政権移行に関し、衆議院内野党第1党であった自由党総裁／吉田茂が首相になるべきという見解を表明し、参議院の大勢を固める力量も発揮したこともある[97]。こうした一連の事柄は、政権とは一線を画し、同時に既存政党とは同調しないという点で、独自の行動様式と評価することはできる。

　もっとも緑風会がこうした行動をとることができたのは、第1回参議院議員選挙国会から1956年の第4回参議院議員選挙まで[98]、いわゆる衆参「逆転 (ねじれ) 国会」状況が存在し、その状況下で緑風会の是々非々的行動と「一人一党」的行動に国民の共感があったからである。緑風会は、そもそも「政権を目指さない政党」、「政権政党」にならない人的集合体であり、その点、当時の「逆転国会」は、21世紀の政局型「逆転国会」とは異質であった。日本の議院内閣制は、政権党が衆議院と参議院双方において院内多数派を有することが、安定政権維持の必須条件である。緑風会が一定の規模を参議院

---

96) 同上・46頁参照。

97) 衆議院の首相指名選挙では、総投票数421票中 (過半数／211票)、芦田均＝216票、吉田茂＝180票であったが、参議院では総投票数218票中 (過半数／110票)、吉田茂＝101票、芦田均＝99票であった。両院協議会において成案獲得できず、憲法67条2項によって芦田の国会指名が確定した。この点については、参議院事務局『平成二十二年版　参議院先例諸表』(2010年) 223頁参照。

98) 参議院議員選挙のデータは、石川＝山口・前掲書 (註81) 264頁以下による。与党が参議院において多数派を形成できた時点は、第3次鳩山内閣末期の1956年12月になってからである。この点については、竹中治堅『参議院とは何か　1947〜2010』(中公叢書、2010年) 34頁参照。

80　第3章　参議院の意識化された原像形成

内にもっていたこと、同時に与野党とは異なる組織原理に基づいて行動した
ことが、片山哲内閣から鳩山一郎内閣までの政権運営に重大なインパクトを
与えたといえる。

　ただ、こうした緑風会が生活できる法的環境は、発足から3年後に変化し
ていく。それは、第2回参議院議員選挙（1950年／公職選挙法制定後の最初の参
議院選挙）が、憲法46条に基づく半数改選という通常方式に復することと関
連する。すなわち、全国区50議席、地方区75議席をめぐって参議院議員選
挙が今後3年毎に行われるため、地方区では小選挙区（1人区／当時23選挙区）
と大選挙区（2人区から4人区）が混在化する。実際の第2回参議院選挙結果
を通観すると、緑風会は、全国区40名立候補、当選は6名、地方区18名立
候補、3名当選であった。この選挙後、緑風会は非改選議員のほか、改選当
選者と無所属当選者6名を加えて、総計57名（1950年7月12日／第8回国会臨
時会）に減少し、第3会派へと転落していった[99]。

　この傾向は選挙毎に顕著になってきた。すなわち、第3回参議院議員選挙
では、全国区22名立候補、当選は8名、地方区12名立候補、当選は8名、会
派構成員数は48名（1953年5月18日／第16回国会特別会）に減少した。第4回
参議院議員選挙では、全国区14名立候補、当選は5名、地方区5名立候補、
当選は0名、会派構成員数は29名（1956年11月12日／第25回国会臨時会）、第5
回参議院議員選挙では、全国区5名立候補、当選は4名、地方区7名立候補、
当選は2名、会派構成員数は11名（1959年6月22日／第32回国会臨時会）にま
で激減していった[100]。そして遂に、1960年1月30日、緑風会は、発展的に
解消し、参議院同志会へと改組転換せざるを得なかった[101]。

第5節　小　結

　憲法制定過程における参議院論を通観すれば、参議院を衆議院とは異なる
独自色で染め上げようとしていたことは確かである。憲法問題調査委員会の
議論では、参議院を「全国民の代表機関」と位置づける発想は、存在してい
なかった。むしろこれとは異質な職能代表的議院あるいは勅任的議院を描い

99）衆議院＝参議院編・前掲書（註78）278-280頁参照。なお、第1会派は自由党＝77名、
　　第2会派は日本社会党＝62名である。
100）データの根拠は、同上の該当箇所による。

ていた。しかしGHQの指示により参議院は公選議院型に変化させられたが、参議院議員選挙法の制定段階で改めて職能代表と地域代表の色合いが染み込まされた。本来であれば、貴族院色を払拭し、憲法43条に基づく「全国民の代表者制」の論理によって参議院は染めあげるべきだったのであろう。

　参議院議員選挙法に基づく第1回参議院議員選挙後の実際の場面では、旧貴族院議員、旧高級官僚出身者が参議院議員となる一方、職能団体をバックにした無所属議員、著名文化人が当選を果たした。この議席状況は、議員構成として衆議院とは異なってはいたが、「全国民の代表者制」とは異質な職能代表的論理に接近していた。

　そうした状況下で、無所属議員を糾合した緑風会が結成されたが、緑風会の構成員は、その保守的政治傾向の故、衆議院とは異なる国会運営の構築のために、いわば精神的貴族主義的に参議院を着色しようと意図していた。緑風会が、「会員の自由意思は拘束」せず、政権を目指さない政治的組織体である以上、緑風会は、その規模の点で自己主張するよりも、その会員個人の人的幅と質の点で有権者に自己アピールせざるを得ない。最初の参議院議員選挙の直後こそ、緑風会は、参議院第一会派としてその規模を誇ることができたが、これは第1回参議院選挙の特異性に起因する。すなわち、参議院議員の全部の構成員を1回の選挙で決定するという点である。実際、半数改選制となる第2回参議院議員選挙以後、緑風会の規模は縮小化の一途をたどっていく。そこで緑風会は、自己の質を高め、その質的特殊性を際立たさざるを得なかったのであろう。この文脈で「会員が大臣もしくは政務次官となった場合は、会を脱退すること」という申し合せの意味が、理解される。対行政、対政権政党へのそうした所作が、参議院の行動様式として有権者に意識化され、一定の積極的評価をもたらした。そうした国民間の意識があればこそ、55年体制確立後の第4回参議院議員選挙の時点においても、緑風会が29名の参議院議員を擁し続けたのである。問題は、意識化された緑風会の行動様式が、参議院のあり方を拘束する準則にまで昇華し得たか否かである。

───────────────────

101）野島・前掲書（註84）439頁以下参照。この参議院同志会の発足を以て、第一期緑風会は完結したといえる。その後、参議院同志会は、無所属クラブと院内交渉団体（10名）を作るため第二院クラブと名称を変えたが、1964年3月4日、改めて緑風会を再結成した。このときのメンバーは僅か4名である。奥むめお、佐藤尚武（代表）、高瀬荘太郎、村上義一。緑風会の正式解散は1965年6月2日である。同521-522頁参照。参議院同志会の綱領は、緑風会のものと同一である。そのまま引き継いだからである。参議院同志会発足時における「声明」（1960年1月30日）は、緑風会政務調査会『国会報告　災害対策とヴィエトナム賠償』（1960年）の附録に所収されている。

82　第3章　参議院の意識化された原像形成

　意識化を準則に転化させるには、第1に、意識化された行動様式が、政治の世界における共通了解として通用していることが不可欠である。しかし、政権党は、逆に、如何にして参議院においても与党多数派を形成するかに関心があった[102]。参議院の与党化こそが、日本型議院内閣制の安定剤であるからである。

　第2に、参議院議員自身の質の劣化が、準則化の障碍となった。地方区の小選挙区（1人区）では、与党公認候補者が当選し、2人区以上では与野党が議席を分け合う形態が常態化する中で、緑風会の生息環境は50人枠の全国区制に狭まれていく。しかし、与野党を支持する利益集団たる業界代表が、全国区において多数議席を獲得する段階に至れば、当初いわれた全国区制が職能代表に有利に作用するとの言説は、意味転換せざるを得ない。職能代表ではなく業界代表への質的劣化である。少なくとも、「全国民の代表者制」の論理とは異質な職能代表であっても、「狭められ業界利益」を否定し得る論理は含意していたからである。政治の磁場に引き寄せられる参議院が、「衆議院に対する第二院」としての地位よりも、参議院自体が「衆議院の第二院」の道を選択した以上、緑風会の行動様式は、参議院全体の共有財産にはなり得ず、それ故、準則化に失敗したのであろう。

　とはいえ、緑風会の存在とその行動様式は、記憶されている。この記憶を「参議院の輝き」と評価するか、あるいは「参議院像の残映」とみるかは、論者によって多様に解釈されよう。筆者の立場は、この記憶を「参議院の残照」と捉え、そこから規範性を引き出すこと、これが参議院改革の端緒のはずだという見解である。刑部荘は、憲法制定直後の論文の末尾にこう書いている。「日本国憲法が両院制をとる以上、すぐれた参議院を組織し、数の支配する衆議院にたいし理の支配する参議院としての機能を十分に発揮させたいものである」[103]。

　憲法制定から三世代を経験している参議院改革の視座は、もう少し贅沢である。「理をもった数」。この視点と先の残照を捉える視覚が必要である。この視力がなければ、参議院は、衆議院色によって染めあげられるだけである。ただ、「理をもった数」としての参議院の構築には、相当なエネルギー量を必要としよう。

102）この分析をしたのが、竹中・前掲書（註98）である。
103）刑部荘「両院制」国家学会編『新憲法の研究〔初版〕』（有斐閣、1947年）が初出であるが、ここでは高見勝利編『刑部荘著作集』（慈学社、2008年）597頁より引用した。

第4章

参議院の緊急集会論
——緊急集会の守備範囲——

第1節　はじめに

　参議院の緊急集会規定に興味をもったのは、昨今の改憲論との関係においてである。2016年3月に施行された安保関連法において、多くの「事態」法概念が規定され、これを束ねる形で「緊急事態」の大概念を日本国憲法典に導入しようという計画が生まれ、現在も進行中である。

　日本国憲法は緊急事態を知らない。但し、唯一の例外が、憲法54条2項及び同3項である。本条項は、「衆議院が解散されたときは、参議院は、同時に閉会となる。但し、内閣は、国に緊急の必要があるときは、参議院の緊急集会を求めることができる。前項但書の緊急集会において採られた措置は、臨時のものであつて、次の国会開会の後10日以内に、衆議院の同意がない場合には、その効力を失ふ」と定めている。もちろんこの規定は、衆議院が解散により存在しないときに、参議院が国会の権能の代行機関としての役割[1]をもち、内閣に対する民主的統制を果たすために設けられている。

　一方、昨今の緊急権条項導入の計画に対しては、本条項が存在しているため、その必要性はないという言説がある[2]。確かに、憲法改正の必要性を認めない立場からすれば、その言説は成立する。しかし、筆者が疑問に感じたのは、参議院の緊急集会規定は、果たしてそもそも「国家緊急権」あるいは「非常権」と接続できる規定であるのかという点である。

1）清宮四郎『憲法I〔第3版〕』（有斐閣、1979年）239頁参照。
2）長谷部恭男発言／杉田・長谷部対談『朝日新聞』2016年1月10日朝刊参照。

84　第4章　参議院の緊急集会論

そこで本章では、原点に返り、第1に、憲法54条2項及び同3項の規定がどのように生まれたのか、第2に、過去の緊急集会がどのように機能したのか、第3に、緊急集会規定の憲法解釈論において残された課題はないのか、という3つの論点について、考察を加えたい。その作業を通じて参議院の緊急集会規定が、今後の緊急権条項の新設の意味を論じるにあたって、何かしらのヒントを与えるかもしれないと考えるからである[3]。

第2節　緊急集会条項導入の経緯

I．3月2日案と3月5日案

参議院の緊急集会条項の導入経緯は、一種独特である。そこには2つの大きな遠因があるからである。第1に、マッカーサー草案（1946年2月13日／日本政府手交）では、そもそも議会は一院制であり、第二院たる参議院は存在せず、したがって「参議院の緊急集会」の端緒自体が草案に垣間見ることもできない点である[4]。第2に、日本側の3月2日案とその後のGHQとの修正交渉の関連性である。まず、2月13日、マッカーサー草案が日本政府に手交され、その後、日本政府は、2月22日に草案受け入れを閣議決定した。同草案の仮翻訳（外務省訳）が26日に閣議に提出されたが、翌27日以降、松本烝治（国務大臣）、入江俊郎（法制局次長）、佐藤達夫（法制局第一部長）が首相官邸内放送室において、翻訳条文化作業を始めた[5]。もっとも、この条文化が翻訳作業ではなく、マッカーサー草案の「日本化」[6]であったことが重要である。すなわち、この「日本化」作業は3月2日に終了し、同4日GHQに提出されたが、この3月2日案では、次のようなマッカーサー草案にはない条項が導入された[7]。

---

3) 緊急集会の規定の導入経緯については、高見勝利「天変地異と憲法」『憲法理論叢書19 政治変動と憲法理論』（敬文堂、2011年）2-15頁に素描がある。なお、最近の緊急事態条項と国会議員任期の延長問題を批判する分析として、同「大震災と憲法」『世界』2016年6月号149-160頁参照。この問題については、本書第13章において言及する。
4) 二院制の導入経緯については、第3章参照。ここでは、参議院が日本側の強い要求により──但しGHQ側からは「全国民の代表機関」として参議院が設置されることを条件として──実現したことを再確認しておく。
5) 古関彰一『日本国憲法の誕生〔増補改訂版〕』（岩波現代文庫、2017年）195頁以下参照。
6)「日本化」は古関の表現である。同上・195頁。

第2節　緊急集会条項導入の経緯　**85**

第四十条　　国会ハ衆議院及参議院ノ両院ヲ以テ成立ス。

第五十四条　衆議院解散ヲ命ゼラレタルトキハ解散ノ日ヲ距ル三十日乃至四
　　十日ノ期間内ニ衆議院議員ノ総選挙ヲ行ヒ、其ノ選挙ノ日ヨリ三十日内ニ
　　国会ヲ召集スベシ。衆議院解散ヲ命ゼラレタルトキハ参議院ハ同時ニ閉会
　　セラルベシ。

　この条文では、参議院の緊急集会条項は存在していない。しかし、「第五
章　内閣」のところでは、次の規定が設けられている。

第七十六条　衆議院ノ解散其ノ他ノ事由ニ因リ国会ヲ召集スルコト能ハザル
　　場合ニ於テ公共ノ安全ヲ保持スル為特ニ緊急ノ必要アルトキハ、内閣ハ事
　　後ニ於テ国会ノ協賛ヲ得ルコトヲ条件トシテ法律又ハ予算ニ代ルベキ閣令[8]
　　ヲ制定スルコトヲ得。

　この規定の導入の主導者が松本であり、入江と佐藤がこれに応え、「国会
ヲ召集スルコト能ハザル場合」に、政府が一定の行動をとることが可能とす
る趣旨を日本国憲法草案に挿入したことは、すでに今日明らかになっている[9]。
佐藤自身の言葉によれば、本条項を導入したのは、二つの天皇大権、すなわ
ち旧憲法8条に基づく天皇の緊急勅令条項及び旧憲法70条に基づく政府の緊
急財産処分条項が念頭にあった故である[10]。
　では、以上の規定はどのような経緯をたどって現行規定へと変化していっ
たのであろうか。

---

7)　国立国会図書館HP「日本国憲法の誕生」参照。

8)　「閣令」の法形式は、第7条が「天皇ハ内閣ノ輔弼ニ依リ国民ノ為ニ左ノ国務ヲ行フ。
　　一　憲法改正、法律、閣令及条約ノ公布」と規定されているため、法律の直下に位す
　　る法形式である。なお、旧憲法時代の用法として、「閣令」は、内閣総理大臣の発する
　　命令である。旧公式令10条は「閣令ニハ内閣総理大臣年月日ヲ記入シ之ニ署名ス」と
　　定めていた。

9)　松本自身の発言として、松本烝治『日本国憲法の草案について』憲資・総28号（憲法
　　調査会事務局、1958年）20頁において、「天皇、戦争の廃棄、議会、内閣の部分を執
　　筆しました」と述べている。また、佐藤達夫『日本国憲法誕生記』（中公文庫、1999年）
　　81-82頁参照。なお本書は1957年同書名（法令普及会編）の文庫版である。入江俊郎
　　『憲法成立の経緯と憲法上の諸問題』（第一法規、1976年）235頁以下参照。ここに明確
　　に松本の努力が言及されている。なお、憲法調査会『憲法制定の経過に関する小委員
　　会議事録第21回〜第30回』（1959年）7-9頁も参照。

10)　佐藤達夫参考人発言。憲法調査会・前掲議事録（註9）7頁参照。

86　第4章　参議院の緊急集会論

　1946年3月4日、松本は、佐藤を同伴させ、GHQ（第一生命ビル602号室）に日本案（3月2日案）を持参した。そこで同案の英語訳が開始されるが、松本は、翻訳作業中、ケーディス大佐（民政局次長／同行政部長）と喧嘩状況に落ち入り、昼食後、松本はGHQを後にした（これ以降、松本はGHQを訪ねることは一度もなかった）[11]。佐藤はそのまま残り、徹夜の30時間、彼一人が3月2日案の修正作業にGHQスタッフとともに従事せざるを得なかった。この間の経過に関し、次の「顛末」文書が示唆に富む。

　佐藤は「三月四、五両日司令部ニ於ケル顛末」文書[12]において、先の第76条について、次のメモ書きを残している。「法律又ハ予算ニ代ルベキ閣令ノ條項ハ不可ナリト云フ（ドイツ系ハ先例トシテ主張シ難キモ他ニ少国ノ例アリタル様ニ思ヒタルモ確実ナラザリシ為此ノ点主張セザリシハ遺憾ナリ）本條ニ対スル反対ハ相当強シ　解散ノ場合ノ如キハ如何処置スルヤト訊ネタルニ夫ハ予メ委任シ置ケバ可ナルベシト云フ（以下、略）」[13]。またGHQとの逐条審議済みの案文（佐藤達夫文書　40）には、憲法76条の所に大きな罰点がつけられ、GHQの説明として「法律ノ委任デ可ナルベシト云フ」と記載されている。結局、本条項はGHQの拒否に遭い、全文削除されることとなった[14]。

　したがって、3月5日案（閣議配布）では、憲法76条に相当する条項は削除されたため、存在していない。また国会の章は、次の規定となっている。

第四十九条　衆議院解散ヲ命ゼラレタルトキハ解散ノ日ヨリ四十日以内ニ衆議
　　院議員ノ総選挙ヲ行ヒ、其ノ選挙ノ日ヨリ三十日以内ニ国会ヲ召集スベシ。
　　衆議院解散ヲ命ゼラレタルトキハ参議院ハ同時ニ閉会セラルベシ。

　なお、3月6日の「憲法改正草案要綱」では、多少の字句の修正があるが、

11）古関・前掲書（註5）208-209頁参照。
12）国立国会図書館HP「日本国憲法の誕生」の「入江俊郎文書15」に掲載されている。
13）同上。但し、旧字体は新字体に改めた。また、『日本国憲法制定に関する談話録音速記録』（談話者　佐藤達夫）42-43頁に同一の談話記録がある。
14）GHQとの妥協の結果、内閣が発する命令に「特ニ当該法律ノ委任アル場合ヲ除クノ外」を追加し、政令に「刑罰規定ヲ設クルコト」も追加した。これが現憲法73条6号但書の誕生経緯である。佐藤達夫〔佐藤功補訂〕『日本国憲法成立史　第3巻』（有斐閣、1994年）131頁参照。なお、この政令罰則附与条項は、行為の自由の制限のみならず、違反行為を理由にした刑罰権発動とワンセットとなり、人権制約の原因となる。憲法制定者の意図はともかく、緊急の事態が発生した場合、政令違反行為を刑罰対象にする点でこの修正条項は絶大な効能を発する。GHQが妥協したとはいえ、憲法各人権条項との調和性は、軽視されたといえる。

基本的には次のように同一である。

　第四十九　衆議院解散ヲ命ゼラレタルトキハ解散ノ日ヨリ四十日以内ニ衆議
　　院議員ノ総選挙ヲ行ヒ其ノ選挙ノ日ヨリ三十日以内ニ国会ヲ召集スベキコト
　　衆議院解散ヲ命ゼラレタルトキハ参議院ハ同時ニ閉会セラルベキモノトス
　　ルコト

Ⅱ. 復活交渉

　「憲法改正草案要綱」が公表された後も、GHQとの交渉は継続していく。
緊急集会規定に関しては、入江の次の記述がその流れを正確に描写してい
る。「これはその後熱心に司令部側と交渉をつづけ漸く四月一七日の憲法改
正草案には、国会の章のうちに第五十条に参議院緊急集会の制度が加えられ
まして、解散の場合に限って緊急事態に対処する特別応急の方法の規定を置
くことがようやく司令部に承認されたのでありますが、この努力は、終始松
本国務大臣に負う所多大であったのであります」[15]。

　この入江の証言を仔細に追跡してみると、次の流れが確認できる。オリジ
ナル文書より確認しておこう。

①1946年4月2日の交渉
出席者：入江（長官）、佐藤（当時、次長）、加藤（連絡官）、ケーディス（民政
局行政部長／陸軍大佐）、ハッシー（海軍中佐）。
　日本側より「国会は国の最高機関であるに拘わらず、衆議院解散の場合は、
短期間とはいえ全然活動不能となるのは不合理だから、たとえば次の如き規
定を設けては如何。(イ)『衆議院解散ノ場合ニ於テハ参議院ハ次ノ会期ニ於
ケル衆議院ノ承認ヲ条件トシテ仮リニ国会トシテノ権限ヲ行フ』又は　(ロ)
『国会ニ、法律ノ定ムルトコロニヨリ常置委員会ヲ置ク。衆議院解散ノ場合
ニ於テハ国会常置委員会ハ次ノ会期ニ於ケル国会ノ承諾ヲ条件トシテ仮リニ

---

15)　入江・前掲書（註9）235頁。また、佐藤・前掲書（註14）324頁の脚註(4)に松本の
　　手記（「司令部側との交渉一般」Ⅲ　昭和二一年五月一八日稿）が引用されており、松
　　本自身の言葉が記載されている。「第五十条第二項但書以下ノ追加ニシテ之ニ依リ国会
　　召集不能ノ際ノ緊急立法及処分ニ不完全乍ラ法的根拠ヲ与ヘタル」ことが、「実質的改
　　善」であるとの記述がある。

国会ノ権限ヲ行フ。』しかるにケーディスはこの点は強硬に反対しました。この問題は、すでに三月四日、五日の審議で認めないこととはっきり言っている、あらかじめ法律で委任しておけばよいので、法律の授権によって適当に目的を達せよと言って応じませんでした」[16]。

この点に関し、「要綱の一部訂正の入江・佐藤・ケーヂスの会談の覚」文書において、佐藤達夫は次のように記載している[17]。「参議院ノ代行ニ付テハ数々考へ居リタルモ如何ナル場合ニ必要カ、ト云フ故、総理大臣ノ死ンダ場合ノ補充ノ要等ヲ一例トセルモ、之ハ衆議院デヤルベキモノナルベシト云フ、次ニ緊急ナル法律ヲ必要トスル場合、財政上ノ処分ヲスル場合等ヲ例示セルモ、之ハCabinet ノ権限Emergency Power デヤレバ可ナルベシトノコト故、入江氏ノ示唆モアリ、本note ハ政府トシテノ確定案ニモ非ズ、唯解散等ノ場合緊急事件ヲ如何ニ処理スベキカ所見ヲ伺ヘバ充分ナリトシテ、打切ル」。

加えて、佐藤達夫は、後日、憲法調査会の参考人として、当時を振り返り、次のような陳述をしている。3月2日案の76条について、「これはすなわち明治時代における緊急勅令、それから緊急財産処分に対応するもの（です）……ところがこの3月2日案のこの条文は、徹夜の会議におきまして完全にこれは否定されました。こういうことは絶対に認められないということでした」。「四月二日あたりから折あるごとに先方にかけ合いまして、国会閉会中における暫定措置について、何か手がかりを設けて参りたいということを申し入れておったんですが、その最初の交渉の四月二日の席であったと思うのですが、そのとき実は日本側から、この今あります緊急集会的な案を一つの案として先方に見せた。先方はそういうことは、非常の際には内閣のエマージェンシー・パワーによって処理すればいい、というようなことで、否定的な態度でこれに臨んでおった」[18]。

②1946年4月9日の交渉

出席者：入江（長官）、佐藤（当時、次長）、加藤（終戦連絡中央事務局連絡官）、

---

16) 入江・前掲書（註9）276頁。
17) 国立国会図書館HP「日本国憲法の誕生」の「佐藤達夫文書　59」に掲載されている。
18) 佐藤達夫参考人発言。憲法調査会・前掲議事録（註9）7頁。同趣旨の記録として、『日本国憲法制定に関する談話録音　速記録』（談話者　佐藤達夫）56-57頁参照。なお、「エマージェンシー・パワー」によって処理すれば良いというGHQの言説に注目しているものとして、高柳賢三ほか編著『日本国憲法制定の過程　Ⅱ』（有斐閣、1972年）205頁がある。

ケーディス（民政局行政部長／陸軍大佐）、ハッシー（海軍中佐）。

　入江は、参議院の緊急集会に関連する点について、次のように記述している。「なお、この日衆議院解散の場合の緊急措置についての四月二日の時の議論をむしかえして申しましたが、依然相手側は了承しませんでした」[19]。

　この点について、「新憲法草案修正ニ關スル會談ノ件（第二次第三次及第四次）」文書（記／1946年4月15日：終戦連絡中央事務局政治部）[20]では、次のような記述がある。

　「三、次デ当方ヨリ別添第三質問書ヲ提示先ツ議会解散中ニ於ケル議会職能代行措置ノ必要ニ付第一次会談ノ際行ヒタル議論ヲ重ネ併セテ別添第一条約締結ニ際シテモ右措置ノ必要ナルコトヲ説明セル処先方ハ議会解散中内閣ニ非常権力ヲ与フト謂フハ勿論法律ニ依リ予メ之ヲ定ムルヲ要シ別ニ憲法ヲ超越スルガ如キ非常権ヲ謂フニ非ズ又第八十三条ノ予備金ハ必スシモ制限付トハ限ラズ議会ガ内閣ニ対シ其ノ解散中ノ不慮ノ災害ニ備ヘ予メ白紙小切手ヲ切ルモ本憲法違反トハナラズ更ニ予算成立セズシテ議会解散トナルガ如キコトハ考ヘラレス蓋シ予算ナクバ内閣ガ困惑スルノミナルヲ以テ内閣ハ之ガ成立スル迄解散ヲ見合スベシ之ヲ要スルニ本憲法ニ禁止シ居ラサル限リ議会ハ法律ヲ以テ何事ヲモ定メ得ベク右ノ如キ懸念ノ要ナカルベシト答フ」。

③1946年4月12日の交渉[21]
出席者：入江（長官）、佐藤（当時、次長）、ケーディス（民政局行政部長／陸軍大佐）。

　入江は、参議院の緊急集会がこの3回目の交渉において初めて追加されたことを明らかにしている。入江は次のように記載している。「新規定として参議院の緊急集会の規定が加えられました。これは四月十七日の草案の第五十条であります。四月二日の会見で先方は強固に反対しました。従って四

19）入江・前掲書（註9）282頁。
20）国立国会図書館HP「日本国憲法の誕生」の「佐藤達夫文書　66」に掲載されている。
　『日本国憲法制定に関する談話録音　速記録』（談話者　佐藤達夫）66-67頁もアメリカ側が積極的にこの問題を取り上げない姿勢を指摘している。
21）入江・前掲書（註9）282頁の記述では、日付が入っておらず「その後の交渉」とされている。ただ、同286頁に次のような記述がある。「四月九日の会談後更に四月十二日に佐藤次長と加藤連絡官がケーディスを訪問し大体はかたまった。その他は随時終連を通じて相手方と連絡した」。

90 第4章 参議院の緊急集会論

月九日の会見の際にはこの点にはあまり深く触れませんでしたが、別に松本国務大臣、吉田外相からホイットニーに強固に主張を重ねておりました結果、ようやく相手方の了承を得たものであります。松本国務大臣のこの間の努力はなみなみのものではなかったのであります」[22]。

また、当事者の一人である佐藤達夫は、次のようにいう。「このままでは、万一の場合に臨機の処置ができず、国政上大きな支障を生ずるおそれがあり、何とかこれに代る規定を入れておかないと安心できない、というわけで再びこの問題を持ち出した。先方がなかなかうんといわないところを、手をかえ品をかえ、いろいろと代案を用意して、三回にわたってしつこく談じ込み……入江さんと二人で座り込みに近いことまでやって、ようやく三度目に目的を達することができたのであった。現在の第五四条第二項および第三項の規定がそれであるが、これについては、松本・金森両氏の指導・激励も大いに与って力があったと思っている」[23]。

「新憲法草案修正ニ關スル會談ノ件（第二次第三次及第四次）」文書（記／1946年4月15日：終戦連絡中央事務局政治部）第三次会談」[24]では、この最後の交渉内容は、次のように詳細にまとめられている（なお、長文の故、適宜改行をした）。

「四、最後ニ当方ヨリ同ジコトヲ何度モ繰返シ執拗ナリト考ヘラルルモ如何カト思ハルルカト前置キシ乍ラ議会解散中総理死亡ノ場合又ハ天災発生ノ場合若ハ緊急ニ条約締結ヲ要スル場合新憲法ノ下ニ於テ如何ニ処理シ得ルヤ未ダニ疑問解ケズ甚ダ困惑シ居ル次第ナリト持出シタル処

先方ハ総理死亡ノ場合ハ第六十七条ニテ処理シ得ベク条約締結ノ場合ハ何処ノ国ニ於テモ直ニ批准セラルルモノニアラザルヲ以テ差支ヘナカルベシト述ベタルヲ以テ当方ハ例ヘバ条約ニ依リテハ署名調印ノ日ヨリ十日以内ニ批准ヲ了スベキコトヲ規定スルモノアリ日本ハ右ノ如キ条約ヲ締結シ得ザルコトニナルベシト述ブレバ先方ハ右ノ如キ条約ヲ締結セザルガ至当ナリ又相手国トシテモ日本トノ条約締結ニ際シテハ右ノ如キ規定ヲ設ケザルベシト述ベタルヲ以テ当方ハ然ラバ国際聯盟規約ノ如キ多角的条約ノ場合ハ如何多クノ国ハ米国ガ批准セザリシニ拘ラズ之ヲ批准シタルニ非ズヤト述べ論議ノ挙句実ハ右ノ如キ場合ニ備ヘ斯クノ如キ規定ヲ設ケテハ如何トノ意見ヲ述ブル者

22）同上・283頁。
23）佐藤・前掲書（註9）81-82頁。
24）国立国会図書館HP「日本国憲法の誕生」の「佐藤達夫文書　66」に掲載されている。

モアリト別添第六ヲ単ナル私案トシテ先方ニ提出ス

「ケ」（ケーディス大佐のこと――引用者）ハ一読ノ上若シ議会解散ニ備ヘ斯ル規定ヲ絶対必要トスルトセバ参議院ニ議会職能ヲ代行セシムルヲ最良トスベク常置委員会ヲ設置スル案ハ最モ議会無視ニ陥リ易キヲ以テ最悪トスル旨ヲ主張シ之ハ自分ノ私案ニシテ而モ参議院ガ十分ニ民主的基礎ノ上ニ構成セラルルコトヲ前提トスルモノ（第三十九条）（新）ナルガト称シツツ左ノ如ク提案セリ

第五十条（新）後段「衆議院解散ノ場合参議院モ同時ニ閉会ス」ノ後ニ但書トシテ「但シ内閣ハ国家非常ノ際参議院ノ緊急集会ヲ求ムルコトヲ得」（-- be closed, except that the Cabinet may in time of national emergency convoke the House of Councillors in emergency session.）ト規定シ第二項ニ「前項但書ノ緊急集会ニ於テ採ラレタル措置ハ臨時ノモノトシ次ノ国会開会後十日以内ニ衆議院ノ同意ナキ場合ハ其ノ効力ヲ失フモノトス（Measures enacted at such session shall be provisional and shall become null and void, unless agreed to by the House of Representatives within a period of ten (10) days after the opening of the next session of the Diet.）

当方ヨリ例ヘバ条約ノ締結ガ右ニ謂フ「国家非常ノ時」ニ必ズシモ該当スルヤ否ヤ疑問ナルヲ以テ緊急ノ必要アル時トシテハ如何ト質セル処

「ケ」ハ実際ニ或ハ条約ノ締結ガ如何ナル程度迄緊急ニ必要ナルヤモ亦疑問ナルベシ自分トシテハ本規定ハ主トシテ天災等ニ際シ政府ニ十分ノ予備金ナキ場合適用アルベキモノト考フ其ノ他ノ場合ハ要スルニ非常ノ場合ノ解釈如何ニ依ルベシト答フ右ノ点ヲ固執スルコトハ折角先方ガ折レ出シタル際良策ナラズト認メラレタルヲ以テ結局「ケ」ノ案ヲ其ノ儘採用スルコトトセリ」[25]。

　以上の経過を経て、参議院の緊急集会の骨格は定まったといえる。当該条文は、口語化された「憲法改正草案」（1946年4月17日公表）では、現憲法と同文であり（但し、条文番号は異なる）、次の法文となっている。

第五十条　衆議院が解散されたときは、解散の日から四十日以内に、衆議院議員の総選挙を行ひ、その選挙の日から三十日以内に、国会を召集しなければならない。

　　衆議院が解散されたときは、参議院は、同時に閉会となる。但し、内閣

25）以上の記述と同様な記載は、佐藤・前掲書（註14）321-323頁及び『日本国憲法制定に関する談話録音　速記録』（談話者　佐藤達夫）70-71頁にもある。

92　　第4章　参議院の緊急集会論

は、国に緊急の必要があるときは、参議院の緊急集会を求めることができる。
　前項但書の緊急集会において採られた措置は、臨時のものであつて、次の国会開会の後十日以内に、衆議院の同意がない場合には、その効力を失ふ。

　ただこの最終場面でもう一度、緊急集会の規定についてケーディスから疑義が示された。枢密院に下付した4月17日の翌日18日、ケーディスが緊急集会の規定に危惧を示し、「参議院と内閣と結託さえすれば、何でもできる」と考え、修正を口に出した。しかし佐藤は「『参議院っていうものは、極めて民主的に構成されるものだ。これから緊急集会に普通の案件が提案されるなんていうことは、これは常識的にはとても考えられない』。さんざん言って、安心させるべく努力をして、やっと向こうが安心いたしました」[26]と記録されている――もっとも、緊急集会は「普通の案件」を衆議院が不存在の時に機能させるところに意味があることに注意が必要である。

Ⅲ. 評　価

　松本が3月2日案において76条の規定を入れた理由は、旧憲法8条における天皇の緊急勅令及び旧憲法70条における政府の緊急財産処分に基づく緊急命令に相当する規定が、マッカーサー草案に存在していないところにある。すなわち、旧憲法8条1項は、「天皇ハ公共ノ安全ヲ保持シ又ハ其ノ災厄ヲ避クル為緊急ノ必要ニ由リ帝国議会閉会ノ場合ニ於テ法律ニ代ルヘキ勅令ヲ発ス」と定め、旧憲法70条は、「公共ノ安全ヲ保持スル為緊急ノ需要アル場合ニ於テ内外ノ情形ニ因リ政府ハ帝国議会ヲ召集スルコト能ハサルトキハ勅令ニ依リ財政上必要ノ処分ヲ為スコトヲ得」と定めていた。両条項とも、帝国議会が閉会中あるいは召集不能である場合に、天皇大権として天皇が「法律ニ代ハル命令」[27]を発し、あるいは「財政上ノ緊急勅令」[28]を発する権限を規定していた。
　一方、旧憲法は、各種の天皇大権を定め、特に軍統帥大権（11条）、軍編制大権（12条）のほか、戒厳宣告大権（14条）及び非常大権（31条）[29]も用意していた。もちろん、マッカーサー草案（1946年2月13日）では「皇帝ハ国

---

26)『日本国憲法制定に関する談話録音　速記録』（談話者　佐藤達夫）80頁。
27）美濃部達吉『憲法撮要〔訂正第4版〕』（有斐閣、1926年）432頁。
28）同上・556頁。

家ノ象徴ニシテ又人民ノ統一ノ象徴タルヘシ」(1条)、「第二章　戦争ノ廃棄」
では、「国民ノ一主権トシテノ戦争ハ之ヲ廃止ス他ノ国民トノ紛争解決ノ手
段トシテノ武力ノ威嚇又ハ使用ハ永久ニ之ヲ廃棄ス」(8条)と規定していた
ため、松本が天皇大権としての非常権に類する規定を当初から構想すること
はあり得なかった。

　GHQ側は最初の段階では76条の松本提案を拒絶したが、おそらくケー
ディスは76条の規定内容を内閣が独占的に行う緊急事態法の一種と思い違
いした様に思える。ケーディスが「法律ノ委任デ可ナルベシ」(3月4日)と
語り、あるいは「Cabinet ノ権限 Emergency Power デヤレバ可ナルベシ」(4月
2日)と答えていることから、新憲法制定後、内閣に一定の非常権付与を国
会が法律で定めればよいと考えていた節がある。

　しかし日本側は、内閣に非常権を付与することは全然意図していなかった
と判断できる。あくまで日本側の意図は、旧憲法8条と70条が予定する議会
活動不能の「非常時」のみを描き、これに対応する規定を憲法に導入するこ
と、一点のみにあった。実際、佐藤達夫が第3回目の復活交渉において事前
に用意していた「メモ」は、そのことを証拠立てている。「佐藤メモ」はこ
うである。

　「Emergency Power に付ては、法律の委任に依り目的を達し得べき旨度々お
話あり、御趣旨は充分了承するも、我国の如き天災多き所に於ては実際にか
かる措置の必要せられ、従って全権委任的立法の必要も想定し得る所なり。
而して、勿論かかる委任立法を制定することは憲法上可能なるべきも、広汎
なる委任立法の合憲法性に付ては、兎角の議論あるべく、又最高裁判所に於
て憲法違反なりとの判決を下さるる憂もなきにしにあらず、尚又、斯かる立
法をすることは、往年のナチス独乙に於けるが如き独裁専制の端緒を開くこ
とにもなり、危惧に堪えず。依て前回お渡しせるメモに触れたる如く、厳格
な条件を設け、憲法上の明文を以てかかる場合に処すべき途を設け置く方民
主的ならずやとの見解あり、之に付て、例へば下記の如き条文を draft に加
ふることは絶対に許されざるや否や、御意向を承りたし」[30]。

　以上の記述から明らかのように、現憲法54条の緊急集会規定の原主旨は、

---

29)　非常大権は旧憲法時代一度も発せられなかった。非常大権規定が無用の長物であっ
　　た点については、加藤一彦「大日本帝国憲法における非常大権の法概念」『現代法学』
　　28号（2015年）95-121頁参照。
30)　佐藤・前掲書（註14）324頁。

94 第4章 参議院の緊急集会論

衆議院解散・総選挙中のため、国会が召集できない政治空白時に、「異常な事態」が発生した場合、参議院が国会の代行機関として機能することを定めた規定であり、それ以外の要素は一切ないと判断できる。およそ国家緊急権・非常事態法制の根拠条文ではなく、帝国議会が活動能力をもたないときに行使できる天皇の緊急措置権を内閣と参議院の共同任務とした規定である。

では、法務官僚による抵抗によって導入された参議院の緊急集会は、現実の場面では、どのように機能したのであろうか。

第3節　緊急集会の国家実践

参議院の緊急集会は、過去2回開かれ、計8件について議決手続が行われたことがある。第1回目は1952年8月31日（緊急集会の議決日）に議決された「中央選挙管理会委員及び同予備委員指名の件」である。第2回目は1953年3月19日（緊急集会の議決日）に議決された「昭和二十八年度一般会計暫定予算」ほか暫定予算2件、合計3件の暫定予算、加えて暫定予算関連法案として「国会議員の選挙等の執行経費の基準に関する法律の一部を改正する法律案」、「不正競争防止の一部を改正する法律案」、「国立学校設置法の一部を改正する法律案」と「期限等の定のある法律につき当該期間等を変更するための法律案」（本法案のみ本会議議決日20日）の4件であり、したがって第2回目は総計7件の議決が行われた[31]。

I．第1回目の緊急集会

第14回国会は、衆議院議員の任期満了を考慮に入れて召集された常会である。当時の国会法2条但書は、「その会期中に議員の任期が満限に達しないようにこれを召集しなければならない」と定めていた。そこで衆議院議員任期満了日が1953年1月22日であったため、常会の会期150日を逆算して、1952年8月26日に常会は召集された。

第3次吉田内閣（自由党／1949年2月16日-1952年10月30日）は、第13回国会開催中から、公職追放を解かれた（1951年8月6日）鳩山一郎及びそのグルー

31）参議院事務局『平成二十二年版　参議院先例諸表』（2000年）992頁参照。

第3節　緊急集会の国家実践　**95**

プとの派閥対立により政権運営は困難を極めていた[32]。そこで吉田首相は第14回国会召集日に衆議院議長選挙を行い、その僅か2日後の28日、突如、衆議院を解散した。世上にいう「抜き打ち解散」である。この解散は、憲法7条のみに基づく最初の衆議院解散であった。その結果、国会は3日間で閉会となった[33]。

　吉田内閣は、衆議院議員総選挙と同時に行われる最高裁判所裁判官の国民審査を執行するための中央選挙管理会委員の任命をしないまま、衆議院を解散したため、同委員の任命を参議院の緊急集会で処理せざるを得なかった。当時の公職選挙法5条の2第2項は、次のように定めていた。「委員は、国会議員以外の者で参議院議員の被選挙権を有する者の中から国会の議決による指名に基いて、内閣総理大臣が任命する」。そこで内閣より1952年8月28日に「衆議院の解散に伴い、中央選挙管理会の委員の任命について緊急の必要があるので、憲法第五十四条及び国会法第四条により、昭和二十七年八月三十一日東京に、参議院の緊急集会を求める」[34]という通知が発せられた。これを受け参議院の緊急集会が8月31日（日曜日）に参議院において開かれた。その議事は実に簡易である。

「議長（佐藤尚武君）これより会議を開きます。日程第一、議席の指定。
議長は、本院規則第十四條により、諸君の議席を只今御着席の通り指定いたします。議事の都合により暫時休憩いたします」。午前十時五分休憩

　おそらく旧参議院緊急集会規則1条2項[35]に従い午前10時に開催されたと思われるが、5分後には休憩に入っている。同日午後5時1分に開議されたが、再開後の議事は次の通りである。

「議長（佐藤尚武君）御異議ないと認めます。よつて議長は、中央選挙管理会委員に山浦貫一君、金子武麿君、荘原達君、松村眞一郎君、柏正男君を、山浦貫一君の予備委員に中御門経民君を、金子武麿君の予備委員に小島憲君を、荘原達君の予備委員に山崎広君を、松村眞一郎君の予備委員に宿谷栄一君を、柏正男君の予備委員に芹澤彪衛君を指名いたします。

32）林茂＝辻清明編著『日本内閣史録　5』（第一法規、1981年）213頁参照。
33）以上の記述は、衆議院＝参議院編『議会制度百年史　国会史　上巻』（1990年）444頁による。

96　　第4章　参議院の緊急集会論

　これにて緊急案件を議了いたしましたので、参議院緊急集会規則第二條により、緊急集会は終了いたしました。これにて散会いたします」。

34）1952年〔昭和27年〕8月28日の『官報号外第98号』では、「内閣告示第2号」において、次の記述がある。「内閣は、日本国憲法第五十四条及び国会法第四条により、昭和二十七年八月三十一日東京に参議院の緊急集会を求めた。昭和二十七年八月二十八日　内閣総理大臣　吉田茂」。これを受けて同『官報』「国会事項」において、参議院から次の受領文書が発せられている。「八月二十八日吉田内閣総理大臣から衆議院の解散に伴い、中央選挙管理会の委員の任命について緊急の必要があるので、日本国憲法第五十四条及び国会法第四条により、昭和二十七年八月三十一日東京に参議院の緊急集会を求める旨の請求書を受領した」。同趣旨の文書は『第14回国会閉会後の参議院緊急集会議院運営委員会会議録』1952年〔昭和27年〕8月31日1頁にもある。緊急集会開催の理由は、同『会議録』では次のように記載されている。「緊急集会の目的として書いてございます中央選挙管理委員の任命という件につきましては、これは御承知の通り十三国会において議決相成つております公職選挙法の規定によりまして、中央選挙管理会を設置することに相成つておたのでございますが、この法律がすでに会期の末に成立いたしましたが、その際に大体のお話合いその他の準備ができておつたわけでございますが、或る会派におきましては、まだその指名の準備の整わないところがございましたために、十三国会の最終日においては、その指名を行うことができなかつたわけでございます。そこで今回これが必要となりまする理由は、御承知の通り衆議院の総選挙に際しましては、それと同時にそれまでに任命されました最高裁判所の裁判官の国民審査を同時に行わなければならないのでございます。そしてその国民審査を行いますための、その管理事務は、中央選挙管理会が行うことと相成つております。即ち今回の場合で申しますならば、裁判官につきまして、その国民審査を受けます順位の抽籤をいたし、そうして審査を受ける票を作りまして、これを各選挙の投票所に全部選挙の公示までに配付する。かような必要があるわけでございます。そして選挙の告示がありますと同時に、不在投票を行う人々は、その票によりまして裁判官の国民審査の投票を行なつて外に出て行くというような、かような措置がとられるわけでございますので、そのために緊急に中央選挙管理会の委員の任命が行われなければならない。かような理由で、この選挙管理会委員の任命のために参議院の閉会中で、同時に衆議院の解散中でございます関係から、今回参議院の緊急集会を求められた。よつて先刻申上げましたような手続によつて招集の手続をいたしましたということだけを御報告申上げます」。

35）当時は、国会法改正（1955年〔昭和30年〕法律第3号）前であったため「参議院緊急集会規則」が適用されていた。同規則は、寺光忠『国会の運営』（刑務協会、1947年）巻末「国会関係法規集」54頁に掲載されているほか、当時の我妻栄＝宮沢俊義責任編集『六法全書』（有斐閣、1953年）にもある。参考までに全文をあげておく。「第1条　内閣総理大臣から期日を定めて緊急集会を求められたときは、議長は、これを議員に通知する。第2項　議員は、前項の指定された期日の午前十時に参議院に集会しなければならない。第2条　緊急の議案が、すべて議決されたとき、議長は、緊急集会の終つたことを宣告する。第3条　緊急集会において可決された議案は、議長が、その公布を要するものは、これを内閣を経由して奏上し、その他のものは、これを内閣に送付する。第4条　参議院規則中、第1章、第5章から第11章まで、第13章、第14章及び第16章から第20章までの規定は、これを緊急集会に準用する」。現在では本規則は廃止され、国会法にこの条文は導入されている。

午後5時3分散会である。最初の緊急集会は総計10分足らずで終了している。緊急集会終了後の手続は、憲法54条3項による。同条項は、「緊急集会において採られた措置は、臨時のものであつて、次の国会開会の後十日以内に、衆議院の同意がない場合には、その効力を失ふ」と定めている。そこで、衆議院議員総選挙後、最初の国会において、緊急集会の議決を確定させなければならない。

この最初の国会は、第15回国会、特別会として1952年10月24日に召集された[36]。衆議院本会議は、翌25日に開かれた。24日の『衆議院会議録』では、次の記述がある。「去る八月三十一日近藤参議院事務総長から大池事務総長宛、参議院緊急集会は中央選挙管理会の委員及び同予備委員を次の通り指名しその旨内閣に通知したことの通知書を受領した」[37]。この通知書の文面は、次の通りである（発信者／内閣総理大臣　吉田茂、衆議院議長宛　大野伴睦。10月24日）。「さきに政府は日本国憲法第五十四条第二項により本年八月三十一日参議院の緊急集会を求め、別紙の通り中央選挙管理会の委員及び同予備委員の指名を得てこれを任命したが、右指名については、日本国憲法第五十四条第三項により今期国会において貴院の同意を必要とするので、右の手続に関し別段の定がないが便宜政府より貴院の同意を求める」[38]。

この要求書に衆議院は次のように応えている。「昨二十四日、内閣総理大臣から、参議院の緊急集会においてなされた中央選挙管理会委員及び同予備委員の指名につき日本国憲法第五十四条第三項による本院の同意を得たい旨の要求書を受領した」[39]。

衆議院の同意議決は、翌25日の本会議である。この同意議決も簡潔である。

「議長（大野伴睦君）　これより会議を開きます。

---

36) 日本国憲法では、国会の「召集」と「開会」を「召集」一つに統合している。したがって、憲法54条3項に基づく衆議院における「次の国会開会の後十日以内」との規定の起算日は、特別会の召集日である。宮沢俊義〔芦部信喜補訂〕『全訂　日本国憲法』（日本評論社、1978年）393頁。

37)『第15回国会衆議院会議録第1号』1952年〔昭和27年〕10月24日8頁。

38)「国立公文書館デジタルアーカイブ」の件名「参議院の緊急集会において採られた措置について衆議院へ通知の件」。なお、佐藤功『憲法解釈の諸問題　第1巻』（有斐閣、1953年）212-213頁も参照。

39)『第15回国会衆議院会議録第2号』1952年〔昭和27年〕10月25日17頁及び1952年10月27日の『官報』7745号585頁。

98   第4章　参議院の緊急集会論

第一　参議院の緊急集会においてなされた中央選挙管理会委員及び同予備委
　　員の指名につき同意の件
○議長（大野伴睦君）　日程第一につきお諮りいたします。去る八月三十一日
の参議院緊急集会において、中央選挙管理会委員に山浦貫一君、金子武麿君、
荘原達君、松村眞一郎君、柏正男君を、また同予備委員に中御門經民君、小
島憲君、山崎廣君、宿谷榮一君、芹澤彪衞君を指名したので、右指名につき
内閣から本院の同意を得たいとの要求がありました。右要求の通り同意する
に賛成の諸君の起立を求めます。〔賛成者起立〕
○議長（大野伴睦君）　起立多数。よつて同意するに決しました」[40]。

　この同意議決後、衆議院議長より内閣総理大臣宛に次の通知が発せられ
た。「今二十五日本院は八月三十一日の参議院緊急集会においてなされた別
紙中央選挙管理会委員及び同予備委員の指名につき同意した。よつてここに
通知する。昭和二十七年十月二十五日　衆議院議長大野伴睦　内閣総理大臣
吉田茂殿」[41]

Ⅱ．第2回目の緊急集会

　第2回目の緊急集会は、第4次吉田内閣（自由党／1952年10月30日-1953年5
月21日）の時である。第15回国会は特別会（1952年10月24日召集）であるが、
99日延長され、翌1953年3月31日までを会期としていた[42]。1953年衆議院予
算委員会（2月28日）において、西村栄一議員（右派社会党）の質問に対し、吉
田首相は着席のまま不規則発言として「バカヤロー」と発言してしまった[43]。
これを契機に吉田に対する懲罰委員会への付託動議は可決された。加えて、
自由党の分裂状況が一層深刻になり、3月14日衆議院において内閣不信任決
議が可決され、吉田内閣は即日、衆議院を解散した[44]。いわゆる69条解散
である。これによって、予算不成立が確実になったため、吉田内閣は1953
年度4月分及び5月分の暫定予算及び同関連法を成立させるため、内閣総理
大臣より14日に参議院に緊急集会を求めた[45]。参議院議長宛の通知書は、

---

40)『第15回国会衆議院会議録第2号』1952年〔昭和27年〕10月25日17頁。
41)「国立公文書館デジタルアーカイブ」の件名「衆議院参議院緊急集会においてなされ
　　た中央選挙管理会委員及び同予備委員の指名につき同意の件」。
42)　衆議院＝参議院編・前掲書（註33）448-449頁参照。

第3節　緊急集会の国家実践　　**99**

前回と同様である。すなわち、「衆議院の解散に伴い、昭和二十八年度一般会計等の暫定予算……法律案について議決を求める緊急の必要があるので、日本国憲法第五十四条及び国会法第四条により、昭和二十八年三月十八日東京に、参議院の緊急集会を求める」[46]。

　今回の緊急集会は、予算と法律案の2種類の議案のためにその開催が求められた。予算は、①昭和28年度一般会計暫定予算、②昭和28年度特別会計暫定予算、③昭和28年度政府関係機関暫定予算の3つである。法律案は、①国会議員の選挙等の執行経費の基準に関する法律の一部を改正する法律案、②不正競争防止法の一部を改正する法律案、③国立学校設置法の一部を改正する法律案、④期限等の定のある法律につき当該期限等を変更するための法律案の4本である。

　緊急集会は3月18日に開かれたが、今回の議決対象は予算と法律案であり、その点、第1回目の「国会の議決による指名」という国会同意人事案件とは性質を異にしている。そこで、参議院内に議院運営委員会のほか、予算委員会、文部委員会、通商産業委員会、地方行政委員会及び「期限等の定の

---

43)『第15回衆議院予算委員会会議録第31号』1953年〔昭和28年〕2月28日23頁によれば、「バカヤロー」の発言は削除され「──（棒線）」にすべて置き換えられている。以下、紹介しておく。「西村（榮）委員　総理大臣は興奮しない方がよろしい。別に興奮する必要はないじゃないか。（吉田国務大臣──なことを言うな」と呼ぶ）何が──だ。（吉田国務大臣「──じゃないか」と呼ぶ）質問しているのに何が──だ。君の言うことが──だ。国際情勢の見通しについて、イギリス、チャーチルの言説を引用しないで、翻訳した言葉を述べずに、日本の総理大臣として答弁しなさいということが何が──だ。答弁できないのか、君は……。（吉田国務大臣「────」と呼ぶ）何が─────だ。────とは何事だ。これを取消さない限りは、私はお聞きしない。議員をつかまえて、国民の代表をつかまえて、────とは何事だ。取消しなさい。私はきょうは静かに言説を聞いている。何を私の言うことに興奮する必要がある。吉田国務大臣　……私の言葉は不穏当でありましたから、はつきり取消します」。

44)　林＝辻・前掲書（註32）247-249頁参照。

45)『第15回国会閉会後の参議院緊急集会会議録第1号』1953年〔昭和28年〕3月18日1頁によれば、次のような記述になっている。「去る十四日、内閣総理大臣から、衆議院の解散に伴い、昭和二十八年度一般会計等の暫定予算並びに国会議員の選挙等の執行経費の基準に関する法律案、国立学校設置法の一部を改正する法律案、不正競争防止法の一部を改正する法律案及び期限等の定のある法律につき当該期限等を変更するための法律案について議決を求める緊急の必要があるため、本日参議院の緊急集会を求められました」。

46)「国立公文書館デジタルアーカイブ」の件名「参議院の緊急集会を求めるの件」（昭和28年）。また、1953年3月14日の『官報号外第9号』掲載の「内閣告示第1号」では、次の記述がされている。「内閣は、日本国憲法第五十四条及び国会法第四条により、昭和二十八年三月十八日東京に、参議院の緊急集会を求めた。昭和二十八年三月十四日　　内閣総理大臣　吉田　茂」。

100 第4章 参議院の緊急集会論

ある法律につき当該期限等を変更するための法律案」を審議するための特別委員会が設置され、審議されることとなった。

各委員会では、政府原案はそのまま可決され、3月19日及び20日[47]の緊急集会において暫定予算3本及び同関連法4本は、それぞれ可決された。議長の「よつて三案は可決せられました。これにて緊急案件はすべて議了いたしました。よつて緊急集会は終了いたしました」[48]との発言により、緊急集会は終了した。その後、緊急集会終了後の手続として、参議院事務総長から衆議院事務総長宛の「通知書」が発せられるが、予算と法律案については別の通知内容となっている。予算については、「参議院緊急集会において議決した次の予算を参議院議長から内閣に送付」との文言であり、法律案については「参議院緊急集会規則第三条の規定により参議院議長から次の法律の公布[49]を奏上した」との文言となっている[50]。この扱いの差は、旧参議院緊急集会規則3条に起因している。すなわち同3条は「緊急集会において可決された議案は、議長が、その公布を要するものは、これを内閣を経由して奏上し、その他のものは、これを内閣に送付する」と定めていたので、法律のみ公布手続がとられたのである。今回の緊急集会も僅か3日間で終了したが、これは、政府側が予算に関しては必要最小限の暫定予算に限定したこと、また法律案についても予算関連法の性質をもち、著しい必要性があったことに起因する。

第16回国会（特別会）は1953年5月18日に召集された。衆議院は、緊急集会の議決の審議のため、「昭和28年度一般会計暫定予算につき同意を求めるの件外6件特別委員会」を設置し（5月19日）、合計6回委員会審議を行った。この審議に先立ち、内閣は衆議院に対し、5月18日に通知書を発している。予算関連法の一つを例示すれば、次の通りである。「日本国憲法第五十四条第二項但書の参議院の緊急集会において議決された国会議員の選挙等の執行

---

47) 本会議の議決日は、参議院事務局・前掲書（註31）992頁参照。
48) 『第15回国会閉会後の参議院緊急集会会議録第3号』1953年〔昭和28年〕3月20日23頁。
49) 緊急集会における法律公布の文言は、次のようになっている。当時の予算関連法の一例を挙げておく。「日本国憲法第五十四条第二項但書の参議院の緊急集会において議決された国会議員の選挙等の執行経費の基準に関する法律の一部を改正する法律をここに公布する。御名御璽　昭和二十八年三月二十四日　内閣総理大臣　吉田　茂」（1953年3月24日の『官報号外第13号』4頁）。通常の法律の公布文とは異なり、緊急集会における議決であることが明示されている点に注意が必要である。
50) 『第16回国会衆議院会議録第2号』1953年〔昭和28年〕5月19日16頁。

経費の基準に関する法律の一部を改正する法律につき、同条第三項の規定に基く衆議院の同意を求める」[51]。

この審議過程を通観すると、緊急集会の性格論はもちろんのこと、通常の審議同様、緊急集会議決事項につき、賛成／反対の議論が継続され、意味ある審議となっている。衆議院の同意には憲法上10日の期限が定められているが、逆に、時間がない故、参議院の緊急集会における審議よりも内容的には豊かである。最終的に、衆議院は憲法54条3項に基づく議決を同条項10日以内の5月27日に行った[52]。

第4節　緊急集会の憲法的課題

旧憲法8条の緊急勅令及び同70条の緊急財産処分の規定を欠いた「憲法改正草案要綱」に対し、松本烝治、入江俊郎、佐藤達夫は、国会が活動能力を失った場合の救済規定を新憲法に導入しようと努力した。当初、GHQはその必要性を認めなかったが、3回に渉る復活交渉の結果、参議院の緊急集会規定を設けることに成功した。憲法施行後、わずか5年後に緊急集会の必要性が発生したことからいえば、当時の法務官僚の先見の明には驚かされる。

しかし、その一方で、緊急集会が過去2回しか開かれていないことから、緊急集会の憲法上の課題も残されたままである。以下では、各論として緊急集会の憲法解釈上の課題を論じてみたい。

---

51)「国立公文書館デジタルアーカイブ」の件名「国会議員の選挙等の執行経費の基準に関する法律の一部を改正する法律につき日本国憲法第五十四条第三項の規定に基く同意を求めるの件外六件を衆議院へ提出の旨参議院へ通知の件」。なお、5月18日に内閣総理大臣から参議院事務総長に対し、「さきに、参議院緊急集会において議決された左記法律等について、日本国憲法第五十四条第三項の規定に基く衆議院の同意を求めるため、本日別紙のとおり衆議院に提出したので、念のため通知する」との通知書が作成されている。通知書は、同デジタルアーカイブ。

52)『第16回国会衆議院会議録第5号』1953年〔昭和28年〕5月27日37頁参照。なお、次のような内閣告示が発せられた。予算関連法律の一例をあげておく。「内閣告示第二号　日本国憲法第五十四条第二項但書の参議院の緊急集会において議決された国会議員の選挙等の執行経費の基準に関する法律の一部を改正する法律（昭和二十八年法律第二十二号）について、昭和二十八年五月二十七日に同条第三項の規定に基く衆議院の同意があつた」。1953年5月30日の『官報号外第26号』15頁。

102　第4章　参議院の緊急集会論

Ⅰ. 緊急集会の開催端緒

　衆議院の解散原因は、内閣の裁量による憲法7条に基づく天皇の国事行為による解散と、憲法69条による内閣不信任決議案可決に対抗するための解散の2種類がある。緊急集会の開催に関して、第1回目の緊急集会は、いわゆる「憲法7条解散」、第2回目の緊急集会は「憲法69条解散」を契機に衆議院が不存在となり、緊急集会が内閣によって求められた事例である。

　では、この衆議院の解散原因を場合分けし、緊急集会を開く可能性を限定化することは可能であろうか。憲法7条による解散の場合は、衆議院解散の最初の端緒は内閣の意思により始まる。第1回目の例は、衆議院への懲罰としての「抜き打ち解散」であった。この場合、国会活動不能原因は、衆議院にはなく、もっぱら内閣にあり、当該内閣が衆議院不存在を理由に参議院に緊急集会を求めることは、確かに不自然さが伴う。

　一方、憲法69条解散の場合は、衆議院において内閣不信任決議案が可決されたことを端緒としている──政治的にたとえ談合があったとしても。内閣は、総辞職ではなく、衆議院の解散を選択することもある。その場合、衆議院不存在の最初の原因は、内閣にはなく、衆議院の多数派の意思にある。衆議院解散中に「国に緊急の必要」が発生した場合、内閣は、緊急集会を求めざるを得ない立場に置かれる。緊急集会の規定は、正にそういう場面を想定していた。

　しかし、両者を区分し「憲法69条解散」に限って、内閣は緊急集会を求めることができると解することは適切ではない。憲法54条2項は、衆議院不存在を絶対条件としているのであり、その最初の原因が内閣にあるのか、衆議院にあるのかは、問わないとみられる。

　次に、衆議院不存在という条件について、これを拡大解釈できるかが問題となる。憲法54条2項は「衆議院が解散されたとき」と定めている。この衆議院解散という憲法的効果は、憲法45条に定める衆議院議員の任期4年を短縮することにある。戦後憲政史上、衆議院の任期満了による総選挙は、一度だけ行われたことがある[53]。公職選挙法31条1項は、「衆議院議員の任期満了に因る総選挙は、議員の任期が終る日の前30日以内に行う」と定めてい

53）三木武夫内閣のとき、1976年12月5日に衆議院議員総選挙が行われた。当時の衆議院議員の任期満了日は1976年12月9日であったため、任期満了前に総選挙は実施されている。

る。本規定の主旨は、衆議院の連続性を確保する点にある。しかし、例外的に衆議院議員の任期満限の到来が、国会開会中に発生する場合がある。国会法10条は、「常会の会期は、150日間とする。但し、会期中に議員の任期が満限に達する場合には、その満限の日をもって、会期は終了するものとする」と定めている。一方、公職選挙法31条2項は、任期満了総選挙に関し「総選挙を行うべき期間が国会開会中又は国会閉会の日から23日以内にかかる場合においては、その総選挙は、国会閉会の日から24日以後30日以内に行う」と定め、国会開会中に衆議院議員任期満了があることを前提とし、その場合には、満了日を以て国会は閉会となるため、結果的に、新しい衆議院が形成される間、国会活動不能状態が存在することになる。

　問題は緊急集会規定が、この場合にも適用されるかである。その場合には、内閣は緊急集会を求めることはできないと解される[54]。確かにこの場合には、衆議院不存在であるが、緊急集会は、衆議院の解散を必須条件として、内閣がこれを求めるという例外措置である。この例外をさらに拡大化することは、不適切であろう。仮に内閣が、この場合にも緊急集会を求めることができるという見解を採ったとしても[55]、「緊急」の時間的幅として、衆議院総選挙後の臨時会（任期満了後の国会は特別会ではない）が召集できないほどの必要度の存否が、別個問題となろう――この「緊急」の度合いが低ければ臨時会の召集で足りるはずである。

　参議院議員の任期満了の場合についても検討が必要である。公職選挙法32条は「参議院議員の通常選挙は、議員の任期が終る日の前30日以内に行う」（1項）と定めているのも、参議院の連続性を確保するためである。しかし、参議院議員通常選挙を行うべき期間が「参議院開会中又は参議院閉会の日から23日以内にかかる場合」、「通常選挙は、参議院閉会の日から24日以後30日以内に行う」とされている（同2項）[56]。したがって、参議院議員選挙が参議院議員任期満了後に行われる場合がある。その際に、内閣は緊急集

54）同旨・松沢浩一『議会法』（ぎょうせい、1987年）344頁参照。

55）衆議院議員任期満了後に緊急集会が開催できない点について、従前より問題視されてきた。たとえば、憲法調査会第二委員会編『憲法調査会報告書付属文書第四号　憲法運用の実際についての調査報告書』（1964年）79-80頁参照。緊急集会の開催可能性を示唆するものとして、清水望「緊急事態と国会」清宮四郎・佐藤功編『憲法講座　3』（有斐閣、1964年）163頁参照。

56）公職選挙法32条2項に「参議院開会中」の文言が使用されているのは、この概念の中に緊急集会も含まれているからである。安田充＝荒川敦編著『逐条解説　公職選挙法（上）』（ぎょうせい、2009年）300頁参照。

104　第4章　参議院の緊急集会論

会を参議院に求めることができるかという課題である。

　この事例では、衆議院が議院として存立し、参議院議員の半数が存在（憲法56条1項によれば、定足数は3分の1以上である）している。この場合、内閣がとるべき方途は、臨時会の召集（憲法53条）である。参議院が片肺であることが、内閣の臨時会召集決定権を阻害する要因とはならない。よって、衆議院が解散されず、完全に存在しているため、内閣は、参議院に緊急集会を求めることはできないと解される。なお、参議院議員の任期満了前に選挙が行われた場合は、選挙中とはいえ、参議院議員全員が存在している故、特段問題は発生しない――政治的に混乱は発生する可能性はある。

　衆参ダブル選挙があった場合は、参議院議員の任期満了前後によってその取り扱いは異なる。第1の事例は、参議院議員任期満了前の選挙の場合である。すなわち、参議院議員の半数について任期満了前に新たな参議院議員のための選挙が現に行われ、憲法7条によって衆議院が解散され衆議院が不存在というという状況である。この場合は、内閣は緊急集会を参議院に求めることはできる。選挙中とはいえ、現職の参議院議員は、緊急集会に出席しなければならない[57]。

　第2の事例は、参議院議員任期満了後の選挙の場合である。参議院選挙が任期満了後に行われたため、現に存在する国会の構成員は、参議院の残余任期3年の身分をもつ議員だけである。この場合、内閣は緊急集会を求めることはできるであろうか。参議院議員の任期は6年であり、参議院が半数改選制をとり、憲法56条1項により定足数が3分の1以上とされており、しかも参議院には解散による議員身分剥奪制度がない故に、片肺の参議院が存在することを憲法は予定しているとみられる。緊急集会は、衆議院解散を必須条件としており、この場合には、その条件を満たしていると考えられる。したがって、内閣はそうした異常な状況下でも、半数の参議院議員しかいない参議院に緊急集会を求めることができると解される[58]。

---

57)　同旨・樋口ほか『註解法律学全集　憲法Ⅲ　第41条～第75条』（青林書院、1998年）111頁〔樋口陽一執筆〕参照。

58)　同旨・樋口ほか・同上、松沢・前掲書（註54）345頁参照、宮沢・前掲書（註36）368-369頁参照。但し、半数の参議院議員の政党構成が内閣を支える政党構成と一致していない場合もあり（いわゆる逆転国会状況）、そうした中で内閣の意思が緊急集会において実現できるとの保障はない。このことは、もちろん参議院議員全員で構成される緊急集会の場合にもあてはまる。

Ⅱ．「国に緊急の必要」の意味

憲法54条2項但書に定める「国に緊急の必要」の要件に関する前提条件は、時間的要素である。すなわち、その時間的絶対条件は、解散による衆議院議員不存在の日から特別会召集前までの期間である。現行法上、その最大の期間は70日間である（憲法54条1項）。もちろん総選挙終了後、特別会召集を早めれば、その期間は短縮可能である。

「国に緊急の必要」について、通説は「総選挙後の特別会の召集を待つことのできないほど、さし迫った、国家的な必要があり、そのために参議院の代行措置を求められなければならないような場合」[59]と捉えている。その点をより詳細に区分してみると、「国に緊急の必要」には次の要件が含まれている。

第1の要件は、内閣が特別会の召集を待てないほどの時間的切迫性があると判断することである。衆議院議員総選挙中であり、衆議院の不存在状況が現にあり継続中であり、しかも特別会召集まで待つことができない程の時間的切迫性が必要である[60]。

第2の要件は、「国に緊急の必要」のために、内閣が国会の関与を不可欠と判断することである。その場合、第一次的に内閣が判断権をもち、その判断には内閣の裁量の余地がある。ただ、この内閣の裁量には既存法律上の制約がかかっている。内閣のみが緊急集会を求める権能を有するといっても、予め緊急集会が法定されている場合があるからである。そこで以下では、緊急集会の開催原因を場合分けして説明しておこう。

第1類型として、予め緊急集会が法定されている場合についてである。この類型として、警察法の旧第7章「国家非常事態特別措置」に関するものがある。同法旧62条は、「国家非常事態に際して、治安の維持のため特に必要があると認めるときは、内閣総理大臣は、国家公安委員会の勧告に基き、全国又は一部の区域について国家非常事態の布告を発することができる」と定め、同法旧65条は「第62条の規定により内閣総理大臣が発した国家非常事態の布告は、これを発した日から20日以内に国会の承認を得なければならない。もしも衆議院が解散されているときは、日本国憲法第54条に規定す

59）清宮・前掲書（註1）240頁。
60）黒田覚『国会法』（有斐閣、1958年）74頁参照。黒田は、「国に緊急の必要」とは、「衆議院の解散に伴う総選挙後に召集される特別会における議決では時機を失する、という意味での時間的緊急性」であると指摘している。

る緊急集会による参議院の承認を求めなければならない」と定めていた。この法律規定の仕方は、緊急集会必要型といえる。

　この緊急集会必要型の類型に属する他の規定として自衛隊法がある。自衛隊法76条1項は、「内閣総理大臣は……我が国を防衛するため必要があると認める場合には、自衛隊の全部又は一部の出動を命ずることができる」と定めている。これを受けて、武力攻撃事態等法9条4項は、武力攻撃事態又は存立危機事態の内閣総理大臣の認定、同4項1・2号に定める防衛出動に関する国会の承認及び同6項における「対処基本方針」の国会の承認について、「内閣総理大臣が行う国会の承認（衆議院が解散されているときは、日本国憲法第54条に規定する緊急集会による参議院の承認）」が必要であることが法定化されている——但し、同法9条4項において「特に緊急の必要があり事前に国会の承認を得るいとまがない場合」には、事前の国会承認自体が排除されている。

　法律によって緊急集会を必須とした場合でも、国会閉会中の場合、内閣は衆議院が存在しているときには、緊急集会を求めることはできない。したがって第1類型に属する事案が発生した場合には、内閣は臨時会の召集を求めることになる。但し、武力攻撃事態等法9条にあるように、国会閉会中の場合には、臨時会召集の「いとまがない」と判断し、事後承認の方途を選択することが可能である——それが適切か否かはここではふれない。

　第2類型として、緊急集会ではなく新国会の召集後に手続きが開始される場合があり、その例として現行警察法74条がある。警察法は「国家非常事態」を「緊急事態」に改め、同74条は「内閣総理大臣は……緊急事態の布告を発した場合には、これを発した日から20日以内に国会に付議して、その承認を求めなければならない。但し、国会が閉会中の場合又は衆議院が解散されている場合には、その後最初に召集される国会においてすみやかにその承認を求めなければならない」（1項）と定め、参議院の緊急集会を求める規定を削除し、緊急集会を回避し、新国会において「緊急事態の布告」の承認を得ることを求めている[61]。この類型は、緊急集会回避＝事後国会承認型といえる[62]。

61）但し、内閣が緊急集会を求める権能を有するため、この規定があるにもかかわらず、緊急集会を開く可能性は完全には排除されてはいないと解される。本規定は緊急集会の開催を禁止する積極規範とはみられないからである。内閣が緊急集会を求めるか否かは、参議院多数派が与党勢力であるのかという政治状況に依存する可能性が著しく高い。

第4節　緊急集会の憲法的課題　　**107**

　この類型に属する他の例として、国際平和支援法6条の規定がある。同法6条は「内閣総理大臣は、対応措置の実施前に、当該対応措置を実施することにつき、基本計画を添えて国会の承認を得なければならない。2項　前項の規定により内閣総理大臣から国会の承認を求められた場合には、先議の議院にあっては内閣総理大臣が国会の承認を求めた後国会の休会中の期間を除いて7日以内に、後議の議院にあっては先議の議院から議案の送付があった後国会の休会中の期間を除いて7日以内に、それぞれ議決するよう努めなければならない」と定め、両議院一致の議決を合計14日以内に行うことを基本と定めている[63]。加えて同3項では「内閣総理大臣は、対応措置について、第1項の規定による国会の承認を得た日から2年を経過する日を超えて引き続き当該対応措置を行おうとするときは……報告書を添えて国会に付議して、その承認を求めなければならない。ただし、国会が閉会中の場合又は衆議院が解散されている場合には、その後最初に召集される国会においてその承認を求めなければならない」とし、警察法74条と同様、緊急集会回避＝事後国会承認型を法定している。

　もちろん、緊急集会回避＝事後国会承認型といっても、緊急集会のみならず国会召集自体が回避されている点に留意が必要である。国会閉会中の場合、内閣は臨時会の召集をすれば足りるが、これをも回避しているのがこの類型の特徴である。

　では、緊急集会を回避する意味は、どこにあるのであろうか。およそ内閣が迅速に措置を行うにあたって、国会の関与をなるだけ少なくしたいというところから出ているのであろう。しかし、緊急集会回避＝事後国会承認型を法定化した場合に、緊急集会は排除されているといえるであろうか。おそらく、この類型に該当する事態が発生した場合にも、緊急集会を積極的に排除することは、憲法54条の趣旨から逸脱していると思われる。確かに、緊急集会ではなく、「その後最初に召集される国会」、すなわち解散の場合は特別会、国会閉会中の場合は臨時会において、国会が関与すれば、国会の民主的

62）　参議院の緊急集会が排除された趣旨は、衆議院不存在の場合、内閣が早急に「緊急事態の布告」を内閣の意思のみで行いたいからであろう。しかし、特別会が召集された場合、両議院の一致の議決は、政治状況によっては、緊急集会の措置よりもハードルが高くなる場合もある。

63）　もっとも「14日規定」は訓示的規定であり、法的拘束力はない。これに法的拘束力を与えれば、それぞれの議院において7日を超えて審議した場合、消極的に「不承認の議決」があったと解するほかないからである。

108　第4章　参議院の緊急集会論

統制は担保することはできる。しかし、緊急集会回避＝事後国会承認型における国会承認の対象は、そもそも法律上、内閣の措置に限定化されている。警察法上の「緊急事態の布告」に関していえば、衆議院解散中に布告がされた場合、この布告に伴う新たな予算措置を講ずる必要があるとき、特別会ではなく緊急集会における国会審議・議決が必要なはずである。加えて、内閣の措置に対する民主的統制は、国会の同時並行的な監視と審議によって初めて可能となる。さらに、予め緊急集会を排除する理由が、「緊急」にあるとすれば、憲法54条2項に定める「国に緊急の必要」以上の「緊急」概念を想定せざるを得ない。

　もっとも、緊急集会回避＝事後国会承認型には多種多様な事項が入っている。たとえば、警察法7条2・3項[64]、会計検査院法4条2・3項[65]などの国会同意人事案件について、「その後最初に召集される国会」の議決で足りると定められている。おそらく、欠員が「国に緊急の必要」要件と合致せず、事後の国会の承認で足りると描かれた結果であろう。

　どこまで緊急集会回避＝事後国会承認型が適用可能であるのか、あらためて尺度を設定し直す必要がある。この基本線は、第1に、「国に緊急の必要」の度合いを量ると共に、第2に、国会統制が脆弱にならない事項は何かを確定することだと思われる。ただ、法律上、緊急集会回避＝事後国会承認型に含まれる事項だとしても、緊急集会の請求権は内閣に留保されていると解した方が、利便性が高い。というのも、第1回目の国会同意人事の例にあるように、何が突発的に生じるかが事前予測できないからである。したがって、緊急集会回避＝事後国会承認型が法律によって定められたとしても、緊急集

64）警察法7条2項・3項は、国家公安委員会の委員に関し、「2　委員の任期が満了し、又は欠員を生じた場合において、国会の閉会又は衆議院の解散のために両議院の同意を得ることができないときは、内閣総理大臣は、前項の規定にかかわらず、同項に定める資格を有する者のうちから、委員を任命することができる。3　前項の場合においては、任命後最初の国会で両議院の事後の承認を得なければならない。この場合において、両議院の事後の承認を得られないときは、内閣総理大臣は、直ちにその委員を罷免しなければならない」と定めている。

65）会計検査院法4条2項・3項は、会計検査官の内閣の任命に関し、「2　検査官の任期が満了し、又は欠員を生じた場合において、国会が閉会中であるため又は衆議院の解散のために両議院の同意を経ることができないときは、内閣は、前項の規定にかかわらず、両議院の同意を経ないで、検査官を任命することができる。3　前項の場合においては、任命の後最初に召集される国会において、両議院の承認を求めなければならない。両議院の承認が得られなかつたときは、その検査官は、当然退官する」と定めている。

会を積極的に禁止しているとみるべきではなく、内閣の裁量によって、緊急集会開催の余地は残されていると捉えるべきであろう。この点については、次の第3類型と関連する。

第3類型として、法秩序の維持のため補完的に国会の議決を要する事項がある。この類型が緊急集会の雛形を示す。というのも、緊急集会を導入した経緯からすれば、法秩序の維持のため補完的に国会の議決を要するときに、内閣が緊急集会を任意に求めることが憲法制定者の基本的発想であったからである。すなわち、内閣が行う措置として緊急集会の開催を法定化し、あるいは事後的に次の特別会の国会承認を法定化しても、予想もつかない特異な事情が発生し、内閣が政治的困難に遭遇する場合がある。特に、衆議院の解散という政治的激変は、政治スケジュールを乱し、その結果、憲法73条各号に定める内閣の権能が行使できない事態は、しばしばある。これを回避するための規定が、立法府のいわば「最後のセーフティー・ネット」としての緊急集会の役割である。過去2回の緊急集会は、まさにこの役割を果たしてきた。

ただし、「法秩序の維持のため補完的に国会の議決を要する場合」という不定形型の緊急集会といえども、一定の限界はある。それは、本来的に、緊急集会の議決対象としてはならない領域の問題である。通説は、緊急集会の議決対象にならない領域として、国会の権能に属する内閣総理大臣の指名、憲法改正の国会発議をあげている[66]。前者に関し、想定できる緊急集会における内閣総理大臣の指名という場面は、衆議院解散後、内閣総理大臣が欠けた場合である。憲法70条によれば、解散後の内閣は、必ず次の国会において総辞職しなければならないため、緊急集会において内閣総理大臣の指名をしたところで、この解散中の「新内閣総理大臣」が、その後の国会召集時に直ちに総辞職するという無意味なことが生じてしまう。したがって、緊急集会では内閣総理大臣の指名はできないと解するのが適切である[67]。

憲法改正の国会発議も、発議要件において「両議院の総議員の3分の2以

---

66) 清宮・前掲書（註1）241頁参照。

67) 第2次大平内閣時に、衆参ダブル選挙が行われたが、選挙中の1980年6月12日大平首相は死亡した。前日11日に伊藤正義内閣官房長官が内閣総理大臣臨時代理に指定されており、大平首相の死亡時点において総辞職が行われた。但し、新国会召集まで憲法71条に基づくいわゆる職務執行内閣として臨時伊藤内閣は存立した。なお、総辞職の時期については、大平首相の死亡時ではなく、新国会召集時であるという学説もある。以上の点については、樋口ほか・前掲書（註57）226-227頁〔中村睦男執筆〕参照。なお、宮沢・前掲書（註36）368-369頁も参照。

110 第4章 参議院の緊急集会論

上」と定め、参議院の単独行為を排除している。硬性憲法の実質的安定性を確保するため、緊急集会における憲法改正の国会発議は積極的に禁止されていると解される。

以上2つの事例は、緊急集会の性質上、緊急集会の守備範囲ではないといえるが、それ以上に、そもそも先にあげた緊急集会開催の第1要件、すなわち時間的切迫性の要件に該当しない事項だともいえる[68]。

Ⅲ．内閣の緊急集会認定権と請求権の範囲

憲法54条2項但書は「内閣は……参議院の緊急集会を求めることができる」と定めていることから、内閣のみが緊急集会認定権及び請求権を有する。内閣は、前述した要件を満たす事案が発生したときに限って、「国に緊急」があると自ら判断し（認定権）、緊急集会を求める（請求権）ことができる。内閣以外の国家機関、特に参議院は緊急集会開催請求権をもたない。

内閣のみに緊急集会認定権があることから、緊急集会を請求する事案がある場合に、内閣が緊急集会を求めるか否かは、内閣の裁量による。但し、武力攻撃事態等法9条4項の規定にあるように法律上、緊急集会が求められている場合には、内閣の認定権及び請求権は、裁量行為ではなく法的義務行為である。　内閣が緊急集会認定権を有し、そこに裁量があるといっても、その認定権の幅は厳格に制限される。すなわち、内閣が緊急集会を求める場合、「国に緊急の必要」の内実に関し、もっぱら内閣の政権維持を緊急集会開催の斟酌事由にすることは許容できない。この点について、悪しき実例がある。

それは第2次吉田内閣のときである。1948年3月、昭和電工事件が発覚し、芦田連立内閣は10月7日総辞職した。これを受けて10月14日、第2次吉田内閣が発足したが、この内閣は民主自由党の単独少数政権であった[69]。吉田首相は政権を安定化させるため、衆議院の解散を当初より目論んでいた[70]。一方、野党多数派は解散阻止に動き、公務員給与引き上げ法案及び当追加予算措置を内閣に出すよう迫り、解散を引き延ばそうと考えていた。そうした状況下で、吉田首相は衆議院を解散し、公務員給与引き上げ法案及び当追加

68）佐藤功『ポケット註釈全書　憲法（下）〔新版〕』（有斐閣、1984年）721頁参照。
69）衆議院の首相指名の決選投票では、投票総数399票、吉田茂184票、片山哲1票、白票213票である。参議院では第1回目の投票で吉田が過半数を獲得している。投票総数213票、吉田茂144票である。林茂＝辻清明『日本内閣史録　5』（第一法規、1981年）170頁参照。

第4節　緊急集会の憲法的課題　**111**

予算措置を参議院の緊急集会で処理しようと意図していた。

この政治文脈で衆議院本会議における「参議院の緊急集会の権限に関する決議案」が1953年11月26日に上程され、野党賛成多数で可決された。この決議は次の通りである。

「憲法第54条第2項但書によつて、内閣が参議院の緊急集会を求めることのできるのは、衆議院の解散中に突発した非常事態の臨時措置に限るべきであつて、……第3国会開会以来、重大な懸案として院議を以て政府に提出を迫つている公務員新給与並びに災害復旧の追加予算の措置について政府は国会の審議を避けて参議院の緊急集会にこれを提案するような邪道を択んではならない。

右決議する」（起立多数により可決）[71]。

この決議案が可決されたのは、内閣が政局を利用して衆議院解散を意図し、国務上必要な措置を緊急集会で処理しようとする吉田内閣の思惑に抗するためであった。吉田少数政権は——衆議院解散が69条に限定されるならば——野党衆議院多数派が意識的に内閣不信任決議を出さないことで、政権運営につき困難にさらされる。そこで、参議院多数派が吉田内閣に協調的であるので、参議院の緊急集会により国務事項を処理しようと吉田首相は構想していたのであろう。しかし、このような緊急集会の利用の仕方は、先の第1要件と第2要件を共に満たしていないと断じなければならない。決議にあるように緊急集会は、「衆議院の解散中に突発した」事項に限定化されるのであって、政権運営が緊急集会を求める斟酌事由として考慮されてはならない[72]。憲法制定直後で憲法を動かす技量を政権党が欠いていたとはいえ、かかる事例は緊急集会の意味を理解していなかったと評しうる。なお、この決議後、GHQの仲裁が入り、吉田内閣は、名目上は憲法69条を利用して衆議院の解散を行うと約定し（いわゆる「馴れ合い解散」）、公務員給与引き上げ法案及び当追加予算措置は、衆議院解散前に国会において議決されたため、緊

70）衆議院解散の根拠が憲法69条のみであるというのが当時の野党の見解である。というのも、少数政権である吉田首相に解散権行使をさせないために、あえて内閣不信任決議をせず、いわば「蛇の生殺し」を目論んでいたからである。1948年11月8日の朝日新聞に掲載された宮沢俊義の「解散の憲法的意味」は、イギリス型議院内閣制をモデルに吉田内閣が憲法7条に基づく解散権を行使できることに賛意を示す内容となっている。

71）『第3回国会衆議院会議録第21号』1948年〔昭和23年〕11月27日210頁参照。但し、新字体と算用数字に改めた。

72）同旨、佐藤・前掲書（註38）200頁参照。

112　第4章　参議院の緊急集会論

急集会は開かれなかった[73]。

　次に、緊急集会請求権の範囲である。緊急集会に諮る事項の範囲の課題である。第1回目の緊急集会は、国会同意人事案件であり、その議決範囲は単純化されている。特定の人物に対する賛成／反対の指名議決である。したがって、「求める」内容に幅はない。一方、第2回目の予算及び予算関連法の場合、「求める」内容はかなり広汎である。では、この範囲も内閣は任意に決することはできるであろうか。

　おそらく、そこでは憲法54条3項の主旨が制限の論理として援用されると思われる。すなわち、「前項但書の緊急集会において採られた措置は、臨時のものであつて、次の国会開会の後10日以内に、衆議院の同意がない場合には、その効力を失ふ」と定めていることから、緊急集会の議決対象自体が「臨時のもの」であり、自ずとこの法文によって、内閣の裁量に制限がかかる。

　ここでいう「臨時」とは、まず時間的に暫定的であることのほか、参議院の措置の前提となる内閣が求めようとする事項も暫定的であるはずだという見方である。この見方からすれば、内閣の求める事項は、暫定的に必要な事項に限定されるという枠が作られる。換言すれば、内閣の請求事項は、必要最小限の「国に緊急の必要」な措置に限定されると解される。実際、第2回目の予算及び予算関連法では、1953年度4月分及び5月分の暫定予算及び同関連法のみの措置であり、本予算は新国会において、しかも新内閣によって提出され、各議院において審議・議決された。この予算を暫定予算に絞り込むという先例は、緊急集会の主旨に合致していたと評価できる。

IV.　参議院の緊急集会の権能

　参議院の緊急集会の審議事項は、内閣の請求事項に限定され、その限りで緊急集会は国会の代行機関として活動能力をもつ[74]。旧参議院緊急集会規則1条は、「内閣総理大臣から期日を定めて緊急集会を求められたときは、議長は、これを議員に通知する」と定めていた。当該条文には、開催事由を明示する定めはなかったが、過去2回の緊急集会請求の内閣による通知書では、案件が明示されていた。現国会法99条1項は、その点を改め、「内閣が参議

73）林＝辻・前掲書（註32）175頁参照。
74）宮沢・前掲書（註36）407頁参照。佐藤・前掲書（註68）723頁参照。

院の緊急集会を求めるには、内閣総理大臣から、集会の期日を定め、案件を
示して、参議院議長にこれを請求しなければならない」と改正されている[75]。

　緊急集会における参議院の審議に関しては、通常の国会審議における議員
特権が妥当する（国会法100条）。ただし、議員の発議権、請願に関しては国
会法上、明示的に「案件に関連のあるもの」（国会法101条／102条）に限定化
されている。緊急集会には会期はなく、また緊急集会の迅速な議決を要する
という必要性から、内閣が請求した案件に限って審議することが適切だとい
う実際的理由があるからである。もっとも何が「案件に関連のあるもの」に
該当するかは、内閣が提示する「案件」の幅と連動するため、その都度、審
議過程で明らかにするしかないであろう。ただ、緊急集会が開かれる状況下
では、緊急に処理しなければならない案件が提示されるのが常であり、緊急
集会を混乱させるような幅のありすぎる「案件」が内閣より提示される可能
性は少ない。絞り込まれた「案件」だからこそ緊急集会は迅速に対応できる
からである——広汎な「案件」であれば、内閣は、緊急集会の時宜にかなっ
た「措置」を獲得することはできないだろう。

　緊急集会の終期については、特段の定めはない。緊急集会が通常の国会の
会期とは異なり、その始期について天皇の召集（憲法7条2号）を必要とはせ
ず、会期もないため、その終期も不確定としている。旧参議院緊急集会規則
2条は、「緊急の議案が、すべて議決されたとき、議長は、緊急集会の終つ
たことを宣告する」と定めていたが、現行国会法102条の2も「緊急の案件
がすべて議決されたときは、議長は、緊急集会が終つたことを宣告する」と
規定しているだけで、具体的な緊急集会の期間及び終期の定めはない。

　もちろん衆議院議員総選挙後、新特別会が召集されるので、この召集前ま
でが終期といえるであろう。緊急集会開催条件である衆議院不存在事由が存
在しなくなるからである。過去2回の実例をみれば、第1回目は1日、第2回
目は3日間であり、それぞれ緊急集会の参議院本会議において、議長が「終
了」宣告をしている。

　内閣が専属的に緊急集会請求権を有することから、内閣が「終了」権限も
有するということにはならない。憲法54条2項は、内閣に「緊急集会を求め
る」権能を付与しているだけである。では、内閣は緊急集会の終期を定めて
「緊急集会を求める」ことはできるであろうか。国会法99条1項は「内閣が

75）『参議院先例録　平成25年版』の先例489では、「緊急集会を求める文書には、集会の
　　期日及び案件を示す」と定めている。

参議院の緊急集会を求めるには、内閣総理大臣から、集会の期日を定め、案件を示して、参議院議長にこれを請求しなければならない」と定めている。この「期日」は始期を意味し、期間は含まれないと解される。また「案件」は審議事項の内容を意味し、時間的要素は排除されていると捉えられる。むしろ、参議院は、内閣の請求を拒絶する権限はなく、受動機関として参議院が緊急集会において審議及び議決する機能を専属的に有することからすれば、内閣によって時間的制約を課すことは、参議院の審議権を侵害するといえるであろう。

ただし、立法論としては、終期を国会法に導入することは構想されてもいいであろう。その期限としては、憲法54条3項に定める衆議院審議期間としての10日が参考になろう。もっとも短期の期限を付した場合、緊急集会の議決が政治的に困難になるという負の側面もある。

V. 衆議院の同意までの手続

憲法54条3項は、「前項但書の緊急集会において採られた措置は、臨時のものであつて、次の国会開会の後10日以内に、衆議院の同意がない場合には、その効力を失ふ」と定めている。参議院の議決は、「臨時のもの」として法的に有効ではあるが、これを確定させるには、次の特別会において衆議院がもっぱら「緊急集会において採られた措置」について同意を与えることによって、「臨時」の「措置」が確定的に将来に向けて法的連続性を獲得する。

同意に至る手続について、旧参議院緊急集会規則3条は、「緊急集会において可決された議案は、議長が、その公布を要するものは、これを内閣を経由して奏上し、その他のものは、これを内閣に送付する」と定めていた。また現国会法102条の3は「参議院の緊急集会において案件が可決された場合には、参議院議長から、その公布を要するものは、これを内閣を経由して奏上し、その他のものは、これを内閣に送付する」とほぼ同一の規定を置いている。ただ同法102条の4は、「参議院の緊急集会において採られた措置に対する衆議院の同意については、その案件を内閣から提出する」との規定が追加され、内閣が主体となって緊急集会後の手続を行うことが明文化された。

第1回目の緊急集会では、緊急集会から衆議院への案件の移行手続は、旧参議院緊急集会規則上、不明確であったため、「参議院の緊急集会において採られた措置について衆議院への通知の件」(前出)[76]では、「……右指名につ

いては、日本国憲法第五十四条第三項により今期国会において貴院の同意を必要とするので、右の手続に関し別段の定がないが便宜政府より貴院の同意を求める」となっている——あわせて内閣総理大臣から参議院議長宛に通知書が発せられるが、その文面は「さきに、参議院緊急集会において採られた措置について、別紙のとおり衆議院へ通知したので、念のため通知する」となっている[77]。改正された国会法102条の4は、その点、「別段の定めはない」部分を補ったといえる。なお、衆議院先例として「参議院の緊急集会において採られた措置につき同意を求めるの件は、次の国会の召集日に、内閣から提出されるのを例とする」（衆議院先例355）と定め、内閣が同意を求める形式が確立した。

　この内閣による同意を衆議院に求める手続は、内閣の法的義務である。確かに、参議院の緊急集会を求めた内閣は、特別会の召集時に必ず総辞職し、従って特別会においては新内閣が発足し、旧内閣は存在していない。しかし、新内閣の構成が旧内閣と異なり、また政権交代によって内閣の政治的構成が異なる場合においても、衆議院に対する「求め」は、新内閣の憲法上の義務である。仮に、参議院緊急集会の「臨時の措置」に新内閣が反対の場合であっても、特別会において「衆議院の同意」の手続は開始されなければならない。新内閣が参議院の「臨時の措置」に反対したい場合は、衆議院において「不同意」の議決を衆議院多数派に慫慂すれば足りると思われる。先の先例（355）にいう「次の国会の召集日に、内閣から提出されるのを例とする」との文言の実質的意味は、新旧内閣が連続して「衆議院の同意」の手続を遵守することを義務化している点にある[78]。

VI.　衆議院の同意の効力

　衆議院の同意は、緊急集会において採られた「措置」に対して衆議院が異議なしとする意思表示である[79]。この意思表示によって、法律案が議決され

76）全文は、「国立公文書館デジタルアーカイブ」の件名「参議院の緊急集会において採られた措置について衆議院へ通知の件」。佐藤・前掲書（註38）212-213頁参照。

77）「国立公文書館デジタルアーカイブ」の同上件名。尚、この文書は前註文書に続けて掲載されている。

78）但し、法律に限定して考察すれば、次のような政治的展開が適切である。参議院の緊急集会の措置を衆議院において新内閣は「同意」させ、その後、新内閣主導の下、当該法律について改めて改正作業に着手するという流れである。

79）宮沢・前掲書（註36）410頁参照。

る本則である2つの議院の賛成の意思が備わることになる。衆議院の同意の意思表示は、特別会召集日を算入して（国会法133条）10日以内に行わなければならない。

衆議院の同意は、単純化される。参議院の緊急集会において採られた「措置」について、不可分一体に同意を与えるか否かである。一部同意あるいは修正はできない。衆議院が「措置」に不満がある場合には、不同意の議決を行い、特別会において、新規に議案を審議すれば足りる。この点、参考になるのが、複数の法律規定を一本化した法律に対する緊急集会の議決に関してである。衆議院の同意手続に関し、衆議院先例（357）では、「期限等の定のある法律につき当該期限等を変更するための法律」について、16件の法律改正を内容としていたが、これを一法律として不可分なものと捉え、「参議院の緊急集会において採られた措置につき同意を求めるの件は、その全部について同意するか否かを議決する」と定められている[80]。

衆議院の「同意がない場合」は、政治的混乱がなければ生じない事態である。この事態が発生するのは、衆議院解散後、新たな衆議院政党構成が生まれ、同時に政権交代が発生し、新内閣が従来の内閣が行った緊急集会の「求め」自体を否定的に捉え、参議院緊急集会の「措置」をも新内閣及び政府与党側が全面的に否定するという政局的文脈がなければ、想定できないであろう。ただ、こうした政治的激変も憲法54条3項の規律対象のことであり、「不同意」の意味を探ることは無意味ではない。

「同意がない場合」には、概念上、積極的不同意と消極的不同意がある。積極的不同意とは、衆議院が不同意の明示的議決をした場合である。消極的不同意とは、①衆議院が10日以内に議決をしなかった場合、②10日以内に改めて衆議院が解散された結果、特別会（場合によっては常会）の会期が終了し、国会が閉会になった場合の双方を含む。「同意がない場合」の実例はなく、どのような手続で「不同意」を確定させるかは、未解決である。過去2回の事例ではそれぞれ、10日以内にすべてに関し衆議院は同意の議決を行っている。

「衆議院の同意がない場合には、その効力を失ふ」とされるが、その「効力を失ふ」点については、2つのことが問題となる。一つは、遡及効があるか否かである。旧憲法8条の緊急勅令（命令）の条文では、同2項において「此

80）『衆議院先例集　平成15年版』440頁。

第4節　緊急集会の憲法的課題　　**117**

ノ勅令ハ次ノ会期ニ於テ帝国議会ニ提出スヘシ若議会ニ於テ承諾セサルトキハ政府ハ将来ニ向テ其ノ効力ヲ失フコトヲ公布スヘシ」と定められ、不承諾が確定した場合、「将来ニ向テ其ノ効力ヲ失フ」とされていた。憲法54条3項にはこれに対応する規定はない。通説は、将来効である[81]。というのも、緊急集会において採られた措置は、法律の場合、法的効力があるものとしてすでに公布され、（暫定）予算の場合も予算執行がなされ、それぞれ法律関係が継続してきており、これを過去に遡り無効とすることは、法的安定性を害すると解されるからである。

　もう一つの論点は、衆議院の不同意の議決がなされ、参議院の緊急集会の「措置」が効力を失った場合、「措置」以前の法律関係をどのように描くかである。この点、旧憲法8条の緊急命令（緊急勅令の形式として発せられる）の解釈が参考になる。美濃部は、緊急命令に関し議会が不承諾の議決をした場合を想定して、次のようにいう。「緊急命令ヲ以テ既定ノ法律ヲ廃止変更スルノ規定ヲ設ケタル場合ニ於テ、其緊急命令ガ不承諾トナリタルトキハ、前ノ法律ガ其効力ヲ復活スルモノナルコトハ更ニ疑ヲ容レズ。是モ緊急命令ガ暫定的効力ヲ有スルニ過ギザルコトヨリ生ズル結果ナリ」[82]。もちろん美濃部は、天皇が発する緊急命令と帝国議会が協賛して成立した法律の法的関係性に留意し、議会制的立憲主義的解釈の視点から、帝国議会の不承諾に憲法的意義を与えるべきだという見解に立って解釈を展開している。緊急命令前の状態が「復活スル」と美濃部が説いたのは、帝国議会が関与して成立した旧法律に対し、後の帝国議会により改めて当該旧法律の有効性を確認するために行った「不承諾」の議決に強調点を置いたからにほかならない[83]。

　一方、日本国憲法上、緊急集会の「措置」と特別会における衆議院の「措置に対する不同意」との間には、国家機関の民主的正当性に関わる法的関係

81）清宮・前掲書（註1）242頁参照、宮沢・前掲書（註36）411頁参照、佐藤・前掲書（註68）724-725頁参照、野中俊彦ほか『憲法Ⅱ〔第5版〕』（有斐閣、2012年）122頁〔高見勝利執筆〕参照。

82）美濃部達吉『憲法撮要〔第4版〕』（有斐閣、1927年）438頁。

83）この美濃部の考え方とは異なった見解を出しているのが、佐々木惣一である。佐々木は「緊急勅令ノ失効ノ為常ニ法律復活スト誤解スベカラズ」と述べるが、「実際ニ於テ其ノ何レタルカハ、各場合ニ付緊急勅令ノ規定ヲ見テ決スルノ外ナシ」と指摘している。例示として、緊急勅令が既存法律規定の廃止の場合には、緊急勅令の失効によって旧法律規定が復活することはなく、緊急勅令が旧法律規定の停止などの場合には、復活すると描いている。おそらく両者の相違は、帝国議会の力量をどこまで評価するかに起因するのであろう。佐々木惣一『日本憲法要論〔訂正第4版〕』（1933年、金刺芳流堂）618-619頁参照。

118　第4章　参議院の緊急集会論

性はない。そこで、遡及効のない衆議院の「不同意」によって、緊急集会の「措置」を消滅させるという時間軸に沿った解決が基本とみられる。ただ、この立場を堅持しつつも、想定しなければならないことがある。それは、緊急集会の「措置」の対象に応じた3つの想定である。

第1に、最初の緊急集会のような人事案件である。中央選挙管理会の委員及び予備委員の指名に関する緊急集会の議決について、後日、衆議院が不同意した場合——法律上、特別な定めがない限り（会計検査院法4条2・3項が典型的である）[84]——不同意の日に指名は無効となり、当該日に失職し、改めて内閣が、特別会中に指名の人事案件を議案として国会に提出する義務が発生すると考えられる。というのも、衆議院の「不同意」によって、人事は空白となり、参議院の緊急集会の「措置」以前の状況に戻るからである。

第2に、予算の場合である。参議院の緊急集会において本予算が議決されるということは通常ない。内閣は、緊急集会において本予算を提出できるが、「国に緊急の必要」要件上、必要最小限の措置を内閣は考慮せざるを得ず、その場合、特別会において議決されるのは、本予算の繋ぎ予算としての暫定予算であり、これを内閣は参議院緊急集会に提出するはずである。過去2回目の実例も暫定予算であった。この必要最小限に絞られた暫定予算が、特別会において「不同意」となることは通常はあり得ない。ただ、「不同意」の議決が行われた場合には、暫定予算は執行不能となり、よって内閣は特別会において、改めて暫定予算を提出するか、本予算を提出するかしかないであろう[85]——若干の期間は予備費で対応可能であろう。

第3に、法律の場合である。法律の場合は事情は複雑である。一例として新規にX法案を制定する場合を想定してみよう。内閣がX法案を成立させる

---

84) 会計検査院法4条は次のように定めている。「検査官は、両議院の同意を経て、内閣がこれを任命する。2　検査官の任期が満了し、又は欠員を生じた場合において、国会が閉会中であるため又は衆議院の解散のために両議院の同意を経ることができないときは、内閣は、前項の規定にかかわらず、両議院の同意を経ないで、検査官を任命することができる。3　前項の場合においては、任命の後最初に召集される国会において、両議院の承認を求めなければならない。両議院の承認が得られなかつたときは、その検査官は、当然退官する」。

85) 美濃部によれば、旧憲法70条2項に基づく緊急財政処分としての緊急勅令自体に対する帝国議会の不承諾は、「唯政府ノ責任ヲ生ズルニ止マリ其効力ニハ影響スル所ナシ」（美濃部・前掲書（註82）557頁）と解されていた。というのも、予算それ自体が、「全然法規ノ性質ヲ有スルモノニ非ズ」（同522頁）とされていたからである。緊急財産処分としての緊急勅令は、「行政作用」であり「法規ヲ定ムルモノニ非（ズ）」（同557頁）。

ために緊急集会を求めたその時点において、当該X法案は他の法律の改正を伴うことが大半である。そこで、衆議院が「不同意」の議決をした場合、参議院の緊急集会以前の状況に戻るが、そこでは、2つのことが発生する。一つはX法固有の新規法文が将来に向かって無効となるほか、当該X法制定のために随伴して改正された「その他の法律の特定条項」も、将来に向かって無効となる。その場合、この後者の部分についても、緊急集会以前の状況に戻るということは、旧法が「復活する」とみなければならない。というのも、緊急集会の「措置」によって、従来の法文が消滅したにもかかわらず、消滅させた法律自体が、衆議院の不同意によって消滅したからである。

　人事案件、暫定予算の緊急集会の議決は、「無から有」を作りだし、その後の衆議院の不同意は、「『無から有』を無にする」ことを意味する。これに対し、法律に対する衆議院の不同意の場面では、先の参議院の緊急集会の議決が「既存法律規定に対する改正された法律規定の創造」を意味し、その後の衆議院の「不同意」は、先の「改正された法律規定の創造の否定」をもたらし、結局、最初の法的生活状況——緊急集会において議決された「改正された法律規定」の前段階——に戻ることになる。この場合、その法的生活状況にあった旧法が、「復活」するといわざるを得ない。

　しかし、緊急集会以前の法的生活を「復活」させた場合、換言すれば、衆議院が「不同意」の議決をした場合、その旧法復活の法的手続など（公布）は、現行法上、一切存在していない——旧憲法8条2項は帝国議会の不承諾の場合、「公布」を明示していた[86]。おそらく憲法54条3項に基づく「不同意」はないものとして、今日まで考えてこなかったのであろう——旧公式令に代わる法の通則法自体も未だに制定されていないのが主因である。

　衆議院「不同意」の場合、考えられるべき実務上の取り扱いは、次の通りであろう。第1回目の緊急集会の場合、「内閣告示」として「内閣は、日本国憲法第五十四条及び国会法第四条により、昭和二十七年八月三十一日東京に、参議院の緊急集会をもとめた」[87]ことが公表されている。本件人事案件

86）旧憲法8条2項に対応して旧公式令7条は、次のように定めている。「勅令ハ上諭ヲ附シテ之ヲ公布ス。〔第2項〕前項ノ上諭ニハ親署ノ後御璽ヲ鈐シ内閣総理大臣年月日ヲ記入シ之ニ副署シ又ハ他ノ国務各大臣若ハ主任ノ国務大臣ト倶ニ之ニ副署ス。〔第3項〕枢密顧問ノ諮詢ヲ経タル勅令及貴族院ノ諮詢又ハ議決ヲ経タル勅令ノ上諭ニハ其ノ旨ヲ記載シ帝国憲法第八条第一項又ハ第七十条第一項ニ依リ発スル勅令ノ上諭ニハ其ノ旨ヲ記載ス。〔第4項〕帝国議会ニ於テ帝国憲法第八条第一項ノ勅令ヲ承認セサル場合ニ於テ其ノ効力ヲ失フコトヲ公布スル勅令ノ上諭ニハ同条第二項ニ依ル旨ヲ記載ス」。

120　第4章　参議院の緊急集会論

については、衆議院の同意について、特段、後日、内閣は告示をしていない。

　しかし、第2回目の緊急集会においては、「内閣は、日本国憲法第五十四条及び国会法第四条により、昭和二十八年三月十八日東京に、参議院の緊急集会をもとめた」[88]とする「内閣告示」が公表され、衆議院の同意の議決後、「内閣告示第二号」として内閣より「日本国憲法第五十四条第二項但書の参議院緊急集会において議決された国会議員の選挙等の執行経費の基準に関する法律の一部を改正する法律……について、昭和二十八年五月二十七日に同条第三項の規定に基く衆議院の同意があった」[89]と法律に関してのみ公示している。

　この取り扱いから、参議院の緊急集会の議決が、衆議院において「同意」されたことを「内閣告示」という方法により公表されたのだから、「不同意」の場合も同じように「内閣告示」によって公表すべきだという見解[90]は確かに成り立つ。しかし、衆議院の「同意」があった場合と「不同意」の場合を同列に扱うことは適切であろうか。前者では「同意」事実の確認をすることによって、すでに参議院の緊急集会の議決によって公布された法律に何らの変更がない事実を内閣が確認したのであるから、「内閣告示」で足りると解される。しかし、後者の場合――衆議院の「不同意」の場合――緊急集会の議決対象となった事項が、衆議院不同意の日から無効となるのであるから、そこでは当然新たな法律関係が発生する。この公表方法が、「公示」あるいは「内閣告示」で足りるというのは、法律の公布に比して、余りにも軽く扱われすぎていると思われる。この点は、やはり旧憲法8条2項と同様に、「公布」手続によるのが正鵠を射ていると思われる。今後の法令実務上の検討課題であろう。

第5節　小　結

　これまでの記述から次のことが指摘できる。以下、再確認しておこう。

　第1に、憲法54条2項に基づく参議院の緊急集会は、旧憲法8条及び70条

87）昭和27年〔1952年〕8月28日『官報号外第98号』。

88）昭和28年〔1953年〕3月14日『官報号外第9号』。

89）昭和28年〔1953年〕5月30日『官報号外第26号』。なお、同『官報』において内閣告示第2号から5号迄、同意された法律に関する「内閣告示」が掲載されている。

90）高辻正巳「参議院の緊急集会について」『自治研究』第29巻第7号（1953年）16頁参照。

第5節　小　結　**121**

に対応する規定である。その出生は、日本側の意思を出発点としており、GHQが日本側の執拗な要求を受け入れ、これを認めるという形で新規に導入された特異な法制度である。もっとも、日本側の意思に明確にあったように緊急集会は、旧憲法14条の戒厳の宣告及び同31条に基づく天皇の非常大権とは全く関係性を有さず、もっぱら国会活動の空白時に参議院が国会の代行機関として活動能力をもつという意味しかない。それ故、参議院の緊急集会は、内閣に「国家緊急権」あるいは「非常権」の発動を許し、これを参議院が承認するという意味をもってはいない。憲法54条各項は、「国家緊急権」あるいは「非常権」の憲法上の根拠規定ではない。

　第2に、過去の緊急集会の2つの実例は、憲法制定時に日本側の危惧した事象が実際に発生し、これに緊急集会がよく応えたことを教えている。第1回目の緊急集会は（内閣通知：1952年8月28日。緊急集会：同31日の1日のみ開催）、中央選挙管理会委員に関し、内閣の任命に先立つ「国会の指名」議決を要する案件であった。第2回目の緊急集会は（内閣通知：1953年3月14日。緊急集会：同18-20日の3日間開催）、暫定予算及び同関連法を成立させなければならない局面であった。すなわち、この2種類に関する緊急集会は、内閣が憲法73条1号の法律誠実執行義務及び同5号の予算提出義務を果たさざるを得ない場面で開催された。また、憲法54条2項に定める「国に緊急の必要」要件に該当する事案でもあった。過去2回の緊急集会は、憲法が想定していた衆議院活動不能なときに、国会代行機関としての参議院が、その機能を的確に行使したのであり、軍事的・警察的目的のための「緊急」とは全く異質なものとして緊急集会が利用されたといえる。

　加えて、緊急集会は、旧憲法8条及び70条とは異なる機能を果たしていたことも重要である。旧憲法8条の緊急勅令及び同70条の緊急財産処分に基づく緊急勅令を発する場合、「公共ノ安全ヲ保持」（8条・70条）あるいは「其ノ災厄ヲ避クル為」（8条）という消極的目的[91]が条件化されているが、過去2回の緊急集会は——もちろん消極的目的のほか積極的目的として公共の福利を実現する場合も、緊急集会を排除していない——明らかに内閣が臨時会の召集ができず、しかも国会の議決が必要不可欠な場面であった。憲法54条2項の国会活動不能条件が厳しく、この厳格化された条件においてのみ、正確に緊急集会が開催されたといえる。

91）この言葉の使用法については、美濃部・前掲書（註82）433頁参照、佐々木・前掲書（註83）611頁参照。

122　第4章　参議院の緊急集会論

　第3に、内閣が緊急集会を求める場合について、予め法律上規定されている場合と、そうでない場合があるが、両者の区別の法制度には混乱がみられる。法律上、緊急集会必要型に属するのは、自衛隊法76条に関連する武力攻撃事態等法9条4項に定める「国会の承認（衆議院が解散されているときは、日本国憲法第54条に規定する緊急集会による参議院の承認）」規定である。この原型は、警察法の旧第7章「国家非常事態特別措置」の関連条文にある。すなわち、警察法旧65条は、「第62条の規定により内閣総理大臣が発した国家非常事態の布告は、これを発した日から20日以内に国会の承認を得なければならない。もしも衆議院が解散されているときは、日本国憲法第54条に規定する緊急集会による参議院の承認を求めなければならない」と定めていた。

　一方、緊急集会回避＝事後国会承認型に属するのは、現行警察法74条である。同1項但書は「国会が閉会中の場合又は衆議院が解散されている場合には、その後最初に召集される国会においてすみやかにその承認を求めなければならない」と定めている。また旧保安庁法（1952年）61条2項も非常事態時における出動命令につき、「内閣総理大臣は、前項の規定による出動を命じた場合には、出動を命じた日から20日以内に国会に付議して、その承認を求めなければならない。但し、国会が閉会中の場合又は衆議院が解散されている場合には、その後最初に召集される国会においてすみやかにその承認を求めなければならない」と定めていた。同趣旨の定めは、国際平和支援法6条3項にもある。加えて、国会同意人事に関する警察法7条2・3項、会計検査院法4条2・3項にもみられる。

　では、緊急集会必要型と緊急集会回避＝事後国会承認型とを区分する指標は何かということが問題となる。実定法上の区分は、緊急集会必要型は、防衛法制上の緊急状態に対応しているのに対し、緊急集会回避＝事後国会承認型はそれ以外の事項であり、そこには雑多なものが含まれている。しかし、本来、緊急集会は、衆議院不存在の時に国会代行機関として参議院を活用し、国会レベルの内閣への民主的統制も目的としていたのであり、法律によって緊急集会を排除することは、制限的でなければならなかった。特に、「国会が閉会中の場合」について、憲法54条2項は、旧憲法8条とは異なり意識的に避け、国会活動不能状況の意味を限定化していたはずである。というのも、衆議院が解散されていないときに「国に緊急の必要」がある場合には──その意味は「緊急事態」という概念とは一致しない──内閣が臨時会の召

集をすれば事足りるからである。この点、原点に戻り、緊急集会を開くことの規範的意義を見つめ直すべきであろう。ただ、この解釈論をこれ以上展開するには、日本の緊急事態法令全般——防衛法制、警察法制のみならず災害法制（災害対策基本法105条における災害緊急事態の布告[92]、大規模地震対策特別措置法9条の警戒宣言、原子力災害対策特別措置法15条の原子力緊急事態宣言）——に関わる論点でもあり、ここでは、先の問題点のみを指摘しておくにとどめる[93]。

　第4に、緊急集会も開催できない空白をどのように評価するかの問題である。旧憲法8条は「帝国議会閉会ノ場合」、同70条は「内外ノ情形ニ因リ政府ハ帝国議会ヲ召集スルコト能ハサルトキ」と定め、衆議院不存在を必須要件とはしていなかった。一方、参議院の緊急集会の規定は、衆議院解散規定の中に置かれ、同2項本文は、衆議院解散を前提とした条文であり、これを受けて同項但書において、緊急集会の設置を認めるという条文構造となっている。したがって、緊急集会は、衆議院解散を必須条件として内閣によって開かれる。ただ、衆議院不存在は、衆議院解散の場合のみならず、衆議院議員任期満了後に総選挙が行われる場合にも発生する。現行法上、まさにこの状況が、参議院の緊急集会も開けない政治空白の期間である。

　その対処法は、2つ考えられる。①この場合にも内閣が緊急集会が求めることができると、国会法を改正する。②任期満了後の衆議院議員総選挙の実施を認めないように公職選挙法及び国会法を改正する。おそらく①の選択肢

92）災害対策基本法105条は、「非常災害が発生し、かつ、当該災害が国の経済及び公共の福祉に重大な影響を及ぼすべき異常かつ激甚なものである場合において、当該災害に係る災害応急対策を推進し、国の経済の秩序を維持し、その他当該災害に係る重要な課題に対応するため特別の必要があると認めるときは、内閣総理大臣は、閣議にかけて、関係地域の全部又は一部について災害緊急事態の布告を発することができる。2　前項の布告には、その区域、布告を必要とする事態の概要及び布告の効力を発する日時を明示しなければならない」と定めている。本条を受け、同109条は「災害緊急事態に際し国の経済の秩序を維持し、及び公共の福祉を確保するため緊急の必要がある場合において、国会が閉会中又は衆議院が解散中であり、かつ、臨時会の召集を決定し、又は参議院の緊急集会を求めてその措置をまついとまがないときは、内閣は、次の各号に掲げる事項について必要な措置をとるため、政令を制定することができる」と規定している。これは、緊急集会回避＝事後国会承認型に属するが、その回避の段階は著しく高い。あえて「緊急集会を求めてその措置をまついとまがないとき」という想定は、内閣が内閣としても成立し得ない事態のようにみえるからである。
93）確かに、国会人事案件については、「国に緊急の必要」度は小さい。緊急集会回避＝事後国会承認型が認められる場合の典型例と思われる。しかし、この類型には多くの事項が含まれているため、整理が必要だと思われる。

124　第4章　参議院の緊急集会論

は、「広げすぎた憲法解釈」となり不適切である。②の視点からの再点検が適切なように思われる。もっとも、衆議院の解散後の総選挙が常態化し、任期満了による総選挙は過去1度であり、任期満了後の総選挙は一度もないことから、この課題は、多少心配しすぎの感もある。ただ、政治の権力性に対峙しなければならないのが憲法学の使命である以上、この課題の解決策を描く必要はある。

　第5に、緊急集会の実例を通観すると、内閣による緊急集会の「求め」から衆議院の「同意」の直後までの手続が今なお、十分、法律化されていないように思われる。確かに、参議院緊急集会規則に代え、国会法改正がおこなわれ、従来よりも手続準則は明確になった。また過去2回の緊急集会を経て各議院の先例も足されていった。しかし、たとえば、緊急集会の臨時の措置に対する議決を内閣が受領後、衆議院の同意案件をいつ提出するのか[94]、また衆議院の同意議決について、法律の場合、当該法律の効力を確定的に決定させる事実行為に関し、「内閣告示」の形式が適切なのか、公布手続が必要なのではないか、衆議院の「不同意議決」の場合は、どの形式の公示が適切であるかなど、国会法上、未整備な部分は数多い。旧公式令に代わる法の通則法が制定される気配のない中、国会法の改正による対処が不可欠であろう。

　「緊急事態」や「XX事態」が飛び交う言説の中で、最後に付言しておくことがある。それは、今後の緊急集会は、過去2回の実例にあるような「幸福な状況下」で開催される保障はないという点である。その一つを例示すれば、参議院の緊急集会は、国会議事堂の参議院の場所で開催されなければならないのかという論点である。常会、臨時会及び特別会は、天皇の国会召集より始まる（憲法7条2号）。国会召集詔書はともに「XX会を東京に召集する」との文言であり、地理的概念としての「東京」を明示しているだけであり、これは、場所的概念としての召集場所、すなわち国会議事堂を明示する文言ではない[95]。ただ、国会法5条は「各議院に集会」すると法定しており、この文言が場所的概念であるとみれば、国会議事堂が常会等の開催場所と描くことは可能であろう。

94）但し、衆議院先例では「参議院の緊急集会において採られた措置につき同意を求める件は、次の国会の召集日に、内閣から提出されるのを例とする」（衆議院先例355）『衆議院先例集　平成15年版』438頁。

95）国会召集詔書の実例は、佐藤功『ポケット註釈全書　憲法（上）〔新版〕』（有斐閣、1983年）82-83頁参照。なお、この詔書の文言は、旧帝国議会の詔書と形式は同一である。

では、緊急集会はどうであろうか。緊急集会は天皇による国会の召集によって始まるのではなく、もっぱら内閣の専属事項である「求め」より始まる。第1回目の緊急集会の内閣による請求文書が興味深い。当該文書は「……日本国憲法第五十四条及び国会法第四条により昭和二十七年八月三十一日東京に（傍点は筆者加筆）参議院の緊急集会を求める」とあるが、「東京に」の文言は書き忘れがあり、加筆訂正印が押されている。確かに、最初の緊急集会のことであり、旧憲法時代に前例もなかったことから、この請求文書は初めて作られたのであろう。おそらく緊急集会を開く場を書き入れるのを失念したとみるのが自然である。ただ、私は、この文書作成者が緊急集会の場を通常の国会と同じように描いてはいなかったことに思いをめぐらしている。

参議院の緊急集会が、定められた期日と時間に国会議事堂内参議院において開かれるときは、異常な国難のときではない[96]。では、どんな国難があろうか。そうしたことも考えながら、昨今の「緊急事態法制」をめぐる議論の想定範囲が、極めて甘い想定になっているのではないかとの疑問をもつ。

96）日清戦争中の1894年〔明治27年〕9月22日の詔勅を参考までにあげておく。同日、臨時帝国議会召集の詔勅が発せられた。「朕惟フニ國家今日ノ急ハ軍旅ニ在リ既ニ大纛ヲ進メ親ク其ノ事ヲ視ル唯立法ノ要務早ヲ趁ヒ議會ノ協賛ヲ望ムモノアリ乃チ期ニ先チ帝國議會ヲ召集スルノ必要ヲ認メ茲ニ來ル十月十五日ヲ以テ臨時帝國議會ヲ廣嶋ニ召集シ七日ヲ以テ會期ト爲スヘキコトヲ命ス百僚臣庶其レ朕カ意ヲ體セヨ　御名御璽　明治二十七年九月二十二日　於廣嶋大本營」。これは、旧憲法及び現憲法を通じて唯一の東京以外の帝国議会（国会）が開催された実例である。なお、原文は、1894年〔明治27年〕9月22日の『官報号外』による。

第5章

両院協議会の憲法的地位論
——両院の合意形成の論理——

第1節　はじめに

　2007年7月に行われた参議院通常選挙の結果、自由民主党と公明党の連立政権は参議院において過半数を獲得できず、いわゆる「逆転（ねじれ）国会」が生じた。この「逆転国会」に自公連立政権は立ち往生し、第1次安倍内閣の崩壊、これを引き継いだ福田内閣も僅か1年で退陣を余儀なくされた。麻生政権も「逆転国会」状況下で政権運営に苦しみ、2009年8月の衆議院議員総選挙において自由民主党は歴史的大敗を喫し、民主党が衆議院において単独過半数（480議席中308議席）を獲得した。しかし、民主党は参議院において単独過半数を有しておらず、そのため参議院の小政党である社会民主党、国民新党と連立政権を樹立せざるを得なかった。鳩山政権も「逆転国会」がある中で、政権運営を安定化させるために、参議院諸勢力を糾合していったのである。加えて、2010年7月の参議院通常選挙では、鳩山政権を引き継いだ菅内閣も敗北し、民主党／国民新党連立政権は、参議院内に多数派を形成し得ない「逆転国会」に直面することとなった。特に今回の「逆転」は、政権与党が衆議院において3分の2以上の絶対多数をもっていないという意味で「真正逆転」であり、政権維持は著しく困難を極め、実際、野田民主党政権は崩壊した。

　「逆転国会」の原因は、確かに参議院通常選挙における有権者の判断の結果ともいえる。しかし、中選挙区制における「逆転国会」と小選挙区比例代表並立制における「逆転国会」との間には、質的相違があるように思われる。

128　第5章　両院協議会の憲法的地位論

というのも、従来「逆転国会」があった場合には、衆議院与党が参議院の政治勢力を斟酌しつつ、連立政権を樹立することが、その政党数と政党の政治傾向からして可能であったし、また望まれてもいたからである。

しかし、小選挙区比例代表並立制導入によってウエストミンスター・モデル、つまり二大政党制が確立すればするほど、衆議院多数派が参議院勢力を重視し、連立政権を樹立することが困難になってくる。というのも、第1に、衆議院において二つの大政党が鎬を削る状況は、小政党が生息できる環境を悪化させ、その結果、小政党が政治勢力として参議院においても議席を獲得する機会は減じられるからである。衆議院選挙制度が完全小選挙区制になれば、小政党はかろうじて参議院において議席を僅かに獲得するだけであろう。しかも、参議院選挙制度が既存の保守二大政党に有利なように改正されれば、小政党が政治生活を全うできる生活環境はほとんどなくなる。

そうした環境では「逆転国会」が、継続的に発生する機会は増す。というのも、一つの保守政党が両議院において単独過半数を獲得するという保障はどこにもなく、むしろ3年毎に定時的に行われる参議院選挙が衆議院総選挙以上に政権党にとって重要な意味をもちはじめ、参議院選挙で失敗をすれば、3年間も「逆転国会」を経験せざるを得ないからである。

この見方は確かに悲観的であり、想像力がたくましすぎるのかもしれない。しかし、「逆転国会」が発生したときに、どのような対処方法があるかを学習することは、今後の備えでもあろう。第1次安倍政権から野田民主党政権までの——負の遺産としての——「逆転国会」から得られた教訓は、もっと理論的に突き詰めて分析するに値する政治経験である。そこで本章では、2007年以降の「逆転国会」において、与野党の弛緩剤として設けられた両院協議会の機能について考察を加えてみたい。衆議院多数派と参議院多数派が一致しない政治状況が国民の選挙の結果だとしても、両者間の対立は政治家の智慧だけではなく、制度的に解決を図ることも必要だと考えるからである。

第2節　両院協議会の設置

Ⅰ．歴史的経緯

　日本国憲法42条の起源について若干言及しておこう。マッカーサー草案（総司令官案：1946年2月26日）では、国会は一院制と定められたことはよく知られている。この草案41条によれば、「第四十一条　国会ハ三百人ヨリ少カラス五百人ヲ超エサル選挙セラレタル議員ヨリ成ナル単一ノ院ヲ以テ構成ス」[1]と規定されていた。しかし、当初より総司令部ケーディス大佐は、「一院制か二院制かの点は、日本政府に総司令部案を受け入れさせるに当たって、取引の種として役立たせうるかもしれない」と考え、意図的に一院制を提案していた[2]。実際、その後の動きを見ると、ホイットニー民政局長（准将）が松本烝治国務大臣に対し「総司令部案の基本原則をそこなわない限り二院制とすることを検討してよい」と答え、また同年2月22日の両者間の会談でも、「両院とも国民の選挙で選ばれるのであれば、二院制をとることそのものには反対ではない」ことが明らかにされた[3]。この言質に基づき日本政府は日本国憲法3月2日案において「第四十条　国会は衆議院及参議院ノ両院ヲ以テ成立ス」と定め、二院制の導入を行ったのである[4]。

　二院制が採用された結果、衆議院と参議院との間に意思の齟齬が発生した場合、両者の意思を調整・統合する必要性が生まれてくる。日本政府の最初

---

1) マッカーサー草案のほか各種の案については、憲法調査会事務局『憲資・総38号／日本国憲法各条章の沿革』（1959年）を利用した。引用頁は82頁。以下、本資料引用では『憲資』と略記する。

2) 高柳賢三ほか編著『日本国憲法制定の過程　Ⅱ』（有斐閣、1972年）198頁。

3) 同上・198頁。なお、松本烝治は戦後、マッカーサー草案において一院制が採られている点をGHQの無知の結果であると理解した文脈において「こういう人のつくった憲法だったら大変だ」と感想を口述している。しかし、これは明らかに松本の過信であり、GHQの政治的意図にうまく松本が引っかかったといえる。松本の引用は、『憲資・総28号』12頁。またこの松本への批評として、同上・199頁参照。ちなみにマッカーサー草案において一院制が採用されたのは、マッカーサーが貴族廃止を強く望んでいたからにほかならない。この点については、『憲資・総1号』46頁参照。

4) その後の経緯は次の通りである。憲法改正草案要綱（臨時閣議決定／1946年3月6日）「第三十七　国会ハ衆議院及参議院ノ両院ヲ以テ構成スルコト」、憲法改正草案（同年4月16日、閣議決定）「第三八条　国会は、衆議院及び参議院の両院でこれを構成する」と書き改められた。帝国憲法改正案（衆議院修正議決／同年8月24日）、同憲法改正案（貴族院修正議決／同年10月6日）では、その法文については変更は加えられなかった。

130 第5章 両院協議会の憲法的地位論

の案である3月2日案では、衆議院の予算の議決（61条）、条約に関する「国会ノ協賛」（62条）、内閣総理大臣選出に関する「国会ノ決議」（69条）につき、「両議院ノ協議会」の設置が法定化されていた。他方、3月2日案においては法律案につき両院協議会の定めはない。同草案60条によれば、「法律案ハ両議院ニ於テ可決セラレタルトキ法律トシテ成立ス。衆議院ニ於テ引続キ三回可決シテ参議院ニ移シタル法律案ハ衆議院ニ於テ之ニ関スル最初ノ議事ヲ開キタル日ヨリ二年ヲ経過シタルトキハ参議院ノ議決アルト否トヲ問ハズ法律トシテ成立ス」と定め、両院協議会ではなく衆議院の優越主義によって、衆議院と参議院との意思の不一致を回避しようとしていた。

　この傾向は帝国憲法改正案（衆議院修正議決／8月24日）まで継続している。すなわち先の条項は、憲法改正草案要綱54条で初めて法律案再議決の3分の2条項として改正されたが、法律案再議決に関し両院協議会の定めは特段規定化されていなかった。しかし、最後の修正である帝国憲法改正案（貴族院修正議決／10月6日）の段階で、「前項の規定は、法律の定めるところにより、衆議院が、両議院の協議会を開くことを妨げない」との補充修正が追加された[5]。この修正の際、法律案再議決に関する両院協議会開催の可否については、政府側は国会法で処理できるという立場をとっていたが、貴族院特別委員会の小委員会では、法律案の議決についても両院協議会を明文により定めるべきだという見解が表明され、その修正案が議決されたのである[6]——後述するように、こうした突然の修正の結果、現59条各項の適用場面、つまり任意的両院協議会の開催と衆議院再議決との関係性に関して、その後、解釈上混乱を招いた点に留意すべきである。

II. 両院協議会の実例

　日本国憲法上、両院協議会は2つに類型化できる。第1に必要的両院協議会であり、第2に任意的両院協議会である[7]。衆議院が参議院に対し絶対的に優越する首相の指名（憲法67条2項）、予算の議決（憲法60条2項）、条約の国会承認（憲法61条）の三領域について両議院の議決内容が不一致である場合に、必要的両院協議会が衆議院によって開催される。

5）各草案の条文変遷については『憲資・総38号』105-107頁参照。
6）佐藤達夫〔佐藤功補訂〕『日本国憲法成立史　第4巻』（有斐閣、1994年）951頁以下参照。
7）清宮四郎『憲法 I〔第3版〕』（有斐閣、1979年）253頁参照。

第2節　両院協議会の設置　**131**

　任意的両院協議会は、法律案の議決及びその他の国会の議決を要する案件
について、両議院の議決が一致しない場合に、両者間の意思を確定させるた
めに開催される。法律案の議決に関し任意的両院協議会が開催される事由と
して、次の3つがある。

　①衆議院先議の法律案につき衆議院より参議院へ送付した法律案を参議院
が否決した場合、

　②衆議院先議の法律案につき衆議院より参議院へ送付した法律案を参議院
が修正議決し、衆議院に回付された回付案につき衆議院が同意しなかった場
合、

　③参議院先議の法律案について衆議院が修正議決し参議院に回付した回付
案につき、参議院がこの回付案に同意しなかった場合である（国会法84条）。
ただし、③の事由では、衆議院が両院協議会の開催を拒むことが許されてい
る（同2項但書）。

　必要的両院協議会の開催実例は、次の通りである（1947年5月3日～2010年
11月迄）。首相指名については5件。条約については2件である[8]。予算につ
いては、いわゆる本予算のほか補正予算・暫定予算を含めると1989年度一
般会計補正予算につき両院協議会が開催された実例を最初の例とし、その
後、1999年度までに10回（予算の事項毎ではなく同一日開催の両院協議会を1回
と数えた）、2007年度（平成19年度）予算以降2009年度（平成21年度）予算ま
では本予算・補正予算ともに参議院が継続的に予算否決をしたために、毎年、
両院協議会が開催されてきた。

　法律案に関する任意的両院協議会は憲法施行直後、頻繁に開催されてい
た。すなわち、第2回国会において国家行政組織法案及び刑事訴訟法改正案
（1948年7月5日）について両院協議会が開催されたのを最初の例として、第
16回特別会における公職選挙法一部改正案（1953年8月4日）まで27法案に
つき両院協議会が開催されていた[9]。その後、任意的両院協議会はしばらく

8）条約に関する最初の両院協議会開催実例として、「在日米軍駐留経費負担特別協定」が
　　ある（2008年4月25日両院協議会開催。成案成立せず）。その後、「グアムへの移転の
　　実施に関する日本国政府とアメリカ合衆国政府との間の協定の締結について承認を求
　　めるの件」も参議院は不承認し、両院協議会が開催された（2009年5月13日両院協議
　　会開催。成案成立せず）。従来、参議院が審議拒否・議決しない結果、憲法61条のい
　　わゆる自然成立規定で国会承認が行われていた。両院協議会については、浅野一郎『国
　　会入門』（信山社、2003年）223頁の表、加藤一彦『議会政治の憲法学』（日本評論社、
　　2009年）126頁の表がある。
9）浅野・同上・223頁。

132　第5章　両院協議会の憲法的地位論

開催されなかったが、1994年の政治改革関連四法を成立させた折りに久しぶりに開催された。その後、安倍内閣から麻生内閣までのいわゆる「逆転国会」時代（第168回国会から第171国会まで）には、衆議院の法律案再議決は17件あったものの、法律案に関する両院協議会はすべての案件につき開催されなかった[10]。

　以上のように、衆議院多数派と参議院多数派が異なる政治状況が存在しているときは、必要的両院協議会は開催せざるを得ず、逆に任意的両院協議会は、1950年代までの事例及び1994年の政治改革時代にみられるように適宜開催され、一定の役割を果たしつつ、同時に衆議院再議決可能な政治状況があるときは、政権党（衆議院絶対多数派）の「任意」性にその開催は委ねられてきたといえる。

　ただ、両院協議会が、両院の意思の齟齬を止揚すべき組織とみるには、多くの留保が必要であろう。確かに両院協議会が両院の意思の合致を目指すとき、それは憲法理念に合致した組織体と評価できる。しかし、両院協議会において、両院の意思が合致しえなかったという事実も有意義な憲法的事実であり、常に両院の意思の合致が必要とされるわけではない。とくに必要的両院協議会においては、参議院が衆議院と異なる議決をした場合にも、最初の衆議院の議決につき次の段階で法的効果を発生せしめるためにも、両院協議会の意思の不一致の確定は必要ですらある。また、法律案の議決においても衆議院先議法律案を参議院が否決・見なし否決あるいは修正議決した場合に、衆議院が両院協議会において妥協的立場をとらず、衆議院再議決の方途を開くために不一致は重要な意味をもつ。

　しかしそうした場合に今一度、立ち止まる必要がある点は、そもそも両院協議会は両議院の意思の不一致を確認するというマイナス面だけではなく、プラス面としての意思の合一化の構築のためにもあるはずだという側面である。とくに任意的両院協議会の場においては、両議院の意思の合致を追求することが、日本国憲法59条の本道であるように思われる。

---

10)「逆転国会」時代の国会の動きについては、伊藤和子「『ねじれ国会』を振り返る」『法学教室』350号2009年35頁以下参照。

第3節　両院協議会の法的地位

Ⅰ．両院協議会の性格づけ

　そもそも両院協議会は、日本国憲法上、どのような性格をもつものとして制度設計されたのであろうか。この点、重要な指標を提供しているのは今野或男「両院協議会の性格」[11]論文である。この論文をベースにしつつ両院協議会の実務的把握について言及しておこう。

　今野によれば、衆議院側は両院協議会を「審査機関」、参議院側は「起草機関」と把握していると指摘している。衆議院事務部門で活躍した鈴木隆夫は、前者の立場をとり、両院協議会を「委員会的審査機関」[12]と把握しているが、その狙いは両院協議会で作成する成案の性質にある。鈴木によれば、「両院協議会においては、原案は、従来から協議会を求められた議院の議決案であり、協議会を求めた議院の議決案は、修正案として取扱われているが、参議院において衆議院の送付案を否決した場合及び法定期間内に議決をしない場合には、衆議院の議決案を原案とすべき」[13]と述べている。その論理には帝国議会時代の慣行である原案所持主義がある。つまり、鈴木の見解によれば、帝国憲法下の貴衆両院平等主義と旧議院法55条の規定からして、両院協議会における議案は「協議会の請求に応じた議院の議決案（つまり回付案）を原案とし、請求した議院の議決案（つまり先議の議院の議決案）を修正案」[14]として扱うべきだとみる。

　一方、今野によれば、参議院側の佐藤吉弘は両院協議会を起草機関と把握していると指摘する[15]。というのも、佐藤は「協議案とは、協議委員から提出される妥協案である。この場合、両院協議会に原案というものがあるであろうか。両院協議会は両議院の議決の異なった部分について、その間の調整を図る機関であるから、いずれの院の議決を原案とするのではなく、強いて

11）今野或男「両院協議会の性格」『ジュリスト』842号1985年150-155頁。なお、今野論文は『国会運営の法理』（信山社、2010年）に所収されている。本稿での引用は、すべて初出のジュリストによる。
12）鈴木隆夫『国会運営の理論』（聯合出版社、1953年）478頁。
13）同上・511頁。
14）今野・前掲論文（註11）151頁。
15）同上。

134　第5章　両院協議会の憲法的地位論

言えば、両議院の議決が原案であると言うほかない」[16)]、「成案とは、両院協議会において、両議院の議決の異なった部分について作成される妥協案である。したがって、それは、両議院の議決の異なった事項及び当然影響を受ける事項の範囲を超えてはならないのである」[17)]と述べ、鈴木とは異なり成案の原案が両院協議会には当初から存在せず、この場において新たに原案が起草されると捉えている。

　こうした両者間の対立は、衆議院再議決の対象が何かについても及ぶが、ここでは次のことを指摘しておこう。それは、両院協議会が日本国憲法制定時に改めて規定化されたとき、第1に、貴衆両院平等主義から衆議院優越への転換の意味を立法関係者間において合意が存在していなかったこと、第2に、憲法59条に基づく法律案再議決規定の意味が、正確に把握されていなかったこと、第3に、両院協議会が審査機関であろうと妥協機関であろうと、成案作成機能が両院協議会にあると誤信していたこと、である。

Ⅱ．両院協議会と衆議院再議決の対象

　鈴木と佐藤の両院協議会への見方の対立は、衆議院再議決の対象領域にまで及ぶ。衆議院先議の法律案が参議院において修正議決あるいは否決された場合、衆議院のとる方法は、衆議院再議決か両院協議会の開催請求のいずれかである。衆議院再議決可能な政治状況があれば前者の方途がとられるが、衆議院与党が衆議院内において3分の2以上の多数派をもっていないときは、衆議院与党は国会法84条に基づき任意的両院協議会の開催を求めることもあろう。この両院協議会において成案が獲得された場合には、それぞれの議院において賛成の議決があれば、法律は成立する（国会法92条2項）。しかし、どちらかの議院において成案が否決された場合には法律は成立しない。問題は両院協議会の開催後、成案が不存在であるという状況があるとき、第1に、衆議院は改めて憲法59条2項に基づき法律案の再議決権を行使できるか否か、第2に、再議決の対象は何かという点である。

　第1に関し、衆議院は再議決できると解する積極説が通説である[18)]。これ

---

16)　佐藤吉弘『注解　参議院規則〔新版〕』（参友会、1994年）292頁。
17)　同上。
18)　学説の整理として、樋口陽一ほか『注解法律学全集　憲法Ⅲ　第41条～第75条』（青林書院、1998年）145頁〈樋口陽一執筆〉。

に対し宮沢俊義は消極説をとり、「衆議院は、両院協議会を開くことを求め、または、それを開くことを承認することによって、本条に定められる再議決の特権を放棄したと解される」と述べ、かかる場合には法律案は廃案となると把握する[19]。

第2に関しては、積極説を前提とした場合、再議決の対象が両院協議会で議決された成案であるのか、それとも最初の衆議院が議決した法律案のいずれであるのかという問題が発生する。

鈴木は、両院協議会において成案が作成された場合には、「参議院からの回付案は、成案に統合されてしまって、国会の議決を要する案件の審議段階は、最早成案審議の第四段階に入って、両議の議事交渉関係としては、成案だけが正当な議案として、換言すれば、国会の議決の対象として取扱われる」[20]と指摘する。その上で、鈴木は両院協議会＝審査機関及び原案所持主義原則を貫くため、再議決の対象について次のように述べる。「（再議決の対象は）、両院協議会を開いて成案を得た場合に、（衆議院が——引用者）それを可決して、参議院に送付したとき、参議院がそれを否決したときは、成案そのものであり、成案を得ても衆議院で否決された場合、及び両院協議会を求めないで、直ちに再議決するときは、参議院の回付案に同意しないことによって、参議院の修正部分は、削除されたことと同じ結果になるから、その参議院の修正を削除した案について再議決するので、再議決の対象はつまり、初めの議決案である」[21]。つまり鈴木にあっては、両院協議会＝審査委員会であり、両院協議会への議案付託の結果、成案作成は付託された議案全部に及び、国会の議決対象は成案を正当な議案とみるのである。

これに対し、佐藤は逆の見解を提示している。すなわち佐藤によれば「再議決の対象となるのは、常に最初の衆議院の議決案である。たとい両院協議会において成案を得、衆議院が可決して送付したが参議院において否決した場合においても、成案がその対象となるのではない。けだし、成案は、両院協議会の妥協の結果であって、憲法五十九条第二項に『衆議院で可決し』と

19）宮沢俊義〔芦部信喜補訂〕『全訂　日本国憲法』（日本評論社、1978年）455-456頁。もっとも続けて宮沢は「衆議院の優越（再議決の可能性）を失わせるのは、どうも十分な理由を欠くようである」（同456頁）とも述べていることに注意が必要である。両院協議会で成案を得て、この成案が各議院のいずれかによって否決され、衆議院が再議決した事例はまだない。

20）鈴木・前掲書（註12）466頁。

21）同上。

136 第5章 両院協議会の憲法的地位論

あるのは、あくまで、衆議院の本来の議決すなわち、最初の同院の議決であるとしなければならないからである」[22]という。

佐藤がかかる姿勢をとるのは、第1に、帝国議会の前例（旧議院法55条）を国会時代に引き継ぐべきではなく、新たな国会運営を目指していたこと、第2に、両院協議会の成案の意味について「成案が両議院で可決されたときは、両議院の異なった部分につき合意が成立し、さきの（最初の――引用者）両議院の議決の一致した部分と一体となって国会の議決となる」[23]とみた結果である。つまり佐藤にあっては、「両院協議会を調整案作成のための起草委員会と見るため、そこで決定された成案は本来の議案とは別個の案であって、これが両院で可決されて初めて協議会での調整が結実されるのであり、衆参のいずれかの一院がこれを否決すれば妥協は不調に終わり、成案は議決の対象としては消滅する」[24]と捉えているからである。換言すれば、成案につき一院がこれを否決すれば、成案自体は不存在となり、したがって衆議院再議決対象から成案は必然的に除かれ、残余の衆議院の議決対象は最初の衆議院が議決した議案しか存在しないこととなる。

憲法学説はこの点、曖昧であり、三つの学説が並立している。第一説は参議院の見解を支持する立場である。『註解　日本国憲法（下巻）』によれば「協議会の成案が衆議院で可決され、参議院で否決された場合は、衆議院がその成案について再び三分の二の多数で議決することによって法律が成立し、これに反して、参議院で成案が可決され、衆議院でそれが否決された場合には、衆議院は、はじめの法律案を再び三分の二の多数で議決することができるものと解するのも理由がないではない。しかし、協議会の成案は両院の承認を前提として意味を有するので、成案がいずれの院で否決されたときは、成案自身が存在の意味を失って廃棄され、成案を得られなかったときと同様に考え、いずれの場合も再議決の対象は、はじめの法律案である」[25]との見解をとっている。この見解は参議院側と同一である。

第二説は、宮沢俊義の見解であり、これは両院協議会における成案について「両議院の一方がこれを否決したときは、それは廃案になる」[26]とする見解である。もとより、宮沢は両院協議会において成案獲得があった場合に

22）佐藤・前掲書（註16）293頁。
23）同上・292頁。
24）今野・前掲論文（註11）153頁。
25）法学協会『註解　日本国憲法（下巻）』（有斐閣、1954年）907頁。引用にあたっては旧漢字を新漢字に改めた。なお、引用本は同1969年（第22刷）によった。

第3節　両院協議会の法的地位　**137**

は、衆議院再議決ができないという少数説を採用しているが、衆議院再議決以前の段階において、成案不存在の見解を提示していることが重要である。すなわち宮沢は予算における必要的両院協議会の説明で、次のような重要な注釈を加えている。「両院協議会の成案を衆議院が否決したときは、もちろん先に予算を可決したときの衆議院の議決がここにいう『衆議院の議決』である。……両院協議会の成案は、両議院の賛成を条件としているものであるから、その条件が成立しない以上、その成案も成立しなかったものとみるべきであり、従って、この場合は、衆議院が成案を否決した場合と同じに考えるべきである」[27]と述べ、衆議院再議決対象としての成案が存在しないことを明らかにしている。

　第三の学説は、衆議院の立場を支持する佐藤功の見解である。佐藤は次のように述べる。両院協議会の成案につき、衆議院が可決し参議院が否決した場合には、衆議院の再議決対象は「はじめの衆議院の議決ではなく、両院協議会の成案に対する衆議院の可決であり」、逆に参議院が成案に賛成し、衆議院が否決した場合には、衆議院の再議決対象は「はじめの衆議院の可決である」と指摘している[28]。

　このように憲法学説も混乱を来しているが、この混乱の原因は、国会法が不備であることのほか、両院協議会における憲法的性格につき国会法において明確な位置づけがされなかった点にある。今野は、成案に関する衆議院再議決の対象の相違が、両院協議会に対する二つの見方に関係し、これを見極めなければ「妥当な結論は得られない」[29]と指摘しているが、確かにこの指摘は一面の真理を突いている。しかし、同時に衆議院再議決の対象を最初の衆議院議決した法律案とすべきかまた成案そのものとするかは、両院協議会の性格だけで処理できないが故に、憲法学説に対立があったはずである。性

26）宮沢・前掲書（註19）456頁。ただし、宮沢の学説には変遷がある。憲法制定直後に著された憲法普及会編／宮沢俊義『新憲法大系　新憲法と国会』（国立書院、1948年）では、「協議会の成案を衆議院が可決して参議院が否決した場合は、もちろん衆議院はその成案について再び三分の二の多数で議決することができよう。これに反して、参議院が成案を可決して衆議院がこれを否決した場合は、衆議院ははじめの法律案を再び三分の二の多数で議決することができる、と解するべきものであろう」と記述している（同179頁）。この見解は、衆議院側の鈴木の立場、学説では後述する佐藤功の立場と同一である。

27）宮沢・前掲書（註19）466頁。

28）佐藤功『ポケット註釈全書　憲法（下）〔新版〕』（有斐閣、1984年）763頁。

29）今野・前掲論文（註11）154頁。

格論から演繹的に衆議院再議決対象が定まるという見解は適切ではないように思われる。というのも、次の実際的理由があるからである。衆議院与党が3分の2以上の多数派をもつ場合（絶対多数）とそうではない場合（相対多数）では、衆議院与党の行動様式は異なるはずである。たとえば、いわゆる「逆転国会」下で、与党が絶対多数を有し、衆議院先議の法律が参議院野党によって否決されたとき、衆議院与党がいきなり衆議院再議決をとらず、「憲法の精神」に従い任意的両院協議会を開催することもあろう。そこで参議院野党に配慮し成案獲得努力を与党が行い、野党に有利なように回付案を修正して成案を得、衆議院がこれを可決したが、参議院野党が成案を否決したことを考えてみよう。そうした事例においても、妥協案である成案の廃案が確定したときに、衆議院与党は成案しか再議決できないのであろうか。

憲法学説はその点を考慮し、衆議院再議決の対象問題を扱ってきたはずであり、対象問題は両院協議会の国会法上の性格によって演繹的に帰結されるわけではない。むしろ論ずべき点は、両院協議会の成案作成の現実的在りようであり、また成案作成のための憲法的環境が両院協議会の周辺に設定されているのか否かであろう。

第4節　両院協議会の機能

I．両院協議会における法律案への成案作成機能

法律案について両院協議会が開催される基本線は、衆議院先議の法律案の可決後、参議院がこの送付案に修正を加えあるいは否決した場合に、衆議院が修正に応じず、再議決可能な多数派をもたず、廃案を回避するために法律案をまとめあげなければならないところにある。つまり、衆参両院間に「逆転国会」状況があり、政府・与党が参議院の修正に同意できず、または参議院否決による廃案を良しとはしないという限定化された場面で、しかも両院協議会の場を借りてでも法律案を議決せざるを得ないという与党の追いつめられた状況がある場合に限られる。

こうした政治状況は55年体制成立前の連立政権時代にしばしばみられたが、55年体制の確立によって衆参逆転国会は終息した。1994年に自由民主党が下野した折り、細川8会派連立時代に似た政治状況が発生したが、実際、

第4節　両院協議会の機能　**139**

久しぶりに両院協議会が開催されたのはこの時代であった。細川連立政権は短命であったため、この時代の両院協議会は政治改革四法案に関する1件のみである（1994年1月26〜28日）。

　以上の素描から分かるように、法律案における両院協議会は、極めて例外的政治状況がある場合にのみ開催されるだけである。その主因は、衆議院再議決が不可能な衆議院議席状況の下では、当初より与党は野党との協調路線をとらざるを得ず、参議院側が法案修正をし、これを衆議院に回付した場合には、参議院与党・野党の話し合いの結果を尊重し、修正された回付案をそのまま衆議院において議決する場合が多いからである[30]。そうすると法律案に関する任意的両院協議会の開催自体が希有であり、逆にだからこそ衆議院が回付案に同意せず、両院協議会の開催を求めた場合には、任意的両院協議会における成案作成は困難を極めざるを得ない。

　かかる原因をもとにした任意的両院協議会における成案作成は、真に可能なのであろうか。この問題を考えるにあたっては、ここでも今野論文[31]が参考になる。今野によれば、旧帝国議会における両院協議会では「協議会の請求に応じた議院（乙議院）の議決案を原案とし、請求した議院（甲議院）の議決案を修正案として扱う慣行が確立していた」[32]という。そこで乙議院による回付案が原案であり、両院協議会を求めた甲議院の議決案を修正案として両院協議会において成案作成を行っていた。現在の衆議院でもこの考え方の基本にある原案所持主義が踏襲され、しかも両院協議会において成案作成の前提となる原案は、両院協議会に付託されることから協議が始まると捉えられている。つまり両院協議会には、当初より成案作成の端緒となる原案が存在し、これをもとに議論を始めることが可能とみる。

　他方、参議院（＝佐藤吉弘）は、両院協議会規程（1947年7月11日参議院議決／同12日衆議院議決）8条の「協議会の議事は、両議院の議決が異なった事項及び当然影響をうける事項の範囲を超えてはなららない」という文言に着眼し、「成案とは両議院の議決の異なった部分について作成される妥協案」[33]で

30）かりに衆議院再議決可能な状況があっても、与野党協調路線を採ることが政権与党にとっては安全策であろう。この点については、安倍政権から麻生政権までの逆転国会運営にあたった与党国会対策関係者も指摘するところである。『朝日新聞』2009年7月29日朝刊における大島理森氏（自由民主党／国会対策委員長）の発言及び河野洋平氏（自由民主党／衆議院議長）による衆議院再議決に対する批判的コメント。河野発言については、同紙2009年7月23日朝刊参照。

31）今野或男「両院協議会の性格・再論」『ジュリスト』1045号（1994年）57頁以下。

32）同上・58頁。

140　第5章　両院協議会の憲法的地位論

あり、そのため両議院で一致している部分は、両院協議会の議論の対象になり得ず、その結果、議案全体が協議会に付託されることはあり得ないと捉える[34]。すなわち、両院協議会においては原案自体は存在していないとみる。

　加えて、両院協議会開催事由によっては、両者間の両院協議会における成案作成の法的環境は異なる。すなわち衆議院先議の法律案が参議院に送付され、参議院において修正議決され、衆議院に回付されたとき、衆議院がこれに同意せず、両院協議会の開催を求める場合、さらには衆議院送付案を参議院が否決あるいは見なし否決し、衆議院が両院協議会の開催を求める場合というように、二つの事由がある。両院協議会規程8条は、前者を前提にした条文であり、後者の事由があるときには先議の議決案全体が「両議院の議決が異なった事項」であり、そこには一致した「範囲」は存在していない。この後者の場合、衆議院側の立場からみれば、両院協議会の原案は衆議院送付案のみである。参議院側の立場からみれば、原案それ自体が不存在であるのはもちろんのこと、それ以上に、成案作成のための素材は、逆説的ながら先議した衆議院の議決案しかないといわざるをえない。従来の参議院側の説明では、両院協議会は起草機関であり、そのために原案はそもそも存在しなくてもよいと捉えているが、これは参議院が衆議院送付案を修正議決した場合での両院協議会開催に関してあてはまるが、参議院否決・見なし否決があった場合にはあてはまらない。というのも、この場合、起草機関である両院協議会において成案の原案を作成する最初の段階では、二つの議院の逆向きの議決案しかないからである。佐藤は両院協議会を起草機関とし、「いずれの院の議決を原案とするのではな（い）」と述べているが、両院協議会における成案を起草するのであれば、衆議院の議決案が成案の原案たる素材でなければ、成案作成の端緒は当初より存在し得ず、その結果、両院協議会が起草機関としての役割を果たすことは、法理的には困難であろう。

Ⅱ．両院協議会開催中の衆議院再議決

　今野はもう一つ興味ある論点を提起している。それは両院協議会において成案作成が行われている最中に、衆議院が憲法59条2項を利用し、衆議院再議決が可能であるか否かである[35]。もちろん、成案作成準備が継続している

33）佐藤・前掲書（註16）292頁。
34）今野・前掲論文（註31）59頁参照。

第4節　両院協議会の機能　**141**

ときには、衆議院も再議決をしないであろうが、両院協議会の議論が不調であり議事自体が中断し、再開の目途が立っていないという例外的状況がある場合に、衆議院が成案作成を放棄し、再議決の方途を選択することは想定できる。つまり、両院協議会において成案作成不可能が確定すれば、法律案は廃案か衆議院再議決の端緒は開かれる。しかし、両院協議会自体が存在している最中に、衆議院再議決ができるか否かは、国会法上も定めがない。実際、この事例適用が問題となったことがある。それは先にふれた政治改革四法の成案作成についてである（128回国会）。

　当時の経緯を復習しておこう。1993年11月18日、衆議院本会議において政治改革四法案は可決され、参議院に送付された。参議院政治改革特別委員会における議論は長引いたため、12月15日に衆議院本会議において45日間の会期延長が可決された（1994年1月29日迄）。翌年1月20日に参議院政治改革特別委員会において政治改革四法案は修正可決されたが、翌21日の参議院本会議では、細川連立政権の一翼を担う社会民主党の造反があり同法案は否決された。この否決を受け衆議院連立与党が憲法59条3項に基づき、両院協議会の開催を請求し、1月26日に最初の両院協議会が開催された。

　参議院否決事由による両院協議会開催であることから、原案の素材が衆議院議決の法律案しか存在せず、いわゆる「ゼロ・ワン」状態であることから、当初より成案作成作業は困難を極めることが予想されていた。しかも連立与党側の事実上の分裂もあり、成案作成の可能性は著しく低かったように思われる。実際、両院協議会がその実質的議論を始めた2日目に、両協協議会議長は次のような発言をした。

　「それでは、議長の責任において申し上げたいと思います。このままでは、この両院協議会における成案は得られないものと思います。したがって、その旨、両院議長に御報告をいたしたいと思います。両院協議会を開きましたが、成案を得るに至らなかった、こういう御報告をすることにいたしまして、本日は、散会いたします。」[36]

　この議長発言は、成案は成立していないとの議長の認識を表しているが、

35）同上・60頁参照。
36）第128回国会『公職選挙法の一部を改正する法律案外三件両院協議会会議録第2号』
　　（1994年1月27日）35頁。

142　第5章　両院協議会の憲法的地位論

成案不成立のための重大な議決はこの両院協議会で行った形跡はない——今野はこの点を突き、「この段階で協議会が正規に終了したものと認めることはできないであろう」と指摘している。

　過去、法律案に関する両院協議会の中で成案不成立の例をみてみると、議事録上、政治改革時の議長発言は必ずしもイレギュラーとはいえないと思われる。すなわち、過去2例を通観すると[37]、次のような形式で両院協議会は終了しているからである。

地方税法案両院協議会（1950年5月2日）

　「只今まで両院の側よりそれぞれ御意見を承りましたが、大体意見の一致を見るに至りませんので、このままでは到底協議案を得る見通しがないものと認めます。つきましては、協議会といたしましては何らの成案を得るに至らなかつたものといたしまして、これを各院にそれぞれ報告するより外ないと存じます。さよう御了承を願います。遺憾ながらこれを以て散会せざるを得ません。有難うございました。これを以て散会いたします」[38]。

食糧管理法の一部を改正する法律案両院協議会（1951年5月10日）

　「……このままでは到底協議会の成案を得る見込はないものと認めます。つきましては、協議会としては成案を得るに至らなかつたものとして、これを各議院にそれぞれ報告するほかはないと存じます。甚だ遺憾でございますが、さよう御了承を願います。御異議ございませんか。〔「異議なし」と呼ぶ者あり〕」。「それでは本協議会はこれにて散会をいたします」[39]。

　この2事例で明示的に採決をしているのは——「御異議ありませんか」という文言——後者だけである。第128回国会両院協議会終了時において、明確な採決をしていないが故に、協議会の中断が継続しているとみたのは、おそらく後知恵なのであろう。というのも、「散会」宣言後、土井衆議院議長

37）法律案に関して両院協議会が開催され、成案が成立しない事例は、過去3例である。後述する2事例のほか、「国家公務員の一部を改正する法律案」（1952年7月30・31日）があるが、この事例は協議会において「協議未了」で終結した。過去の事例については、参議事務局『参議院先例諸表（平成10年版）』571頁以下を参照した。

38）第7回国会『地方税法案両院協議会会議録第1号』（1950年5月2日）15頁。

39）第10回国会『食糧管理法の一部を改正する法律案両院協議会会議録第4号』（1951年5月10日）1頁。

より細川首相と河野自由民主党党首に妥協の斡旋があり、与野党間の妥協が成立し、これを受けて1月29日に両院協議会が再開されており、議長「散会」の宣言を「中断」と解さざるを得ないからである。もとより「散会」が確定すれば、政治改革関連四法の成案作成はその正当性を失わざるを得なかった。結局、再開された両院協議会では、「散会」宣言を出した市川議長が——この第3回目の両院協議会では平井（参議院）が議長を務めていたが——この点の誤りを認め「遺憾」の表明をし[40]、両院協議会の再開に合法性を与えつつ、最終的に採決を求め3分の2以上の賛成（起立17名）で成案を獲得することで両院協議会はその任務を果たした。

　さて、衆議院再議決の可能性について今野は次のように考えている。衆議院は、両院協議会＝審査機関であり、両院協議会では議案は付託され、原案は衆議院にはなく両院協議会にあり、したがって両院協議会開催中には原案をもたない衆議院は再議決できない。逆に参議院は両院協議会＝起草機関であり、原案は衆議院がこれをいまだに所持し、したがって両院協議会開催中に衆議院は再議決可能である[41]。

　過去の両院協議会の実例上、両院協議会が存在中に衆議院再議決の議案が提案されたことはない。ただ、両院協議会が協議未了になった実例は1件だけある。国家公務員法改正につき、両院協議会が国会会期最終日に開かれ、別件については成案を得たが、その後休憩に入り、「休憩後開会に至らず」という形で協議会は協議未了となったことはある[42]。したがって第128回国会における与党側の衆議院再議決の計画は——少なくとも両院協議会が存在している過程では——戦後初めてのケースになりうる事態を招くところであったろう。

　今野が指摘することは確かに理論上はありうる。しかしこの問題は両院協議会の運営において避けることができるはずである。両院協議会は成案作成につき、成立・不成立の議決をその使命とし、その存否によって次の段階に入ると解すべきである。両院協議会の開催を衆議院が提案した場合にも、衆

40）市川議員の発言は次の通りである。「一昨日の両院協議会の運営におきまして、参議院側の皆様から、協議会をまだ続行すべきであるとの要望がございましたが、私の判断で協議を打ち切りましたことはいささか配慮が足らなかったと存じ、ここに遺憾の意を表します」。第128回国会『公職選挙法の一部を改正する法律案外三件両院協議会会議録第3号』（1994年1月29日）1頁。

41）今野・前掲論文（註31）60頁参照。

42）第13回国会『国家公務員法の一部を改正する法律案外一件両院協議会会議録第1号』（1952年7月31日）1-3頁参照。

144　第5章　両院協議会の憲法的地位論

議院再議決は可能だとする積極説は、両院協議会開催中は衆議院再議決はできないことを条件としていると思われる。もし両院協議会開催中の衆議院再議決が可能だというのであれば、消極説をとった宮沢の学説の方が説得性をもつだろう。

Ⅲ. 両院協議会の不完全な審議環境

政治状況に応じた両院協議会論は技巧的でありかかる議論に筆者はあまり興味はない。むしろ両院協議会が成案作成のための憲法機関となるための条件とは何かを論じることが必要であろう。

必要的両院協議会は、「逆転国会」がある場合、憲法上、開催せざるを得ない。しかし衆議院の絶対的優越があるため、そこでは成案作成ではなく、両議院の意思不一致の確定が重要である。これを基本線とするならば、両院協議会は成案を獲得・作成する必要性はないといわざるを得ない。

しかし任意的両院協議会の開催には、そもそも衆議院の開催意思が必要であり、こと法律案に関する両院協議会は、当初より成案不一致を目的としているのではなく、成案獲得が一応、主目的であるといえる。「逆転国会」が存在する場合には、与党は法案作成・提出時においてすでに参議院野党との協調を目指すであろうが、与党が衆議院において3分の2以上の絶対多数をもつ場合にも、この協調路線が得策であろう。しかし、与党と野党が全面対立する法案について、与党が真に法案通過を目指すならば、国会の各委員会レベルでの修正という非公式ルートのほかに、両院協議会ルートも必要となるであろう。

しかし両院協議会ルートは、次の点で法案審議には不適切だと思われる。まず、両院協議会の構成に関する問題性である。両院協議会の協議委員は、衆参10名ずつ計20名で構成される。この委員は国会法89条では、「選挙された」委員であると定められているが、実際には衆議院与党10名が衆議院議長より指名され、参議院野党10名も参議院議長により指名される（各10名は、会派別に構成される）。したがって、両院協議会は可否同数の与野党議員によって構成され、しかも議事一般は過半数で決定する一方、成案は3分の2以上の多数決によって議決される（国会法92条）。つまりこの構成の仕方は、与野党の対立を明確にし、必要的両院協議会が次の段階に移行するには適した制度であるが、少なくとも妥協案を作る制度としては構造的欠陥を内

包しているといえる。

　両院協議会で成案作成をする人的環境も存在していない。協議委員は、各党の政策実務関係者は排除されている。というのも協議委員は中立的議員が望ましいとされているからである[43]。両院の全権委任を受けた高度に訓練された議員が両院協議会には存在していない。

　こうした制度的・人的裏打ちのない両院協議会は、全面的に見直さざるを得ないであろう。改革の視点は、両院協議会の実質化にある。筆者の見方を列記すれば次の通りである。

　第1に、両院協議会の審議引き延ばしをさせないための制度改革が必要である。両院協議会では「初回の議長は、くじでこれを定める」が、その後は毎回各議院の交代制である（国会法90条）。野党側から議長が出された場合、「散会」宣言を出すことにより、議事を進行させないこともできる。かかる方策は、成案作成を目的とする両院協議会にとっては不適切であり、国会法を改正し両院協議会議長は、衆議院が両院協議会開催権を第一義的にもつことを踏まえ、衆議院より選出するように改めるべきであろう。

　第2に、協議委員の構成についてである。現在の与野党同数方式から各議院の会派構成に比例して協議委員を配分することも改革の一つであろう[44]。しかし、成案作成の環境整備は、構成員のバランス問題というよりも、協議委員の人的要素の問題のように思われる。各党の党務実力者、政務担当者が両院協議会委員になることが、成案作成の環境には不可欠である。その意味でここでの中立性は、所属政党からの中立性ではなく、妥協案作成のために所属政党から全権委任を受けた者というように読み替える必要があろう。

　第3に、両院協議会における成案作成のための実務担当者会議体を新たに作ることも必要であろう。そこには、衆参両院職員、内閣府・各省庁の職員など法案作成実務能力がある者をも含めたアドホックな会議体であることが適切であろう。

　第4に、いわゆる国会同意人事案件についてである。この人事案件では、法律案作成とは異なり、妥協策を構築することは本来困難である。両議院の一致した議決が存在しなければ、中核的公務員の人事が停滞するというマイ

43）2009年1月27日の第2次補正予算につき、両院協議会が開催された。参議院野党（民主党ほか）からの協議委員は、参議院議員運営委員長が指名されたが、これに対し衆議院与党からは協議委員の中立性はないとして厳しい批判がされた。この点については、『朝日新聞』2009年1月28日朝刊参照。

44）只野発言・同上。

146　第5章　両院協議会の憲法的地位論

ナス作用をこれまで幾度も経験してきた。したがって、国会同意人事案件の場合も、任意的両院協議会開催事由とし、しかも人事案件に限り過半数主義を取り入れるなど、大幅な国会法改正が必要だと思われる。

　これらの改革には、必要的両院協議会と任意的両院協議会との相違に応じて、衆参両院の議長及び議院運営委員会による全般的検証が必要であろう。とくに両院協議会開催中に、議事が衆議院によって進められてはならない諸条件は、早急に構築しなければならない。

第5節　小　結

　今野の二つの論文を契機に、筆者なりの両院協議会への見方を述べてきた。確かに今野が指摘するように、憲法学説は両院協議会について貧弱な業績しかない。それは、日本国憲法施行直後の国会運営において「逆転国会」が大きな政治問題とはならず、また55年体制確立以後、深刻な「逆転国会」を経験しないで済んだところに起因する。2007年以後の「逆転国会」は、久しぶりの経験であったが、衆議院再議決可能な勢力を自由民主党がもっていたこともあり、両院協議会が生産的に使われる必要性が減じられたこともあろう。

　とはいえ、このことが両院協議会論をなおざりにしてきた免罪符にはならない。ここでは、もっぱら日本の両院協議会についてのみ言及したが、両院協議会論を構築するには、次の二つの作業をさらに行う必要がある。第1に、両院制を採っている諸外国の憲法実態分析である。比較憲法的分析がそこでは期待される。第2に、日本固有の議論でいえば、参議院改革論との関係性が重要である。そこでは、参議院選挙制度改革・参議院定数削減問題のほか、参議院の国会法上の権能に関する再定義問題が議論の中心になろう。参議院自体の改革が、両院関係性へ波及することは必定であり、今後はかかる動きに注視せざる得ない。

第6章

憲法69条の原意
——第1回目の衆議院解散の波動と解散権論への影響——

第1節　はじめに

　日本国憲法上、内閣が衆議院を解散する根拠条文は二箇条ある。憲法69条と憲法7条である。憲法69条は「内閣は、衆議院で不信任の決議案を可決し、又は信任の決議案を否決したときは、10日以内に衆議院が解散されない限り、総辞職をしなければならない」と規定し、内閣が衆議院を解散できる場合を定めている。また、憲法7条3号は、天皇の国事行為の一つに「衆議院を解散すること」をあげ、内閣の「助言と承認」を条件として天皇の形式的解散権の所在を定めている。

　日本国憲法制定後、今日まで（2019年4月現在）、衆議院の解散は24回あるが、憲法69条を原因とする衆議院解散は4回であり、残余20回は憲法7条に基づく内閣の任意の意思による解散である[1]。衆議院解散をどのような場合にできるかはしばらく置くとしても、いわゆる「7条解散」が、憲法慣行として確立していることは確かであろう[2]。ただ、「7条解散」の実例を通観すると、「国民の信を問う」必要性がある場合のほか、「首相の首相による首相のための解散」ともみられる政権維持を自己目的とした解散もあり、憲法慣行としてはいかがなものかとの面もある。とはいえ、そうした衆議院解散も

---

1) 衆議院調査局議会制度等研究グループ「英国、フランス、ドイツ及び日本の統治制度——議会の解散を中心として——」『RESEARCH BUREAU 論究』13号（2016年）49頁表参照。
2) 佐藤功『ポケット註釈全書　憲法（下）〔新版〕』（有斐閣、1984年）846頁参照。

148 第6章 憲法69条の原意

含め、内閣による解散権行使は憲法7条の範囲内にあり、「違憲の衆議院解散」の問題は発生しないと考えられている。

　しかし、本当に衆議院解散は内閣の裁量行為であり、その当不当は、衆議院解散後の衆議院議員総選挙の政治過程に解消できるのであろうか。そこで本章では、この疑問に答えるべく次の問題を設定してみた。そもそも日本国憲法上、議院内閣制を採用していることを前提に、内閣が自由に衆議院を解散できるという見方は、どんな経緯で生まれたのであろうか、という問題設定である。この歴史的経緯を整理すれば、解散権の根拠をめぐる始原的意味は、確定できるはずである。具体的にいえば、日本国憲法制定後の最初の「馴れ合い解散」（1948年12月23日）にまつわる問題群である。この衆議院解散の分析作業を通じて、憲法7条と憲法69条との法的関連性を明らかにし、内閣による衆議院解散に関する解釈論、殊に「その幅の課題」に架橋できるのではないかと考えている。

第2節　憲法制定過程における議論

I．マッカーサー草案起草過程

　マッカーサー草案（1946年2月13日／日本政府手交）は、国会（当時は一院制）の解散権に関し、次のような規定を置いていた——当該草案の訳は、2月25日の臨時閣議で配布された外務省仮訳からである[3]。

第一章　皇帝
第六条　皇帝ハ内閣ノ輔弼及協賛ニ依リテノミ行動シ人民ニ代リテ国家ノ左ノ機能ヲ行フヘシ即国会ノ制定スル一切ノ法律、一切ノ内閣命令、此ノ憲法ノ一切ノ改正並ニ一切ノ条約及国際規約ニ皇璽ヲ欽シテ之ヲ公布ス
　　国会ヲ召集ス
　　国会ヲ解散ス
　　総選挙ヲ命ス

3）古関彰一『日本国憲法の誕生〔増補改訂版〕』（岩波現代文庫、2017年）193頁以下に外務省訳の経緯が紹介されている。また、訳文は、国立国会図書館HP「日本国憲法の誕生／入江文書15」より引用した（旧字は新字に改めた）。英文は、同HP「Constitution of Japan」12 February 1946．より引用した。

（以下略）

Article VI.　Acting only on the advice and with the consent of the Cabinet, the Emperor, on behalf of the people, shall perform the following state functions:

Affix his official seal to and proclaim all laws enacted by the Diet, all Cabinet orders, all amendments to this Constitution, and all treaties and international conventions;

Convoke sessions of the Diet;

Dissolve the Diet;

Proclaim general elections;

（以下略）

第四章　国会

第五十七条　内閣ハ国会カ全議員ノ多数決ヲ以テ不信任案ノ決議ヲ通過シタル後又ハ信任案ヲ通過セサリシ後十日以内ニ辞職シ又ハ国会ニ解散ヲ命スヘシ国会カ解散ヲ命セラレタルトキハ解散ノ日ヨリ三十日ヨリ少カラス四十日ヲ超エサル期間内ニ特別選挙ヲ行フヘシ新タニ選挙セラレタル国会ハ選挙ノ日ヨリ三十日以内ニ之ヲ召集スヘシ[4]

Article LVII.　Within ten days after the passage of a resolution of non-confidence or the failure to pass a resolution of confidence by a majority of the total membership of the Diet, the Cabinet shall resign or order the Diet to dissolve. When the Diet has been ordered dissolved a special election of a new Diet shall be held not less than thirty days nor more than forty days after the date of dissolution. The newly elected Diet shall be convoked within thirty days after the date of election.

GHQ民政局行政部[5]による「憲法改正（案）の説明のための覚え書き」に

---

4)　高柳賢三ほか『日本国憲法制定の過程 I』（有斐閣、1972年）には、新訳が掲載されている。この新訳の方が正確であるため、以下、対応箇所をあげておく。「第1章 天皇」は次の通りである。「第6条 天皇は、内閣の助言と同意のもとにおいてのみ、国民のために、左の国の職務を行なう。国会によって制定されたすべての法律、すべての政令、すべての憲法改正および条約その他すべての国際協約に、天皇の公印を捺し、これを公布すること。国会を召集すること。国会を解散すること。総選挙の施行を公示すること。以下略」（同書・271頁）。また、「第4章 国会」は次の通りである。「第57条 国会が、総議員の過半数で、不信任の決議案を可決し、または信任の決議案を否決したときは、内閣は、10日以内に、辞職するか国会を解散するかしなければならない。国会の解散が命じられたときには、解散の日から30日以上40日以内に、新しい国会を選ぶための特別選挙を行なわなければならない。新しく選挙された国会は、選挙の日から30日以内にこれを召集しなければならない」（同書・287頁）。

150 第6章 憲法69条の原意

よれば、日本国憲法制定の基本線は、「天皇制を修正し、天皇を儀礼的な元首（the ceremonial head of the state）」に代え、「国民が政府に対して非常に強い支配を及ぼしうるようにするため、内閣は立法部に対し連帯して責任を負うものとし、立法部を強化すること」[6]にあった。そこで、GHQ民政局は国会権能の拡大を意図し、国会解散を限定的に捉えることを念頭に置いていた。同「覚え書き」の「e　第4章　国会(4)」には、次のことが記載されている。

「内閣が国会を解散できるのは、不信任決議が成立したときのみであるとすることは、総選挙を強いる権限を制限するものであり、これによって内閣との関係での国会は強化される。またそれは、内閣に対し総辞職するか国民に信を問うかの二者択一を迫るものでもあり、内閣は国会に対して責任を負わなければならないという原則を維持するものでもある。とりわけ、このような解散権は、国会が真面目な指導者のもとに政治的責任を負うということをもたらす可能性が大きい」[7]。

また同「f　第5章　行政権」のところでは次のような記述もある。「(1)行政権はすべて、国会に対して連帯して責任を負う内閣に属する。不信任案は内閣全体を対象とし、それが通れば内閣は全体として倒れる。(2)内閣は、新しい議会が召集されたときは、常に総辞職しなければならない。かくして選挙民は、議会を通して、ある内閣に反対する意思を表明し、新内閣を樹立することができる」[8]。「(9)　内閣は、イギリスの内閣ほどには強力なものとはされていない。例えば、国会が内閣の意図する立法を阻止したときに、自己の判断で国会を解散するという権限は与えられていない。日本で危険なことは、行政権が弱すぎるということではない。反対に、伝統的に弱体だったのは、立法府なのである。従って内閣には優位（a whip hand──引用者）が認められなかったのである」[9]。

---

5) 民政局の内部構成については、古関・前掲書（註3）137-138頁参照。

6) 高柳ほか・前掲書（註4）305頁。

7) 同上・311頁。

8) 同上・313頁。

9) 同上・315頁。この翻訳については、不正確だという指摘が小嶋和司よりされている。小嶋訳では「たとえば、国会が立法上のプログラムを拒絶したときにも、恣意的に国会を解散することはできない。日本での危険は、弱き行政部ということではなく、逆に弱い伝統をもった立法部である。したがって、内閣にwhip handは与えられなかった」とする。小嶋は「whip hand」に「鞭の手」の訳語をあてがい、その意味の深さをエスマン反対意見と結びつけて論じている。小嶋和司『憲法学講話』（有斐閣、1982年）165頁参照。

第2節　憲法制定過程における議論　**151**

　ただし、こうした強い立法部の構想は、GHQ民政局の統一した見解ではなかった。すなわち、草案作業班の一つである「行政権に関する小委員会」に属するM.Jエスマン（陸軍中尉）は、2月8日の段階において「強力な行政府」の構築を意図し、運営委員会（ケーディス陸軍大佐〔民政局行政部長〕、ハッシー海軍中佐、ラウエル陸軍中佐、R.エラマン）宛てに現草案について反対意見書を提出している[10]。この文書が、ラウエル文書／「憲法〔草案起草作業〕運営委員会に対するメモ〔行政権に関する小委員会内の反対意見〕」である[11]。

　エスマン／ミラ反対意見は、長文であるので、適宜省略して以下紹介しておく。

　「われわれは〔提出された〕草案が、内閣総理大臣に対し、その提出した法案中主要なものが国会で好意的な扱いをうけなかったときに、国会を解散して民意に問う機能を認めていないことに反対する。こういう機能が認められなかったことは、内閣制度の運用を危くするものである。これでは、行政部は、国会と意見が一致しなかった場合のかけ引きの力がぜんぜんなく、辞職を余儀なくされるのであり、フランスの〔政治〕経験中の最も弱い面を再現することになる」。

　「われわれの意見では、内閣総理大臣が解散権を濫用するということは、なさそうである。というのは、解散をすればそのたびに、立法府の継続性が失われるだけではなく、内閣総理大臣が引続きその地位に留まること自身が危くなるからである。草案にあるような制度では、国会はめったに不信任決議をしないであろう。というのは、国会は、他の手段で、〔解散により〕自らの任期を短くされる危険を冒すことなしに、政府の施策を拒否できるからである」。

　「行政府に解散の権能を与え、国会が政府の提案中主要なものに賛成しなかったときには、これを解散することができるようにし、国会の無責任な傾向が強まらないようにしむけるのが一番よい。解散権をもち、これを発動するぞとおどすことによって、安定し、しかも責任を負う行政府が確保されや

10）高柳ほか・前掲書（註4）177頁参照。
11）同上・183-185頁。この反対意見書には、エスマンとJ.I.ミラの署名がされている。マッカーサー草案（2月12日稿）にエスマンは署名していない。ほかに、キーニ（P.O.Keeney：地方行政委員会所属）、シロタ（B.Sirota：人権委員会所属）も署名せず、合計3名が署名をしていない。この点については、国立国会図書館HP「日本国憲法の誕生」の「Constitution of Japan」12 February 1946 . 文書冒頭に記載がある。

152　第6章　憲法69条の原意

すくなるのである」[12]。

　このエスマン／ミラ反対意見は、フランス第3共和制における行政府と議会との関係性を正確に把握し[13]、当時のフランス型議院内閣制において、内閣の解散権が事実上、封鎖されてきたことがその大きな欠点と捉える一方、イギリス型議院内閣制の運用と解散権の効果をバジョット流に理解し、これを積極的に評価している点で注目に値する。しかし、この反対意見は無視され、マッカーサー草案では、内閣が不信任された場合に限定して、内閣により衆議院が解散され、天皇はその確定した衆議院解散を公表するという、基本線が示されたのである。

Ⅱ．日本政府3月2日案

　マッカーサー草案が日本政府に手交されたのが2月13日、松本烝治国務大臣がこれを閣議に報告した日は2月22日である。この段階では、松本試訳は第1章と第2章（第1条から第9条まで）しかなかった。2月26日に初めて、先に引用した外務省仮訳が閣議に提出され、閣議では、翌27日より3月11日完成予定で日本語条文化作業を進めることが決定された。しかし、GHQ民政局は条文化作業を急がせ、3月2日に日本語のままの憲法草案の提出を求めた[14]。同憲法草案は、3月4日、GHQ民政局に提出された。

　ここで紹介するのは、松本烝治、入江俊郎法制局次長、佐藤達夫法制局第一部長が中心にまとめ上げた3月2日案である。この3月2日案は、マッカーサー草案の日本語への翻訳ではなく、明確に先の3名の意思が反映され、いわゆる「日本化」起草作業であった。「第4章　国会」と「第5章　内閣」の部分の起草は、2月22日に作成しておいた松本試訳とあわせて、すべて松本の手による[15]。以下、3月2日案を紹介するが、同案は憲法問題調査委員会（松本委員会／1945年10月27日発足）[16]において作成された甲案・乙案の法文を

12）同上・183-185頁。

13）宮沢俊義「議院内閣制のイギリス型とフランス型」『憲法と政治制度』（岩波書店、1968年）67-69頁において、第3共和制におけるフランス型議院内閣制の欠点が指摘されている。第3共和制における憲法運用に関しては、樋口陽一『比較憲法〔全訂第3版〕』（青林書院、1992年）150-152頁参照。「公権力の組織に関する1875年2月25日の法律」5条によれば、共和国大統領が下院を解散するには、元老院の同意が必要であった。

14）古関・前掲書（註3）197頁参照。

第2節　憲法制定過程における議論　**153**

利用していたため——すなわち旧憲法の法文の使用——英語との翻訳対応性はあまりない。特に、「衆議院解散ヲ命ゼラレ」なる表現は、旧憲法時代の天皇大権条項を踏まえての日本語翻訳である[17]。

第一章　天皇
第七条　天皇ハ内閣ノ輔弼ニ依リ国民ノ為ニ左ノ国務ヲ行フ。
　一　憲法改正、法律、閣令及条約ノ公布
　二　国会ノ召集
　三　衆議院ノ解散
　四　衆議院議員ノ総選挙ヲ行フベキ旨ノ命令
（以下略）

第四章　国会
第五十四条　衆議院解散ヲ命ゼラレタルトキハ解散ノ日ヲ距ル三十日乃至四十日ノ期間内ニ衆議院議員ノ総選挙ヲ行ヒ、其ノ選挙ノ日ヨリ三十日内ニ国会ヲ召集スベシ。
　　　衆議院解散ヲ命ゼラレタルトキハ参議院ハ同時ニ閉会セラルベシ。
第五十五条　衆議院ハ同一事由ニ基キ重ネテ之ヲ解散スルコトヲ得ズ。
（以下略）

第五章　内閣
第七十一条　内閣ハ衆議院ニ於テ不信任ノ決議案ヲ可決シ又ハ信任ノ決議案ヲ否決シタルトキハ十日以内ニ衆議院ヲ解散セザル限リ総辞職ヲ為スコトヲ要ス。

15）同上・196頁参照。佐藤達夫〔佐藤功補訂〕『日本国憲法成立史　第3巻』（有斐閣、1994年）71-72頁参照。
16）佐藤功『憲法改正の経過』（日本評論社、1949年）33頁。なお、本書は2016年同出版社より復刻版が出版されている。
17）旧憲法時代、衆議院の解散は次のように行われていた。議事録を紹介しておこう。「諸君、只今詔書降下の旨内閣總理大臣より傳達せられました、茲に之を捧讀致します———諸君の御起立を望みます〔總員起立〕　朕帝國憲法第七條に依り衆議院の解散を命す〔總員敬禮〕」。『第89回帝国議会 衆議院議事速記録第17号』（1945年〔昭和20年〕12月19日）255頁を利用した。

154　第6章　憲法69条の原意

　衆議院解散権条項については、「内閣」の章に移し代えられたことが重要である。この点について、佐藤達夫は「マ草案中の内閣総理大臣の指名に関する規定（五五条）及び内閣不信任決議の行われた場合の規定（五七条前段）は少し表現をかえて内閣の章に移した」[18]、「マ草案で国会の章におかれていた内閣不信任決議の場合に関する規定（五七条前段）をこの章に移し、『内閣ハ衆議院ニ於テ不信任ノ決議案ヲ可決シ又ハ信任ノ決議案ヲ否決シタルトキハ十日以内ニ衆議院ヲ解散セザル限リ総辞職ヲ為スコトヲ要ス』（七一条）るものとした。この表現は、もとの甲案・乙案（五五条III）[19]の形に近づけられたわけである」[20]と述べ、法技術的観点から条文を整理したと指摘している。

　ただ、これに続けて佐藤の次の記述が興味深い。「立案の当時、私はこの草案はイギリス流の議院内閣制をとり入れたものと思いこんでいたし、この条文が制限的意味で解散権の根拠規定となるというような考えは全然もっていなかった。おそらく松本大臣もそういった気持から、マ草案の表現を改めて、これを内閣の章に移されたものと思う」[21]。

　3月2日案を作成したもう一人の入江俊郎は、佐藤とは違いマッカーサー草案6条と57条を正確に捉えていた。入江は次のように述べている。「交付案によれば、解散をなしうるのを右の場合（マッカーサー草案57条のこと――引用者）のみに限り、そしてこれを外部に発表する手続としては、第6条の天皇の権能のうちに『国会ヲ解散ス』と記した条項によるものと解するのが自然ではないかと思われます。交付案はその点をはっきり考えて立案されてあったように思います」[22]。「しかし、日本側は、当時解散権はたとえ形式的にもせよ天皇の権能であるから、内閣が国会を解散するという表現は、一方天皇に対する権能との関係からいっても、他方また議院内閣制の三権分立の建前からいっても適当ではないという考え方をとっておりました。従って松本氏が二院制度の案を立案せられた際この条文のこの部分は、国会の章ではなく内閣の章に移すとともに、要綱65（1946年3月6日内閣から公表された「憲法改正草案要綱」のこと――引用者）に見る如く、『十日以内に衆議院の解散な

18）佐藤・前掲書（註15）82頁。
19）「憲法改正案（乙案）」（1946年2月2日）では、当該箇所は次のように定められている。「第四章 国務大臣 第五条　国務各大臣ハ天皇ヲ輔弼シ其ノ責ニ任ス 凡テ法律勅令其ノ他国務ニ関ル詔勅ハ国務大臣ノ副署ヲ要ス（第三項）国務大臣ハ衆議院ニ於テ不信任ヲ議決セラレタルトキハ解散アリタル場合ヲ除ク外其ノ職ニ留ルコトヲ得ス」。
20）佐藤・前掲書（註15）83頁。
21）同上。
22）入江俊郎『憲法成立の経緯と憲法上の諸問題』（第一法規、1976年）232頁。

き限り』という表現を採用しております。これが3月4日、5日の会議でも
司令部の承認するところとなったのであります」[23]。

　加えて入江は、次のように当時の日本側の認識を指摘している。「交付案
57条の前半部分の英文を見ると、アメリカ側は当時において既にわが方の
考え方とは根本的に違った考え方に立っていたのではないかと想像されます
が、当時としてはわが方はそれに気づかず、むしろ善意で、解散の制度はア
メリカにはないし、解散は当然イギリス流の制度でゆくのがよいと考えたの
であります。アメリカ側の気付かないのを奇貨として、わが方がかような表
現に変更したというわけではなかったのであります。尤も当時、会議等にお
きましてはこの点をアメリカ側と積極的に話し合ったことはありません。表
現をかくの如くかえたのは、主として天皇が解散をするという条文とのつり
合い上、内閣が国会を解散するという言葉を避けて、『衆議院ガ解散サレナ
イ限リ』という、この客観的受身の形を採用したにとどまったのであります。
しかし、後にそれが大きな問題を生んだ契機となったのであります」[24]。

　この入江発言にいう「大きな問題」は、章を改めてふれることにし、その
後、3月2日案がどのように推移していったかを通観しておこう。

Ⅲ．3月4日・5日のGHQ民政局との交渉から4月17日の憲法改正草案発表までの経緯

　1946年3月4日、松本烝治と佐藤達夫はGHQ民政局（第一生命館602号室／
別称：第一生命ビル）を訪問したが、すでに白州次郎（終戦連絡中央事務局次長）、
長谷川元吉（外務省嘱託／翻訳官）、小畑薫良（外務省嘱託／翻訳官）が来ており、
日本側の3月2日案の英訳、点検作業が直ちに行われた[25]。松本はケーディ
ス大佐と喧嘩状態になり、14時30分頃、民政局を後にした[26]。その後、松
本は一度も民政局を訪れることはなく[27]、松本に同伴を求められた佐藤が一
人、翌3月5日16時頃まで民政局相手に奮闘することになる。佐藤の記録に
よれば、3月4日から5日の作業において、解散権条項が民政局より疑問視

23）同上・232-233頁。
24）同上・233頁。明確な誤植は修正した。
25）佐藤・前掲書（註15）105頁参照。
26）憲法調査会事務局『憲資・総28号　松本烝治口述 日本国憲法の沿革について』（1958
　　年）23頁参照。
27）古関・前掲書（註3）209頁参照。

156　　第6章　憲法69条の原意

されたことはなかったと確認できる。ただ、次の関連条項が議論された。

第五章　内閣
第七十二条　内閣総理大臣欠クルニ至リタルトキ又ハ衆議院議員ノ任期満了
　　ニ因ル総選挙ノ後ニ於テ初メテ国会ノ召集アリタルトキハ内閣ハ総辞職ヲ
　　為スコトヲ要ス。
第四章　国会
第五十五条　衆議院ハ同一事由ニ基キ重ネテ之ヲ解散スルコトヲ得ズ。

　佐藤は、3月2日案の第72条について「解散後の国会召集の際にも内閣は
総辞職すべきであるという先方の意見により『任期満了ニ因ル』を削ること
とした」[28]と述べ、その結果、第4章の第55条は不必要な規定となったと指
摘している。加えて、第55条は「内閣の章のところで日本案第72条を修正
し、解散後の国会召集の場合においても内閣は総辞職しなければならないこ
とにした結果、不要となったので削除した」[29]と述べ、第55条に対応する
ヴァイマル憲法25条1項に基づくライヒ大統領のライヒ議会解散制限規定
（「同一理由による解散は1回に限る」との規定）は、日本国憲法に導入されない
ことが決したのである。
　3月5日、草案点検作業は終了し、日本文と英文が確定された。この3月5
日案は閣議に提出され、了承が求められた。その際、幣原首相は「大局の上
からこの外に行くべき途はない」[30]と述べ、受け入れが公式に定まった。同
日午後、幣原首相と松本国務大臣は、閣議中断の間、内奏し[31]、天皇の意思
を確認した。3月5日案は、次の通りである[32]。

第一章　天皇
第七条　天皇ハ内閣ノ輔弼賛同ニ依リテノミ国民ノ為ニ左ノ国務ヲ行フ。
　一　憲法改正、法律、閣令及条約ノ公布

---

28)　佐藤・前掲書（註15）129頁。
29)　同上・135頁。同趣旨の佐藤発言として、憲法調査会『憲法制定の経過に関する小委
　　員会第28回議事録』（1959年10月8日）23頁。なお、同議事録において3月2日案の内
　　閣解散権条項については、「これはそのまま総司令部で承認されまして、ずっとこれを
　　基本にしたものがそのまま今日の法文になったと申し上げてよろしいと思います」と
　　陳述している。先の入江の指摘を裏書きしている。
30)　佐藤・前掲書（註15）158頁。

二　国会ノ召集

三　衆議院ノ解散

四　国会議員ノ総選挙ヲ行フベキ旨ノ宣布

（以下略）

第五章　内閣

第六十五条　内閣ハ衆議院ニ於テ不信任ノ決議案ヲ可決シ又ハ信任ノ決議案
　　ヲ否決シタルトキハ十日以内ニ衆議院ヲ解散セザル限リ総辞職ヲ為スコト
　　ヲ要ス。

　日本政府は、GHQ民政局の了承の下、字句の整理その他の準備の都合上、翌日に憲法草案を公表することとした。公表にあたっては「要綱」の形式としたため、「条」は削除し、文体も「ノコト」で結ぶことが入江より提案され、閣僚の了解を得た[33]。また、修正は「英文をうごかさないという枠の中で、日本文の表現を整えることが中心であった」[34]。しかし、修正者の意図は自ずから反映されるはずであり、解散権条項はその良い実例である。すなわち、3月5日案の第65条は、内閣が解散権を有する点を一層、明確にした形で「整え」られた。以下、「憲法改正草案要綱」（3月6日公表）をみておこう。

31）同上・162-163頁参照。宮内庁編『昭和天皇実録 第十』（東京書籍、2017年）61頁以下によれば、幣原首相・松本国務大臣の謁は、午後5時43分から7時10分までである。天皇からは憲法改正について「内閣に一任」することが示された。天皇からは、皇室典範改正の発議権の留保と華族廃止についてご下問があった（同上・63頁参照）。なお、入江・前掲書（註22）215-216頁の記述によれば、翌日公表される「憲法改正草案要綱」のための勅語原案を持参した。この勅語の文言が、極めて時間的に切迫していたせいか、英文からの翻訳の誤りがあると指摘されている（誤りと指摘された部分は下線を引いておく）。勅語は、次の通りである。「憲法改正に関する勅語　朕曩にポツダム宣言を受諾せるに伴ひ日本国政治の最終の形態は日本国民の自由に表明したる意思に依り決定せらるべきものなるに顧み日本国民が正義の自覚に依りて平和の生活を享有し文化の向上を希求し進んで戦争を放棄して誼を万邦に修むるの決意なるを念ひ乃ち国民の総意を基調とし人格の基本的権利を尊重するの主義に則り憲法に根本的の改正を加へ以て国家再建の礎を定めむことを庶幾ふ政府当局其れ克く朕の意を体し必ず此の目的を達成せむことを期せよ」（1946年3月6日）。この点については、古関・前掲書（註3）225-228頁参照。

32）国立国会図書館HP「日本国憲法の誕生」の「日本國憲法（三月五日案）」より引用。

33）入江・前掲書（註22）215頁参照。

34）佐藤・前掲書（註15）175頁。

158　第6章　憲法69条の原意

第一　天皇
第七
　天皇ハ内閣ノ輔弼賛同ニ依リ国民ノ為ニ左ノ国務ヲ行フコト
　　一　憲法改正、法律、政令及条約ノ公布
　　二　国会ノ召集
　　三　衆議院ノ解散
　　四　衆議院議員総選挙ヲ行フベキ旨ノ宣布
（以下略）

Article VII.

The Emperor, with the advice and approval of the Cabinet, shall perform the following functions of state on behalf of the people:

Promulgation of amendments of the constitution, laws, cabinet orders and treaties.

Convocation of the Diet.

Dissolution of the House of Representatives.

Proclamation of general elections.

（以下略）

　3月5日案とこの部分の要綱案との相違は、英文に「only」がなくなったため、整理が行われたにとどまる。

第五　内閣
第六十五
　内閣ハ衆議院ニ於テ不信任ノ決議案ヲ可決シ又ハ信任ノ決議案ヲ可決セザルトキハ十日以内ニ衆議院ノ解散ナキ限リ総辞職ヲ為スコトヲ要スルコト

Article LXV.

If the House of Representatives passes a no-confidence resolution, or fails to pass a confidence resolution, the Cabinet shall resign en masse, unless it dissolves the House of Representatives within ten days.

　3月5日案では「信任ノ決議案ヲ否決シタルトキハ」とされていたが、これを「信任ノ決議案ヲ可決セザルトキハ」に変更した。「衆議院ヲ解散セザル限リ」は、「衆議院ノ解散ナキ限リ」に修正された。問題は後者の修正である。佐藤は、「『召集ヲ決定』の場合と同様、解散行為は形式上は天皇の行

為であり、内閣の名において行われるものではないから『解散ナキ限リ』という間接的な表現に改めたものである。もっとも、英文の方はunless it dissolves......であり、そのitはあきらかにCabinetを受けている」[35]と述べる。この論理を補強するため、佐藤は脚註内において「マ草案を見ると、その第6条でDissolve the Dietを天皇のstate functionに揚げつつ、第57条では、右に挙げたように、内閣がorderする表現をとっている」[36]と語る。つまり、佐藤の意識の中では、内閣が解散権を実質的に有し、天皇はこれを追認的に公布するルートを条文上、明確にしつつ、解散権の行使のあり方については、佐藤の当初の意図通り、内閣に制限を与えないことを反映させたと思われる。

　3月6日17時に「憲法改正草案要綱」は楢橋渡書記官長より新聞発表され、勅語、首相談話もあわせて公表された[37]。本要綱は、3月12日の閣議において、憲法全面改正案として衆議院議員総選挙後の帝国議会に提出することが決定された。そこで「要綱」は4月中旬までに条文化することとなり、法制局（長官／入江〔3月19日就任〕）が中心になって、各省の意見をまとめる作業に入った。この間、憲法の口語化が決定され（4月2日の閣議）[38]、条文化作業は迅速に進められた。但し、この作業は要綱の実質的修正を必要とするところもあり――その代表例が参議院の緊急集会規定の導入[39]――GHQ民政局との交渉が不可欠であった。ただ、入江と佐藤の記録を通読すると、内閣の解散権に関しては、口語化による変遷はあったものの、実質的修正を施した形跡はみられない。

　4月5日、憲法改正案を4月17日に発表することが決定された。幣原内閣が存続している間に、正式決定をする必要があったからである[40]。4月17日の朝、政府は、「憲法改正草案」をまず枢密院に諮詢し、同日12時30分、英文とともに同草案を国民に発表した[41]。この「憲法改正草案」における解散権条項は、以下の通りである[42]。

35）同上・185頁。
36）同上・186頁。
37）入江・前掲書（註22）220頁参照。
38）同上・271頁参照。
39）この点については、本書第4章参照。
40）入江・前掲書（註22）286-287頁参照。
41）佐藤・前掲書（註15）349頁参照。
42）この「憲法改正草案」は、同上・336-347頁に掲載されている。

第一章　天皇
第七条　天皇は、内閣の補佐と同意により、国民のために、左の国務を行ふ。
　一　憲法改正、法律、政令及び条約を公布すること
　二　国会を召集すること
　三　衆議院を解散すること
　四　国会議員の総選挙の施行を公示すること
（以下略）

第五章　内閣
第六五条　内閣は、衆議院で不信任の決議案を可決し、又は信任の決議案を
　否決したときは、十日以内に衆議院が解散されない限り、総辞職をしなけ
　ればならない。

　以上、解散権条項の変遷過程をみてきたが、ここでは次の3点を指摘して
おこう。第1に、入江＝佐藤は、新憲法の議院内閣制は旧憲法とは異なり、
イギリス型を想定していた点である。第2に、GHQ民政局は、解散権行使が
内閣不信任の決議があった場合に限り可能であると解していた点である。第
3に、GHQ民政局と入江＝佐藤との間には認識のずれがあり、しかも、双方
ともこれを認知していなかった点である。確かに佐藤は、内閣が任意に解散
権を行使することを前提に、条文訂正を行ったが、これを特段のねじ曲げで
あるとはいいがたい。また、GHQもこの修正は法技術的なものとみていたよ
うでもあり、何らの関心もなかったといえよう。むしろエスマン／ミラ反対
意見を採用しなかったことから、GHQ民政局は逆に第65条の法文は、内閣の
解散権行使の限定条項として認識し続けたといえる。そしてこの認識のずれ
は、憲法施行後のある事件が発生するまで双方とも気づかなかったのである。

IV. 枢密院における憲法改正草案の審議

　1946年4月17日に枢密院に下付された諮詢案（「憲法改正草案」の名称は、
この段階で「帝国憲法改正案」[43]に変更された）を審査するため、枢密院におい
て4月22日に「帝国憲法改正案ヲ帝国議会ノ議ニ付スルノ件　第一回審査委
員会」が開催された[44]。この間の4月19日、ケーディス大佐は、日本側の草
案字句修正に関し疑惑をもち、佐藤が交渉にあたることとなった。この交渉

第2節　憲法制定過程における議論　**161**

の結果、天皇条項の「補佐と同意」は「助言と承認」に変更することが定まった。ケーディスが慎重になったのは、「極東委員会との関係がいろいろうるさいので、このような変更については一字句でも軽視できない事情がある」[45]とのことである。

枢密院における諮詢案の審議は、第1回審査委員会（4月22日）から第8回審査委員会（5月15日）が一つの塊である[46]。というのも、旧憲法下の最後の衆議院議員総選挙において、幣原首相率いる進歩党が敗北し、幣原首相は退陣せざるを得ず、5月15日にGHQ了承の下、自由党総裁の吉田茂（外務大臣）に大命が下された。そこで、新首相の下、諮詢は再諮詢の手続を執らざるを得ず、第8回審査委員会の開催後、しばらく休止となったからである。

5月15日、吉田内閣（自由党と進歩党の少数連立内閣）は発足したが、枢密院への再諮詢は5月29日に行われた。再諮詢では、先のGHQ民政局との交渉を受けて修正された「帝国憲法改正案」について、吉田首相から説明がなされた。再諮詢後の枢密院審査委員会は3回行われたが、再諮詢後の「憲法改正草案」は無修正の上、6月8日、枢密院本会議において、賛成多数で可決された[47]。

枢密院の計11回の審査委員会において、解散権条項が積極的に議論された形跡はない。6月8日の枢密院本会議における潮恵之輔顧問官／審査委員長による報告では、次のことが確認できる。「内閣は、衆議院において不信任の決議をした場合等には、衆議院の解散がない限り、総辞職をしなければならないこと等の条項を設けたのである。この点に関し、本委員会において、内閣の弱体化を齎し、国務の執行に支障を来すことがないかとの質問があったが、当局大臣から、本案は議院内閣制の原則を採り、従って、内閣

43）枢密院官制（明治21年〔1888年〕勅令第22号）第6条は「枢密院ハ左ノ事項ニ付諮詢ヲ待テ会議ヲ開キ意見ヲ上奏ス」と定め、同2号は「帝国憲法ノ条項ニ関スル草案及疑義」と定めている。この規定に基づき大日本帝国憲法の改正が進行されたため、「帝国憲法改正案」の名称が用いられた。

44）村川一郎編著『帝国憲法改正案議事録』（国書刊行会、1986年）17頁参照。

45）佐藤・前掲書（註15）372頁。

46）入江・前掲書（註22）220頁参照。320-333頁参照。

47）再諮詢後の経緯については、同上・334-342頁参照。本会議の内容については、村川・前掲書（註44）176頁以下参照。同議事録によれば、「本案賛成の各位の起立を請ふ。多数起立（二十五番（美濃部）起立せず）。議長（鈴木）多数をもって可決された」とある。なお、三笠宮崇仁親王も出席したが、崇仁親王は「本草案に反対もしないが、賛成もし兼ねるので、本官は棄権したいと思ふ」（崇仁親王退席）と記録されている。同・191頁参照。

162 第6章 憲法69条の原意

は国会に対する関係において弱体であるとも観られるが、これを背景とすることにより、寧ろ、強力なものになると考へる旨の答弁があった」[48]。

この言説をどう読むかは微妙である。「等」が2か所入り、解散が不信任決議が存在した場合に限られないという言外の意味を読み込むことも可能であろう。国会と内閣との関係において、政府側は少なくとも、内閣が「弱体化」することはないということから、内閣の自由な衆議院解散権行使が国会への勢力均衡を担保すると描いていたと推察できる。

「帝国憲法改正案」は、第90回帝国議会（臨時会）に提出された。この臨時会は、1946年5月16日にすでに召集されていたが、開院式は6月20日である[49]。天皇の開院式の勅語は、次の通りである。「本日、帝国議会開院の式を行ひ、貴族院及び衆議院の各員に告げる。今回の帝国議会には、帝国憲法の改正案をその議に付し、なお、国務大臣に命じて緊要な予算案及び法律案を提出せしめる。各員心をあはせて審議し、協賛の任をつくすことを望む」[50]。「帝国憲法改正案」は開院式当日に帝国議会に提出されたが、解散権条項は、以下の通りである[51]。

第一章　天皇
第七条　天皇は、内閣の助言と承認により、国民のために、左の国務を行ふ。
　一　憲法改正、法律、政令及び条約を公布すること。
　二　国会を召集すること。
　三　衆議院を解散すること。
　四　国会議員の総選挙の施行を公示すること。
（以下略）
第五章　内閣

48）同上・182-183頁。また、入江・前掲書（註22）354頁にも同一の記述がある。
49）衆議院＝参議院編『議会制度百年史　帝国議会史　下巻』（1990年）815頁参照。
50）同上・823頁。帝国憲法改正案の帝国議会提出にあわせて天皇の勅語が発せられた。勅語は衆議院議長より朗読された。「朕は、国民の至高の総意に基いて、基本的人権を尊重し、国民の自由の福祉を永久に確保し、民主主義的傾向の強化に対する一切の障害を除去し、進んで戦争を抛棄して、世界永遠の平和を希求し、これにより国家再建の礎を固めるために、国民の自由に表明した意思による憲法の全面的改正を意図し、ここに帝国憲法第七十三條によつて、帝国憲法の改正案を帝国議会の議に付する」（旧字体は改めた）。『第90回帝国議会　衆議院議事速記録第1号』（1946年〔昭和21年〕6月20日）1頁。
51）国立国会図書館HP「日本国憲法の誕生」の「帝国憲法改正案」（6月20日）より引用。

第2節　憲法制定過程における議論　**163**

第六十五条　内閣は、衆議院で不信任の決議案を可決し、又は信任の決議案を否決したときは、十日以内に衆議院が解散されない限り、総辞職をしなければならない。

V．第90回帝国議会の審議

　日本国憲法制定に関わる帝国議会審議過程を全般的に眺めることは——解散権条項に関する部分に限っても——その審議資料は膨大であるので、ここでは政府側が「帝国憲法改正案」65条をどのように描いていたかに限って、紹介しておきたい。

　最初に「帝国憲法改正案」から日本国憲法公布の流れを再確認しておこう[52]。まず、1946年6月19日、吉田首相は金森徳次郎を憲法改正問題を専管させるべく国務大臣に任命した。6月20日に帝国議会に提出された「帝国憲法改正案」は、6月25日、衆議院本会議に上程された。6月28日、改正案は憲法改正特別委員会に付託、芦田均が委員長に互選された[53]。同委員会の下に、小委員会を設置することが決定され（委員長／芦田）[54]、同小委員会は7月25日から8月20日まで開催された[55]。8月21日、特別委員会が開催され、小委員会の「共同修正案」が可決[56]され、8月24日、衆議院本会議において修正案可決後、貴族院に回付された[57]。

　8月26日、貴族院本会議が開かれ、回付案が上程された。貴族院も特別委員会（委員長／安倍能成）を設置し[58]、第1回委員会は8月31日に開かれた。

52）以下の記述は、入江・前掲書（註22）358-361頁、佐藤・前掲書（註16）139頁以下が参考になる。

53）『第90回帝国議会衆議院　帝国憲法改正案委員会議録（速記）第1回』（1946年〔昭和21年〕6月28日）1頁。

54）『第90回帝国議会衆議院　帝国憲法改正案委員会議録（速記）第20回』（1946年〔昭和21年〕7月23日）389頁。

55）この小委員会の議事録は、長期間非公開であったが、現在では衆議院事務局編集『第九十回帝国議会衆議院　帝国憲法改正案委員小委員会速記録』（1995年）が刊行されている。

56）『第90回帝国議会衆議院　帝国憲法改正案会議録（速記）第21回』（1946年〔昭和21年〕8月21日）405頁。

57）『第90回帝国議会貴族院　議事速記録第23号』（1946年〔昭和21年〕8月27日）。同221頁によれば「帝國憲法改正案　右の政府提出案は本院において修正議決した、因つて議院法第五十四條により送付する 昭和二十一年八月二十四日 衆議院議長 山崎猛 貴族院議長公爵德川家正殿」とある。

58）『第90回帝国議会貴族院　議事速記録第28号』（1946年〔昭和21年〕9月4日）349頁。

164 第6章 憲法69条の原意

また同小委員会（委員長／橋本実斐）が9月28日に設けられ[59]、10月3日に修正案が可決された。10月6日、貴族院本会議は、衆議院修正案にさらなる修正を加えて可決したため[60]、直ちに衆議院に回付された。

　10月7日、衆議院本会議を開き、回付案は可決された[61]。10月12日に帝国議会は閉会となったが[62]、その前日の11日に枢密院に本案が諮詢された。枢密院は、「帝国議会において修正を加えた帝国憲法改正案　第1回審査委員会」を10月19日に開催した。審査委員会は、10月21日の第2回目の審査委員会で審査終了した。枢密院本会議は10月29日に開かれ、帝国議会の議決無修正により全会一致で可決した[63]。帝国憲法改正案は全面改正され、日本国憲法は11月3日公布された。

　では、第90回帝国議会において、内閣の解散権条項はどのように理解されていたのであろうか。キーマンは金森徳次郎国務大臣である。金森はそもそも、旧憲法7条（天皇の解散大権条項）について、その絶対性を認める立場に立っていた。すなわち「解散ハ天皇ノ任意ニ命セラルル所ニシテ政治上ノ必要ニ依リ行ハルヘク何等法定ノ要件ヲ存セス」[64]という立場である。そし

---

59)『第90回帝国議会貴族院　帝国憲法改正案特別委員会議事速記録 第23号』（1946年〔昭和21年〕9月28日）1頁。

60)『第90回帝国議会貴族院　議事速記録第40号』（1946年〔昭和21年〕10月6日）542頁。

61)『第90回帝国議会衆議院　議事速記録第54号』（1946年〔昭和21年〕10月8日）871頁。貴族院回付案は、無修正の上、直ちに議決に付された。歴史的瞬間なので、議事録を紹介しておく。「議長（山崎猛君）是ヨリ會議ヲ開キマス、吉田内閣總理大臣ヨリ詔書ヲ傳達セラレマシタ、茲ニ捧讀致シマス――諸君ノ御起立ヲ望ミマス〔總員起立〕朕ハ、十月十一日マデ四日間、帝國議會ノ會期ノ延長ヲ命ズル〔總員敬禮〕」、「議長（山崎猛君）只今ノ出席議員數ハ三百四十七名デアリマス、是ニテ憲法第七十三條第二項ノ議員總數三分ノ二以上ノ定數八十分デアリマス、日程第一、帝國憲法改正案、貴族院回付案ヲ議題ト致シマス」、「議長（山崎猛君）直チニ採決致シマス、本案ノ貴族院ノ修正ニ同意ノ諸君ノ起立ヲ求メマス〔賛成者起立〕議長（山崎猛君）五名ヲ除キ、其ノ他ノ諸君ハ全員起立、仍テ三分ノ二以上ノ多數ヲ以テ貴族院ノ修正ニ同意スルニ決シマシタ（拍手）之ヲ以テ帝國憲法改正案ハ確定致シマシタ（拍手）」。

62) 閉院式は貴族院において行われた。その模様は次の通りである。「勅語 ここに、貴族院及び衆議院の各員に告げる。本日をもって、帝國議會の閉會を命じ、併せて、帝國憲法の改正案その他緊要なる議案について、各員勵精よく協賛の任をつくしたことを喜ぶ。各員敬禮」。『第90回帝国議会 貴族院議事速記録号外』（1946年〔昭和21年〕10月12日）」。

63) 村川・前掲書（註44）202-225頁参照。

64) 金森徳次郎『帝国憲法要綱〔全部改訂11版〕』（巌松堂書店、1927年）226頁。これに対し、美濃部は衆議院解散を法律上の観点と政治上の観点に区分し、前者の視点からは解散権の制限はないとしつつも、後者の視点からの制約論理を打ち出している。美濃部達吉『逐条 憲法精義 全〔初版第10刷〕』（有斐閣、1934年）192-194頁参照。

てこの立場は、憲法制定期のみならず、その最晩年まで一貫し続けていた。たとえば、『憲法遺言』[65]においても、明確にイギリス型議院内閣制を手本として、次のように述べる。解散制度の「重要なる意味は、国民と議会との間に代表関係が実際的に欠けているのではないかと疑わるるばあいにおいて、議会の議員の任期を消滅せしめ、新たなる総選挙によって世論の帰着するところを見ようとするのである」[66]。加えて、憲法69条以外の理由による解散の必要性を次のようにいう。第1に、衆議院が政府と意見を異にし、政治上の紛糾を来す場合、第2に、衆議院と参議院が対立し、参議院が譲歩しない状況下で、衆議院が世論に訴え、衆議院の勢力を増加させ、間接的に参議院の反省を促す場合、第3に、衆議院の態度が国民の支持を受けていない疑いのある場合、第4に、国家の極めて重要な問題を審議するにあたって、特別に世論のありかを探る必要性がある場合、第5に、そのほかやむを得ざる必要がある場合（衆議院議員任期が1月に消滅し、予算審議に影響を与えることなど）である[67]。

　では、金森は帝国議会においてどのような答弁を行ったのであろうか。金森の解散権条項に関する答弁を引用しておこう[68]。

　青木泰助委員は、衆議院帝国憲法改正案委員会において次の質問をした。「此の草案を拝見致しますると、解散と云ふことが現はれて居りますのは、天皇の御国務の下に解散をすると云ふことと、而もそれは内閣の助言承誌（承認の誤記と思われる──引用者）に依つてなすと云ふことと、それから内閣の章でありますが内閣の章に不信任案を決議した時と、或は信任案を否決した時には十日間の猶餘を置いて衆議院が解散にならなければ内閣は総辞職する、斯う云ふやうに書いてあると思ひます……時には政策が行詰つたとか、或は閣内が不統一であるとか或ひは餘り長くなるから信を国民に問ふと云ふやうな、解散理由を以て解散をせられたこともありまする……衆議院に対する解散の御考へを、金森国務大臣にしつかりと伺ひたいのであります」。

　これに対し金森は、次のように答弁している。「此の憲法は解散を規定して居りまするけれども、解散の原因としての條件と云ふが如きものは、別段

65）金森徳次郎『憲法遺言』（学陽書房、1959年）。
66）同上・138頁。
67）同上・142-143頁参照。
68）審議引用にあたっては、佐藤達夫〔佐藤功補訂〕『日本国憲法成立史 第4巻』（有斐閣、1994年）627頁を参照した。

166 第6章 憲法69条の原意

規定は致して居りませぬ、其の意味は、議院内閣制を執りまするする限り、衆議院の解散と云ふことは自ら一定の意義があるのでありまして、殊更にそれを蛇足的に規定の中に盛り込む必要はない、斯う云ふ意味を以て出来て居るのであります、随て衆議院解散は其の本質の意義、即ち現在の衆議院が果して国民の意思とぴつたり合一して居るかどうかと云ふことを特にはつきりさせる必要に基いて、解散をして再選挙を促し、それに依つて目的を達しようと云ふ趣旨の場合にのみ用ひらるるものであります」[69]。

また、原健三郎委員が「内閣の助言と承認に依りて衆議院を解散すると云ふのでありますが、如何なる理由の存する時に、議会を解散するのであるか、理由の内容を一つ明確に御示し願ひたい」と質問したことに対し、金森は次のように答弁している。

「結局現在の衆議院の構成員を一齊に消滅せしめて、新たなる国民の総意に依つて、衆議院を構成し直し、さうして輿論の帰着する所を政治の上にはつきり反映せしむる、斯う云ふ趣旨に必要なる事情がありますれば、衆議院の解散は出来るかと思ふ訳であります、随て一番起り易い場合は内閣と衆議院とが衝突して、或は意見に差があつて、其の判断を国民に求むると云ふ場合であります併しながら獨りそれに限定すると云ふのではありませぬ、非常に重大なる、審議事項が起りまして、そこでもう一遍此の問題を眼目にして、国民の意見を確かむる方が宜いと云ふやうな判断が付きました場合には、やはり解散が出来る其の外今空想的には想像出来ませぬが、今申しました一般原理に従つて解散が出来ると云ふ風に考へて居ります」[70]。「解散と云ふやうな重大なことは、政治的に色々な方面を考へて実行しなければなりませぬので、現実には理論的な結果よりも狭い範囲に於て解散の機会が来るものと思ひます、併し理論的に申しますと、国家が必要があつてどうしても此の議院を解散しなければならぬと云ふことが起れば、解散しても宜いと思ふのであります、唯併し解散をすると云ふことは政府の責任を明かにすると云ふ意味を持つて居りますが故に、解散後の初めての召集をしないで解散をすると云ふ理論は、此の憲法の上からも起り得ないものと考へて居ります」[71]。

---

69)『第90回帝国議会 衆議院帝国憲法改正案委員会議録（速記）第7回』(1946年〔昭和21年〕7月7日) 109-110頁。

70)『第90回帝国議会 衆議院帝国憲法改正案委員会議録（速記）第18回』(1946年〔昭和21年〕7月20日) 339頁。引用にあたっては、旧漢字を新漢字に変えたところもある（以下、同じ）。

71) 同上・340頁。

第2節　憲法制定過程における議論　**167**

　以上の帝国議会での金森の答弁から明白なように、衆議院解散は内閣に対する衆議院の信任不存在の場合に限らず、一定の政治的理由があれば内閣により可能であるとの立場を政府側は支持していた。そしてこの見解は、疑問余地なきものとして、憲法改正案審議中、一貫していた。

　改正案は、衆議院の段階で様々な修正がなされたが、解散権条項については、帝国憲法改正案第7条柱書きの「国務」が「国事」に修正されたにとどまる[72]。また、貴族院においても改正案に修正が加えられたが——多くは憲法前文の文言修正といわゆる「文民条項」の挿入——解散権条項には修正はない。10月29日の枢密院本会議を最後の審議としたが、無修正であったため、貴族院修正改正案が、現在の日本国憲法の正文と同一な法文である。日本国憲法は、11月3日、旧公式令3条1項（帝国憲法ノ改正ハ上諭ヲ附シテ之ヲ公布ス）に従い、上諭をつけて公布された。

日本国憲法
第一章　天皇
第七条　天皇は、内閣の助言と承認により、国民のために、左の国事に関する行為を行ふ。
　一　憲法改正、法律、政令及び条約を公布すること。
　二　国会を召集すること。
　三　衆議院を解散すること。
　四　国会議員の総選挙の施行を公示すること。
（以下略）

第五章　内閣
第六九条　内閣は、衆議院で不信任の決議案を可決し、又は信任の決議案を否決したときは、十日以内に衆議院が解散されない限り、総辞職をしなければならない。

72）佐藤・前掲書（註68）871頁参照。

168　第6章　憲法69条の原意

第3節　第1回目の衆議院解散の憲法的影響

I．政治的背景

　第92回帝国議会は、1946年12月27日に召集された。この最後の帝国議会は、日本国憲法施行（1947年5月3日）に関わる諸法律を制定させることを目的として召集された。1947年2月7日、マッカーサーは吉田茂首相に書簡を送り、憲法施行前に衆議院を解散することを勧告した。そこで吉田内閣は、2月17日の閣議において、5月3日前に日本国憲法施行のために必要とされるすべての選挙（地方自治体の選挙も含む）を実施することを決定した。3月31日、旧憲法に基づき衆議院は解散された[73]。

　第23回衆議院議員総選挙は、4月25日に行われた。吉田首相率いる日本自由党は第2党（131議席）に留まり、日本社会党が第1党（143議席）となった。日本国憲法における第1回国会は5月20日に召集され、同日吉田内閣は日本国憲法70条に基づき総辞職した。5月24日、日本社会党の片山哲委員長が衆参両議院において首相に指名された。内閣の成立は——連立交渉が困難を極めたため——6月1日である。片山内閣は、自身の日本社会党のほか、民主党（126議席）及び国民協同党（31議席）による連立内閣である[74]。

　しかし片山連立内閣は、日本社会党内左派の協力を得られず、自滅の道を歩み、1948年2月10日に総辞職せざるを得なかった。その後、連立三党は、日本民主党の芦田均を首相候補とすることに合意した。2月21日、衆議院では芦田が指名され、参議院では吉田（日本自由党）が指名されたため、憲法67条2項に基づき芦田が首相に任命された。

　この芦田連立内閣も自滅の道を歩んだ。決定的ダメージを与えたのが4月頃に発覚した昭和電工事件である。政官財の要人が事件発覚後、次々に逮捕され、検察庁の捜査は芦田自身にも及ぶこと必定であった。芦田は10月7日、総辞職に追い込まれた（12月7日／芦田逮捕）[75]。

　日本自由党は、この間、保守勢力の糾合につとめ、民主自由党（吉田茂党首）

73）衆議院＝参議院編『議会制度百年史 帝国議会史 下巻』（1990年）867-869頁参照。

74）衆議院＝参議院編『議会制度百年史 国会史 上巻』（1990年）4-5頁参照。

75）ここまでの記述は、林茂＝辻清明編著『日本内閣史録5』（第一法規、1981年）104-160頁参照。

第3節　第1回目の衆議院解散の憲法的影響　**169**

を結成していた（1948年3月15日）。先の二つの連立内閣が崩壊したため、吉田は、マッカーサー了承の下、野党第一党として主導権を握り、10月14日、衆参両議院において首相に指名され、翌15日任命された。吉田内閣は、衆議院において152議席しかもたない少数政権であったため、吉田は早期の衆議院解散総選挙を構想していた。一方、旧連立3党は、早期の衆議院解散総選挙は不利と考え、解散の引き延ばしを狙っていた[76]。こうした緊迫した場面で憲法の解散権条項が、GHQ民政局を巻き込んだ重要な憲法問題へと発展していく。

Ⅱ．解散権条項の二つの解釈

　1948年11月の衆議院解散権論をめぐるGHQ民政局と政府との対立は、宮沢俊義の新聞論評を契機に表面化した。まず、11月3日に尾崎行雄は、内閣による衆議院解散は不可能であるという立場から次のように評した。「内閣は衆議院がつくるものだ。衆議院が雇主であって内閣はその使用人であるのに内閣が衆議院を解散できるか、新憲法六十九条には解散という言葉があるが、しかし、誰が解散しうるかは書いていない、また新憲法七条には天皇が衆議院を解散できるようになっているが、それは内閣の助言と承認により形式を踏むだけであり官報で公布するのが仕事である、実質的には何もできない」[77]。この記事にいち早く宮沢俊義が反応し、11月8日に「解散権の憲法的意味」と題する論評を公表した[78]。この論評では、日本国憲法上の議院内閣制はイギリス型に属し、従って、衆議院の意思にかかわりなく、内閣が解散権をもつという主張である[79]。

　この吉田内閣の解散方針と軌を一にした宮沢解釈に対し、野党側の反応は早かった。日本社会党委員長である片山哲は、11日に早くもGHQ民政局を

76）同上・173-174頁参照。

77）『第一新聞』1948年11月3日。また、11月8日の『毎日新聞』紙上において、尾崎行雄は「大臣が天皇を使って勝手に解散」することはできないという立場を重ねて表明している。

78）『朝日新聞』1948年11月8日。

79）宮沢は、その代表的コンメンタールにおいて次のような叙述をしている。「（当時の）総司令部方面から流された解釈（解散は、69条によってのみ可能だとする説）は、その後の実例において否定され、今日では、解散は、衆議院で不信任決議が可決されると否とに関係なく行われ得るとする解釈が、先例で確立されている」。宮沢俊義〔芦部信喜補訂〕『全訂 日本国憲法』（日本評論社、1978年）120頁。

170　第6章　憲法69条の原意

訪れ、ケーディスとウィリアムズ（国会政治課長）[80]と会談し、「解散は69条によってのみ行われる」[81]との言質を得ていた——これが宮沢のいう「総司令部的解釈」の由来である。加えて、先の尾崎行雄が、11月16日の衆議院本会議において「衆議院の解散に関する緊急質問」を行い、憲法7条によって吉田内閣が衆議院を解散する点を批判してきた。尾崎は、「解散ということが、一たび内閣でかつてにできるということになりますれば、もう民主主義などというものは根本から破れます」[82]と吉田内閣を批判した。一方、政府側の見解は、非公式ながら、11月13日の民主自由党の代議士会で公表された。この内容が翌14日『朝日新聞』の記事となったが、政府は「内閣がどんな場合に解散を行うことができるかはその政治的責任で決すべきでもので、憲法上これに制限はない」との見解を採用していた。

　GHQ民政局と吉田内閣との間に憲法69条に関する意見対立が表面化したため、両者間の意見調整が水面下において行われることとなった。この点に

80）ウィリアムズの占領期の活動については、次の三つの作品が重要である。ジャスティン・ウィリアムズ〔市雄貴＝星健一訳〕『マッカーサーの政治改革』（朝日新聞社、1989年）、同 赤坂幸一訳「占領期における議会制度改革(1)、同(2)」『議会政治研究』（2006年）77号37-63頁、78号75-97頁。ウィリアムズが国会法制定に尽力したことはよく知られている。ジャスチン・ウィーヤムス〔寺光忠訳〕「日本議会法の今昔」『法律タイムズ』15号10-15頁、同16号11-17頁。国会活動の実質化のために、委員会制度の改善を推進したこともある。ウィリアムズは両院法規委員会の「懇談会」に出席し、あるべき国会運営について報告している。『第5回国会 両院法規委員会議録第4号附録』（1949年〔昭和24年〕4月19日）1-4頁。

81）『読売新聞』1948年11月13日。

82）『第3回国会 衆議院会議録第13号』（1948年〔昭和23年〕11月17日）92頁以下。引用箇所は96頁。これに対する吉田首相の答弁は、「ただいま尾崎行雄翁から種々御意見を承つて、まことに意義深く拝聴いたしました。事柄は、はなはだ重大でありますから、御意見の点は、政府において、とくと研究をいたすつもりであります。これをもつて一應のお答えといたします」である。同・99頁。吉田の答弁通り、政府は解散権条項についてその後、調査をし、改めてGHQ民政局と調整せざるを得なくなった。なお、尾崎行雄は単独で11月11日に「衆議院解散に関する決議案」を提出した。『第3回国会 衆議院会議録第10号』（1948年〔昭和23年〕11月13日）61頁参照。但し、採決には至らなかった。決議案の内容は、次の通りである（引用は本文に掲げた「佐藤達夫関係文書目録／664」からである）。「国家内外の形勢大に変化して、前回総選挙の際には全国民が夢想だもにせざりし所の国家の安危盛衰にも関する重大事件が突発することもある。そうした時には新たに国論を問ふべき必要が生ずる其は衆議院議員自ら進んで総辞職を為し以て解散の実を挙げ以て総選挙の目的を達するのが理想的方法である。総辞職の相談がまとまらない時は三分の二以上の多数に由て衆議院自らその解散を議決し以て総選挙の目的を達するのが次善の策である。茲に決議し将来の規範と為す」。この立場は、解散権学説にいう自己解散説である。現在のイギリス庶民院の解散制度の先駆け的発想である。

ついて、佐藤達夫が「解散権論議の回想」[83]においてふれているが、ここでは、「佐藤達夫関係文書目録／664」[84]のオリジナル資料から、当時の状況を再現しておこう。

11月10日、佐藤達夫は所用があり、GHQ民政局のケーディスと会談後、帰り際に、憲法69条限定説をGHQ側が採用していることを知った。事態が重大だと認識した佐藤は、帰路、国会内の大臣室に立ち寄り、殖田俊吉法務総裁[85]、佐藤栄作官房長官に報告した[86]。ケーディスとの会談の模様は、先の「解散権論議の回想」(14-15頁)にもあるが、原資料「国会の解散に関する憲法の規定の解釈に関する件」(昭和二三、一一、一〇／連調、二部、行政)にも同一の記載がある(以下、引用にあたっては適宜改行した)。

法務庁は、政府の立場を明確にするため、11月13日作成の「衆議院の解散権の所在と要件」(意見長官二三、一一、一三)[87]をとりまとめた。同文書には、次の記載がある。

「一、日本国憲法第七条は、天皇の国事に関する行為の中に、衆議院の解散を揚げているが、その実質的な決定権と責任とは内閣にあるのであって、他の国事に関する行為と同様天皇はその内閣の助言と承認に基づき、儀礼的乃至認証的意義においてこれを行うに過ぎない……天皇の国事に関する権能は、常に内閣の助言と承認とに基くことを要するから、解散は国会又は衆議院が自ら直接決定するということは、考えられないことである。

二、憲法第六十九条は、内閣不信任決議案の可決又は否決を掲げるが、これは内閣の衆議院に対する責任を明かにし、その総辞職の要件との関係上特に規定したものであって、解散がこの場合に限定されるとの見解の根拠とするには足りない。元来解散は、内閣が時の衆議院が真に現在の民意を代表す

---

83) 佐藤達夫「解散権論議の回想」『ジュリスト』217号(1961年)14-19頁。
84) 本稿において利用する「佐藤達夫関係文書」は、「目録／664」からである。引用にあたっては、原文書の文書名(日付がある場合にはこれも併記する)を明記する。通しの頁数がないため頁は略さざるを得ない。旧字体は新字体に改めた。
85) GHQの要請によって法務庁設置法(1947年)が制定されたが、このトップの職名が法務総裁(同1条)である。現在の法務大臣に相当する。内閣法制局百年史編集委員会編『内閣法制局百年史』(大蔵省印刷局、1985年)143頁参照。
86) 佐藤・前掲論文(註83)15頁。
87) 兼子一が法務調査意見長官(旧法務庁設置法3条1項)である。法務調査意見長官は、現在の内閣法制局部長に相当する。内閣法制局百年史編集委員会・前掲書(註85)143頁参照。

172　**第6章　憲法69条の原意**

るのに相応しいものであるかどうかについて疑問を抱く場合に、民意に適合した国政を行う内閣がその責任上これを行うものである。その最も普通で顕著な場合は、第六十九条の規定するものではあるが、これ以外にも解散を必要乃至適当とする場合は考えられる。例えば、憲法改正の発議（憲法第九十六条）とか、重要な条約締結の承認（憲法第十三条第三号——引用者コメント／明白な条文誤記である。73条3号の誤記）のように将来の国民に拘束を残すような事項を決するには、例令衆議院が内閣を信任している場合でも、新しい民意を反映させるために解散を行うことが適当であろう……（以下、略）。

　したがって、内閣如何なる場合に解散を行うことができるかは、その政治的責任で決すべきもので、憲法上はこれに関する制限はないと考うべきである。（以下、略）」。

　加えて、「再び衆議院の解散について」（日付不明／法務調査意見長官）文書でも、政府側の解散権無制限の立場が再主張されているが、特に吉田少数政権に配慮した記述がある。同文書では、「解散は、内閣が国会特に衆議院の現在の構成に不安を感じ、国政の遂行に自信が持てない場合に、これを直接国民に訴えて、新に民意を代表した構成を求めるために行われる」との文言が新たに挿入されている。

　佐藤の動きは早く、11月15日に「藤崎氏に、その（法制局の見解——引用者）真相を先方に伝えるように頼んだ」[88]。原資料「解散権問題に関しGSケイディス氏及びウィリアムズ博士と会談の件」（昭和二三、一一、一五／連調、二部、行政、藤崎）文書が、その会談内容を伝えている。以下、紹介しておく。

　ケイディス氏「憲法制定当初から、天皇乃至内閣に解散権を与えないと言うのが、我々の趣旨であった。この隣の部屋で草案を議論している際、エスマン中尉が内閣に解散権を与えるべきであるという意見を出したが、それはいけないと言うことで取り上げられなかった。このことは、当時参加して居た小幡氏や長谷川氏は記憶しているかも知れない。（註、小幡氏に聞いたところ、そんな話はなかったと言う。）又金森氏は、議会における審議の際新憲法の精神に合致しないような説明をよくやってこちらから注意を喚起したことがある。解散の問題については、英国のチャーチルが教員の俸給に関する法律

───────────────

88) 佐藤・前掲論文（註83）15頁。

案に関連して、もし議会がこれを否決したら解散すると言って脅かした事例について話したことをはっきり覚えているから、加藤氏は覚えているであろう。

　内閣が勝手に解散しようとしても、国会はこれを無視すればよい。それより先ず第一に、天皇はセンシブルで自分にそんな権能のないこと位はよく解るような方だから、政府がそのような助言をしても、採用されないであろうし、又そんな場合には先づマッカーサー元帥に会いに来られるであろう。」

　ウィリアムズ博士「この問題に特に関係のある条文は、憲法第四条、第七条、第四十一条……及び第六十九条である。およそ憲法を精密に研究した程の者ならば、この四箇条の当然の結論として、衆議院の解散は第六十九条の場合に限られることが判るであろう。

　現在のような情勢の下において、最も立憲的なやり方は、今の内閣が総辞職し、国会の多数で選挙管理内閣をつくって、その手で総選挙をやることであると自分は思うが、ここに来る人達の話や新聞記事等で、大体のことを知り得るだけで、舞台裏でどう言う画策が行われているか知らないけれども、この問題についても、双方でいろんなチープ、トリックが行われることが考えられる。例えば、政府が信任案を出して、野党側がこの前のように白紙投票をし与党の方がこれを否決すると言うようなことも考えられるし、又その場合社会党や民主党が民自党の裏をかいて却って信任投票をすると言うような変てこなことになるかも知れない」。

　また、同日の15日、ケイディス／ウィリアムズ会談が終わった後、政府はさらにカーペンター（GHQ法務局長）と会談を行った。佐藤文書「衆議院の解散についての憲法の解釈に関しカーペンター氏との会談の件」（昭和二三、一一、一五　連調、二部、行政）によれば、GHQ出席者はカーペンター（法務局長）の外、ヘイゲン（検察課長）及びオプラー（立法司法課長）であり、日本側は殖田法務総裁、兼子法務調査意見長官、井波渉外課長、藤崎（終連）である。

　同文書によれば、会談内容は次の通りである。11月13日作成の先の「衆議院の解散権の所在と要件」文書の英訳を日本側は提出し、殖田は「この意見は、新憲法審議の際、議会における答弁において、政府委員がはっきり述べているところで、疑問の余地のないところであると考える。又総司令部としても、この議会における答弁振りについては、その当時から御承知のとこ

174　第6章　憲法69条の原意

ろであると思う。新憲法制定後、多くの学者が解説書を出しているが、衆議院の解散は憲法第六十九条の場合に限らないと言うことに殆んど一致して居り、今日では定説になって居る」。以下、一問一答形式で記録されているので紹介しておく。なお、引用にあたっては、原文の人名略を用いず発言者を明記しておく。

　カーペンター「国会の生んだ子たる内閣が、その親である国会をデストロイすることができるか。」
　殖田総裁「そう見える場合もある。しかし、それは裁判官は内閣が任命するが、その裁判官は、国会の制定した法律でも、政府の制定した政令でも、憲法の規定に照らして、違憲の判決をすることができるのと同様の関係である。これが憲法の三権分立主義の当然の結論である。」
　ヘイゲン「憲法第六十六条第三項に、『内閣は、行政権の行使について、国会に対して連帯して責任を負う。』とある。内閣に国会の意思如何に拘らず衆議院を解散する権能があるとする貴方の見解は、この規定と矛盾するではないか。」
　兼子長官「第六十六条第三項の国会は、ある一定の時の国会と言う意味ではない。内閣は総選挙後最初の国会の召集があったとき、総辞職しなければならず、かくして国会は新しい内閣総理大臣の指名をすることになるから、この意味でやはり内閣は国会に対して責を負う訳である。」
　殖田総裁「通常の場合には、内閣は国会の意思に従うと言う意味で国会に対して責任を負うが、解散の場合は、直接民意に訴えて、この新しい民意を反映する新国会の召集に当って、内閣自身も総辞職して国会の新しい指名が行われるのである。」
　ヘイゲン「それは政治責任論であって、法律論としては首肯しかねる。第六十六条第三項の国会は、現在の国会の意味であって、将来の国会と言うものは、現在はないのだから、それに対して責任を負うと言っても意味をなさない。第六十九条のように、特別の方法（specific method〔引用者：誤記を訂正した〕）を規定している場合は、その特別の方法以外は排除する。少くともアメリカではそう言う解釈の仕方をする。又憲法制定に当った当事者の趣意がどうであったろうと、その解釈は、できた憲法の条文の文意に従ってなされるべきである。」
　オプラー「憲法第七条には、衆議院を解散することを挙げているが、第四

条によれば、天皇は国政に関する権能を有しないし、又第七十三条は、内閣の権能としてこれを挙げていない。然るに国会の解散権は、極めて重大な政治的権能である。従って、憲法上の規定上は、国会の解散は第六十九条の場合に限ると解する外ない。」

　殖田総裁「この憲法全体を読めば、第六十九条は、衆議院で不信任案が通り、又は信任案が否決されたときに、政府はどうすべきか、と言うことを規定したものであって、解散の要件を規定したものではないことは明瞭である。衆議院の解散は第7条でできる。(以下、略)」。

　以上のように、議論は平行線をたどったままであったが、最後にカーペンター法務局長は、「この問題について、大変深く考究されていることがよく判った。我々としても、十分研究したい……本日は、結論を申し上げることはできない。最初自分は、ある一方の意見をもって居たけれども、今は何れとも決しかねている」と述べるにとどまった。佐藤によれば、これが最後の交渉であった。これ以降、日本側文書の英訳送付はあったようだが、特段進展はなかったようである[89]。

　以上のように、GHQ民政局は、憲法69条解散を基本とし、吉田内閣の解散計画に反対していたことがわかる。憲法制定時に双方とも認識していなかった解散権条項の課題が、ここにきて初めて顕在化し、両者間の交点の模索が始まった。しかし、交点探求は、法律論争というよりも、当時の政局に左右されていく。

Ⅲ. 第1回衆議院解散の実現

　先の会談以降の動きは、あまりにも政治的すぎる。吉田内閣と野党との対立は、追加予算の議決、国家公務員法の改正(労働基本権の制約)、公務員給与の引き上げ問題と内閣の解散権行使問題とが相互に絡み合い、またGHQ内では二派閥の対立(民政局〔GS〕と参謀第二部〔G2／チャールズA.ウィロビー参謀第2部〕)が先鋭化し、国会運営はGHQの意向に右往左往し、学理的な憲法解釈論が展開できる状況になかった[90]。

---

89) 佐藤・前掲論文(註83)17頁参照。
90) この間の事情は、ジャスティン・ウィリアムズ・前掲書(註80)318-326頁に詳細な記述がある。

176　**第6章　憲法69条の原意**

　11月27日、ホイットニー（民政局長）とケーディスは吉田首相と会談し、ホイットニーより「現行の計画に加えて給与法案が成立したときには、野党は憲法第六九条に基づく不信任決議の可決による国会の解散にこれ以上反対しない」[91]との妥協案が示された。翌28日、ウィリアムズが衆議院議長室を訪問し、彼の立ち会いの下、妥協案について与野党代表者は合意した[92]。この合意事項には次のことが明記された。「（会期の）右期限終了後の最終日に野党から内閣不信任案を提出して解散に応ずること。ただし、不信任案の提出期日は、政府および与野党の協議がまとまったときは、これを変更することができる。まとまらないときは、二週間を経過すれば、不信任案を提出しなければならない」[93]。ここに話し合いによって憲法69条解散が既定方針とされた。

　しかし、会期末が目前であったため、追加予算の審議は、改めて第4回国会（常会／1948年12月1日召集）において審議され、合意事項通り諸法律は成立した。そこで、12月23日、衆議院本会議において内閣不信任案が野党三党より上程されていく。

　片山哲ほか14名が上程した不信任決議案は次の通りである。「不信任決議　衆議院は、吉田内閣を信任せず。依て速やかに総辞職すべし。右決議す」[94]。この不信任決議の採決結果は、投票総数357票、可とする者（白票）227票、否とする者（青票）130票である。不信任決議案は可決された[95]。その後、休憩に入り、再開後、別件の審議を終了させ、次のように解散手続きが進行した。最初の内閣不信任決議案の議決手続なので、以下、議事録から再現しておこう。

91）同上・323頁。またGHQ民政局資料によれば、11月27日午前9時30分頃、吉田首相がホイットニーを訪問し、そこで憲法69条に関し、両者間で論争が行われたとの記録がある。ホイットニーは天皇が解散権をもたないことに重点を置き、憲法69条に基づく解散権行使を強く主張している。これに対し、吉田は今国会の打開策の模索を繰り返し主張している。この点については福永文夫『GHQ民政局資料 占領改革 議会・政党　第3巻』（丸善、1999年）592-594頁参照。なお、解散権問題については、さらに同・586頁以下にGHQの動向等が著されている。

92）佐藤達夫「馴合い解散の舞台裏」吉田茂『回想十年 第1巻』（新潮社、1957年）所収162頁参照。また、吉田によれば、「マッカーサー元帥がこの解散権の問題を知って、『少数党内閣の吉田に解散権がないのというのでは、国政運営に困ることになるから、そこは何とか解散の途をつけるべきだ』という意味の最後の決断が下されたということだった」と記述している。同157頁。

93）佐藤・前掲論文（註83）17頁、『朝日新聞』1948年11月29日。

94）『第4回国会 衆議院会議録第21号』（1948年〔昭和23年〕12月24日）251頁。

95）同上・270頁。

第3節　第1回目の衆議院解散の憲法的影響　**177**

「ただいま内閣総理大臣より詔書が発せられた旨伝えられましたから、これを朗読いたします。〔「大臣退席しろ」と呼び、その他発言する者多し〕

議長（松岡駒吉君）　静粛に願います。——議員諸君は着席していただきます。——議員諸君は着席していただきます。〔拍手〕

衆議院において、内閣不信任の決議案を可決した。よつて内閣の助言と承認により、日本国憲法第六十九条及び第七条により、衆議院を解散する。〔拍手〕〔「万歳」「万歳」と呼ぶ者あり〕」[96]。

1949年1月23日に、第24回衆議院議員総選挙が行われた。この選挙で民主自由党（党首／吉田茂）は圧勝し、466議席中264議席の絶対過半数を獲得した。一方、野党三党は大敗し、民主党69議席、日本社会党48議席、国民協同党は14議席に終わった。日本共産党は35議席と躍進した[97]。吉田首相による衆議院解散計画は政治的に成功し、少数政権から安定政権への基盤が解散権行使を端緒に形成された。

Ⅳ．解散の余韻

第1回目の解散詔書の文言は、「衆議院において、内閣不信任の決議案を可決した。よつて内閣の助言と承認により、日本国憲法第六十九条及び第七条により、衆議院を解散する」とある。ここに憲法69条が明記されているが、「これも司令部の意向をくんでの」[98]結果である。実際、この形式の詔書は、これが最初で最後である。第2回目の衆議院解散（1952年8月28日、いわゆる「抜き打ち解散」）では、憲法7条に基づく解散であり、そのため解散詔書は、「日本国憲法第七条により、衆議院を解散する」とある。他方、第3回目の解散（1953年3月14日）は、吉田内閣不信任決議案が可決された事例であったが、解散詔書は、「日本国憲法第七条により、衆議院を解散する」とあり先の詔書と同文である[99]。この詔書には憲法69条の文言と「内閣の助言と承認」（第7条柱書き）の文言は明記されていないが、その後、内閣不信任議が可決された場合にも、第2回目の解散詔書の形式が踏襲されてい

96）同上・272-273頁。
97）衆議院＝参議院編・前掲書（註74）152-153頁参照。
98）吉田・前掲書（註92）163頁。
99）解散詔書を調べるには、「国立公文書館／デジタルアーカイブ」が便利である。特に宮沢内閣時の解散を検索すると、前例の原本が閲覧できる。

178 第6章 憲法69条の原意

る。

　内閣不信任決議成立後の解散詔書に憲法69条が明記されない点につき、憲法学説はこれを支持する見解が主流であるが[100]、「第一回の実例の際の文言を変更すべき積極的理由も存しない」[101]という見解が自然であろう。というのも、衆議院解散は、二つのルートがあり、最終的に憲法7条一本に収斂されようとも、解散原因は明確に異なるからである。おそらく憲法7条のみの引用で詔書が作られたという事実は、1952年4月28日に日本占領が終了し、GHQ民政局の介入もなくなり、日本の法務官僚たちの力量が発揮できる環境が整えられたことの反映であろう。憲法制定過程期からの日本側の解散権条項解釈が、占領終了後の段階に至って初めて実現したといえる。

　しかし、憲法7条による解散を構想していた法務官僚は、もう一度、大きな壁を見ることになる。それは、第1回目の衆議院解散から第2回目の衆議院解散の4年間に生じた出来事である。当時の国会法99条1項は、両院法規委員会の設置を法定していた。両院法規委員会の権能は次のように定められていた。「両院法規委員会は左の各号の事項を処理する。　一　国政に関し問題となるべき事案を指摘して、両議院に勧告する。　二　新立法の提案又は現行の法律及び政令に関して、両議院に勧告する。　三　国会関係法規を調査研究して、その改正につき両議院に勧告する」[102]。この両院法規委員会は、第13回国会（1952年）のときに、集中的に憲法7条及び憲法69条の問題を討論し、改めて解散権条項の問題がクローズアップされることとなった[103]。

　第1回目の解散時に吉田政権と野党三党との解散権論議があったが、今回は攻守逆の議論が展開された。すなわち、1950年以降、サンフランシスコ講和条約締結問題が動き始め、今度は、日本社会党、国民民主党など野党が早期衆議院解散を主張し始めた[104]。実際、野党は1951年3月29日、吉田内

100）憲法7条のみの詔書が適切だという立場として、清宮四郎『憲法Ⅰ〔第3版〕』（有斐閣、1979年）234頁参照。清宮は「第69条は、むしろ内閣の解散決定権を予定するものであって、これを解散決定権をもたない天皇の形式的宣示行為の根拠として引用するのは、当をえたものとはいえない」と指摘する。また、宮沢は第1回目の詔書形式は「異例」と表現している。宮沢・前掲書（註79）119頁参照。
101）佐藤功『ポケット註釈全書　憲法（上）〔新版〕』（有斐閣、1983年）85頁。
102）両院法規委員会の概略については、鈴木隆夫『国会運営の理論』（聯合出版社、1953年）521頁以下参照。
103）『第13回国会　両院法規委員会議録第9号』（1952年〔昭和27年〕6月6日）1頁。
104）衆議院＝参議院編・前掲書（註74）305頁参照。宮沢俊義「解散の法理」『ジュリスト』（1952年）1号11-12頁参照。

閣に対し次のような決議案を衆議院本会議に上程している。「衆議院解散に関する決議　政府は、速やかに衆議院の解散の助言を為すべし。右決議する」[105]。不思議なことに反吉田の野党側が、憲法7条解散の必要性を主張したのである。

　こうした政治環境の中、第13回国会中に両院法規委員会が開かれ、衆議院の解散について、一定の方向性を打ち出すべく審議が行われた。審議の結果、1952年6月17日に「衆議院の解散制度に関する勧告」が衆議院議長宛に提出された。本勧告の要旨は、次の通りである。

　「衆議院の解散については、その決定権の所在及び事由の範囲に関し、種々の論議が行われているが、憲法の解釈としては同法第六十九条の場合以外にも、民主政治の運営上、あらたに国民の総意を問う必要ありと客観的に判断され得る充分な理由がある場合には、解散が行われ得るものと解することが妥当である。しかし、解散は、いやしくも、内閣の専恣的判断によつてなされることのないようにせねばならない。たとえば衆議院が、解散に関する決議を成立せしめた場合には、内閣はこれを尊重し、憲法第七条により解散の助言と承認を行うというごとき慣例を樹立することが望ましく、また将来適当の機会があれば、解散制度に関するこれら基本的の事項につき明文を置き、民主的な解散の制度を確立するとともに憲法上の疑義を一掃すべきである。両議院は、右に関し充分の考慮を払われたい」[106]。

　このように憲法7条の衆議院解散手法を認め、内閣の裁量的衆議院解散が今後は可能であるという方向性が打ち出された。しかし、「解散を行い得る場合の判断を専ら内閣の自由な裁量に委ねることは、場合により、内閣の専恣的判断におちいるおそれなしとしないので、その判断が適正なるものであるような保障あることが望まし（い）」[107]との一定の制約を付することは忘れなかった。この制約の論理は、入江俊郎（当時、衆議院法制局長）の次の陳述と無関係ではない。入江は内閣の立場ではなく、衆議院の立場で次のような冷静な分析をしている。

　「解散権が憲法七条の規定によつてのみ行使できるか、あるいは六十九条の不信任議決がなければ行使できないかということは、学者の間にも議論が

---

105)『第10回国会 衆議院会議録第27号』（1951年〔昭和26年〕3月30日）521頁。
106)『第13回国会 両院法規委員会議録第11号』（1952年〔昭和27年〕6月17日）1頁。
107) 同上。また『第13回国会 両院法規委員会議録附録』（1953年〔昭和28年〕4月14日）1頁にも掲載されている。

180 第6章 憲法69条の原意

わかれておりまして、必ずしも明確な結論が出ておりません。そこで当委員会におきましても、各方面から意見をお聞きいたしました結果、憲法の明文の上でかくのごとき重要なことが不明であるということは、はなはだ遺憾であるので、もし将来適当な機会があつたならば、次のような趣旨においてこれを明瞭にしたらどうかというふうなことが議論に出たように思います。すなわち六十九条の場合は、解散について最も主たる場合で、この場合は解散が行えるということは問題ないが、それ以外の場合におきまして、内閣が解散の助言と承認をする場合に、これを無制限になし得るということは、結局新憲法の精神にも沿わない結果を来すおそれがありますので、将来内閣がそのような意思決定をする場合に、これに適当な制限なり条件をつけるようなことを、憲法改正の機会がありとすれば考えてもらうというふうにしたらどうか、こういうわけであります。なお、現行憲法の上におきましても、六十九条以外、すなわち七条で解散を行わなければならないというふうな場合があるとしても、これは決して無制限のものではないのでありまして、現在の憲法の運用上も、衆議院がみずから自主的に解散する決議を成立せしめた場合ならば、内閣はこれを尊重して、憲法七条によつて解散の助言を行うということが妥当であり、また七条の規定を働かせる場合にも、そのような場合にこれを行うのだという慣例をつくるように持つて行くことが穏当ではないか、そういつた趣旨の意味のことをまとめまして、両議院に対する勧告としてはどうであろうか」[108]。

　以上のように、両院法規委員会は、内閣の衆議院解散権は憲法69条以外の場合にもあり得るが、衆議院の解散が内閣の自由裁量であり、無制約であるという論理を認めてはいなかった。内閣の解散権行使について法的制約をはずせば、政治の力学によって、衆議院解散は内閣の専断事項に転化せざるを得ない。一つの例外を認めれば、これを阻止する法的力量は一挙に低減化するからである。そしてこの「いやな予感」は、わずか2か月後に現実化することになる。

　第3次吉田内閣時において、第14回国会が1952年8月26日に召集された。2日後の28日、吉田首相は施政方針演説もせず、また本会議も開かず、突然、憲法7条に基づき衆議院を解散した[109]。世にいう「抜き打ち解散」である。

　この「抜き打ち解散」を契機に憲法学では解散権論争が始まるが、これは

108）『第13回国会 両院法規委員会議録第9号』（1952年〔昭和27年〕6月6日）1頁。
109）衆議院＝参議院編・前掲書（註74）444頁参照。

ここでの考察の対象外である。一つだけ確認しておけば、憲法69条以外の解散権を認める立場が通説であったため、この「抜き打ち解散」に理論的に反抗する法論理が脆弱であったことが指摘できる。すなわち、通説が「解散権の幅」の制約論理を用意しておかなかったこと、またそのことが現在までの内閣の自由な衆議院解散権を許容した原因の一つになった点が重要である。政治世界への歯止めの解散権論を構築しなかったが故に、今日まで政治力学によって衆議院解散が決せられるという魔性の力を半世紀以上に亘り見せつけられることとなった。

第4節　小　結

　これまで日本国憲法制定過程から憲法施行後の第1回衆議院解散の実情までを通観してきた。まとめていえば次の3点が指摘できる。

　第1に、日本国憲法における議院内閣制の性格についてである。旧憲法は、その出発点において、明らかにプロイセン型の外見的立憲主義に基づく統治を目指していた。しかし、議会政が確立するにつれて、旧憲法の運用をイギリス流の議院内閣制に変化させようとしてきた。憲法学説では美濃部達吉の立憲学派がこれにあたる[110]。いわば「憲政のあこがれ」の対象がイギリス議会政であった。

　日本国憲法制定期に改めて議院内閣制を憲法典に書き込むとき、立憲学派が描いてきた政党内閣制の確立が念頭にあったのは、想像に難くはない。たとえば、宮沢俊義は、1949年の段階で内閣と国会の関係について、アメリカ型、ドイツ型、イギリス型の3つに類型化し、イギリス型に関し次のように記述している。「第三の類型は、イギリス型である。これを議院内閣制（parliamentary government）という。ここでは、政府は下院の信任をその在職の要件とし、政府は下院を解散する権をもっている。下院は、いつでも、不信任決議によって政府をたおすことができるし、これに対して、政府は下院を解散して国民の輿論に訴えることができる。その結果、下院の多数を占める政党の首領が内閣の首班となるという慣例が必然的に生ずる」[111]、「新憲法

---

110) たとえば、美濃部・前掲書（註64）535-541頁において、立憲政治と政党内閣制による憲法運用を理念像として叙述している。
111) 宮沢俊義『憲法大意』（有斐閣、1949年）334-345頁。

182 第6章 憲法69条の原意

は、イギリス型を採用した」[112]。

　宮沢が日本国憲法をイギリス型として位置づけたのには、レッズローブの理論を念頭に置いていたからである[113]。レッズローブは、国家元首が議会解散権を有し、執行機関と立法機関との間に均衡をもたらすあり様を「真正な議院内閣制」と呼び、議会解散権が封鎖されているあり様を「不真正な議院内閣制」と呼び、両者を明確に区分していた[114]。宮沢は、議院内閣制の手本を下院と内閣の間に均衡をもたせるイギリス議会政に求め、「真正な議院閣制」の確立が、日本国憲法の下では不可欠だと捉えた[115]。そこで宮沢は、憲法69条以外の事由による憲法7条解散を擁護する姿勢をとり続けた。また金森自身も宮沢と同じ立場に立っていた。金森は、イギリス型議院内閣制の優位性を主張し、「解散権の用い方には格別の制限がないと解することが正しい」[116]と指摘し、戦後の解散権論争を顧みて「解散権の制限を論ずる者があるのは、内閣の持っておる独立性を理解せざることの結果」[117]とまで断言する。旧憲法における衆議院解散が、天皇大権として無制限であると金森は把握していたが、この理解が日本国憲法の解釈論においても踏襲され、衆議院解散は、いわば「天皇大権から内閣大権への移行」と描ききった。

　こうした見方は、日本政府側の主流でもあった[118]。しかし、GHQ民政局

112）同上・336頁。加えて美濃部も同一の立場に立っている。美濃部達吉『新憲法概論』（有斐閣、1947年）64頁において「衆議院の解散の時期及び原因に付いては別段の制限なく、一に内閣の進言に基づき天皇の命令として行はるるのである」と叙述されている。

113）宮沢俊義『新憲法と国会』（国立書院、1948年）125-126頁参照。

114）R.Redslob,Die parlamentarische Regierung in ihrer wahren und in ihrer unechten Form, 1918,SS.1-5. また、加藤一彦『議会政治の憲法学』（日本評論社、2009年）6-9頁参照。

115）宮沢・前掲論文（註13）78-79頁参照。

116）金森・前掲書（註65）145頁。

117）同上・147頁。また金森は「憲法が実施されたころから、進駐軍の圧迫的態度は強く目立って来たように思われる。少なくとも私に対しては今まで相当の敬意を払ってくれたようだ。そのうちに足もとを見られたというか、物なれ過ぎたというか、万事露骨になったようだ。例の衆議院の解散は憲法第六十九条により衆議院の不信任決議案があった場合に限ると先方で主張し、日本で行う解散手続きの実行にまで実際的に干渉を加えかけて来たのは遺憾なことであった」と回顧している。この点については、「私の履歴書」『金森徳治郎著作集Ⅰ』（慈学社、2013年）314頁より引用をした。第1回目の衆議院解散時、金森は国立国会図書館館長に在職中でありGHQ民政局との直接交渉はしていないと思われる。

118）そのほかに、稲田正次「議院内閣制と改正の問題」『法律タイムズ』21号（1949年）20-26頁。この論文は、第1回目の衆議院解散後に書かれていることに注意。当時の日本側の主張を当然としているが、解散権のあり方に関しては、楽観的すぎる分析である。

は、議院内閣制のあり方よりも天皇の権能を非政治化することと同時に、「強い立法府」の確立に主眼を置いていた。そこで憲法69条の読み違いが発生し、その相違に気がつかないまま事態が進行していったのである。

第2に、第1回目の衆議院解散詔書の文言についてである。この詔書は「衆議院において、内閣不信任の決議案を可決した。よつて内閣の助言と承認により、日本国憲法第六十九条及び第七条により、衆議院を解散する」とあるが、ここに日本側とGHQ民政局との交渉結果が結実している。すなわち、解散権条項に関し、日本側の解釈とGHQ民政局の解釈の認識の相違が、初めて表に出たのが1948年11月の段階である。この認識の相違を埋めるべく交渉が始まり、その交点が先の詔書の文言である。憲法69条を利用して衆議院を解散したことを世上「馴れ合い解散」と呼ぶが、この「馴れ合い」の主体は各政党というよりも、GHQ民政局と日本側法務官僚たちであった。

占領期に憲法解釈権をも奪われた法務官僚たちは、サンフランシスコ講和条約締結後、解散権条項のイギリス的運用、いわば「真正な議院内閣制の純化」を目指していく。これが第2回目の解散時における解散詔書の文言修正であった。第2回目の衆議院解散（1952年8月28日）における解散詔書は、「日本国憲法第七条により、衆議院を解散する」とあり、ここに日本の法務官僚の憲法解釈権獲得とその成果が凝縮されている。しかし、法務官僚たちの「真正な議院内閣制」への純化解釈作業は、別の側面をもたらした。それは、憲法7条による解散が無制約になり得るという構造的欠陥を抱え込んでいるという問題性である。これにいち早く気がついたのが、小嶋和司である。小嶋は、第1回目の衆議院解散を「幸福な先例」と呼び、1948年の「解決こそ実は憲法の解釈としては正当なもの」[119]と把握し、宮沢説の欠点を明らかにした。しかし、小嶋のいう「幸福な先例」は先例とはなり得なかった。小嶋の見解が公表されたおよそ1年後、憲法7条単独による「抜き打ち解散」が行われたからである。これを契機に小嶋も関与しつつ、解散権論争が始まることとなる[120]。

119）小嶋和司「四八年の幸福な先例」『東京大学学生新聞』104号（1951年12月13日）。ここでは参照の便を考え、同『憲法論集二 憲法と政治機構』（木鐸社、1988年）を利用した。引用箇所は69頁。

120）佐藤功「解散をめぐる憲法論争」『法律時報』24巻2号（1952年）27-38頁、長谷川正安「解散論の盲点」『法律時報』24巻7号（1952年）50-56頁、小嶋和司「解散権論議について」『公法研究』7号（1952年）83-94頁（小嶋・前掲書（註119）71-87頁にも所収）をあげるにとどめる。

184　　第6章　憲法69条の原意

　第3に、仮に憲法69条所定事由がある場合のみ、解散ができるとする総司令部的解釈が確立し、それが憲法慣行になっていたらどのような展開が生まれたであろうか、という想像上の物語である。おそらく内閣が衆議院解散を実現したいのであれば、内閣が——あるいはその意向を汲んだ与党が——信任決議案を衆議院に上程し[121]、信任決議案が否決されるよう与党議員が棄権あるいは信任反対票を投じ、信任決議案を意識的に否決する方策がとられていたはずである。この解散手法は、従来のイギリス型ではなく、むしろ建設的不信任制度があるドイツ基本法型に接近する（ドイツ基本法67条・68条）。確かにドイツ型の場合、与党幹部による「談合的解散」が批判対象となり、野党から連邦憲法裁判所に違憲訴訟が提起されてきた。その点、ドイツ型の解散制度も理想的とはいえないであろう。しかし、ドイツでは基本法上、厳格な解散制度がある故に、また基本法に従わざるを得ないために、政党政治的潮流を法調整する環境が整っている。その法環境がある故に、これまで連邦議会の解散は、僅か3回にとどまる（第9章参照）。

　仮に、総司令部的解釈が憲法慣行となっていたならば、「内閣大権としての衆議院解散権」は、別の姿になっていたことだけは確実であろう——J.ウィリアムズが指摘したチープ・トリックが行われたかもしれないが。すなわち、内閣の一方的意思では衆議院解散が不可能であるため、首相は与党幹部と与党議員の意思をまとめ、協力を求めなければならない。その政治的労力は、内閣にとっては相当なエネルギー量を要することとなろう。第1回目の衆議院解散に関していえば、おそらく内閣が信任決議案を自ら衆議院に提出し、これを衆議院が否決するという方法が、先例として考えられるべきだったのであろう——実際は、吉田政権が少数政権であったことから、野党勢力

121）内閣信任決議案は、過去3回提出されたことがある。3回ともに与党側から議案が提出された。内閣が自己の信任決議案を提出した例はない。第1回目の実例では、与党提出の内閣信任決議は可決されたが、提出者与党よりその後直ちに撤回された。『第24回国会　衆議院会議録第43号』（1956年〔昭和31年〕5月1日）666頁（議事録記載に誤植があることに注意。明白に「信任決議案」であり、「不信任決議案」は誤記。「不」の文字に「///」が加えられている）。当時の経緯については、『朝日新聞』1956年5月2日朝刊参照。また第2回目は宮沢内閣信任決議案（1992年6月14日）、第3回目は福田内閣信任決議案（2008年6月12日）であり、ともに信任決議案は可決されている。内閣信任決議案は、内閣不信任決議案に優先するとするのが先例である。『衆議院先例集　平成29年版』（2017年）407頁参照。なお、内閣も自己の信任決議案を衆議院に提出できると解される。これを否定すべき憲法上の根拠はない。同旨・宮沢・前掲書（註79）535頁参照。樋口陽一ほか『注解法律学全集　憲法Ⅲ』（青林書院、1998年）221-222頁〔中村睦男執筆〕参照。

第4節　小　結　**185**

による不信任決議の可決である。仮に内閣提出による信任決議案が、衆議院において否決されるという手法が採用されたのであれば、「もっと幸福な先例」となり得ただろう。

　本稿を閉じるにあたって、次のことを指摘しておきたい。憲法7条解散が常態化し、また憲法7条による解散が──説明の仕方は異なりつつも──通説として描かれている現状についてである。今日でもかつての小嶋の問題提起に同調する学説は少数説である[122]。しかし、この小嶋説の果たした役割は大きいと思える。憲法7条説に対し、憲法69条限定説が並走してきたからこそ、今なお、憲法7条解散の実質的意味を問う契機が残されている。それは芦部信喜の次の言説にもある。芦部は、その代表的テキストにおいて衆議院の「解散の限界」が存在することにふれ、「内閣の一方的な都合や党利党略で行われる解散は、不当である」[123]と記述した。確かに憲法解釈では、「不当」の言葉は弱い。だが、法務官僚たちによる「真正の純化」を通じて排除された「不純物」も議会政の歴史的実質の一つである。イギリス型議院内閣制を理想とし、これを目指してきた戦後憲法学の通説は、首相による解散権制約を法律化した現在のイギリス議院内閣制[124]をどのように評価するのであろうか。議会政の母国と目されるイギリスにおいても、「解散権行使の幅」が法律化された。また遅れて議会政を導入したドイツにおいても、首相の解散権行使の制約は当初よりドイツ基本法に導入され、その結果、連邦議会の解散は例外事象である（第10章参照）。

　この方向性は、法務官僚と通説が描いてきた「真正の議院内閣制の純化」とは異質である。むしろ「純化」をして行けば行くほど、内閣による衆議院解散権の憲法的制約の契機は最小化するというパラドックスが生じる。日本国憲法の解散権論には、まだ憲法69条の実質的並走者が必要である。

122）加藤一彦『憲法〔第3版〕』（法律文化社、2017年）220-221頁参照。
123）芦部信喜〔高橋和之補訂〕『憲法〔第6版〕』（岩波書店、2015年）335頁。
124）植村勝慶「イギリスにおける庶民院解散権の廃止」本秀紀編『グローバル化時代における民主主義の変容と憲法学』（日本評論社、2016年）253頁以下参照。

187

第7章

ドイツ基本法における連邦参議院の憲法的地位と権能
——二院制の例外形態としての連邦参議院——

第1節　はじめに

　2007年夏の参議院選挙において衆議院多数派と参議院多数派とが異なるいわゆる「逆転国会」(ねじれ国会)を日本政治は経験した。もとより、この逆転国会はこの時が初めてではない。ただ2007年に生じた安倍・福田・麻生政権下の逆転国会は、特異性を帯びていた。衆議院与党が参議院野党勢力の協力を求め、場合によっては与党が野党勢力の一部を吸収することによって、「逆転」を解消できない程に、「逆転」が強度であったからである。従来であれば、衆議院与党が参議院勢力の一部と協力関係を築き、新連立政権の構築・連立の組み替えが企図されたのだが、2007年参議院選挙後から2009年9月の鳩山政権成立まで逆転国会の環境はこれを許さないところまで行き着いた[1]。この状況は政権交代を果たした民主党連立政権にもあてはまった。民主党は2009年8月30日に衆議院選挙において308議席の大勝を果たし、衆議院定数の過半数を超える議席を有しているにもかかわらず、社会民主党、国民新党と連立を組まざるを得なかった。というのも、民主党は第二院である参議院において単独過半数を有しておらず、法案の確定的両院通過を目指すことが不可能であったからである。その後、自由民主党は政権に復

---

1) 筆者の「逆転国会」の見方については、加藤一彦『議会政治の憲法学』(日本評論社、2009年) 246頁以下で言及している。

188 第7章　ドイツ基本法における連邦参議院の憲法的地位と権能

帰し、参議院議員選挙においても過半数を獲得した。2019年春現在、自由民主党と公明党の連立内閣は、衆議院及び参議院において絶対安定多数を得ている。数年間に及ぶ逆転国会は、すでに解消されている。

　第1次安倍内閣から野田内閣までの政治実体は、比較憲法的にみて参議院が憲法上、強力な権能をもった第二院であることを改めたみせつけたといえる。とはいえ、強力な参議院の存在は憲法テキストにすでに規範化され、特段目新しいことでもない。憲法の規範通りに参議院が独自の権能を果たしているだけである。しかしその一方で、筆者が着目するのは、参議院が自己の強力な権能を憲法規範通りに発揮し始めたという結果から、国会と議院とを区別し、議院の憲法的使命を憲法テキストにおいて再定義する必要度が増加したという点である。つまり日本国憲法の政治実体に即していえば、国会＝衆議院（下院）という図式が衆議院の優越の下で当然な意味をもっていたことに対し、議院内閣制における上院あるいは第二院がどんな意味をもっているのかを論究することは、議院内閣制の分類に止まらず、議院内閣制の実質的意味の確定にも影響を与えるのではないかと思われる。従来、日本では第二院の構成員の選出方法に着眼して形式的な類型化が行われているが[2]、実は第二院の憲法的権能、特に立法過程への関与の度合いに着眼すれば、議院内閣制の質にまで接近しうる契機を第二院の存在自体がもっているように思われる。そこで本章では、筆者が憲法基礎理論の素材をこれまでドイツ憲法学説から吸収してきたこともあり、ドイツ基本法における連邦参議院に着目して、かの地における第二院論を素描することにした。逆転国会がない今だからこそ、将来の逆転国会に備えた冷静な分析が可能であり、また同時に必要だと考えたからである。

第2節　連邦参議院のドイツ基本法上の地位

I．非議院・非議会としての連邦参議院

　国法上、第二院の位置づけについて、その構成員の選出過程に着眼すれば、次の四つの類型に分けることができる。アメリカ合衆国のような州の住民の

―――――――――――――――――――

2）たとえば、樋口陽一『憲法 I』（青林書院、1998年）222頁以下では、三つの類型に分けている。上院型、連邦制型、多角的民意反映型である。

直接選挙によって選ばれる元老院型（Senatprinzip）、オーストリアのような州の代表機関による構成員の選出をとる間接代表型（mittelbares Prinzip）、イギリス貴族院議員あるいは国王任命制のカナダ上院議員のような指名型（Ernennungsprinzip）、ドイツ連邦参議院のようなドイツ固有の特殊なラート型（Ratsprinzip）である[3]。

　この分類が一応の有効性をもつのは、第二院の構成員の選出方法が「民主主義の論理」＝「民主的正当性の論理」と関連するからである。逆にいえば、第二院が第一院と類似した憲法的役割を果たしうるには、民意反映機能を第二院が最初のところでもっていることが条件となり、それ故に第二院は第二院としてその存在意義を自己に課すことができる。その点、元老院型（Senatprinzip）、間接代表型（mittelbares Prinzip）の場合、「民主主義の論理」として第二院を第一院の補完的議院と描くことは可能である。しかし、民意反映機能を有さない指名型（Ernennungsprinzip）の場合は、「民主主義の論理」からその第二院の意味を確定することはできず、むしろそれぞれの実定憲法における「議会制の論理」＝「政治的意思形成の様式」から第二院の存在根拠を説明せざるを得ない。

　ラート型（Ratsprinzip）はドイツ憲法固有の形式である。このドイツ固有のラート型は、「民主主義の論理」よりも「議会主義の論理」にアクセントがあり、したがって連邦参議院の第二院としての性格づけは、実定憲法における議会の役割の文脈で把握せざるを得ない。換言すれば、議会の重要な機能である法律制定過程におけるラート型組織体の役割がそこでは重要な意味をもつ。一般的にいえば、ラート型の場合、各ラントの利益を連邦レベルにおいて主張することが基本であるが、ヴァイマル憲法におけるライヒ参議院（Reichsrat）のようにそもそも法案提出権を有さない場合もあり[4]、ラート型には実定憲法上、立法過程への関与につき多様な形式が規範化されている。現在の連邦参議院の諸権能はドイツ基本法上、立法過程に限らず広汎であり、連邦の国家機関として位置づけられ、その実質的機能も第二院の外観性をもっている。

　しかし基本法上の法律制定過程とそこへの連邦参議院の関与を些細にみると、連邦参議院を議院あるいは第二院と定義することは、明らかに違和感を醸し出す。その原因は、連邦参議院の創設時に遡れる。ラート型の国家機関

---

3) D.Wyduckel, Der Bundesrat als zweite Kammer,in:DÖV.,H.5,1989,S.182.
4) Ibid.,S.185.

190 第7章 ドイツ基本法における連邦参議院の憲法的地位と権能

を戦後のドイツ連邦共和国基本法（旧西ドイツ憲法）に導入すべきか否かは、当初より問題となっていた。すなわちヘレンヒムゼー草案作成中に、連邦議会のほかに別の組織体を設けこの組織体がラントの諸要素を体現すべきであるという点では一致した見解が得られたが、その組織体が連邦参議院原理（Bundesratprinzip）あるいは元老院原理（Senatsprinzip）のいずれかによって構成されるかは一致をみなかった[5]。ドイツ憲法史の文脈で連邦参議院型といえば、その組織体（Kammer）はラント政府の構成員によって代表される組織体をいい、元老院型はラントにおいて選挙された者によって構成される組織体を指すが、ヘレンヒムゼー草案を討議した基本法制定会議（Parlamentarischer Rat）では、元老院型つまりラント議会によって選挙された者によって構成される組織体の導入も——これはドイツでは初めての試みではあるが——構想されていた。ただどの形にせよ、その組織体が政党によって分裂した形で国民代表機関と併存することは一致して反対されていた。結局、基本法制定会議では、ドイツにおいて伝統的な連邦参議院型のKammerとする合意がなされ、新たに作られる連邦参議院（Bundesrat）は連邦の機関であり、各ラントあるいは連邦とラントの並列的機関ではないという位置づけで決着をみた[6]。しかも連邦参議院の法的性格は、1871年（ビスマルク）憲法のBundesratと1919年（ヴァイマル）憲法のReichsratとの中間として位置づけられたのであった[7]。

　こうした憲法史を背景に連邦参議院は基本法上、次の法的地位を有する。連邦参議院は、連邦議会、連邦大統領、連邦政府とは対峙する連邦の機関である[8]。また連邦参議院は連邦議会とは違って全国民の代表機関ではなく、その構成員は各ラント政府の任免によって定まる（基本法51条1項）。つまり、各ラント政府にはその人口規模に応じ連邦参議院の構成員の定数が付与され

---

5) H.Schäfer, Der Bundesrat,1955,S.24.

6) Ibid.,S.25.

7) S.Korioth,Art.50.,in:hrsg.,H.v.Mangoldt,K.Klein,u.C.Starck,Das Bonner Grundgesetz Kommentar,Bd.2.,4.Aufl.,S.1650.また、1871年のBundesratは「先例なく作られた」ドイツ固有の強大な権限を有する国全体の組織体であり、事実上、プロイセンが支配する国の補完的組織体としてみなされていた。これに対し1919年型では、ライヒ参議院は法案提出権すらもたず法律異議権を行使するだけの存在であり、ライヒとラントとの協調的組織体であり、「ライヒの立法及び行政に関しドイツの各ラントを代表するために」設置されたライヒの組織体に止まる。ビスマルク憲法時代のプロイセンの優越性は、ヴァイマル憲法では否定された。この点については、K.Stern, Das Staatsrecht der Bundesrepublik Deutschland, Bd.2.,1980,S.113.参照。

8) Schäfer,a.a.O., (Fn.5), S.29.

（同2項／現在の総数は69議席である[9])、その構成員は所属ラント政府の意向に従って行動することが求められている。そのため連邦参議院の構成員はラント政府の所属性が求められ、ラント政府によって任免されることでその所属性を担保する仕組みができている[10]——実際上、その構成員は各ラントの首相及び閣僚によって占められる。加えて連邦参議院の構成員は、所属ラントの指図に拘束され、連邦参議院における議決では統一的投票行為が義務づけられる（同3項後段）。その結果、議決において各ラント所属の連邦参議院の構成員は、賛成・反対あるいは棄権のいずれかの投票を一体かつ同等に記載・投じることになる。現実の議決場面では、「投票指導人（Stimmführer）」が単独で所属ラント票を一まとめに投じ、ラント政府による統一的投票を確保している[11]。このように連邦参議院は通常の議会の一翼である議院と捉えるには不自然な憲法的構成体である。

Ⅱ．連邦参議院の法律制定への関与

最初にドイツ基本法における法律制定過程について若干言及しておこう。

ドイツ基本法では、法律制定過程に関与する国家機関として連邦議会（Bundestag）が最も重要な役割を果たす。連邦参議院（Bundesrat）が法律制定に影響を与えるのは限定的である。法律案は連邦政府を通じて連邦議会に提出され（基本法76条）、連邦政府の発案法律の場合には最初に連邦参議院に送付される（同2項）。法律案の議決権はもっぱら連邦議会が有する（同77条1項）。連邦参議院が法律案制定に関与するには、二つのルートがある。同意法律（Zustimmungsgesetz）の場合と異議法律（Einspruchsgesetz）の場合である。同意法律が妥当する領域は、第1に基本法改正（同79条2項）、第2に租税法を典型とする各諸ラントの財政に影響を与える領域、第3に各諸ラントの組織又は行政作用に影響を与える領域についてである。つまり連邦参議院の同意を要する法律案は諸ラントの権限にふれる連邦法律群だといえる。これは

---

9) 連邦参議院の現状については、公式サイトhttp://www.bundesrat.deを利用した。HP上の「Stimmenverteilung」の所に各ラントの配分数が掲載されている。

10) K.Reuter, Der Bundesrat als Parlament der Läderregierungen, in : hrsg.H-P Schneider u.W.Zeh, Parlamentsrecht und Parlamentspraxis,1.Aufl.,1989,S.1527.

11) Ibid.S.1531f. また統一的投票は連邦憲法裁判所によっても確認されている。BVerfGE 106, 310.このケースではブランデンブルク州が統一的投票をせず、これをそのまま有効投票として認めたことから、ほかのラントより抽象的規範統制訴訟が提起された。連邦憲法裁判所は諸ラントの主張を受け入れ、2002年移住者補助金法を違憲とした。

192 第7章 ドイツ基本法における連邦参議院の憲法的地位と権能

連邦国家における第二院としての役割の結果である。

同意法律と異議法律の数は、以下の通りである[12]。両者の法律割合は、当初は50％台である。しかし、第1次連邦制改革により基本法改正法律（2006年9月1日施行）に基づき基本法旧72条以下の立法領域が全面的に改正され[13]、連邦参議院の同意の領域が縮小化された。その結果、同意法律の割合は、基本法改正後（第16立法期以降）、40％前後に低下し、その傾向は今後も継続すると思われる。

立法期	第1-12立法期	第13立法期	第14立法期	第15立法期	第16立法期	第17立法期	第18立法期
同意法律数	2,539	328	299	196	256	208	196
異議法律数	2,311	223	249	190	357	335	352
同意法律の割合（%）	52.4	59.5	54.6	50.8	41.8	38.3	38.8

同意法律の場合、連邦参議院が同意を与えないときは、法案審議合同協議会（Vermittlungsausschluss）[14]において修正案の形成さらには修正案の連邦議会での議決によって法律が制定されるが、これに失敗すれば法案は成立しない（基本法77条2項）。異議法律の場合、連邦参議院が過半数の多数で法案につき異議を議決したときは、連邦議会は過半数の決議によりこれを拒否し、また連邦参議院が3分の2以上の賛成で異議を提出したときは連邦議会は3分の2以上でこれを却下し（同4項）、連邦議会の優越性が認められている。これまでの立法実例を通観すると、法案審議合同協議会が関与せざるを得ない法律の制定は、10％未満であり、連邦議会による法律制定主導が基本である[15]。

---

12) 出典は、加藤一彦「独特な立法参与機関としてのドイツ連邦参議院」岡田信弘編『二院制の比較研究』（日本評論社、2014年）136頁。また第18立法期までの最新データは、http://www.bundesrat.de より検索した。

13) 財政規律問題を扱った第2次連邦制改革に関しては、山口和人「ドイツの第二次連邦制改革（連邦と州の財政関係）(1)」『外国の立法』243号（2010年）3頁以下、渡辺富久子「ドイツの第二次連邦制改革（連邦と州の財政関係）(2)」同246号（2010年）86頁以下参照。

14) 法案審議合同協議会は、連邦議会16名、連邦参議院16名、計32名より構成される（同議事規則）。連邦議会からの構成員は、会派別で比例的割合に応じて人員が配置され、連邦参議院からの構成員は各ラント政府から1名ずつ派遣される。この点については、R.Stettner,Art.77,in:hrsg.,H.Dreier,Grundgesetz Kommentar,Bd.2,1998,S.1466. 参照。

第3節　連邦参議院の第二院性をめぐる対立　**193**

　以上のように法律制定に関し二つの異なる議決形式があるため、次の課題が発生する。第1に、ある法案が連邦参議院側からみて同意を要する法律であるのか否か、つまり同意法律であるのか異議法律であるのか。第2に、同意法律として成立した法律について、これを改正する場合には同意法律の法形式で改正しなければならないのか、あるいは異議法律の形式でも改正可能なのかという点である。前者の課題は連邦法律によるラント権限への侵害問題であり[16]、後者の課題は連邦議会による連邦参議院への権限侵害の問題である。ドイツでは同意法律として成立した法律に対する改正法の法形式論は、連邦参議院の「議院」としての性格づけと関係してこれまで論じられてきた。この課題について、連邦憲法裁判所は重要な判断を下したことがあるので、以下ではこの問題に限定して考察してみよう。

第3節　連邦参議院の第二院性をめぐる対立

Ⅰ. 第二院としての連邦参議院論

　連邦憲法裁判所は1974年6月25日の決定において連邦参議院の同意を経て成立した法律を事後に改正する場合、連邦参議院の同意を必要とはせず、異議法律で足りると判断し、当時問題となった第4次年金保険法の改正方法について、ドイツ基本法の法律改正手続上、問題とはならないといういわゆる連邦参議院決定を下した[17]。しかしこの判決は連邦参議院の立法関与に関する理由づけ部分については5対3の僅差[18]であったことからうかがい知れるように、ドイツ基本法上の連邦参議院に関する議院的理解については統一的見解を表明することはできなかった。多数意見は連邦参議院について次の

15）A.Rührmair,Der Bundesrat zwischen Verfassungsauftrag, Politik und Länderinteressen, 2001,S60.

16）同意法律であるか異議法律であるかは、時折、重大な憲法争議となる。その代表例として国家賠償法について、当該法律が連邦参議院の同意を要するか否かが、連邦大統領の法律認証権とも関係して問題となったことがある。この点については、加藤・前掲書（註1）190頁以下参照。

17）BVerfGE 37,363.

18）連邦憲法裁判所法15条4項によれば、通常事件においては過半数の多数で判決は確定する。各法廷とも8名が定員であるので、本件ではかろうじて判決が確定したといえる。

194 第7章　ドイツ基本法における連邦参議院の憲法的地位と権能

ような重要な判断を下している。

　基本法の規定によれば、連邦参議院は第一院と等価値をもって決定的に立法手続に関与する統一的立法機関の第二院ではない。そのことはすでに法律に関する公布文に表れている。「連邦議会及び連邦参議院は以下の法律を議決した」という法文ではなく、「連邦議会は連邦参議院の同意を経て以下の法律を議決した」となっているからである。つまり基本法77条1項によれば、連邦法律は連邦議会により議決される。連邦参議院は立法にあたっては協力するのに止まる（基本法50条）。この協力は、法案提出権の行使により具体化され（同76条1項）、第一段階では連邦政府の提案に対する態度表明（同2項）、法案審議合同協議会への出席（同77条2項）、連邦議会によって議決された法律案に対する異議申立て又は同意付与の拒否により行われる（同3項）。その際に本質的なことは、法律に対する同意の必要性は基本法上、例外である点である。その同意は基本法上、諸ラントの利益領域が特に強くふれられる個別明示的に列挙された事例においてのみ必要であると定められている。こうした原則から連邦参議院の一般的統制権を引き出すことは無理である。つまり、ほとんどの連邦法律がラントの諸利益に何らかの形で関係している以上、連邦参議院の広汎かつ一般的に把握された権限を想定したとしても、権限規定自体にとって不可欠な明確性は失われていると判断できる[19]。

　連邦憲法裁判所はこのように連邦参議院について議会の構成要素である「議院性」を否定し、連邦参議院を法律制定過程における協力機関にすぎないと把握した。もとより連邦憲法裁判所のこの判断には、同意法律の改正は連邦参議院の同意を必ずしも必要ではないという法制定の節約的意味が込められているのは確かである。しかし、連邦憲法裁判所が連邦参議院の「第二院性」、「議院性」を否定した事実は、確実にその後の学説に決定的な影響力を今日まで与え続けている。

　この連邦憲法裁判所の判決は、連邦参議院がかつて同意法律として扱った法律について、その改正をするにあたっては連邦参議院の同意を要するのか否かが大きな争点ではあった。しかしその争点の背後には、ストレートに次の課題が存在する。すなわち、ラントの利益が連邦の法律によって侵害されるおそれがある場合に、各ラントは連邦参議院において当該法律を同意法律であると主張することによって、連邦政府及び連邦議会の多数派の意思に抗

19）BVerfGE 37,363(380f.).

し、連邦参議院の権能を通じて法律制定を阻止できるか否かという論点である。本件訴訟がラインラント・プファルツ州及びバイエルン州からの抽象的規範統制訴訟であることから推論できるように、両ラントとも当時の反SPD＋FDP連立政権（ブラント、シュミット政権）の立場からラントの権限侵害を主張している。もちろん、両ラントとも連邦憲法裁判所において当該改正法が各ラントが掌握する年金保険法上の保険事業者への調査手続に関する規制立法であり、その意味でラントの行政を規律する法律があり[20]、したがって本改正法は連邦参議院の同意法律であるという主張を行っているが、その背後には政党政治的動機があったことは間違いない。こうした政治的意図があるにせよ、この課題は連邦参議院のドイツ基本法上の権能さらには連邦参議院の議院としての性格づけをめぐって鋭い対立を惹起せしめた。

　同意法律の改正にあたって、連邦参議院の同意を再度要するという立場は、連邦参議院を第二院として把握する見解と親和的である。というのも、連邦参議院が法律制定過程に「議院」として関与することを承認し、またその機会の増大化を求めるからである。本件少数意見は、同意法律の改正は連邦参議院の同意が必要であるという立場を支持しているが、そこには立法技術として同意法律の同一性の確保という視点のみならず、連邦参議院に立法に関わる多様な意見の妥協機能を認めているからである[21]。少数意見は「（同意法律の）改正法が単純法律として制定されるならば、今後は連邦議会が連邦参議院を超越することもある……法的に決定的なことは、単純法律により同意法律を改正する方策を開いておくことは、同意法律制定の協力にあたって連邦参議院の妥協を切り崩してしまう」[22]と判示しているが、そこには連邦参議院を「議院」として把握し、法律制定過程における「議会制の論理」の一つである法律制定過程への妥協機能を読み込む姿勢がみられる。

　この見方は学説においても支持されている。たとえば、シュミットは「同意法律は連邦議会と連邦参議院との民主的妥協である。いかなる改正法も妥協の内容を変化させ、一方的に片方の当事者の妥協の計画に服せしめることは許されない。本第二法廷の多数意見は、連邦議会が将来に渡ってしばしば連邦参議院の同意を必要とはしない改正法を求め、その一方で連邦参議院はその危険がある故にしばしば同意を拒否するという危機に出会うこととなろ

20）BVerfGE 37,363(376f.).
21）BVerfGE 37,363(408).
22）BVerfGE 37,363(408f.).

196　第7章　ドイツ基本法における連邦参議院の憲法的地位と権能

う」[23]と述べている。

　また多数意見が連邦参議院を第二院ではないと判断をした点については、シュミットは次のような批判を行っている。多数意見によれば、第二院とは、立法手続に完全に第一院と並んで同等に協力する組織体をいうが、しかし、連邦機関は自己の構成及び協力権の範囲について考慮せずに、個別一般的に本質的連邦国家の要素として立法過程に関与することが想定できる。連邦機関はドイツ基本法上、純粋な連邦の関心事のすべてについて、それぞれ立法手続に関与するという事実は、連邦機関をいつも第二院と見なすことになる。その第二院がたとえ国民代表機関である第一院と同等な協力権をもたない場合にでさえ、それは連邦機関としての第二院とみなければならないであろう[24]。そこでシュミットは、連邦参議院が連邦議会に比して立法過程にどの程度、協力権を行使しうるかを問題とし、同意法律においては連邦参議院の立法過程における協力は不可欠であり、また連邦参議院の構成自体がラントからの正当性を受けている点を踏まえながら、連邦参議院を単に連邦の機関とみるよりも積極的に第二院として把握する[25]。またヴィドゥケルも連邦参議院は同意法律制定過程において法案に対する絶対的拒否権を有することから、連邦参議院がその場面で連邦議会との政治的協力をせざるを得ないという意味で「真の第二院」であると指摘している[26]。

　こうした見方に対し、通説は連邦参議院の第二院的把握には慎重である。コリートは、連邦参議院が第二院であるか否かは用語上の定義問題に換言されると指摘しつつ、「ドイツ基本法は第二院の概念を有していない」[27]と指摘し、その結果、協力機関でしかない連邦参議院が統一的立法機関の第二院であることの意味を否定している[28]。コリートのほか、多くの論者が連邦参議院の第二院制あるいは「議院（Kammer）」を否定する憲法理論上の根拠として、次の二つをあげている。一つは、ドイツ基本法における連邦参議院の権能問題であり、もう一つは、連邦参議院に対する憲法政治的評価の課題で

23）R.W.Schmitt, Der Bundesrat—keine Zweite Kammer? in:BayVBl.,1974,H.24,S.686.

24）Ibid.,S.687.

25）Ibid.

26）Wyduckel,a.a.O.,(Fn.3),S.187. またシェーフアーは、BVerfGE 37,363 の判例評釈において連邦参議院の同意法律への協力権限の点に連邦参議院の第二院性を認めている。H.Schäfer,Anmerkung von BVerfGE 37,363, in: DVBl.,1975,S.101f.

27）Korioth,a.a.O.,(Fn.7),S.1663.

28）S.Korioth,Art.,Bundesrat.,in:W.Heun,M.Honecker,M.Morlok,u.Wieland,Evangelisches Staatslexikon,2006,S.257.

ある。

第1の論拠に関していえば、連邦参議院の「議院」に関し、その憲法的地位が特異である点である。すなわち、連邦参議院の構成員に対する所属ラント政府からの指示拘束制と召還制（基本法51条1項1段）は、議会制的議院の基本原則からは逸脱していると指摘されている[29]。

第2の論拠は、連邦参議院が、政党政治的に構成された連邦議会・連邦政府への対抗勢力として政党政治的に活動することをどのように評価するかという問題と関連する。つまり、国民の直接的あるいは間接的選出過程に基づいて構成されない連邦参議院が、民主的正当性を有する連邦議会に対する連邦の対抗勢力として位置づけることの困難性が指摘されている[30]。すなわち連邦参議院を政治部門の連邦機関として描けば、連邦参議院と連邦議会は政党政治的対立を経験することになる。つまり「政党政治的に動機づけられた連邦参議院の各議決は、憲法上許容されるのか」という問題がそこでは問われる。マウンツは連邦参議院及びその構成員が連邦議会への対抗的行動として政党政治的に動くことに対し警告を発し、ドイツ基本法は「政党連邦国家（Parteienbundesstaat）」ではないと指摘し、連邦参議院と連邦議会との関係性を政党政治的に描き出すことを否定している。むしろマウンツは「連邦参議院の構成員による投票は、ラントの関心事を量りつつ連邦の関心事を最大限実現していく努力から行使されるべきだ」[31]という。このマウンツの見解は、連邦議会と連邦参議院とがそれぞれ別の政党勢力によってその多数派が構成される場合、連邦参議院の政党政治的行動がドイツ基本法上想定している枠を踏み外すことへの警戒感から発している。つまり連邦参議院がラントの機関ではなく連邦の機関であり、連邦参議院の構成員は政党政治的拘束性から離れ、連邦のために決定を下すべきとする期待がそこには込められている。

こうしたマウンツの見方に対して、コリートは批判的である。確かにコリートは連邦参議院を連邦議会と同じ「議院」として扱うことを否定するが、しかし、連邦参議院がラント政府の利益と連邦の利益のいずれかをとるべきかという発想自体に懐疑的である。「連邦参議院は憲法適合的秩序に拘束されることを唯一の条件として限界が敷かれる政治的権力を有している」[32]こ

29）Korioth,a.a.O.,(Fn.7),S.1663.
30）Ibid.,S.1655.
31）T.Maunz,Die Rechtsstellung der Mandatsträger im Bundesrat, in:hrsg.,Bundesrat, Der Bundesrat als Verfassungsorgan und politische Kraft,1974,S.210.
32）Korioth,a.a.O.,(Fn.7),S.1655.

198 第7章 ドイツ基本法における連邦参議院の憲法的地位と権能

とを前提に、連邦政治とラント政治をつなぐ政党の役割を期待し、ラント議会に対する連邦参議院の責任制を強調している。つまり、コリートにあっては、マウンツのように連邦参議院を非政党政治的連邦機関と捉える発想ではなく、一旦は連邦参議院について政党政治の影響を受ける組織であることを認めた上で、法律制定過程における同意法律と異議法律への連邦参議院の関与方法の相違に着眼しつつ、連邦機関としての連邦参議院の中庸な役割の構築が目指されている。というのも、連邦参議院は連邦議会との関係性において議会制的野党の手段に化す可能性を宿し、その場合には、ドイツ基本法が前提としている立法過程における連邦議会と連邦参議院との共同行使は不可能になるからである。

　以上の議論は、日本における「逆転国会」における参議院に課せられた問題群と類似している。ドイツでも連邦議会多数派と連邦参議院多数派とが異なる政治状況を過去幾度か経験したことがあるが、この処理をどのように描くかという課題は、連邦参議院の政党政治的行動様式の評価問題と遭遇する。

Ⅱ．連邦参議院による連邦議会への封鎖問題

　連邦参議院が同意法律についてその同意を付与しないことによって法律制定を妨げることができるという法的事実に鑑み、ドイツ的「逆転国会」の課題は連邦参議院による連邦議会への「封鎖（Blockade）」[33]問題、あるいは連邦参議院の「封鎖政策（Blockadepolitik）」として描かれる。ドイツの「逆転国会」現象は、これまで大別して3回みられる。第1期は、1960年代の大連立が崩れ1969年にSPD＋FDP連立政権が成立したとき、連邦参議院多数派をCDUなど野党が握り続けた時代である（1982年まで）。第2期は、1990年、CDU＋FDPのコール政権時代にSPDなどが連邦参議院の多数派を有していた時代である。第3期は、シュレイダー政権（SPD＋緑の党）が各ラント議会選挙で連敗し続け、2005年に連邦参議院が野党勢力によって過半数を占めた時期である——シュレイダー政権はこの連邦参議院の「逆転」を理由に、連邦議会を解散し、解散後、大連立政権を誕生させたことで「逆転」問題は解消した[34]。

　確かに第1期と第2期の間、連邦参議院は連邦における議会制的野党の役

33）Ibid.,S.1656.

第3節　連邦参議院の第二院性をめぐる対立　**199**

割を果たしたこともあった。しかし、政治実体をみれば深刻な対立は生じな
かったと評価されている[35]。というのも、連邦参議院の構成は、各ラントの
政府構成と連動するが、各ラント政府の構成は各ラント議会選挙によって選
挙時期が一様ではなく、日本の参議院のように必ず選挙が3年ごとに行われ、
その結果、議席が3年間固定され、連邦参議院による「封鎖」が継続するこ
とはあまりないからである。また、連邦参議院の構成員は、ラント政府の要
人であり、彼らがもっぱら政党政治的動機に基づいて行動するということは
あまりなく、自制が働いたことも関係している。

　学説上、連邦参議院が連邦議会と対峙するあり様に関し、否定的評価が大
勢を占めている。たとえば、クラインは連邦参議院が特殊な第二院的要素を
もつことを認めつつも——同意法律の場面での連邦参議院の関与——国民は
連邦議会においてのみ政党に従って構成的に代表されることを前提に、連邦
参議院は限定的な決定しかできないはずであり、連邦参議院においては国民
の政治的意思は代表されず、むしろ連邦のために各ラントの責任が果たされ
るべきだと指摘している。また、クラインは連邦参議院が純粋に政党政治的
に多様な各ラントの利益に基づいて行動することは不適切であり、むしろ各ラ
ント政府は連邦の利益をも連邦参議院において代表していくべきだという[36]。

　クラインが連邦参議院の政党政治的動きを否定するのは、ヴァイマル時代
にライヒ参議院がライヒ政府に対し敵対行動をとり続け、各ラントがライヒ
政府に対して政治妨害をしたことを重視しているからである[37]。ヴァイマル

34）K.Reuter,Praxishandbuch Bundesrat,2.Aufl.,2007,SS.65-69; Rührmair,a.a.O.,(Fn.15),SS.56-64.
　　なお、連邦参議院の構成員の変動は、議院内閣制を採用する各ラントの政権によって
　　多様である。ラントにおいても単独政権だけではなく、連立政権の場合もあり、必ず
　　しも連邦議会における政権与党・野党との関係性がラント政権と連動するわけではな
　　いからである。2009年9月27日に行われた連邦議会選挙の結果、CDU／CSUを中心と
　　した連立政権が生まれた。従来の大連立政権では「封鎖問題」は発生しなかったが、
　　同日に行われた2つのラント議会選挙の結果、CDU政権は連邦参議院においても安定
　　過半数を獲得した。この点については、『毎日新聞』2009年9月29日朝刊参照。
35）Rührmair,a.a.O.,(Fn.15),S.62f.
36）H.H.Klein, Der Bundesrat der Bindesrepublik Deutschland—die Zweite Kammer,
　　in:AöR.,1983,S.358.
37）たとえば、ヴァイマル憲法68条及び69条では政府提出法案について定めているが、
　　そこではライヒ参議院の同意が前提とされている。またライヒ議会の法律議決に対し
　　てもライヒ参議院は異議権を有し、これを覆すにはライヒ議会は3分の2以上の再議決
　　が必要であった。政治実態としてはライヒ議会がこの値を獲得できる安定した多数政
　　権をもっていないことはよく知られている。また、ライヒ大統領による国民投票によ
　　りライヒ参議院の異議を覆すことはできるが（74条）、事実上、これは不可能である。

200　第7章　ドイツ基本法における連邦参議院の憲法的地位と権能

時代の負の歴史を経験してドイツ基本法が制定され、連邦参議院の権限の縮小化が図られたことを前提に、クラインは「基本法の連邦制的秩序は、政治指導権力の地域的・機能的区分編成の保障に依拠している。……連邦の政治的意思形成へのラントの協力に重きを置くことが求められている。その手段が連邦参議院の存在なのである」[38]と指摘し、連邦参議院が各ラント政府の政党政治的動きに呼応しつつ行動する点を厳しく批判している。

ドイツ基本法上、「ラントは連邦参議院を通じて連邦の立法及び行政並びに欧州連合の事務について協力（mitwirken）する」（同50条）と定められていることから、連邦参議院が連邦の協力体であり、連邦の意思形成の主体ではないという見方が、封鎖問題を否定的に把握する根拠である。その見解はヴィドゥケルにもみられる。すなわち、連邦参議院が連邦議会及び連邦政府に対しもっぱら反対の立場で圧力をかける意図で法律制定を妨げることは許されないと指摘し、「連邦参議院が政治的動機にもとづき妨害手段、阻止手段となった場合には、連邦参議院自体が憲法上の権限濫用の活動体としての嫌疑をかけられざるを得ない。連邦参議院はその際には、憲法機関の忠誠の問題、さらには――連邦議会よりも一段低い――民主的正当性の問題に遭遇せざるを得ず、連邦参議院の憲法的地位は結局の所、強化されるのではなく逆に弱められるという帰結を甘受せざるを得ない」[39]という。

こうした主張は、連邦参議院が第二院として存在するという見解からも出されている。たとえば、ロイターは連邦参議院が連邦立法に関与するという意味で第二院であることを認めつつ[40]、連邦参議院が政治機関であることから政党・政治家の影響を問題視することを現実離れと指摘している[41]。その上で、ロイターは連邦参議院に政党政治的中立性、「客観化された国家技術（objektivierte Staatskunst）」を求めることはできず、「連邦参議院の決定が政治的決定として一般的に政党政治的影響をもつことが憲法上自明であり、その正当化を必要とはしない」[42]と述べ、連邦参議院による「封鎖」は「不敬罪」ではなく、憲法委託の一部であることを認めている。むしろ論究すべき点は、政党の影響が憲法に基づく範囲内で実体的に制約され、また連邦参議院の政治的動きとその政党政治的濫用との間にどのように線引きするかである

38）Klein,a.a.O.,(Fn.36),S.359.
39）Wyduckel,a.a.O.,(Fn.3),S191.
40）Reuter,a.a.O.,(Fn.10),S.55f.
41）Ibid.,S.64.
42）Ibid.,S.65.

という。ロイターによれば、連邦参議院を野党の手段にすること、国民代表の反議会にすることは、基本法上付与された連邦参議院の「協力の地位」（同50条）に違反するとみる。そこでロイターはドイツ基本法に定める連邦制と議院内閣制を連邦参議院の行動制約原理として取り上げ、連邦参議院の構成員各自が、所属政党の利益から切断して自己の職務（Amt）を認識すべきとする一つの公準を設定し、連邦参議院の存在自体を他の国家機関との関係性において自ら証明すべき義務を負わせ、連邦参議院の行動制約を基本法の政治制約原則から導き出している[43]。

　このように連邦参議院に第二院の性格・地位を付与したとしても、連邦参議院に政党政治に関与する政治機関としての役割よりも、政党政治とは一線を画する連邦の協力機関として、謙抑的機能が付与されるべきだという大きな法政治的壁がある。つまり、連邦参議院を「民主主義の論理」＝「民主的正当性」ではなく、「議会制の論理」＝「政治的意思形成の様式」によって位置づけたとしても、「議会制の論理」の場における国家レベル（連邦レベル）の政治的意思形成には、その制度的な限界点が存在し、しかも連邦議会という「民主主義の論理」の体現機関との優劣の問題もある。連邦参議院の存在価値を「民主主義の論理」、「議会制の論理」さらにはドイツ基本法から導き出される権力分立制、連邦制という複数の諸要素から引き出すことが不可欠である。

第4節　小　結

　連邦参議院が分類上、その構成員の選出方法及びその憲法的機能の面において、比較憲法的に例外的形態であることは明白である。再確認していえば、連邦参議院はその構成員の選出では、ラント政府の代理人がその地位を占め、また憲法的機能では連邦法律への参与のほか、連邦の行政さらにはEUの事務にも協力する特異な地位を有しているからである。連邦参議院がかかる権能を有するに至った経緯は、ドイツ憲法史と密接に関連する。ここでは、次のことを指摘しておけば十分であろう。すなわち、ビスマルク憲法時代ではプロイセンが連邦参議院の構成数について圧倒的優位をもち（全58票

43）Ibid.,S.77f.

202　第7章　ドイツ基本法における連邦参議院の憲法的地位と権能

中プロイセンは17票をもち憲法改正は14票の反対があれば不可能であった。ビスマルク憲法6条・78条1項）、プロイセン優位型外見的立憲主義的憲法体制の下、国家主権は連邦参議院に事実上付与されていた[44]。ヴァイマル憲法の下ではプロイセンの優位性は否定され、新たに作られたラントとライヒとを繋ぐ機関としてライヒ参議院が設けられたが、ライヒ参議院は「各ラントを代表する」組織体であり、ライヒ議会に対する法律異議権を有する程度までにその権限は縮小化されていた（ヴァイマル憲法74条）[45]。こうした歴史的経緯を経て作られたドイツ基本法における連邦参議院は、二つの憲法の中間的性格を有し、その結果「議院」の性質が着色され、同時に行政部門に関与する連邦機関であることが求められた。ドイツ基本法における連邦参議院が一種独特の機関（Organ sui generis）であるといわれる所以である[46]。

　そうした連邦参議院が連邦議会と対峙し、連邦参議院による政党政治が許容されるかについては否定的評価が多い。それは、連邦参議院が第二院であるか否かという定義問題には還元できず、むしろ、連邦参議院が連邦機関であり連邦の意思形成に協力するという規範的要請から導き出されている。つまりドイツ基本法の憲法秩序維持のために連邦参議院がラントと連邦との利益統合の連邦機関として設置され、連邦の場における水平的権力分立の論理[47]から連邦的利益調整機関として連邦参議院の存在意味が認められる。連邦参議院及び各ラント政府がドイツ基本法上、抽象的規範統制訴訟の提訴権者となっているのはその一つの証である（ドイツ基本法93条1項2a・2項）。

　最後に日本との関係性を一点あげておこう。日本の参議院は国民代表機関であり（憲法43条）、国会を形成する議院であり（同42条）、定時的に民意を受領する国家機関である。すなわち日本の参議院は「民主制の論理」と「議会制の論理」を最初の点において受け取っており、この点ドイツにおける議論とは出発点が異なる。「封鎖」問題に関していえば、参議院は政党政治の論理によって行動することは許容されている。それは選挙制度において政党本位の比例代表制が部分的に導入されているという公職選挙法の仕組みに起因するというよりも、憲法典において衆議院の優越と両院協議会の存在が規

44）邦語文献として、山田晟『ドイツ近代憲法史』（東京大学出版会、1963年）52頁以下参照。

45）ライヒ参議院の当時の権能については、F.ハルトゥング〔成瀬治＝坂井英八郎訳〕『ドイツ国制史』（岩波書店、1980年）448頁以下参照。

46）H.Baumer, Art.50 ,in: hrsg.,H.Dreier, Grundgesetz Kommentar Bd.,2, 1998, S.1033.

47）Ibid.,S.1031f.

範化されていることから、参議院に独自な政党政治的行動をとることが認められている点に表れている。もっとも、衆議院与党が参議院の構成を忖度し、衆議院の政権のあり方を規定することまでも参議院の独自性の表れとみる点については、今日まで一致点を見い出してはいない[48]。すなわち、国民内閣制／ウエストミンスターモデルとは異なり多極型議院内閣制あるいは連立内閣を積極的に評価する場合にも、参議院の構成が衆議院与党の構成、政府形成の構成に影響を与える意味を消極的に捉えるか否かは、第二院の「民主制の論理」と「議会制の論理」を繋ぐ選挙制度のあり方、さらには第二院の存在自体への評価問題と直結する課題であろう。

48）参議院が衆議院に基礎をおく「議院」内閣を変形させ、衆参両院からなる「国会」内閣を作る力量を否定的に評価するものとして、高見勝利『現代日本の議会政と憲法』（岩波書店、2008年）123頁以下参照。逆に参議院が内閣の構成にまで影響を与えることを憲法は許容しているという立場として、加藤・前掲書（註1）135頁以下参照。

第8章

ドイツ基本法における「法案審議合同協議会（VA）」の憲法的地位と権能
——法律制定への真摯な憲法機関——

第1節　はじめに

　日本の両院協議会は、法律案の作成機能をあまりもっていない。その原因は、複合的であり、唯一の原因を指摘することは困難である。衆議院と参議院のそれぞれの議会状況によって変動要因が複雑に絡み合っているからである。衆議院と参議院において政権与党が多数派をもつ安定時には、そもそも両院協議会を開く必要がない。いわゆる「逆転（ねじれ）国会」状況がある場合にも、政権与党が衆議院内において再議決可能な3分の2以上の絶対多数をもつときは、両院協議会開催の必要性は著しく低い。両院協議会が必要な場面は、「逆転国会」の政治状況があり、政権与党が3分の2未満の衆議院多数派しかもたない場合で、しかも政権与党が法律案の成立にこだわる局面があるときである。しかし、その場合においても、政権与党は、両院協議会による成案獲得の可能性を探るよりも、野党勢力で占められる参議院多数派と法案修正を事前に求めた方が、法案成立の可能性は高まる。これまで両院協議会において成案が獲得され、両議院においてこれを議決することが少なかったのは、こうしたことが原因なのであろう。

　ドイツでは連邦議会（Bundestag）と連邦参議院（Budesrat）の二つの立法機関が存在するが、二つの国家機関の意思が合致しない場合に備えて、ドイツ基本法77条2項は「法案審議合同協議会（Vermittlungsausschuss）」を法定化し

206 第8章 ドイツ基本法における「法案審議合同協議会(VA)」の憲法的地位と権能

ている。もとより、ドイツ基本法システムでは、両院制が採用されていると
は解されておらず、連邦参議院はそもそも議院（Kammer）として把握されて
いないが、連邦参議院がラント政府の意思を連邦レベルにおいて表明し、立
法、行政、EUに協力する組織体であることは明白である（同50条）。こうし
た権能をもつ連邦参議院が立法過程において、連邦議会と対峙する場合があ
り、その事態に対応した憲法機関が法案審議合同協議会である。では、この
協議会はどのような形式で連邦法律の制定に関与し、その関与の範囲はどこ
までなのであろうか。

　日本の両院協議会の制度改革の必要性が検討されている現在、他国の議会
制度との比較憲法的視座はますます重要になっている。そこで以下では、ド
イツにおける法案審議合同協議会について検討を加えることとしたい。

第2節　法案審議合同協議会の組織構造

I．連邦法律制定の図式

　連邦法律の制定過程について一瞥しておこう。連邦法律の種類は二つに大
別できる。同意法律（Zustimmungsgesetz）と異議法律（Einspruchsgesetz）である。
同意法律が妥当する領域は、第1に基本法改正（79条2項）、第2に租税法を
中心とした諸ラントの財政に影響を与える領域、第3に諸ラントの組織又は
行政作用に影響を与える領域についてである。つまり連邦参議院の同意を要
する法律とは、連邦法律が諸ラントの権限・利益に直接関連する連邦法律群
である。　同意法律の場合、連邦参議院が同意を与えないときは——連邦参
議院は法案修正権をもたない——法案審議合同協議会（Vermittlungsausschluss）
において修正案の形成さらに進んで修正案の連邦議会での議決によって法律
が制定されるが、これに失敗すれば法案は成立しない（同77条2項）。

　異議法律は、同意法律以外の一切の法律群を指す。すなわち、同意法律は
ドイツ基本法上の列挙主義によって該当事項が明示されているが、異議法律
はそれ以外の法律群である[1]。ドイツ基本法制定時においては、異議法律を
原則とする連邦の法制定過程が想定されていたが、現在では、同意法律の制

---

1) H.Schäfer,Der Vermittlungsausschuß, in:hrsg.,Bundesrat, Der Bundesrat als Verfassungsorgan
　und politische Kraft,1974,S.283f.

定が過半数を占めている[2]。異議法律に関し、連邦参議院が過半数の多数で法案につき異議を議決しときは、連邦議会は過半数の決議によりこれを拒否し、また連邦参議院が3分の2以上の賛成で異議を提出したときは連邦議会は3分の2以上でこれを却下する（同4項）。すなわち、異議法律の場合は、連邦議会の優越性が認められている。

　法案審議合同協議会が設置されるのは、連邦議会と連邦参議院の意思が合致しない場合であるが[3]、同意法律と異議法律の識別に対応してその開催方式は異なる。同意法律の場合、連邦参議院が連邦議会が議決した法律案について、同意を拒否したときに、法案審議合同協議会の開催を求める権限が連邦参議院に発生する。他方、連邦議会及び連邦政府は、連邦参議院が同意を拒否したか、あるいは連邦参議院が同意する可能性がない場合には（3週間経過後）、開催を請求することができる（同77条2項）。異議法律の場合、法案審議合同協議会の開催請求権は、連邦参議院のみが有する[4]。というのも、連邦議会は、連邦参議院の異議を覆す権限があり、そのために異議法律の修正を求める連邦参議院の権限を保障するために、法案審議合同協議会の開催請求権が連邦参議院側に与えられているのである[5]。

Ⅱ．法案審議合同協議会の構成と権能

　連邦議会と連邦参議院をつなぐ法案審議合同協議会は、ドイツ基本法上の憲法機関である[6]。この法案審議合同協議会の構成は、連邦議会議員と連邦参議院の構成員からなる。連邦参議院は、各ラント政府の代表者がその構成員となるため、連邦参議院側からの法案審議合同協議会の構成には、第1に、ラントの数と同一数の構成員が法定化され、第2に、その構成員はラント政府の筆頭者（ラント首相またはラントの閣僚級）によって占められる。

　法案審議合同協議会の構成員数は32名である（法案審議合同協議会議事規則

---

2) W.Kluth,Der Vermittlungsausschuß,in:hrsg.,J.Isensee und P.Kirchhof,Handbuch des Staatsrecht,Bd.3,2005,S.1006.

3) 法案審議合同協議会が関与する法律の制定は、各立法期を平均すると10％未満であるといわれている。　この点については、A.Rührmair,Der Bundesrat zwischen Verfassungsauftrag, Politik und Länderinteressen,2001,S.60.参照。

4) Schäfer,a.a.O.,(Fn.1),S.291.

5) Ibid.

6) 法案審議合同協議会は、連邦議会の常設委員会ではないと解されている。H.Trossmann, Bundestag und Vermittlungsausschuß,in:JZ.1983,S.7.

1条。以下では単に議事規則[7]と略記する）。32名は16名ずつ連邦議会側と連邦参議院側によって占められる。この16の値は現在のラントの数16と対応している。すなわち必ずラント政府の代表者1名が協議会の構成員になることが保障されている。

　法案審議合同協議会に派遣される連邦参議院の構成員は、ドイツ基本法77条2項によれば、所属ラント政府からの指示に拘束されない。自由委任の保障である。これは、連邦参議院の構成員がその審議・議決において各構成員の所属ラント性を求められ、その結果、所属ラントからの指示拘束が加えられるのとは著しく対照的である。すなわち、連邦参議院の構成員は、そもそもラント政府の代理人として「ラント政府の構成員によって構成され、ラント政府が任免」（同51条1項）されるのと同時に、各ラントから派遣される連邦参議院の構成員の表決は一括して投じられ（同3項後段）、所属ラントへの従属性が求められている——この点に、連邦参議院が「議院性」をもっていない根拠がある[8]。これに対し、法案審議合同協議会では、「妥協案」作成が求められるため、連邦議会と連邦参議院との妥協のみならず、連邦参議院内部における各ラント政府の妥協が協議会の構成員に要求される。

　他方、連邦議会側の構成員は、会派の勢力に応じて16名について選挙で決定する[9]。どの連邦議会議員が適任かは、所属会派がそれぞれ決定する[10]。この構成員は、基本法38条1項の適用を受け、所属政党／会派からの指示拘束を受けない。

　法案審議合同協議会は以上のように32名で構成されるが、その議長は3ヶ月ごとに連邦議会側と連邦参議院側の構成員の中から交互に選挙される（議

7）法案審議合同協議会の議事規則は、ドイツ基本法77条2項に基づいて、連邦議会によって議決され、連邦参議院の同意を必要とする。現在の議事規則は2003年4月30日に改正されたものである。

8）連邦参議院の性格づけについては、第7章参照。

9）連邦議会による法案審議合同協議会への会派別選出は議論が多い。当初は、連邦議会の会派勢力に応じてドント式によって割り当てていた。その後、第6立法期(1969-1972年)にFDPの利益のために、どの会派も同委員会の構成員になれるように基本議席が割り振られた。その後、比例式は小会派にとって有利なヘアー／ニィーマイヤー式、サンラグ式に変更されたが、第13立法期（1994-1998年）ではPDSを排除するために、改めてドント式が導入された。第15立法期（2002-2005年）では、最大会派が一議席をまず獲得し、残余の議席がサンラグ式で配分されるに至っている。この点については、Kluth,a.a.O.(Fn.2),S.1010.; Stettner,Art.77.,in:hrsg.,H.Dreier,Grundgesetz Kommentar,Bd.2,1998,S.1466.参照。

10）Schäfer,a.a.O.,(Fn.1),S.288.

事規則2条）。委員会におけるすべての議決は、出席委員の過半数によって決せられる（同8条）。なお、連邦政府の構成員は、議事に参加する権利と義務をもつ（同5条）。

第3節　法案審議合同協議会の実質的機能

I．成案作成過程

　同意法律にせよ異議法律にせよ、法案審議合同協議会が開催された場合、協議会は成案を形成しなければならない。成案作成に失敗すれば、法律は制定不可能になるからである。また、成案作成が成功した場合には、成案は連邦議会、連邦参議院に報告され、成案が最初の連邦議会の議決した法律案と異なる場合には、連邦議会は成案について改めて議決しなければならない（基本法77条2項）。法案審議合同協議会が開催される基本線は、連邦議会が議決した同意法律につき連邦参議院が同意を拒否し、あるいは同意する可能性がなく、そのために連邦参議院が法案審議合同協議会の開催を求めるところにある。そこで、以下ではこの基本線に従って考察してみたい。

　法案審議合同協議会の審議対象は、連邦議会が議決した法律の全般に及ぶ。すなわち、連邦議会が議決した法律の改正、廃止、確定である[11]。成案作成過程において、法案審議合同協議会の審議対象が広範に及ぶことから、協議会の成案作成の許容範囲が問題となる場合がある。実際に問題となった最初の事例は次の通りである。

　第9立法期（1980-1983年）時代、政権与党はSPD＋FDPの連立政権であったが、連邦参議院では野党CDU／CSUが多数派を占めていた。こうしたドイツ的「逆転国会」[12]の下、野党勢力は法案審議合同協議会において、連邦議会で議決された法律の骨抜きを狙い、協議会において自己の立場を実現し

11）Ibid.,S.292.
12）ドイツ的「逆転国会」は、ドイツでは連邦参議院が連邦議会を妨害するという意味で連邦参議院による「封鎖」（Blockade）あるいは「封鎖政策」（Blockadepolitik）と呼ばれる。なお、2010年5月のノルトライン／ヴェストファーレン州議会選挙においてSPD＋90年同盟＋緑の党の連立政権が成立した。同ラントに割り当てられる連邦参議院の構成委員数は6名である（総数69名）。そのほかのラントではCDU＋SPDの大連立政権もあり、その動向が不確定であるが、いわゆる「逆転国会」的状況が現在のメルケル政権にもみられる。

210　第8章　ドイツ基本法における「法案審議合同協議会(VA)」の憲法的地位と権能

ていこうとしていた。かかる政治状況の中、1981年12月22日の第2次予算構造法の審議において、法案審議合同協議会は、本法の基本部分とは直接関係しない条文の修正案を決定し、成案を作成した。連邦議会は第2次予算改革法を成立させるために、この成案を受け入れざるを得ず、成案賛成の議決を行った。しかし、成案は本法の範囲外の妥協を含み、そのために法案審議合同協議会は、「代替議会（Ersatzparlament）」、「超越的議会（Überparlament）」として、連邦議会に対する越権行為を働いたのではないかという批判が提起された[13]。

　法案審議合同協議会が成案作成にあたって、連邦議会が議決した最初の法律案と全く乖離して成案作成が可能とみる考え方を「白紙理論（die Theorie vom weißen Blatt)」[14]という。この考え方の背後には、次のことがある。すなわち、法案審議合同協議会に対して連邦議会または連邦政府が審議を求めたときには、法律の議決はそもそも法案審議合同協議会には存在せず、法律議決そのものは連邦参議院の同意拒否によって法学的零となる。そこで法案審議合同協議会は、初めから新たな法律議決を構築しなければならないと捉えるのである[15]。

　この見解は、当初、与党が連邦参議院では少数派というドイツ的「逆転国会」が存在し、しかも法案審議合同協議会において与野党の協議委員同数という政治的「行き詰まり（Patt)」があった1981年／82年の特異な政治状況下で主張された[16]。すなわち、野党の協議委員が、野党の利益を図るために、「我々は今、全くの白紙のペーパーをもっています。このペーパーに書かれるべきことを個別的に書いて行かなくはなりません」（CDU／フォーゲル議員）と述べたことから、白紙理論と呼ばれる見解が生まれたのである[17]。

　従来より法案審議合同協議会のあり様は立法機関としての「第三院」ではなく、もっぱら合意を獲得すべき組織体であり、それも連邦議会に置かれる専門委員会的性格をもたず、合意形成のための政治的会議体と把握されていた[18]。そこで法案審議合同協議会の構成員は、所属会派からの指示拘束性か

13）H.Bismark,Grenzen des Vermittlungsausschlusses,in:DÖV.,1983,S.269.

14）M.Dietlein,Die Theorie vom weißen Blatt—ein Irrweg,in:ZRP.,1987,S.277.

15）Ibid.,S.280.日本的にいえば、委員会における議決を他の機関に移行させる場合、どの機関が原案をもっているかという原案所持主義の問題がある。日本の国会審議の慣行では、旧帝国議会以来、原案所持主義が基本的に採用されている。

16）Ibid.,S.277.

17）ここでの引用は、Ibid.,S.278.を利用した。

ら解放され、各会派の実力者が政治的決断を下し、この合意案を成案とすることがその使命とされていた。白紙理論は、まさにこれに対応する政治的見解であった。

しかし、この白紙理論を擁護する見解は学説上みられない。逆に、法案審議合同協議会の成案作成には一定の枠があることが一般に承認されている。その論拠として次のことがあげられている。第1に代表民主制の論理、第2に憲法機関の忠誠の論理である。第1の代表民主制の論理についていえば、連邦議会が立法の中心機関であり、また連邦議会の各委員会における審議・決定が尊重されなければならないとする見方である。すなわち、法案審議合同協議会はその構成員が固定化され、議事も非公開であることから、与党会派の指導力が発揮できない構造をとっている。代表民主制の論理は、立法手続への質的関与そのものも保障しているはずであり、その点、白紙理論にみられる連邦議会の意思から乖離した政治的妥協を全面的に法案審議合同協議会に委ねることは適切ではないと捉える[19]。むしろ法案審議合同協議会は、完全に新たな法案を作成することはできないとみられている[20]。

第2の憲法機関の忠誠の論理に関していえば、憲法機関がそれぞれ権限配分を尊重するだけではなく、相互の責任領域を考慮することも含む。立法手続においては、連邦議会、連邦参議院、連邦政府、法案審議合同協議会が相互に自己の責任を担う形式で行動することが要求される。法案審議合同協議会が政治的妥協を優先させ、白紙委任としての成案作成を行うならば、連邦議会は成案の確認機関へと格下げされるおそれがある。こうした立法手続は憲法上、正当化できない。むしろ法案審議合同協議会は、自己の憲法上の権限配分と責任を自覚し、他方で「連邦議会が自由な意思形成をなし、固有の決定の自由」[21]をなしうる形で自己の憲法的任務を果たすべきだと把握されている。

Ⅱ．成案作成の実態

法案審議合同協議会は、日本の両院協議会とは異なり、実質的な成案をこ

18）Bismark,a.a.O.,(Fn.13),S.270.

19）Ibid.,S.271f.

20）Ingo von Münch, Grundgesetz-Kommentar, Bd.3,2003,S.187.

21）Ibid.,S.279.

212　第8章　ドイツ基本法における「法案審議合同協議会(VA)」の憲法的地位と権能

れまで作成してきた。第1立法期から第17立法期について法案審議合同協議会の開催実例をみると次の表の通りである[22]。

各立法期	VA開催総数	VA設置後法律議決数	連邦参議院による開催数
第1立法期	75回	63法	70回
第2立法期	65回	56法	59回
第3立法期	49回	47法	46回
第4立法期	39回	35法	34回
第5立法期	39回	30法	34回
第6立法期	33回	31法	31回
第7立法期	104回	89法	96回
第8立法期	77回	57法	69回
第9立法期	20回	17法	17回
第10立法期	6回	6法	6回
第11立法期	13回	11法	13回
第12立法期	85回	71法	71回
第13立法期	92回	73法	74回
第14立法期	77回	65法	66回
第15立法期	102回	88法	90回
第16立法期	18回	18法	17回
第17立法期	44回	34法	34回

　以上から次のことが指摘できる。第1に、法案審議合同協議会は常時、開催されていること、第2に、その成案作成実績は平均値約85％に及ぶこと、第3に、法案審議合同協議会の開催請求の大半が連邦参議院により申し立てられ、連邦参議院の意思が反映される形式で成案が形成されていること、である。逆にいえば、連邦議会が法律案を議決し、これに連邦参議院が同意しない法律案に関して、法案審議合同協議会で成案が作成された場合には、連邦議会はこれを尊重するという基本原則が、ドイツでは確立している。この点について、シェーファーは、連邦議会と連邦参議院が受け入れ可能な妥協案が形成されており、連邦議会の最初の議決の後、より高次な政治的平面で両者の意思疎通を探し出すことに法案審議合同協議会は成功しているという

---

22) BundesratのHP上におけるSilke podschull-Wellmann, Die Tätigkeit des Vermittlungsausschusses, S.28.より作図した。

積極的評価を下している[23]。つまり、法案審議合同協議会はドイツ基本法の下、「憲法政治の理性の要請」[24]に従ってこれまで活動してきたと指摘している。

　では、連邦議会が成案について事実上の拒否権を行使しないのは、何故だろうか。法案審議合同協議会における成案はその出席構成員の過半数によって成立し（議事規則8条）、各構成員によって連邦議会及び連邦参議院に報告され（同10条1項）、連邦議会はこの成案についてのみ投票で決しなければならず、成案に関し別の申し立てを行うことは許されない（同2項）。つまり、連邦議会は提案された成案につき、修正することはできず、成案を一体として議決対象にしなければならない。そこで連邦議会に求められるのは、「法案審議合同協議会において行われた政治提案について、総体的に政治的決定が下されたものとしてのみ把握されるべきである」ことを承認し、法案審議合同協議会の決定をそのまま尊重する点にある。

　もう一つの要因は、法案審議合同協議会の構成員の質の問題がある。連邦参議院側の構成員は、基本的にはラント首相が兼務する場合が多い。しかも成案作成にあたる各構成委員は、連邦参議院の場合とは異なり所属ラントからの指示拘束を受けず、その点で妥協環境が法的に整備されている。一方、連邦議会側からの構成員も熟練した連邦議会議員によって占められている。そのため、法案審議合同協議会は、連邦議会の下に置かれる各種委員会とは異なり、真に政治的妥協を求める憲法機関であり、したがってここで形成された成案について、連邦議会は自己の権限が侵害されない限り、尊重すべきだとする謙譲の姿勢が守られている。

Ⅲ．合意形成への批判的視座

　では、法案審議合同協議会の成案作成機能は、理想的に働いているのであろうか。ここでは3点、合意形成に関わる問題点をあげておく。

　第1に、法案審議合同協議会の妥協の過剰問題である。この点について、シェーファーは「連邦議会と連邦参議院が受け入れ可能な諸法律を作成するという妥協は、常に良き妥協をもたらすわけではない。妥協は本質上、いわ

23）Schäfer,a.a.O.,(Fn.1),S.296.
24）Ibid.,S.297.
25）Ibid.,S.296.

ゆる『いかがわしい妥協』でもありうる」[25]と指摘し、法案審議合同協議会が「妥協の過剰」に対応した役割を果たしている点を認めている。加えて、成案に関して連邦議会が賛成せざるを得ない点に関し、ビスマルクは次のような批判を加えている。連邦議会を単なる確認機関に格下げし、ひいては憲法生活における国民の無関心と立法手続への不信が生まれざるを得ない。法案審議合同協議会は、本来、連邦議会に自由な意思形成過程を保障し、連邦議会固有の決定の自由を排除させず、逆にこの決定の自由を尊重しなければならない[26]。その指摘には、民主的正当性を有する連邦議会の決定に優位性があり、同時に基本法における権限の適切な配分が考慮されている。

　第2に、成案作成過程における問題性である。妥協と調整を可能にするため法案審議合同協議会は議事の非公開制を貫いている。この点について、クルーツは、議事非公開の結果、法案審議合同協議会は「反議会制的」と論評され、非公開で行われる妥協案作成は民主主義の原理である決定への責任から逃れさせていると批判している[27]。確かに、成案作成任務に対しては、法案審議合同協議会への人的信頼原則が妥協案作成への重しとなっているだけであり、その点、制度的担保のない現実のあり様は、問題が残るであろう。

　第3に、連邦政府が連邦参議院の同意を本来、必要とする同意法律について、意図的にその同意を回避する傾向がある点である。つまり、そもそも法案審議合同協議会自体を開催させないで、政府提出法案を連邦議会の議決のみで——同意法律ではなく異議法律として——実現していくあり方が問題となる。連邦政府のかかる回避行為は、逆にドイツ的「逆転国会」の深刻度を表している。つまり、この現象は、法案審議合同協議会での成案作成がラント政府及び野党主導で行われる実態に対し、連邦政府及び連邦議会が法律作成過程において主導権を確保するために、法律形式を変換させるという課題である。

　実際例として、2010年5月9日のノルトライン・ヴェストファーレン州議会選挙においてメルケル連立与党側が敗北し、メルケル政権は原子力発電所の運転を約12年間延長する法案につき、連邦参議院の同意を必要とはしない立場を表明したことがあげられる[28]。ある法律が同意法律か異議法律かと

26）Bismark,a.a.O.,(Fn.13),S278f.
27）Kluth, a.a.O.(Fn.2),S.1016.
28）http://www.asahi.com/eco/TKY201009180359.html もっとも、メルケル政権は原発政策を転換し、2022年末までの原発廃止方針を打ち出した。

いう問題について、最終的には連邦憲法裁判所が決するが、合意形成過程が裁判過程と連動するそのドイツ的あり様は、政治的合意から裁判部門を巻き込んだ憲法的合意というドイツ独特な形式を表している[29]。

第4節　小　結

　これまでドイツの法案審議合同協議会の構成・任務について素描してきたが、最後に日本の両院協議会の改革の視座について一言しておきたい。

　ドイツの場合、法案審議合同協議会の決定及び手続は、連邦憲法裁判所の統制に服する点で裁判所の視点からも成案作成過程が検証されうる。つまり、連邦憲法裁判所は、機関訴訟あるいは憲法異議のいずれかの訴訟により法案審議合同協議会の権限踰越について審査し、その審査にあたっては、連邦議会及び連邦議会議員の諸権利への侵害行為があったか否か、また法案審議合同協議会が「恣意の禁止」にふれていたか否かについて審査する[30]。もとより、日本の場合では、司法過程において両院協議会の行為が審査される契機自体存在しておらず、その点、成案作成と裁判機関との関係性を論じる必要はない。日本の両院協議会の課題は、もっぱら政治過程に収斂される。

　では、政治過程固有の流れの中で、日本の両院協議会はドイツの実例から参考にすべき事項は何であろうか。

　第1に、両院協議会の常設機関化の課題がある。日本の場合、任意的両院協議会は、国会法84条に定める3つの事由がなければ開催できない。これに対し、ドイツの法案審議合同協議会は、各立法期に頻繁に開催されている。ドイツでは連邦議会と連邦参議院の意思を公式の憲法機関で調整することが基本となっている。日本では、両院間の調整は非公式ルートで行われる場合が多く、両院協議会が開催される場面は限定的である。確かに、国会法上の制約が両国間の大きな相違であろうが、「逆転国会」が発生した場合には、両院間を繋ぐ何らかの常設機関、たとえば「両院連絡会議」のような調整機関を設けることが――合意形成を求めるならば――今後もっと必要となってくるであろう。

---

29)　この点につき、連邦大統領が有する法律認証権との関係性でふれたことがある。加藤一彦『議会政治の憲法学』(日本評論社、2009年) 184頁以下参照。

30)　Kluth, a.a.O.,(Fn.2),S.1028f.

216　第8章　ドイツ基本法における「法案審議合同協議会(VA)」の憲法的地位と権能

　第2に、ドイツの協議会に対して「妥協の過剰」が問題視されている一方、日本の両院協議会は、法案に関し成案作成機能をほとんどもっていないことから、「成案の不在」が問題視されている。両院協議会の成案作成機能を実質化させる法的環境整備が求められる所以である。その環境整備として、ドイツのような連邦議会と連邦参議院の政党勢力に応じた協議委員比例配分式の導入は、一つのアイデアとして参考になろう。また、両院協議会が開催された場合には、協議委員の質の課題として、成案作成の委任を受けた真に政策作成能力をもち、同時に所属政党からその権限を授権されたメンバーによって構成されることも、重要な視点であろう。

　ドイツの法案審議合同協議会のあり方も理想的だとは思えないが、日本の両院協議会が、国会法上、限定的にしか開催されず、しかも機能上、成案作成が困難であることをみれば、成案作成実績のある各国の協議会制度を参考にしつつ、両院間の合意形成の実質化のための多様な方策を模索すべきであろう。この視点を欠けば、「逆転国会」の打破のために、参議院の選挙制度の抜本的改革のみならず、参議院権限の縮小化、さらには両院制から単院制へ転換の声がますます強くなると思われる。

217

第9章

ドイツ連邦首相の基本方針決定権限の概念
——政治と憲法との狭間——

第1節　はじめに

　1999年に中央省庁改革関連法が制定され、既存の行政組織法の多くは改正された。内閣法の改正についていえば、内閣総理大臣の指導権強化のための内閣法4条2項における「内閣総理大臣は、内閣の重要政策に関する基本的な方針その他の案件」に関する発議権が新設された。さらに内閣総理大臣の指導権確保を裏づけるために内閣府設置法が制定され、「内閣の重要政策に関する内閣の事務を助ける」(同法3条1項) 官房組織が再編された。こうした一連の法改正が目指しているところは、「首相のリーダーシップの下における内閣の重要政策の企画・立案と総合調整」[1]にある。

　一方、内閣法における内閣総理大臣による「内閣の重要政策に関する基本的な方針」という法文には、明らかにドイツ基本法65条との類似性がみられる。ドイツ基本法65条によれば、「連邦首相 (宰相) は、政治の基本方針を定め、これについて責任を負う」と規定している。この連邦首相の権限とドイツ政治の実態から、首相 (宰相) デモクラシー (Kanzlerdemokratie) が唱えられ、議院内閣制における首相の機能がアメリカ型大統領と比肩できるほど強大になっているという見方がある[2]。確かにイギリス、ドイツの議院内閣制の外観は、強力な行政府の長の指導性をみせている。かかる首相像を一

---

1) 野中俊彦ほか『憲法II〔第5版〕』(有斐閣、2012年) 166頁〔高橋和之執筆〕。
2) 邦語文献でドイツ連邦首相の正確な紹介をした作品として、清水望『西ドイツの政治機構』(成文堂、1969年) 349頁参照。

つの理念型として、日本の内閣総理大臣の憲法的地位を強化するという発想とその施策が、1990年代後半から現在まで主旋律であり続けるのは、ある意味自然な流れなのであろう。とはいえ、かかる「強い首相像」は、かの国で一朝に形成されたのではい。何かしらの合理的理由があり、歴史的に獲得されてきたはずである。

そこで本章では、「弱い首相」から「強い首相」[3]へと転換してきたといわれるドイツ基本法における連邦首相権限について論じることにしたい。特に日本の内閣法4条に影響を与えたドイツ基本法65条に定める連邦首相の基本方針決定権限の法的内実とその範囲を明らかにすることによって、逆に連邦首相の基本方針決定権限の責任制の課題を認識しうると考えるからである。

第2節 基本方針決定権限への分析視角

I．ドイツ基本法65条の三つの原理

ドイツ基本法65条はこう定めている。「連邦首相は、政治の基本方針を定め、これについて責任を負う。この基本方針の範囲内において各連邦大臣は、独立してかつ自らの責任において自己の所管事務を指揮する。連邦大臣の間の意見の相違については、連邦政府が決定する。連邦首相は、連邦政府が決定し、連邦大統領が認可した職務規則に従って連邦政府の職務を指揮する」。この条文には、統治内部構造における三つの原理が同居していると一般に指摘されている。すなわち、首相原理（Kanzlerprinzip）、所管原理（Ressortprinzip）、合議制（内閣制）原理（Kollegialprinzip）である[4]。これら三つの諸原理は、連邦首相、連邦大臣、連邦政府間の権限配分とその責任制の所在を示す指標でもある。この三原理の関係性をどのように描くかは、ドイツ基本法における統治システム論と直結する課題である。

連邦政府は、執政権（vollziehenden Gewalt）の一部を構成する合議制機関（kollegiales Organ）である[5]。合議制原理が機能するのは、連邦政府の意思形

---

3) 本稿では、Kanzlerを「首相」と基本的に訳出する。但し、文脈上、「宰相」の訳を用いる場合もある。

4) 代表的コンメンタールとして、M.Schröder, Art.65., in: H.v.Mangoldt, F.Klein u, C.Starck, Kommentar zum Grundgesetz,Bd.2, 6.Aufl.,2010,S.1652.

5) K.Stern, Das Staatsrecht der Bundesrepublik Deutschland,Bd.2, 1980,S.274.

成領域についてである。すなわち、各連邦大臣は、自己の所管する（所管原理）領域についてのみ指揮権（leiten）をもつが、各連邦大臣間に意見相違がある場合には、最終的に連邦政府が多数決で決定する。とはいえ、連邦政府が執政権の最高の地位にあるのではなく、執政権の個別的任務に応じてその最高の権限のあり方が定まる[6]。すなわち、連邦政府の決定に関しては、連邦首相が「政治の基本方針権限」を直接／間接に行使することによって（首相原理）、合議体たる連邦政府の意思形成に決定的に関与しうるからである。また、連邦政府の合議制的意思形成の場面では、連邦政府はその構成員の過半数の多数で議決を行うが、連邦首相はその議決にあたり議長として采配し、法的・事実的権力を行使する[7]。

　連邦首相の首相原理は、ドイツ基本法ではヴァイマル憲法よりも強化されたと一般に解されている[8]。その理由は、第1に、連邦首相の対外的憲法関係性における強力な権限、第2に、執政機関内における連邦首相の政治の基本方針決定権限の存在にある。

Ⅱ．連邦首相の対外的憲法関係性

　首相の対外的憲法関係性は、対議会的関係性と対大統領的関係性の二つについて問題となる。ビスマルク憲法（1871年／第二帝政憲法）では、そもそも統治内部構造について何ら定めを置く必要性がなかった。というのも、ライヒ首相（Reichskanzler）は、ライヒ唯一の大臣（Minister）であったからである。行政部門の所管担当者は、ドイツ官僚制の下、次官（Staatssekretär）にあてがわれていた[9]。

　ヴァイマル憲法では、ライヒ首相及びライヒ大臣で構成されるライヒ政府とライヒ議会との関係性は、極めて特異である。その一つがライヒ議会によるライヒ政府構成員に対する個別大臣責任制である。同憲法54条は、「ライヒ首相及びライヒ大臣は、その職務の遂行についてライヒ議会の信任を必要とする。ライヒ議会の明示的決議によってその信任を失ったときは、ライヒ

---

6) Ibid.,S.276.
7) 連邦政府職務規則（Geschäftsordnung der Bundesregierung）24条2項前段参照。なお、同後段によれば「可否同数のときは議長がこれを決する」とされ、連邦首相が合議体（閣議）の議長を務める（同22条1項）。
8) 清水・前掲書（註2）347頁以下参照。
9) G.Hermes, Art.65.,in : hrsg., H.Dreier, Grundgesetz Kommentar, Bd.2, 1998, S.1226.

220　第9章　ドイツ連邦首相の基本方針決定権限の概念

首相及びライヒ大臣は辞職しなければならない」と定めていた。すなわち、ライヒ政府はライヒ議会に対する連帯責任制を有するというよりも、個々の大臣がライヒ議会に従属する地位にあった。他方で、ライヒ政府またはライヒ首相はライヒ議会の解散権を有さず、ライヒ大統領のみがこれを行使する（同25条1項）。加えてライヒ大統領は、ライヒ首相の任免権をもち、ライヒ大臣については、「ライヒ首相の提案に基づき、ライヒ大統領が任免」するとされていた。

　プロイスは、プライム・ミニスター型の議院内閣制を一つの理念型として憲法構想を作り上げたが、ヴァイマル憲法下の議院内閣制は、これとは異なり、国民からの直接選挙で選ばれるライヒ大統領及び民主制的正当性をもつライヒ議会からの二つの民意による統制を受ける二元型議院内閣制にその特質があった[10]。そうした統治形態の下、ライヒ政府が正常に機能し、ライヒ首相が政治の基本方針決定権限（同56条）を行使するには、ライヒ大統領とライヒ議会多数派が協調的政治志向をもっていることが必要条件であった。しかし、現実政治では、プロイスの構想は実体化せず、常にライヒ政府は不安定化し、負の政治を経験せざるを得なかった。ナチス政権誕生までの政権崩壊過程をみると、20の連立政権中、3回がライヒ議会による不信任、ヴァイマル後期ではライヒ大統領による信任喪失が2回、その他は連立組み替えなどが原因で、政権は安定化することはなかった[11]。

　これに対しドイツ基本法では、ヴァイマル憲法とはかなり異なる議院内閣制が意識的に採用された。すなわち、個別大臣責任制は明示的に否定され、連邦議会は連邦首相に対してのみ不信任を表明できる仕組みに変換されている。ただ連邦議会による不信任の議決にあたっても、首相個人に対する不信任の点で一致する連邦議会の多数派形成を妨げるために、後任者を過半数で選出することが条件化されたいわゆる建設的不信任制度が設けられている（ドイツ基本法67条1項）[12]。また、連邦議会解散権については、連邦首相が「自己に対する信任を表明すべきことを求める」ときに、その信任が連邦議会で否決され、後任者が選出されない場合に限って、連邦大統領が連邦議会を解

10）ヴァイマル憲法から現在のドイツ基本法に関する首相の憲法的地位に関する論文として、毛利透「ドイツ宰相の基本方針決定権限と『宰相民主政』」『筑波法政』27号（1999年）39頁以下参照。特に50頁参照。なお、プロイスの第二帝政期の憲法思想については、若尾祐司「フーゴー・プロイス政治思想の一考察」『琉大法学』16号（1975年）25頁以下参照。

11）E.R.Huber, Deutsche Verfassungsgeschichte, Bd.6 ,1981,S.328ff.

散する特異な法形式が採用された（同68条1項）。つまり、連邦大統領の議会解散権はヴァイマル憲法とは異なり完全に、名目化されたのである[13]。

このようにドイツ基本法では、連邦首相と連邦議会、連邦大統領との憲法的関係性は大きく変動したが、連邦首相、連邦大臣、連邦政府の三つの機関にかかわる連邦首相の基本方針決定権限に関しては、ドイツ基本法65条はヴァイマル憲法56条を継受している。すなわち、ヴァイマル憲法56条は「ライヒ首相は、政治の基本方針を定め、これについてライヒ議会に対して責任を負う。この基本方針の範囲内において、各ライヒ大臣は、自己の信託された事務を、独立して、かつ自己の責任において執行する」[14]と定めていたが、ドイツ基本法でも、ほぼ同一の法文が必ずしも十分な検討なしに65条において導入された[15]。では、ドイツ基本法65条の法的性格はどのようなものなのであろうか。

Ⅲ. 法的課題としての基本方針決定権限

連邦首相の基本方針決定権限の問題をみる上で有益な視点を提供しているのがマウラーである[16]。マウラーによれば、基本方針決定権限は、事実上その意義は少ないという。たとえば、14年間首相を務めたアデナウアーは、

---

12) これに対しヴァイマル型の不信任の方式は、「破壊的不信任投票（destruktives Misstrauensvotum）」と呼ばれる。なお、ドイツ基本法に導入された建設的不信任について、ヴァイマル憲法時代に検討された形跡はある。この点については、田村栄子＝星乃治彦編著『ヴァイマル共和国の光芒』（昭和堂、2007年）295頁以下参照。

13) ドイツ基本法における解散制度については、加藤一彦『議会政治の憲法学』（日本評論社、2009年）158頁以下参照。

14) 当該条文について、プロイスの憲法草案がそのまま採択された。そこでは「針路（Richtung）」という皇帝に対する首相の政治的独立性を本来表現していた文言ではなく、「基本方針（Richtlinien）」という指導職務とは切り離された法文が意識的に採用された。この「基本方針」の法文は、ライヒ首相の権限が、本来、ライヒ大統領、ライヒ国務大臣、合議制的政府との関係性で行使されることを前提として考案された。この点については、T.Eschenburg,Die Richtlien der Politik im Verfassungsrecht und in der Verfassungswirklichkeit, in：DÖV.,1954,S.194.ただし、「基本方針」、「政治」、「決定」という概念が不明確な等高線であり、それぞれの意味を確定することがヴァイマル憲法では著しく困難であった。その原因は、ヴァイマル憲法自体に内在する議院内閣制の問題性に由来している。この点については、F.Knöpfle,Inhalt und Grenzen der "Richtlinien der Politik" des Regierungschefs, in: DVBl.,1965, S.858.

15) Ibid.,S.193.

16) H.Maurer,Die Richtlinienkompetenz des Bundeskanzlers,in:hrsg., B.Becker, H.P.Bull und O.Seewald, Festschrift für W.Thieme zum 70. Geburtstag,1993, SS.123-140.

222　第9章　ドイツ連邦首相の基本方針決定権限の概念

自身、基本方針決定権限を一度しか使っていないといい、また8年間首相を務めたシュミットもその在任中、一度も行使していないと語っているように、いわゆる大物連邦首相は基本方針決定権限の行使をせず、権限行使以前の段階で政治指導権を確保・行使している実態がある[17]。この点について、マウラーは、ドイツ基本法65条の基本方針決定権限には二重の意義があると指摘している。一つは、法的観点であり、それによれば、基本方針決定権限は、連邦首相にこれを与え、首相自身が各連邦大臣に対して自己の政治的観念を主張し、これを実現する手段としているという。もう一つは、政治的観点である。これによれば、基本方針決定権限は、首相の政治的役割を政府領域に積み込み、政治的な総体的方針を確定化させる状況を形成する点である。アデナウアーやシュミットは、法的意味での基本方針決定権限を使用したのではなく、政治的意味における基本方針決定権限を十分に行使したのだと指摘している[18]。

　もとより、両者は無関係に並立しているのではなく、相互に補完しあっている。通常は政治的基本方針決定権限が行使されれば足り、ことさら法的基本方針決定権限を用いる必要性はない。法的基本方針決定権限は、政権運営が困難なときに、首相が自己の政治の基本方針の拘束性に依拠して、この手段をもって自己の政策を実現せざるを得ない場合に意味がある。ただその場合にも、基本方針決定権限の機能は、実際に行使する点よりも、行使しうる可能性の点に実質がある。いわば、基本方針決定権限の潜在的機能である[19]。

　基本方針決定権限を法的課題として描くことを前提にした場合、さらに進んで、ドイツ基本法65条の法的規範性の内実が問われなければならない。その出発点にあるのが、「首相デモクラシー（Kanzlerdemokratie）」の名の下[20]、首相の地位強化と自己の政治指導の推進をはかった初代連邦首相アデナウアーの存在である[21]。アデナウアーの強力な政治指導は、基本法65条にお

17）Ibid.,S.125.
18）基本方針決定権限に関し、連邦首相の個性が反映されるという指摘は多くされている。Schröder, a.a.O.,(Fn.4),S.1655.
19）Maurer, a.a.O.,(Fn.16),S.126.
20）「首相デモクラシー」はドイツ基本法の用語ではなく、ドイツ基本法下で最初に連邦首相を務めたアデナウアーの政治手法に向けて作られた造語である。アデナウアーは1949年から1963年10月までCDUを率い、連邦首相の地位にあった。アデナウアーに関しては、大嶽秀夫『アデナウアーと吉田茂』（中公叢書、1986年）が重要である。
21）首相デモクラシーの原型をアデナウアー政権に求め、これを基軸に各政権のあり方を分析する手法は数多い。たとえば、W.Hennis, Richtlinienkompetenz und Regierungstechnik, 1964, S.9. 参照。

ける首相原理に起因していたが、これに対し学説は当初から、強すぎる連邦首相の基本方針権限に対しては懐疑的であり、その法的枠組みを構築する必要性に迫られていた。

　この点については、マウンツの学説が参考になる。マウンツは、基本方針決定権限には四つの特質があるとみている[22]。第1に、政治の基本方針は、その性質上、各連邦大臣によって実行されることを目的とする一般的確定内容をもっている点である。すなわち、政治の基本方針は、「計画と草案の集積」でしかない政権プログラム（Regierungsprogramm）とは異なり、むしろ大綱法（Rahmengesetz）に近い存在といえる[23]。

　第2に、政治の基本方針は、義務づけの要素をもち、それ故「決定する」という定式で確定内容をもつ点である。仮にこの認識しうる確定内容が欠如しているならば、所管大臣はそもそも当該確定内容を支持することも反対することもできなくなるからである[24]。

　第3に、政治の基本方針は、事実上、法規（Rechtssätze）である点である。「というのも、首相による基本方針は、あまたの諸個別事案につき大臣を拘束するからである。法規は内部服務上、拘束力を保つが、外部に対しては効果的拘束力を有していない。もっとも、各大臣が所管官庁の職員及び所管官庁の下位に属する職員に対して指示を発する場合には、各大臣間のこの拘束力は、この領域にも及ぶ。ただし、官僚システムの外に立つ市民は、『政治の基本方針』に拘束されることはない」[25]。

　第4に、政治の基本方針は、裁判所の統制可能な法的問題として、憲法争議の対象になりうる可能性をもつ点である。もっとも連邦首相が、基本方針の優先順位を入れ替えたりすることなどは裁量問題であり、憲法争議からは排除される。憲法争議は、ドイツ基本法上、連邦首相と連邦大臣間において意見の相違があるという理由ではなく、連邦首相が所管大臣の職務領域を侵害し、所管大臣が自己の責任で職務遂行を不可能にするような基本方針決定が行われた場合には、機関訴訟が成立する可能性はある[26]——もっとも連邦首相は当該所管大臣を基本法64条に基づき連邦大統領に罷免を申し立てる

22）T.Maunz,Die Richtlinien der Politik im Verfassungsrecht, II. Inhalt und Anwendung des Begriffs, in: BayVBL.,1956,S.260ff.

23）Ibid.,S.261.

24）Ibid.

25）Ibid.

26）Ibid.,S.262.

224 第9章 ドイツ連邦首相の基本方針決定権限の概念

ことができる。

マウンツがこうした見解を示したのは、アデナウアーの強力な政治指導を法の領域に引き込み、ドイツ基本法65条の基本方針決定権限を梃子に連邦首相の「政治の基本方針」自体を法的枠組みで処理しようとしたからに外ならない。こうした姿勢はその他の学説にもみられる[27]。

たとえばフリアウフによれば、ドイツ基本法では連邦首相はいわゆる「権限の権限（Kompetenz-Kompetenz）」をもたないと指摘している。すなわち、「ヴァイマル憲法下では、ライヒ首相はライヒ大臣との関係において、首相固有の権限に属するものを自ら決定する権限をもつ」との見解が支配的であった。「ライヒ首相は、個別事案について生じた政府構成員との意見の相違がある場合に、政治の基本方針に関する自己固有の立場を高め、これを通じて所管の長の立場に対抗して自己の立場を実現すべきだと捉えられていた」[28]。これに対し、ドイツ基本法では、政治の基本方針権限はドイツ基本法65条に依拠しており、憲法が適用する概念の限界づけは「法学的処理が可能な法的問題」として捉えなければならず、この立場からは、連邦首相は、自己に与えられた基本方針決定権限の範囲を自ら決定することはできないと指摘している[29]。

このように基本方針決定権限の根拠のみならずその行使のあり様についても、法の枠組みで捉えようとするのが今日の一般的傾向である。問題は法的課題としての基本方針決定権限の実質的な概念内容をどのように憲法学は把握できるかである。

27）Hennis,a.a.O.,(Fn.21),S.9.ヘニスは、基本方針決定権限に関する主旋律は、「基本方針」という概念を狭く解釈する点にあったと指摘し、首相原理に対し所管原理、合議制原理を対抗させて、首相権限自体を限定化する試みが行われてきたと指摘している。また、毛利・前掲論文（註10）76頁以下参照。

28）K.H.Friauf,Grenzen der politischen Entschließungsfreiheit des Bundeskanzlers und der Bundesminister,in: hrsg., E.Schwinge, Festgabe für H.Herrfahrdt,1961,S.48.

29）Ibid.,S.49.

第3節　基本方針決定権限の内容と限界

Ⅰ．基本方針権限の定位置

　ドイツ基本法65条は、連邦首相の基本方針決定権限（首相原理）、各連邦大臣の所管制（所管原理）、連邦政府制（合議制原理）の三要素を含むが、連邦首相の基本方針決定権限は常にこの三者関係において把握されなければならない。そこで、基本方針決定権限については次のことが主に論点として問題となる。クレーンケによれば、第1に、連邦首相の基本方針の設定、第2に、連邦首相の基本方針内容の決定権、第3に、各連邦大臣の職務遂行権の確保、第4に、合議機関（内閣／連邦政府）の調整・調停作用が指摘されている[30]。

　第1の連邦首相の基本方針設定について、連邦首相は基本方針を政治裁量の一部として扱いつつも、原則規範（grundsätzliche Regelungen）によってのみ下されなければならない。そのため、基本方針は、そもそも「基本法及びその他の法律に違反してはならない」制約が当初より課せられている[31]。連邦首相がひとたび基本方針を設定した場合には、連邦大臣と連邦政府を拘束するが、連邦首相自身はこれに必ずしも拘束されず、自身で基本方針を変更することができる。基本方針が設定された後、連邦大臣は自己の責任でその所管任務の範囲内において、その行動の自由を有する。但し、連邦首相は、一般的意義をもった基本方針を設定することで、各連邦大臣に対し個別的指示を付与することが許容されている。つまり、連邦首相の基本方針決定権自体は、「政治の一般的基本方針、つまり政府の大きな政治目標を決する」点に意義があり、同時にその設定は「一般的な政治的意思形成にあたって政府構成員に対抗するために政府の長の優越的地位を確保する」ことに主眼が置かれている[32]。

　第2の連邦首相の基本方針内容の決定権についてである。連邦首相はいわゆる「権限の権限」をもたないものの、基本方針の内容を自ら解釈する権限を有する。そのため、連立協定による基本方針の変更、政権獲得後の政府プ

30）H.Karehnke,Richtlinienkompetenz des Bundeskanzlers,Ressortprinzip und Kabinettsgrundsatz, in: DVBl.,1974,SS.101-113.

31）Ibid.,S.102.

32）Ibid.,S.103.

ログラムの変更は――その政治的リスクを別にして――連邦首相の固有の権限であるとみることができる[33]。

第3の各連邦大臣の職務遂行権の確保は、各連邦大臣の固有の権限の課題であるが、逆からみれば、それはその責任制の範囲の課題であり、むしろこの視点の方が重要である。基本法65条が定めるように、各連邦大臣は「基本方針の範囲内」で所管事項につき自己責任で行動することができる。確かに、所管原理によれば、政府の任務は専門領域に従って各所管に配分されるが、「基本方針の範囲内」という絶対条件に各連邦大臣が拘束されるため、各連邦大臣の責任も限定化される。その拘束性から「立法府に対する各連邦大臣の直接的責任は発生せず、むしろ議会に対する間接的責任のみが生れる。直接的には各連邦大臣は連邦首相に責任を負う」[34]にとどまる。すなわち、各連邦大臣は連邦議会に対する個別責任を負わないだけではなく、そもそも対議会責任制からは免れ、少なくとも基本法上はもっぱら連邦首相のみにその責任を負う。連邦首相が基本方針を設定し、その内容を確定させた後では、各連邦大臣はその基本方針を遵守して所管事項を行うだけであり、これに反する行動をとった場合には辞職するか、あるいは「連邦首相の提案に基づき連邦大統領による罷免」(基本法64条1項)を受けるしかない。つまり、連邦首相原理は所管原理に優越して、基本方針の現実化が図れることになる。

第4の合議機関(内閣／連邦政府)の調整・調停作用は、「連邦大臣の間の意見の相違については、連邦政府が決定する」(基本法65条)という法文から導き出せる合議制原理の課題である。合議体組織である政府は、連邦首相の基本方針を前提に、一切の問題について審議し、調整を行う。内閣制(Kabinettsystem)の下、各連邦大臣は、政府の長と共に一つの合議制的決定機関を形成する。内閣制とは、その純粋の形式上、各所管大臣が一つの合議体にまとまり、多数決に従い各所管の行政を指導することを意味する。当該所管の指導者は純粋形式的には本質上、合議制的全体の単なる遂行機関であるとみられる。その結果、内閣自体は政治責任を負わない。というのも、基本法65条3・4段に基づいて、内閣は調整任務こそが重要であり、その調整は、連邦首相の基本方針権限、各連邦大臣の所管原理に対して優越的機能をもち得ないからである。いわば、基本法上の合議制的原理によって機能する連邦

---

33) Ibid.
34) Ibid.

政府は、連邦首相によって「指導された合議体（geleitetes Kollegium）」なのである[35]。

　以上、首相原理、所管原理、合議制原理の三つの関係性について素描してきたが、この三つの関係性は、並列化しているのではなく，重層化しているとみられる。むしろ政治現実では、この三つの要素の優越問題が顕在化する場合が多い。

Ⅱ．基本方針権限の優位性と限界

　ドイツ基本法65条における連邦首相の政治の基本方針決定権限が、それ自体法的枠組の下に置かれるとしても、その射程範囲は著しく広汎である。ヘルメスは、連邦首相の政治の基本方針について、次のような概念設定を与えている。まず、「政治」の概念の具体化には、国家全体に関わる目標、社会的権力の制度・その行使に関わる創造的決定、特定の理念・目標の設定及び実現化が含まれている。他方で「基本方針」の概念には、最終的プログラムの特性と実現可能で必要不可欠な枠組という特質が含まれていると指摘する。その結果、「政治の基本方針」は、「基本的国家制度を決定してゆく形成決定」、「政策の目標・方向性の公表」、「政治的方針原則・指導原則」、「基本的かつ方向性をもった決定」、「連邦政府の国内外に向けた一般的目標の枠組」[36]として描かれる。

　とはいえ、基本方針決定権限は、憲法上の統治内部の権能の課題である以上、そこには一定の制限が課せられる。国法学者たちが基本方針決定権限を法の枠で処理しようとした実践的意味は、政治を動かす連邦首相の基本方針決定権限を所管原理、合議制原理と対抗させたところにある。加えて、基本方針決定権限自体への制限も当然ある。というのもドイツ基本法65条は、政治プログラムの規定ではなく。連邦首相への枠機能を果たすからである。では、基本方針決定権限には、どの点に限界があるのであろうか。

　一般的にみれば、連邦首相は規定通りに成立した内閣の決定に拘束されつつも、彼の個人的意見と審議における自身の見解の軽重を通じて内閣の意思形成に関与する。連邦首相は、その決定に基づいて必要なる措置（Nötige）を企図する（たとえば、議会の総会において法律議決を求めるさらなる指導）。し

35）Ibid.,S.104.
36）Hermes, a,a,O.,(Fn.9),S.1233f.

228　第9章　ドイツ連邦首相の基本方針決定権限の概念

かし、論議されて明らかになった政治問題が、当初の決定に関わる個別問題として現れた場合には、内閣の意思に従って連邦首相を拘束するとみるのは問題である[37]。つまり、首相原理は明示的に所管原理に優越しつつも、首相原理が合議制原理に優越することは、基本法上、明文化されていない。では、首相原理は合議制原理と同じランクにあるといえるのであろうか。換言すれば、連邦首相の基本方針権限の特権は、閣議室の入口のところにその限界を見いだすことができるのであろうか[38]。この課題について、フリアウフはその限界点を次のように区分している。第1に、基本方針決定権限そのものに対する憲法上の諸原則による制限、第2に、連邦首相による基本方針の発令形態自体に関わる制限、第3に、基本方針決定の内容への制限、である。

　第1の基本方針決定権限そのものに対する憲法上の諸原則による制限とは、統治の基本原則である議院内閣制に関わる制約のことである。フリアウフは、ドイツ基本法の議院内閣制の質の課題として、政府は議会の執行委員会ではなく、法的に独立した機関であることが重要であると指摘している。とくに、ドイツ基本法63条4項及び67条1項では、連邦首相の選出方法と連邦大臣の対連邦議会個別責任制の否定が定められているが、これら規定はそもそも少数政権を合法化し、また前提としている。すなわち、少数政権であれば、その政権維持のために安定政権よりもより一層、連邦議会の多数派の意思を尊重しなければならないが、連邦首相も、連邦議会と同様に、国民のために国家権力の担い手として活動し、その意味で連邦議会の多数派ではなく、国民の代表者として行動しているとみられる。とはいえ、連邦首相は連邦議会との関係性において、三つの依存関係性に置かれる。建設的不信任による失脚の可能性、自己の政策実現にかかわる法律制定のための多数派工作、連邦首相の職が所属政党・連立政党により拘束されること、である。しかし、フリアウフはかかる拘束性を高く買いかぶることを戒め、連邦議会の政治的決定からの連邦首相の法的独立性は、連邦首相に対して、常に自己の政策と連邦議会の多数派の意思との間にある健全な緊張関係を生み出す可能性を与えていると捉える[39]。いわば、連邦首相の基本方針決定権限の自由とその限界は、連邦議会の多数派の意思との拮抗によって、統治構造それ自体に内在化しているとみているのである。

37）Knöpfle,a.a.O., (Fn.14),S.928.

38）Ibid.,S.929.

39）Friauf, a.a.O.,(Fn.28),S.55ff.

第3節　基本方針決定権限の内容と限界　**229**

　第2の連邦首相による基本方針の発令形態自体に関わる制限とは、基本方針決定権限の行使に課せられる制約のことである。この基本方針は、ドイツ基本法及びその他の法律に違反して発せられてはならない制限がある。というのも、連邦首相の基本方針決定権限は、基本法によって付与された権限であり、そのために憲法的秩序の枠に拘束されるからである。そうした消極的制約の外に、憲法の価値決定に基づく積極的制約がある。フリアウフは、当初のボン基本法体制の下、ドイツ再統一条項（旧ボン基本法前文／旧146条参照）を考慮しない外交の基本方針、旧ボン基本法が事前決定している社会的法治国家原理に反する基本方針は、違憲と目されると指摘している[40]。

　第3の基本方針決定の内容への制限とは、ドイツ基本法と法律によって引かれる実定法上の内在的・内容的限界のことである。この限界は、連邦首相の職務地位及びこれに結びついた対議会制的責任から生まれる[41]。連邦首相の基本方針に基づく政府政策は、連邦議会の多数派の意思によって承認・実行される。その点、連邦首相は、連邦議会との協調性を担保できない政策設定をすること自体に対し制約が課せられている。少数政権、連立政権の場合には、他党との事前の政策合意が必要であり、単独政権の場合にも事情は同様であろう。連邦首相は、自己の政策実現について、第一義的に連邦議会に責任を負う。フリアウフは、その責任制に連邦首相による個々の政策実現に対する制約をみてとっている。換言すれば、連邦首相は基本方針に基づく政府政策の実現可能性があるか否かを考慮せざるを得ず、連邦首相は、「議会に対する自己の責任性に立脚する国家及び全体性と特別な法的連関性」[42]の前に立ち止まらざるを得ない。すなわち、連邦首相の基本方針の決定は、常に連邦議会による建設的不信任の端緒を切り開く可能性をもち、だからこそ連邦首相は連邦議会の多数派の意思のありかを探りつつ、連邦議会の意思を基本方針に適合的に変容させる必要がある。そこでは、連邦首相の対連邦議会の政治的従属性というよりも、自己の政策実現に関する対議会責任制が重視される。連邦首相のみが対議会責任を負うというこの図式は、必然的に連邦首相が基本方針を広範囲に決し、これを実行するという権限をもつことに至る。責任を負うということは、決定の自由をもつことと同義であり、広汎な責任はそれに対応した決定の範囲をもつことを意味するからである。

40）Ibid.,S.59f.
41）Ibid.,S.60.
42）Ibid.

第4節　日本との関連性

　いわゆる「官僚内閣制」から強い「リーダー・シップをもった首相」像への転換が日本政治の課題であり[43]、こと東日本大震災以降、強力な権限をもった首相が求められている。かかる首相像を実像化するには、一つには首相個人のパーソナリティーが関わっている。ドイツの場合には、アデナウアー、シュミットのような各連邦首相、日本では古くは吉田茂、最近では小泉純一郎という個性的な首相が、強力なリーダー・シップを発揮した。

　しかし、ここで問題としたいのは、パーソナリティーではなく、統治制度そのものである。ドイツ基本法では、連邦首相の基本方針決定権限は、憲法内在的であり、議院内閣制という統治システム自体に立脚している。単なる執政権内部構造における首相原理、所管原理、合議制原理の配分方法の課題ではない。連邦首相の基本方針決定権の制約論、その責任の範囲が論じられるのは、正に強力な首相デモクラシー論への制限化の結果である。

　日本の首相のリーダー・シップ論は、それとは逆向きの方向性を示している。日本の首相の権限強化を求めるには、そもそも憲法典上の制約があり、それ故に法律で内閣・首相の強化を図るところに特色がある。権限強化が立法事項であるため、時の政権の思惑が先行し、しかも「強い内閣」を選挙制度改革、行政組織関連法の制定・改正により政権党は構築してきたと思われる。だが、憲法構造自体に内在する内閣の対国会連帯責任制は常にその阻止要因として機能する。つまり、内閣法4条において首相の基本方針権限を新設したとしても、首相は内閣の連帯責任制から逃れることはできず、その意味で憲法典自体が「強い内閣」の誕生を阻んできたとみてよい。

　もう一つ大きな論点がある。それは、制度的条件である。日本では、内閣法、内閣府設置法等の改正・新設を通じて、首相権限の強化が図られたが、ポスト小泉以降、第1次安倍内閣から民主党政権末期の野田内閣まで「強い首相」が登場していない。これは、単に首相個人のパーソナリティーの質に還元されるだけではなく、制度的条件とこれに対応する政治環境が、首相の権限行使の「強弱」を決定しているからである。その制度的条件あるいは憲法的枠組は、日本国憲法における内閣の対国会連帯責任制にある。そこにあ

43）飯尾潤『日本の統治構造』（中公新書、2007年）が代表的である。

る論点を次のように指摘することができる。

第1に、日本国憲法の国家実践において個別大臣責任制が肯定されている問題がある。ドイツ基本法では、ヴァイマル憲法時代に個別大臣責任制が政府を不安定化させた一つの原因として認識され、連邦首相のみの対連邦議会責任制が意識的に構築された。これに対し日本国憲法66条3項は「内閣は、行政権の行使について、国会に対し連帯して責任を負ふ」と定め、内閣の連帯責任制が基本であることが宣明されている。しかし、衆議院における各個別大臣不信任決議の提案、さらにはいわゆる逆転国会発生時における野党側からの首相または各国務大臣への参議院による問責決議が議決される実態からすれば、事実上、日本の憲政では、個別大臣責任制が制度化されているといっても過言ではない[44]。とりわけ、個別大臣責任制を各国務大臣の行動の自由として自己責任の名の下に保障するというよりは、内閣の対国会連帯責任制のいわば代替的機能をあてがわれ、参議院多数派による倒閣手段と化している点は否めない。逆転国会という政治環境は、その意味で首相の権限行使を著しく制限している。

第2に、連帯責任制の相手の課題がある。日本国憲法では、合議体としての内閣が連帯として衆議院ではなく、合議体としての国会に責任を負うことが定められている。合議制原理と所管原理に優越する首相の指揮監督権（内閣法6条）を用いて内閣の統一性を首相が確保したとしても、首相は衆議院と参議院双方から攻撃を受ける。合議体としての国会が、統一的意思形成を首相の意に即して行う場合には問題とはならないが、逆転国会がある場合には、合議体としての国会の意思形成は、衆議院優越の憲法所定事由以外では、著しく困難である。「参議院までの内閣の連帯責任制」は、その意味で「内閣の重要政策に関する基本的な方針」（同4条）の決定自体に重大な影響を与

44）衆議院及び参議院による個別大臣への不信任決議または問責決議は常態化している。通常は、政府与党側がこれを否決する。しかし、逆転国会がある場合には、参議院側が各国務大臣への問責決議を可決する場合があり、その際には、事実上、問責を受けた国務大臣は辞任するという「憲法慣行」が生まれつつある。最初の事例として、1998年10月16日、額賀防衛庁長官の問責決議、最近の事例では、2010年11月26日・27日、仙谷由人内閣官房長官、馬淵澄夫国土交通大臣に対して問責決議が可決された。この三例とも、事後に国務大臣の辞任につながった。また、首相については、2008年6月11日、福田康夫首相及び、2009年7月14日、麻生太郎首相に対して民主党側から問責決議が提出され、それぞれ可決された。福田首相の場合は、問責可決後、約3ヶ月に総辞職、麻生首相は、衆議院解散総選挙を行い、選挙で敗れ退陣することになった。こうした参議院の動きを憲法上の越権とみるか、本来の機能とみるかは、憲法学説上、一致点はない。

232 第9章　ドイツ連邦首相の基本方針決定権限の概念

え続ける。

　日本国憲法上、内閣総理大臣の基本方針決定権限を内閣法に明示し、その
リーダー・シップを発揮させうる法律的環境を整えるという発想は、内閣の
強化と行政内部の首相統治の構造転換に資することはあっても、議院内閣制
という大きな場面では、憲法が定める内閣の対国会連帯責任制が阻止要因と
して存在する。換言すれば、日本国憲法は、「強い内閣」、「首相のリーダー・
シップ論」とは合致し得ない構成要素を本来的に内包しているといってよい
であろう。

　最後に、昨今の執政権論との関係について一言しておこう。憲法65条が
定める「行政権は、内閣に属する」という法文における行政権の意味につい
てである。日本では、控除説が通説であり、行政権の積極的定義は——僅か
な例外を除けば[45]——困難を極めている。その原因は、行政権の範囲が広範
でありすぎ、行政＝法律執行のイメージで捉えることが不可能であったから
にほかならない。憲法73条1号に定める「国務を総理すること」という法文
が、すでに憲法典内在的にそのことを物語っている。つまり憲法第5章に定
める内閣の憲法的任務は、ドイツ基本法と同様vollziehenden Gewalt（Executive）
として把握できるが、狭義の行政権を念頭に、法律執行＝行政（Verwaltung）
という図式は、内閣の一つの憲法的任務を反映しているに過ぎないとみられ
る。そうだとすれば、昨今の執政権論は[46]、ある意味、行政権の広狭という
定義問題に還元することもできるはずである。

　しかし、筆者が注目する点は、そうした点ではなく、内閣の対国会連帯責
任制の文脈で、その責任の始原的原因が、法律執行＝行政権行使にあるので
はなく、内閣総理大臣が具体的に国務の「総理」に失敗し、その統括責任を
内閣が連帯して国会に負わなければならない点にある。そこでは、明らかに
vollziehenden Gewalt（Executive）行使の失敗の結果責任が、内閣の存立と直
接関係していると思われる。すなわち、内閣の対国会連帯責任制の根拠は、
憲法72条における内閣総理大臣の行政各部指揮監督権行使、同73条におけ
る内閣の各権能を含めた同65条にいう「行政権」行使の結果的政治責任に
ある。その政治責任の負い方が、内閣総辞職——衆議院解散の場合も事後的

45）代表的見解として、田中二郎『新版行政法　上巻』（弘文堂、1974年）5頁参照。

46）執政権論の整理として、安西文雄ほか『憲法学の現代的論点〔第2版〕』（有斐閣、
　　2009年）155頁以下〔淺野博宣執筆〕参照。また、ドイツの執政論については、村西
　　良太『執政機関としての議会』（有斐閣、2011年）214頁以下参照。

に内閣総辞職が求められている——なのである。かかる連帯責任制を負わざるを得ない内閣は、逆説的にだからこそ広範な行動の自由が保障され、そうした内閣の行動の自由の範囲を確定しうるものとして「行政権」が描かれるべきだったのであろう。

第5節　小　結

　ドイツ基本法65条における連邦首相の基本方針決定権限は、首相原理にしたがって連邦首相の卓越した政治指導権を保障するために存在するといえる。とはいえ、法の枠組にこの権限を押しとどめ、所管原理と合議制原理との調和の中で基本方針決定権限が制約される。しかも、ドイツ的議院内閣制の論理では、連邦議会による連邦首相への責任追求手段が留保されるため（同63条、67条及び68条）、連邦議会の承認を背後にもたない連邦首相の基本方針決定権限の行使は、著しく制約化される。

　もっとも、ドイツ基本法では、合議体としての内閣の対連邦議会連帯責任制は存在せず、同時にヴァイマル憲法とは異なり、個別大臣責任制が否定され、もっぱら連邦首相単独の対連邦議会責任制のみが採用された結果、逆に連邦首相は自己責任の下、統治内部構造において優越的支配権を行使しうる。特に、連立政権の場合、連邦大臣が連立相手の政党の党首であるとき、所管原理を主張する連邦大臣に対して、連邦首相は自己責任で基本方針の実現・修正を指導しうる[47]。そこでは、連邦首相の指導力と合議制原理の兼ね合いが、所管原理に優越的に作用することが期待されている。

　以上のようなドイツ基本法における基本方針決定権限のあり様は、日本の統治内部構造における首相のリーダー・シップ論とは、次元も実態も異なる。日本型議院内閣制では、内閣の対国会連帯責任制の下、そもそもその責任の範囲自体が定まっていない——参議院による首相問責決議の国家実践。つまり議院内閣制の本質をめぐる責任本質説の最初のところで、責任の範囲論はつまずかざるを得ない。また均衡本質説の議論においても、内閣の解散権が及ばない「強い参議院」の存在は、「強い首相」との折りあいをつけることを著しく困難にしている[48]。そうした憲法状況下で、首相の基本方針決定権

47）Schröder, a.a.O.,(Fn.4),S.1654.
48）加藤・前掲書（註13）13頁以下参照。

234　第9章　ドイツ連邦首相の基本方針決定権限の概念

限を内閣法に明記した意味とは、一体何であったのであろうか。

　加えて、「強い内閣論」、「首相のリーダー・シップ論」の中で、ときとして首相個人の強いパーソナリティーに期待する傾向がみられる。いわゆるポピュリズム論である[49]。選挙にも「強い首相」を擁する一つの政党が、衆議院と参議院において多数派を形成すれば、首相のリーダー・シップは盤石になり、内閣と国会の関係性は協調的になる。そこでは内閣の対国会連帯責任制は、総体的に低減化し、逆に責任から解き放たれた首相は、憲法上のその地位を最大化することができる。しかも法律で首相権限が強化された状況と重ね合わせると、首相権限の統制は、そこではほとんど困難になる。その適例が小泉政権時代の郵政解散劇であり、第2次安倍政権における「忖度政治」だったのであろう。ポピュリズムの一様式が現憲法の衆議院解散に関する解釈の限界を超えたという意味で、両政権の存在とこれを支えた有権者の応答は、立憲政治の臨界点を示した。では、これを首相の基本方針決定権限強化の好例として描いて良いのであろうか。

　小泉首相から第2次安倍政権発足前までの各政権が一年単位の短期政権であった現象は[50]、ある意味異常である。ドイツと日本とのこの距離感は、Kanzler と prime minister の言葉にみられる相違、あるいは政治指導者の基本方針決定権限の強弱の問題というよりも、内閣統治の一形式である議院内閣制の質に起因している。それだけに首相権限強化論は、法制度としての行政機構の改革論では本来、処理しきれない問題群であったはずである。だからこそ逆説的に、首相／首相の基本方針決定権限への憲法的統制という議院内閣制の実質の課題が――こと日本では――今後とも憲法学の課題であり続けるのである。

49）ポピュリズム論については、吉田徹『ポピュリズムを考える』（NHKブックス、2011年）が最近の作品として注目される。吉田も、小泉首相は敵を意図的に作り上げ、これを打倒する姿にポピュリストの特質をみている。同190頁以下参照。

50）首相の大きな仕事は、選挙で勝利することである。日本の場合は、衆議院議員総選挙のみならず、3年ごとの参議院議員選挙、加えて統一地方選挙、党代表選挙という四つの重大選挙の看板として首相が利用され、敗北すれば看板の付け替えが行われるという選挙至上主義的党運営が与野党とも常態化している。これらすべての選挙に勝利しうる首相を生み出すことは、制度的には不可能である。むしろそこにポピュリズムが生まれる土壌がある。

第10章

ドイツ基本法における連邦首相と連邦議会との対抗関係性
——連邦首相の信任動議の憲法問題——

第1節　はじめに

　ドイツ基本法制定（1949年）以来、基本法68条に基づく連邦首相（宰相）からの信任動議が連邦議会に提出された事例は5回ある。その内、信任動議が否決され、その対抗措置として連邦首相が連邦大統領の解散権を用いて連邦議会を解散した事例は3回である。残余2回は、信任動議が可決されたため連邦議会解散には至ってはいない。また、基本法67条に基づく建設的不信任動議が連邦議会において可決され、連邦首相が解散権行使もできず、退陣に追い込まれた事例は、1回しかない。

　他方、日本国憲法施行後、衆議院の解散は常態化し、任期満了を原因とする衆議院議員総選挙は1回のみである（三木内閣／総選挙日1976年12月5日）[1]。しかも衆議院解散事由として、憲法69条の内閣不信任決議案の可決に基づく衆議院解散は4回しかなく（最初の「馴れ合い解散」〔採決日1948年12月23日〕[2]を含む）、残余は天皇の国事行為を用いた内閣の意思による憲法7条に基づく衆議院の解散である。

---

1) 林茂＝辻清明編著『日本内閣史録　6』（第一法規、1981年）397頁参照。但し、衆議院議員総選挙は衆議院議員任期満了直前に行われた。任期満了後の衆議院議員総選挙はこれまで行われたことはない。
2) 林茂＝辻清明編著『日本内閣史録　5』（第一法規、1981年）179頁参照。

236　第10章　ドイツ基本法における連邦首相と連邦議会との対抗関係性

　そこで本稿の問題関心は、第1に、なぜドイツ連邦議会は任期満了を基本とし、連邦議会の解散が例外なのか、逆に、なぜ日本の衆議院はそれと真逆の関係に立つのか、という点にある。第2に、下院を解散するには、実定憲法上の構造の相違のみならず、それ相応の理由があるはずであり、何がその根拠として描かれているのかを見い出す点にある。換言すれば、政府の下院に対する解散権行使は、憲法の外皮をまとった「政治の力」であるのか、あるいはそれぞれの憲法において「合理化された解散事由」が存在しているのか、という課題である。

　そこで本章では、ドイツの実例を参考に連邦首相による解散権行使の憲法的意味について、考察を加えることとしたい。特に、連邦首相の「解散を目的とした信任動議」の否決問題について論じてみたい。この作業を通じて、日本国憲法上の解散権の実情が、議会政の運用上、かなり変則的であることが、浮き彫りになると考えるからである。

第2節　ドイツ連邦議会の解散制度

I．背　景

　ドイツ基本法63条1項は、「連邦首相は、連邦大統領の推薦に基づき、討論を経ずに、連邦議会によって選挙される」[3]と定め、同2項は、「連邦議会議員の過半数の票を得た者が連邦首相に選出される。選出された者は、連邦大統領によって任命される」と規定している。また、同69条2項は「連邦首相または連邦大臣の職務は、いずれのときも、新しい連邦議会の集会をもって終了し、連邦大臣の職務は、連邦首相の職務につきその他一切の終結のときも終了する」と規定している。これら条項は、議院内閣制の構成要素の一つである首相選任権が連邦議会（下院に相当）にあることを明示している[4]。

　加えて、連邦首相と連邦議会の権力関係性についても、ドイツ基本法は議院内閣制の基本線を定めている。具体的には、ドイツ基本法67条1項及び同

---

3)　実際の提案書式は、ドイツ的書簡の形式をとっている。最近の実例を紹介しておく。「ドイツ連邦議会議長宛　親愛なる連邦議会議長殿、ドイツ基本法63条1項に基づき、私は連邦議会におかれましては、A.メルケル女史を連邦首相に選出されるよう提案いたします。連邦大統領　署名」。この文面については、S.Linn u. F.Sobolewski,So arbeitet der Deutsche Bundestag,26.Aufl., 2013.,S.23.

2 項に定める「連邦議会は、その議員の過半数をもって連邦首相の後任者を選出し、連邦大統領に対し、連邦首相を罷免すべきことを要請することによってのみ、連邦首相に対して不信任を表明することができる。連邦大統領は、この要請に応じて、選挙された者を任命しなければならない」、2 項「その動議と選挙との間には、48 時間なければならない」との規定である。

　他方、ドイツ基本法 68 条 1 項は、「自己に信任を表明すべきことを求める連邦首相の動議が、連邦議会議員の過半数の同意を得られないときは、連邦大統領は、連邦首相の提案に基づいて、21 日以内に連邦議会を解散することができる。その解散権は、連邦議会が議員の過半数をもって別の連邦首相を選挙したときは、直ちに消滅する」、同 2 項「その動議と投票との間には、48 時間なければならない」と定めている。この 67 条と 68 条の規定が、連邦議会と連邦首相の権力均衡性を担保している。特に、基本法 67 条は、「建設的不信任投票制度（konstruktives Misstrauensvotum）」と呼ばれ、ドイツ基本法に初めて導入された下院による首相不信任制度である。

　この制度が導入されたのは、ヴァイマル憲法時代の負の遺産に依るところが大きい。すなわち、ヴァイマル憲法成立（1919 年）以来、ナチス政権樹立（1933 年 1 月 30 日）までの 14 年間に 20 の内閣が形成されたが[5]、各内閣の平均寿命は約 8 箇月の短期政権であった。しかもモザイク型連立内閣が常態化していたため、多くの場合、政党自体の政争が内閣交代の原因であった。

　ただ議会政治の基本線である議会による行政府への不信任決議案の可決――ヴァイマル憲法 54 条に定めるライヒ議会による「信任」の不存在（不信任の議決）――によって、内閣が退陣せざるを得ない事例もあり、それは 4 回記録されている[6]。この内の 3 回の事例、すなわち、第 2 次シュトレーゼマン内閣（1923 年 10 月 6 日 -11 月 23 日）、ルター内閣（1926 年 1 月 20 日 -5 月 12 日）、第 3 次マルクス内閣（1926 年 5 月 16 日 -12 月 17 日）の各事例は、ライヒ議会による不信任決議案の可決の結果、ライヒ首相が退陣し、その後、新たな連立の組み替えが行われることによって、新内閣が形成された。もっとも第 4 回目の不信任決議案の可決については、複雑な事情がある。すなわち、パーペ

4）ドイツ基本法 63 条 3 項及び 4 項は、いわゆる大統領内閣（日本的にいえば大命降下的内閣）を排除するため、連邦議会において首相選出が不可能な場合に限定して、連邦大統領の連邦議会解散権を規定している。なお、同条項の適用事例はないため、ここでは考察の対象外とする。

5）E.R.Huber,Deutsche Verfassungsgeschichte, Bd.6.,1981,S.328f.

6）Ibid.,S.334f.

ン大統領内閣[7]（1932年6月1日-11月17日）に対して、ライヒ議会は不信任決議案を可決したが、これに対しパーペン内閣はヒンデンブルク大統領の権限（ヴァイマル憲法25条1項）を用いて、ライヒ議会を解散した[8]。解散後、ライヒ議会議員選挙が行われたが、議会の多数派の信任のないシュライヒャーが大統領によりライヒ首相に任命された――この事例は、ヴァイマル憲法54条の枠には収まらない特異な例であろう。

　以上四つのライヒ議会による不信任の実例は、内閣統治全般への不信任というよりも、首相個人への不信任に起因している。すなわち、各政党は「首相に対する不信任」という一点のみで議会内多数派を形成し、不信任が確定した後に、各政党は改めて連立組み替え交渉を行い、新たにライヒ首相を選出するという形で不信任の政治的意味を作ってきた。こうした無責任な不信任決議のあり方は、後に「破壊的不信任投票（destruktives Misstrauensvotum）」と呼ばれ、その不信任投票の政治利用が、ヴァイマル憲法の構造的欠陥の一つとみなされてきた。

　戦後、西ドイツ基本法（1949年）の出発点となるヘレンヒムゼー草案が構想されるが、そこでは、ヴァイマル型議院内閣制における議会による不信任決議のあり方が、批判対象とされた。当初より、西ドイツ基本法制定会議（Der Parlamentarische Rat）は、同草案90条1項において、「連邦議会は、連邦首相の後任者を指名し、連邦首相の罷免を連邦大統領に求める場合に限り、連邦首相に不信任を表明することができる」とする規定を構想していた[9]。基本法制定者は、ヴァイマル型議院内閣制を否定し、議会制原理に対応した内閣統治を確立させる点では一致していたからである。そこで、ヴァイマル憲法54条の不信任制度を否定し、いわゆる「積極的不信任投票制度（positives Misstrauensvotum）」[10]の導入を求めたのである。

7）大統領内閣とは、各党の連立協議によって連立政権が形成されず、ヴァイマル憲法53条に基づきライヒ大統領によりライヒ首相が任命される内閣のあり様を指す。第1次ブリューニング内閣（1930年6月28日-1931年10月7日）、第2次ブリューニング内閣（1931年10月9日-1932年5月30日）、パーペン内閣（1932年6月1日-11月17日）、シュライヒャー内閣（1932年12月3日-1933年1月28日）の四つの内閣がその例である。議会内多数派の協力がないため、政府はライヒ大統領の非常事態権限（ヴァイマル憲法48条2項）を用いて、統治せざるを得なかった。Ibid.,S.328f.

8）Ibid.,S.334f.

9）ヘレンヒムゼー草案に関する紹介として、JöR.Bd.1,2.Aufl.,2010. が便利である。各条文ごとの審議・討論過程が簡潔に描かれている。ここでは、SS.442-447.を参照した。

10）Ibid.,S.442.

第2節 ドイツ連邦議会の解散制度 **239**

こうした西ドイツ基本法制定者の姿勢は、68条の規範化にも影響を与えている。すなわち、ヴァイマル憲法25条によれば、ライヒ大統領は任意にライヒ議会を解散できる旨を定めていたが、これを改め、政権構築に失敗した場合に限って、連邦議会の解散が可能にすることを構想した（ドイツ基本法63条）。同時に、連邦大統領権限による議会解散権は認めず、また議会の自己解散制度も認めないことも合意した[11]。ただ、連邦政府が真に政治的対立に直面した場合、重要な政治的決定を国民に委ねる方法として議会解散権の導入を構想した。その結果、連邦首相が議会解散権を有しつつも、議会多数派が野党であるときに限り、連邦首相が連邦議会を解散する権限を有するとの共通認識が生まれ、実際にそうした規定を挿入することにした[12]。同68条が連邦首相の後任者を決定した場合には、安定した議会内多数派が形成され、連邦首相の解散権行使の必要性は認めないという理由は、その点に由来する。

II．実例の紹介

当初の西ドイツ基本法制定者が意図したように、議会内多数派が形成されれば、連邦政府と連邦議会は対立せず、しかも連邦首相——形式的には連邦大統領——による連邦議会への解散権濫用は回避できるのであろうか。ここでは、現在の基本法67条と68条が現実政治の場面でどのように機能したかについて、6つの事例を通観しておこう。

①【1972年／第1回目の建設的不信任動議の事例】

1972年の連邦議会は、SPDのブラント（W.Brandt）政権であったが、SPDはFDPと連立政権を形成していた。一方、CDU/CSUは、連邦議会内において、比較第1党の地位を占め、連立与党側との議席差は6議席という議会情勢であった。CDU/CSUは、ブラント政権を倒すため、与党FDPの一部議員に対しいわゆる「引き抜き」を計画し、ブラント政権の少数政権化を目指していた。

そうした中、1972年4月24日、ブラント連邦首相に対し、基本法67条1項に基づき建設的不信任動議を野党CDU/CSUが提出した。この動議の中に

11）Ibid.,S.447.
12）Ibid.,S.448.

240 　第10章　ドイツ基本法における連邦首相と連邦議会との対抗関係性

は、その連邦首相の後任者としてCDUのバァルツェル（R.Barzel）を候補と
することが含まれていた。というのも、建設的不信任制度では、現首相に対
する不信任の意思を表明するだけでは足らず、その後任者も予め決定してお
くことが、基本法67条1項によって定められているからである。同67条に
基づく建設的不信任動議（Antrag）の書式は、次の通りである。

　「連邦議会は、次の議決を求める。本院はW.ブラント連邦首相を不信任し、
その後任者として連邦議会議員R.バァルツェルをドイツ連邦共和国の連邦
首相に選出することを望む。連邦大統領におかれては、W.ブラント首相を
罷免されたい」[13]。

　基本法67条2項によれば、「動議と選挙の間には、48時間おかなければな
らない」と定めているため、動議採決は直ちに行われず、4月27日の本会議
において採決することとなった。採決の結果、野党側のもくろみは失敗し、
絶対過半数（die absolute Mehrheit）[14]の249票に2票足らない247票しか獲得で
きず[15]、建設的不信任決議案は否決された。ブラント連邦首相の信任が確定
したため、ブラント政権は継続することとなったが、この政治的対立は、
数ヶ月後、別の形で顕在化することになる。

②【1972年／第1回目の信任動議の事例】

　この事例は、逆にブラント連邦首相から基本法68条1項に基づく信任動議
が連邦議会に提出されたケースである。すなわち、ブラント連邦首相は、不
安定な政権運営に苦しむ一方、国民からのSPDとFDP連立政権への支持は
高いと考え、連邦議会の解散を目論み、あえて信任動議を否決させようと意
図していた。そこで、ブラント連邦首相は1972年9月20日に連邦議会に対
し、基本法68条に基づく信任動議を連邦議会に提出した。ブラント連邦首
相は、意識的に閣僚に対し、信任しないよう求め、自身が不信任されるよう
仕組んだのである。

　基本法68条2項も67条2項と同様、48時間の時間経過が定められている
ため、採決は同22日に行われた。採決の結果は、次の通りである。信任賛

---

13) Deutscher Bundestag,Druksache 6/3380(24.04.1972).
14)「絶対過半数」では、投じられた有効な投票を分母とはせず、現有議員定数を分
　　母とする。したがって棄権、欠席は反対票として計算される。基本法121条参照。
　　また Hrsg.H.Tileh und F.Arloth, Art.,Abstimmung, in: Deutsches Rechts-Lexikon, Bd.1,
　　3Aufl.,2001,S.57f. なお、ドイツ連邦議会HPによっても用語の定義は検索可能である。
15) Deutscher Bundestag,Plenarprotokoll 183. Sitzung 27.04.1972, Nr.06/183, S.10714.

成は233票、信任反対は248票（棄権は1票、無効は14票）[16]。信任動議は否決である。そこで、ブラント連邦首相は基本法68条1項に基づきハイネマン（G.Heinemann）連邦大統領による連邦議会の解散の提案を求め、連邦大統領は連邦議会を9月23日に解散した。

解散後、11月19日に連邦議会選挙が行われたが、SPDは518議席中（ベルリン選挙区22を含む）比較第1党の230議席、FDPは41議席、合計271議席の安定過半数を獲得し、CDU/CSUは比較第1党から転落し、225議席にとどまり、この選挙で敗北した[17]。ブラント連邦首相の「奇策」が成功した事例である。

③【1982年／第2回目の建設的不信任動議の事例】

1980年の連邦議会もSPDとFDPの連立政権であり、連邦首相はシュミット（H. Schmidt）であった。しかし、野党CDU/CSUは、1976年の連邦議会選挙において比較第1党の地位を獲得し、1980年の連邦議会選挙でもSPDに勝利していた。SPDはFDPと連立を組むことにより何とか過半数を得ていたが、政権の命運はFDPが握っていた。しかし、SPDの党内において左派勢力が力量を増していき、中道政策を指向するFDPとの対立が顕在化してきた。両党の路線対立は頂点に達し、1982年9月17日、FDP出身の四閣僚が財政再建をめぐる政治対立を理由に辞任し、FDPは連立から離脱した[18]。その結果、シュミット政権は少数政権へと転じた。

この機にCDUの党首コール（H.Kohl）は、FDPと組み、9月28日、CDU/CSU及びFDPによって、基本法67条に基づいて後任者をコール（CDU）とする建設的不信任案動議を連邦議会に提出した。同67条に基づく建設的不信任動議の書式は、次の通りである。

「連邦議会は、次の議決を求める。本院はH.シュミット連邦首相を不信任し、その後任者としてH.コール連邦議会議員をドイツ連邦共和国の連邦首相に選出することを望む。連邦大統領におかれては、H.シュミット連邦首相を罷免されたい」[19]。

16）採決結果については、Deutscher Bundestag,Plenarprotokoll 199.Sitzung 22.9. 1972,S.11814. 参照。なお、事実関係については、石村修「西ドイツにおける議会の解散権（二）」『専修法学論集』41号（1985年）113頁以下参照。

17）選挙結果のデータはM.F.Feldkamp,Der Deutsche Bundestag―100 Fragen und Antworten, 2.Aufl.,2013,S.48f.を利用した。

18）加藤秀治郎『戦後ドイツの政党制』（学陽書房、1985年）126頁参照。

242　第10章　ドイツ基本法における連邦首相と連邦議会との対抗関係性

10月1日、建設的不信任決議は不信任賛成256票、不信任反対235票（総投票数／495票。棄権4票）[20]の結果、可決された。ドイツ基本法の下、初めて連邦議会が連邦首相不信任及び後任者の決定をし、基本法68条に基づく建設的不信任が機能した。この建設的不信任の成立事例は、現段階でこのケースしかない。

④【1982-1983年／第2回目の信任動議の事例】

コール連立政権（1982年10月1日）は、連邦議会の選挙によってではなく、連立の組み替えという「政変」によって成立したことから、政権の「正当性」について批判されていた。野党となったSPDのほか、世論の約80％が連邦議会選挙の早期実施を求めていた[21]。そこでコール連邦首相は、党内基盤を盤石にしつつ、国民的人気が高い前連邦首相シュミットがSPDの首相候補とならないことが明確になった段階で、連邦議会の解散を決断した。

1982年12月13日、コール連邦首相は、基本法68条に基づく信任決議の動議を提出した。同68条に基づく信任動議の書式は、次の通りであるが、この文面は、ドイツ的な通常の書簡形式をとっている。

「連邦議会議長殿宛。本文書をもって、私は基本法68条に基づく動議を提出する旨、貴殿に通知いたします。私は、来る1982年12月17日の金曜日に本動議に関し採決されることを期待しております。コール　敬具」[22]。

12月17日に採決が行われたが、与党側は、コール不信任を計画していたため、ほぼ全員が棄権した。信任賛成は僅かに8票、信任反対は218票であり、棄権は248票、無効は23票[23]であった。その結果、コール連邦首相不信任が確定し、翌1983年1月7日にカールステン（K.Carstens）連邦大統領により連邦議会が解散された。

1983年3月6日、連邦議会選挙が行われたが、CDU/CSUは大勝した。CDU/CSUの第2投票（比例代表選挙の投票）の獲得票率は48.8％であり255議

---

19) Deutscher Bundestag,Drucksache 9/2004(28.09.1982).
20)　投票結果については、Deutscher Bundestag,Stenographischer Bericht, Plenarprotokoll 9/118, 01.10. 1982, S.7201.
21)　加藤・前掲書（註18）68-69頁参照。
22) Deutscher Bundestag,Drucksache 9/2304(13.12.1982).なお、ブラント政権時における基本法68条の書式は、記録上明確ではない。
23)　採決結果については、Deutscher Bundestag,Stenographischer Bericht, Plenarprotokoll 9/141,17.12.1982,S.8971.参照。事実関係については、近藤敦「議会の解散」『九大法学』55号（1987年）73-74頁参照。

席（ベルリン選挙区含む。以下同じ）を得た。FDPも善戦し35議席を獲得した。SPDは大敗し第2投票では38.2％しか得られず、202議席にとどまった。なお、この選挙で5％阻止条項（連邦選挙法6条6項）を緑の党（Grüne）が初めて超え、28議席を獲得した[24]。

　信任動議を意識的に否決させ、連邦議会解散さらには連邦議会の選挙実施というコール連立政権の戦略は、予想以上の成果をCDU/CSUにもたらしたといえる。というのも、後の1983年の連邦議会選挙に勝利しただけではなく、コール政権はその後16年の長きにわたり――ドイツ統一も果たし――続いたからである。コール長期政権（1982-1996年）は、ドイツ基本法史上、最長記録である。

⑤【2001年／第3回目の信任動議の事例】

　1998年9月28日に行われた連邦議会選挙において、SPDが第1党となり、同盟90/緑の党と連立交渉が成功し、シュレーダー（G.Schröder）が連邦首相に選出され、同連立政権が成立した。

　2001年シュレーダー政権は、アメリカとの「テロとの戦い」に協力するため、いわゆる「アフガニスタン派兵法」を制定しようと意図していた。ただ、当該法案を成立させるには、当然、連邦議会の過半数334票を獲得しなければならないが、SPD党内に異論があるほか、同盟90/緑の党の一部議員は、公然と反対を唱えていた。連立政権は、過半数を多少上回る議席（341議席）しかなく、若干名が造反すれば、法案否決の現実味が増していた[25]。

　そこでシュレーダー連邦首相は、ドイツ基本法下で初めて法案と自身の信任決議を結びつけ[26]、次のような動議を2001年11月13日に連邦議会に提出した。「『国連憲章51条、北大西洋条約5条及び国連安全保障理事会において2001年に議決された決議1368号及び同1373号を根拠とするアメリカ合衆国に対するテロ攻撃への共同業務の支援にかかわる武装ドイツ兵力の派兵』に関し、連邦政府の本件動議の採決と連動させつつ、私は基本法68条の動議を申し立てる」[27]。

　11月16日、本件基本法68条結合型法案動議の採決が行われた。採決結果

24）連邦議会選挙結果については、Feldkamp, a.a.O.,(Fn.17),S.52.参照。
25）当時の政治状況については、M.F.Feldkamp,Chronik der Vertrauensfrage von Bundeskanzler Gerhard Schöder im November 2001,in:Zeitschrift für Parlamentsfragen,H.1/2001,SS.5-9. また、『朝日新聞』2001年11月16日〔朝刊〕、同17日〔朝刊〕参照。
26）Ibid.,S.5.

244 第10章　ドイツ基本法における連邦首相と連邦議会との対抗関係性

は662票中、信任賛成336票、信任反対326票であった[28]。シュレーダー連邦首相は信任され、同時に同法案も議決された。シュレーダー連邦首相の当初のもくろみ通り、SPDと連立相手の同盟90/緑の党の内部引き締めが功を奏し、同盟90/緑の党からの造反は4名（無投票）にとどまった。初めて行われた基本法68条結合型法案動議は、政権側からすれば成功であったといえる。

⑥【2005年／第4回目の信任動議の事例】

　シュレーダー政権は、この時期「アジュエンダ2010（Agenda 2010）」[29]政策の行き詰まりを経験していた。2005年5月22日に行われたノルトライン＝ヴェストファーレン州議会選挙においてSPDは敗北し、CDUが勝利した。この選挙によって、連邦参議院（Bundesrat）の政党構成に変化が生じた。連邦参議院の定員は69議席であるが、43議席が野党であるCDU/CSUが占め、その結果、連邦政府の政権運営は厳しい状況に置かれた。そこでシュレーダー連立政権は、2005年7月に連邦議会を解散し、連邦議会選挙を通じて「アジェンダ2010」に対する事実上の国民投票を求めようと企図した[30]。

　2005年6月27日、シュレーダー連邦首相は、基本法68条に基づく信任動議を連邦議会に提出した。この書式は、次の通りである。「基本法68条に基づき私の信任の動議を申し立てる。来る2005年7月1日金曜日に採決されることを希望する」[31]。

　7月1日に信任動議の採決が行われた。当初より、意図的にシュレーダー連邦首相への信任否決を目指していたため、信任は否決された。採決結果は、以下の通りである。信任賛成は151票、信任反対は296票、棄権は148票である[32]。信任動議が否決された結果、ケーラー（H.Köhler）連邦大統領は、

---

27) Deutscher Bundestag,Drucksache 14/7440(13.11.2001).

28) Deutscher Bundestag,Stenographischer Bericht, Plenarprotokoll 14/202, 16.11. 2001, S.19893. また、Feldkamp,a.a.O.,(Fn.25),S.9. 参照。

29)「アジェンダ2010」とは、2005年5月14日、シュレーダー連立政権下で構想されたグローバル経済体制に対応した社会システム、労働市場の改革政策をいう。労働者保護を目指すSPD内左派勢力から反対意見が噴出し、党内は分裂していた。

30)　この時期のドイツ政治の一連の流れをみるには、M.F.Feldkamp,Chronik der Vertrauensfrage des Bundeskanzlers am 1.Juli 2005 und der Auflösung des Deutschen Bundestages am 21. Juli 2005,in:Zeitschrift für Parlamentsfragen,H.1/2006,S.19ff. が詳しい。また、この信任問題についてはかつて考察したことがある。加藤一彦『議会政治の憲法学』（日本評論社、2009年）158頁以下参照。

31) Deutscher Bundestag,Drucksache 15/5825(27.06.2005).

7月21日、連邦議会の解散の声明を発した。

2005年9月18日、連邦議会選挙は行われた。CDU/CSUは226議席を獲得し、比較第1党で勝利したが、SPDは222議席であり、4議席の差しかなかった。本来であれば、CDU/CSUは、FDPと連立交渉に入りたかったが、FDPの議席は61議席であり[33]、この議席を加えても連邦議会内で過半数を占めることはできない状況であった。また他政党（PDS及び同盟90/緑の党）を引き入れることは、イデオロギー上の相違があり、CDU/CSUにとって不可能であった。そこで、メルケルCDU党首は、SPDと長期間の連立交渉を行い、11月22日にCDU/CSU及びSPDの大連立政権が発足した。

シュレーダーは退陣し、メルケル（CDU）政権が誕生した。シュレーダーの信任動議否決に基づく連邦議会の解散は、彼の意図とは逆の政治結果を導いたといえる。明らかにシュレーダー首相の失政であったろう[34]。

第3節　分　析

Ⅰ．ドイツ基本法68条に基づく連邦議会に対する解散権行使の許容性

2005年のシュレーダー解散は、悪くいえば「Coup^{クー}」であり、良くいっても「憲法操作」、「捏造不信任」と見なされている[35]。1983年のコール解散も、連邦議会の解散を目的とした信任動議否決の政治劇であったが、シュレーダー解散の場合は、なぜ多くの批判、さらには違憲論が出されているのであろうか。

学説上、ドイツ基本法68条に基づく解散は2つに分類できる。「真正な信任決議案（echte Vertrauensfrage）」と「不真正な信任決議案（unechte Vertrauensfrage）」

32）　採決結果については、Deutscher Bundestag,Stenographischer Bericht, Plenarprotokoll 15/185, 1.7.2005,S.17485.参照。また当時の事情については、Feldkamp,a.a.O.,(Fn.30),S.26.参照。

33）選挙結果のデータはFeldkamp, a.a.O.,(Fn.17),S.58.参照。

34）その後、2009年9月27日の連邦議会選挙ではSPDは大敗し、CDU/CSUとFDPの連立政権が誕生した。2013年の連邦議会選挙では、CDU/CSUとSPDの大連立政権となった。FDPはこの選挙において基本法上、初めて5％阻止条項を超えることができず、議席獲得に失敗した。なお、メルケル政権は2005年以降、継続中である。

35）F.Schoch,Vertrauensfrage und Parlamentsauflösung,in:ZSE.,1/2006,S.89.

246 第10章　ドイツ基本法における連邦首相と連邦議会との対抗関係性

である。前者は、連邦政府が連邦議会の多数派を失う可能性があり、連邦首相の信任動議が連邦議会において否決されうるという68条所定事由が発生した場合を指す。つまり、連立政権において連立相手の小党が離脱し、連邦政府が少数政権になる可能性があり、連邦首相があえて信任動議を提出し、これを連邦議会が否決する場合が典型例である。これに対し、後者は、連邦政府を支える議会内与党多数派の棄権行動などによる意識的な信任動議の否決を指す[36]。そこでこの「不真正な信任決議案」が許容されるか、またどの範囲において認められるかが、問題となる。

　まず、「不真正な信任決議案」は、基本法68条の悪用であり許されないという立場もあるが[37]、多数説及び連邦憲法裁判所の判例理論は、現政権が少数政権でない場合にも、首相が克服できない「政治的行き詰まり状況（eine politische Pattsituation）」に直面せざるを得ないときには、基本法68条を用いて連邦議会を解散することができると捉えている[38]。但し、その範囲には一定の限界があるという立場が支配的である。すなわち、連邦憲法裁判所は、1983年判決において次のような制限論を提起している。「連邦議会内の既存の諸勢力の下で将来も統治することが政治的にもはや保障されないという場合においてのみ、基本法68条の手続を執ることができる。そこでは連邦首相が多数派の継続的な信任によって支持された政策を今後とも有効に遂行できないほどに、連邦議会内の政治的諸勢力が、首相の行為能力を妨害あるいは麻痺させることが不可欠である。これは、基本法68条1項1段の不文の実質的構成要件要素（ungeschriebenes sachliches Tatbestandsmerkmal）である」[39]。つまり、連邦憲法裁判所の見方によれば、コール政権がFDPとの連立政権であり、FDPが必ずしも一枚岩でない状況をコール連立政権の不安定性要素と把握し[40]、そうした場合に、信任動議を意識的に否決させ、その結果、カールステン連邦大統領による連邦議会解散権行使を許容できると判示したのである。

　この「不文の実質的構成要件要素」は、ドイツ基本法68条を枠づける法論理である。すなわち「連邦議会の解散を行う目的をもって、首相の利益のために適切と思われる時期に信任決議案を否決する形で対応することは、首

36）M.Sachs(hrsg.), Grundgesetz Kommentar,7.Aufl.,2014,S.1470f.

37）G.Püttner,Vorzeitige Neuwahlen,in:NJW., 1983,S.15.参照。

38）Sachs,a.a.O.,(Fn.36),S.1471.

39）BVerfGE 62,1(44).加藤・前掲書（註30）170頁参照。

40）BVerfGE 62,1(61f).

相には許されない」[41]とする内容的制限を意味する。この法論理を厳格にあてはめれば、2005年のシュレーダー解散は、「逸脱した解散」とみることができる。しかし、連邦憲法裁判所は2005年判決において、当該解散を合憲と判断した。すなわち、この解散も、1983年のコール解散と同様に、基本法68条の枠内にとどまる「中庸の道」[42]の一つであると判示した。

　2005年判決において連邦憲法裁判所は、「解散を目的とした信任動議が議会に十分結びついている連邦政府の再構築に奉仕する場合には、同動議は、基本法68条の目的に合致する措置として正当化できる……連邦憲法裁判所は、基本法68条の合目的適用に関し憲法上、定められた制限的範囲内のことのみを審査する」[43]と判示し、連邦首相及び連邦大統領の解散権行使について、一定の枠組みがあることを認め、その限りで違憲審査を行うことを明らかにした。しかしこの判旨に対しては、連邦首相の信任動議にかかわる従来の「不文の実質的構成要件要素」による絞り込みは踏襲されず、むしろ信任動議の幅を広げ、従来の判例とは異質であるとの批判が出されている[44]。

　総じていえば、「不真正な信任動議」は基本法68条の悪用に至ることが、2005年のシュレーダー解散により現実化したとみるべきであろう。本来、連邦議会を解散するには、連邦首相の意思だけでは足らず、連邦議会、連邦大統領の三つの憲法機関の協力がなければ不可能である。しかも、事後的に連邦憲法裁判所が合憲の判断を獲得できなければ、合憲的な連邦議会の解散は成立しない。シュレーダー解散の場合は、連邦首相が優位に立ち、他の国家機関に対する圧倒的吸引作用[45]を果たし、基本法68条を名目的に利用した「首相解散権の強化」といえるであろう。

---

41) C.Starck,Anmerkung,in:JZ.,21/2005,S.1054.
42) Sachs,a.a.O.,(Fn.36),S.1471.
43) BVerfGE 114,121(149).
44) ヤェンチュ反対意見Ibid.,SS.170-181.及びボルフ反対意見Ibid.,SS.182-195.があるほか、Starck,a.a.O.,(Fn.41),S.1055.また、オーエンは「真の不真正な信任決議案」の判断基準として、次の3つをあげている。第1に、議会制の安定性が相対的に損なわれているか否か、第2に、連邦議会の解散が政府にとって都合のよい時期であるという理由により、新選挙を行う目的を追求しているのか否か、第3に、連邦議会に議席を有する野党が、新選挙に反対しているのか否か、である。この点については、R.Chr.van Ooyen, Misstrauensvotum und Parlamentsauflösung, in:Recht und Politik,3/2005,S.140.
45) M.Morlok,U.Schliesky u.D.Wiefelspütz (hrsg.),Parlamentsrecht, 2016,1.Aufl.,S.1563.

Ⅱ．連邦議会の自己解散制度の否定論拠

　ドイツ基本法の統治システムでは、憲法適合的な政党のみを積極的に承認・育成し（基本法21条）、連邦選挙法上、5％以上の比例代表投票（第2投票）を獲得した政党のみが議会政治の主体となり（連邦選挙法6条3項）、活動能力のある議会を形成するところに眼目が置かれている。議会内政党の数をなるだけ少なくすれば、議会内多数派形成は容易となり、安定した内閣が継続できることを期待してのことである。基本法67条及び68条の規定は、連邦議会と連邦首相の権力均衡性に配慮した絶妙な信任関係性を想定している。両規定によって連邦議会の解散を例外としたのは、連邦議会議員任期4年が一立法期として機能することが期待されているからにほかならない。こうした統治システムを踏まえれば、連邦議会が自己の立法期を短縮し、連邦議会議員の立法活動を放棄する自己解散制度は、ドイツ基本法に導入されず、むしろ否定されてきたのは当然である[46]。

　しかし、ドイツ基本法68条を用いた脱法的信任動議の否決問題は、ある意味、連邦議会の自己解散制度と接近する論理を内包している。というのも、与党が連邦首相の意を汲み「意図的に首相信任せず」と両者間で合意すれば、与党の意思だけで連邦議会の解散は可能になるからである。現在まで、連邦議会の自己解散制度は、ドイツ基本法とは相容れないと描かれる[47]。原理的にいえば、ドイツ基本法の意味における民主制とは、政治競争の場における野党の機会均等を内包しており、平等な機会があるからこそ、議会内少数派は選挙自体を通じて将来、多数派になりうる。だが、「不真正な信任決議案」と「捏造された連邦議会の解散」制度の利用は──与党が自己解散

46）イギリスの議会任期固定法（2011年）の制定によって、国王の解散大権は廃止された。本法の成立によって、庶民院の任期5年が基本となり、庶民院の解散は例外となった。解散できる場合は、次の2つに限定された。第1に、政権に対する不信任決議が単純多数により可決され、14日以内に新政権の成立がない場合。第2に、自主解散決議案が庶民院定数の3分の2以上の多数で議決された場合である。議院内閣制の母国において、解散制度が法的規制の下に置かれた点は、日本の解散権制限論に重要な刺激を与えるであろう。もっとも、イギリスの実例が今後、どのように機能するかは未知数である。ドイツ基本法の国家実践のようにいわば「脱法的」・「談合的」解散が政治過程において発生することが、予想されるからである。イギリスの庶民院解散についての紹介として、河島太朗「イギリスの2011年議会任期固定法」『外国の立法』254号（2012年）4-20頁、同訳「2011年議会任期固定法」同21-34頁、小松浩「イギリス連立政権と解散権制限立法の成立」『立命館法学』341号（2012年）1頁以下がある。

47）Morlok,a.a.O.,(Fn.45),S.1561.

権をあたかも有しているが如き振る舞うことによって——高い確率で将来に渡り、与党を今後も多数派として作り出すことに成功する[48]。

ドイツ基本法上の連邦議会解散は、連邦議会、連邦首相、連邦大統領のそれぞれ固有の権能と意思に基づき、基本法所定事由を満たした場合に初めて可能にするという数段階の手続きが必要である[49]。この複雑な手続きは、連邦議会の過半数の意思に全体としての連邦議会の存立を従属させてはならないことと接続する。また、連邦首相の指導権と統制権に連邦議会を服させることも、ドイツ基本法は禁じている。

「不真正な信任決議案の否決」は、与党の意思によってのみ——連邦議会のぎりぎりの過半数の与党勢力の意思——連邦議会を解散に導き、選挙戦を自党に有利なように進める手段である。連邦首相の「解散を目的とする信任動議」提出の政治的動機それ自体が、連邦憲法裁判所の審査対象になりにくいことから、今後とも、連邦首相は、様々な表向きの理由——「政治的な行き詰まり」、「連立政権の維持」、「肝いりの政策の実現」など——をあげて、基本法68条の「濫用」を通じて自己勢力の確立のために用いるはずである。これを阻止するか、正当化するかは別にして、基本法68条を改正し、連邦議会の自己解散制度の導入を図ることが、昨今主張され始めている[50]。ただ、自己解散制度は、野党の政治過程における役割を低減化させる可能性を高め、ドイツ基本法が根本としている「活動能力のある議会の形成」の意味を変質化させるであろう。

Ⅲ. プレビシットとしての解散権の質的要素

かつてマウラーは、連邦首相が連邦議会多数派と談合し、ドイツ基本法68条を用いた解散権行使をするならば、その解散権は——憲法制定者が連邦議会の自己解散権制度を否定したこともあって——基本法が意識的に避けてきたプレビシットに転化すると批判したことがある[51]。

連邦議会解散の要素の中にプレビシットを読み取る方向性は、2005年判

---

48) Chr.van Ooyen,a.a.O.,(Fn.44),S.139.

49) Schoch,a.a.O.,(Fn.35),S.102.

50) Ibid.

51) H.Maurer,Vorzeitige Auflösung des Bundestag,in:DÖV.,1982,H.24,S.1006. なお、解散権のプレビシット的性格については、分析したことがあるので、必要な限りでふれるにとどめる。加藤・前掲書（註30）173-175頁参照。

250 第10章 ドイツ基本法における連邦首相と連邦議会との対抗関係性

決におけるヤェンチュ反対意見にもみられる。ヤェンチュはその反対意見において、連邦首相による自由な解散権行使に準プレビシット的要素がみられると指摘し、連邦議会の解散は「連邦議会の選挙された各議員は国民意思を模写しあるいは代表することにもはや適合しないとの観念がそこには含まれている」と述べ、解散後の新選挙の意味は「政府政策をフィードバックし政治指針を新たに決定するためには、民主的主権者が——つまり国民自身が——直接的に答えなければならないとされる。だがこのことは……代表民主制とは合致しない」[52]と指摘している。

連邦議会の解散が、必然的に新たな連邦議会の選挙に至る以上、解散事由をめぐって国民がその当否を判断するのは、必然である。ただ、ここで問題としている点は、連邦首相が自己の利益のために行った「解散を目的とした信任動議」の提出及び信任否決の当否が、政治過程に解消され、国民を新たに呼び出させるその様式である。ドイツ連邦議会選挙の仕組みは、比例代表選挙が基本であり、具体的当選者を決定する段階で小選挙区当選者を優遇する制度である——日本的にいえば小選挙区比例代表併用制。また各政党は、それぞれ連邦首相候補者を前面に立て、選挙戦に臨む。そこでは、有権者の第2投票（比例代表選挙）を多く獲得すれば、政権を獲得し首相の地位も約束されるという一種の直接民主制の実現であり、政策決定と人物決定をパッケージにした国民の直接的選択の姿である。

こうしたあり方は、もちろん通常の選挙においてもあてはまる。4年ごとの連邦議会選挙において、有権者が過去の各党の実績と将来の各党への期待値を考量しつつ、パッケージとしての投票を通じて、ドイツ基本法の民主制的秩序に民主的正当性を供給するからである。そこでは、連邦議会議員の任期4年が保障され、4年ごとに有権者が公民として呼び出される。では、解散後の連邦議会選挙は、通常の4年ごとの連邦議会選挙と同一視できるであろうか。

過去3回の連邦議会の解散を復習しておけば、次のことが指摘できる。第6回連邦議会選挙は1969年9月28日であり、ブラントが連邦首相に選出されたのは、1969年10月21日である。ブラント解散は1972年9月23日である。第9回連邦議会選挙は1980年10月5日に行われ、シュミット政権が誕生したが、シュミットに対する建設的不信任が可決されため、コールが連邦首相に

52）BVerfGE 114,121(178f).

就いたのは1982年10月1日である。コール解散は1983年1月7日である[53]。第15回連邦議会選挙は2002年9月22日に行われ、シュレーダーが再度、連邦首相に選出されたのは、2002年10月22日である。シュレーダー解散は、2005年7月21日である。

　このことから、連邦議会の4年任期は3回とも約1年短縮されたことがわかる。また、連邦議会解散それに続く選挙では、解散事由をめぐって争点が作られる。ブラント解散では「東方政策」、コール解散では「政権の民主的正当性」、シュレーダー解散では「アジェンダ2010」の是非である。こうした事柄が選挙戦の争点となり、国民が意識的に呼び出され、連邦首相が連邦議会の更新を求めていく。ヤェンチュがこうした連邦議会選挙のあり方を「準プレビシット」と呼んだのは、通常の連邦議会選挙とは異質な直接民主制的要素が、解散後の連邦議会選挙では一段と高まることを認識したからである。連邦議会の政党状況は、通常の選挙の時に定まり、その後は、代表民主制の論理と代表された各政党の機会均等（ドイツ基本法21条1項）を前提に、連邦政府が中心となって政治を行う。連邦議会の解散は、既存の政治勢力関係を壊し、新たな政治勢力を意図的に形成しようとする連邦首相の手段である。連邦首相が連邦議会を解散できる憲法的条件は、連邦議会が先の前提を忘れ「特殊な闘争状態」[54]に入り、連邦政府が機能不全に陥る蓋然性が一段と高まっているときに、初めて発生すると描いたのが、基本法制定者の意図だったはずである。この基本法制定者の狙いは、ドイツ基本法に貫かれている反プレビシットへの強い意思である。

第4節　小　結

　「議会制の道では、国民へのアピールを通じて今後も支配しようとする政権の危機を克服してはならないが故に、ドイツ基本法68条に基づく議会の解散は、最後の唯一の（ultima ratio）例外であり続けなければならない」[55]と

---

53) 歴代の連邦首相の選出結果については、H-S.Schneider und W.Zeh(hrsg.), Parlamentsrecht und Parlamentspraxis,1.Aufl.,1989,S.1320f. を参照した。但し、本書はコール政権までの記述しかない。シュレーダー政権以降については、M.F.Feldkamp, Datenhandbuch zur Geschichte des Deutschen Bundestages 1990 bis 2010 ,1.Aufl.,2011,SS.502-504. を利用した。

54) Schneider,a.a.O.,(Fn.53),S.1309.

55) Ibid.,S.1310.

252 第10章　ドイツ基本法における連邦首相と連邦議会との対抗関係性

の見解は、学説上一致している[56]。「解散を目的にした連邦首相の信任動議」が——特に「シュレーダー解散」——「憲法操作」、「捏造解散」と揶揄される所以である。そうした解散は、ドイツ基本法の外にある「連邦議会の自己解散制度」と「プレビシット」に接近していくからである[57]。

　ただ、基本法68条に基づく連邦議会の解散は、例外であることは間違いない。例外であり続ける理由は、解散には連邦首相と連邦議会多数派の合意が不可欠であり、この合意について連邦大統領が形式的にも関与しており、しかも、連邦大統領の解散決定に関しては、連邦憲法裁判所が法令審査権を行使し、解散に関与した各憲法機関の行為を統制する仕組みが整っているからである。もっぱら、連邦首相の意思だけでは、連邦議会の解散は不可能である。

　これに比して、日本の衆議院解散の場合は、事情は全く異なる。ここでは、日本の解釈論の新たな視点として、2点だけあげておこう。

　第1に、首相の意思一つによって、衆議院の解散が確定する点についてである。すなわち、政治の言葉で言えば、「解散は首相の専権事項」であり、「解散権行使の有無、行使の時期は嘘をついてもよい」との言説が通用しているが、これは、衆議院解散のあり方が、変則的であることを示している。本来、内閣が衆議院を解散するのは、衆議院が内閣不信任の意思を示したときに、両者の権力を均衡させるためであった。日本国憲法69条の主旨は、そのように解される。しかし、従前のイギリス議会政に倣って、日本国憲法7条に基づく内閣の一方的意思表示によって衆議院が解散できるとの憲法慣行が確立した。その際、衆議院が解散される場合には、内閣と衆議院の権力関係は、内閣優位に転換する。その結果、内閣の衆議院解散権は、明らかに対衆議院との関係において非対称的権能に変化し、内閣を動かす政権党の生命力は、継続的に維持することが可能になった——たとえ衆議院総選挙後、政権党から首相が責任を問われ首相退陣が発生したとしても。

　仮に憲法69条所定事由がある場合にのみ、衆議院は解散されるという原則に従ったならば、政治実態の上でも、衆議院の解散は、これまで以上に少なくなっていたはずである。首相が衆議院を解散したいと望めば、与党をまとめ、衆議院において内閣不信任決議案を可決させ、あるいは信任決議案を

56）H-P Schneider,Das Parlamentarische System,in: E.Bend,W.Maihofer u. H-J Vogel (hrsg.), Handbuch des Verfassungsrechts,2.Aufl.,1994,S.573f.

57）Morlok,a.a.O.,(Fn.45),S.1564f.; ebenso Ibid.,S.574.

否決させなければならない。しかし、2つの国家機関の同意という憲法的制限は、政治過程においても2つのハードルを設定することを意味する。この場合の首相の政治的エネルギー量は、単純な憲法7条解散に比して、相当の供給量を必要とするはずである（第6章参照）。

　第2に、日本では、先の衆議院総選挙の結果として、現在の議会政治諸関係を4年間維持し、この状況下で代表民主制を動かし、内閣が国会に対して連帯責任を果たそうという論理は見あたらない。また、衆議院解散が内閣による新勢力の獲得を求める行為であるが故に、衆議院解散の合目的性による制約があるという認識が内閣自体に存在せず、衆議院解散に対する抑制的精神も政治世界において共有されてもいない。逆に、首相が勝利できる状況があれば、さらなる自己勢力拡大を目指して、衆議院を更新し続けることを与党幹部の戦略として描くことが多い。換言すれば、解散権行使の法的制限がない中、事実上、首相の解散権行使は、首相の政治的技量に依存し続け、その当否は、衆議院議員総選挙の結果次第という、およそ法学的思考とは乖離した政治物語が支配している。

　確かにドイツの実例は、憲法所定事由がない限り連邦議会は解散されないという憲法的枠が設定されても、連邦首相の「解散を目的とした信任動議」が可能であることを示している。しかし、その「脱法的解散」の場合にも、少なくとも裁判統制が機能し、連邦憲法裁判所は何とか歯止めの法理を描こうとしてきた。3回の連邦議会解散の内、「シュレーダー解散」は、おそらく憲法的合理性をもたなかったのだろう。また、この解散に対する連邦憲法裁判所の判断も不適切だったといえよう。ただ、この解散は政治的に失敗したのは事実である。シュレーダー連邦首相は政権を失ったからである。この政治実態をみれば、ドイツでも解散権行使は「政治過程の問題」と描けるかもしれない。しかし、ドイツではこの言葉を発する前に、法の言葉で出発点から解散権行使の制約が真面目に論じられており、全てを政治過程において処理する発想はない。文字通り、ドイツでは初めに解散権「論」があるのである。

255

第11章

地方自治特別法の憲法問題
——住民自治としての住民投票の実態——

第1節　はじめに

　地方自治特別法に興味をもったのは、北海道大学／代表・岡田信弘教授による基盤研究(A)「二院制の比較立法過程論的研究」(科学研究費補助金) の研究分担者として筆者がドイツ連邦参議院研究を始めたことに端を発している。ドイツ基本法では、連邦参議院の法律同意権限は、ラント権限に影響を与える場合に限って行使され、その限りでは連邦参議院も第二院的機能を果たしている。しかし、連邦憲法裁判所は、いわゆる連邦参議院決定において[1]、連邦参議院は第二院ではないと判示し、しかもその際に、連邦参議院の同意を要する同意法律を将来改めて改正する場合には、必ずしも連邦参議院の同意は必要としないという重要な判断を下したことがある[2]。

　日本の国会の場合、参議院が立法機関として実定憲法上明記され (憲法42条)、法律は衆参両議院の賛成の議決がある場合に制定され (同59条1項)、衆議院の法律案再議決という例外的手続がある場合にも (同2項)、一度成立した法律の改正は、通常の法律制定手続と全く同じ要件が課せられ、参議院が立法過程において排除されることは、全くあり得ない。つまり、参議院はいかなる法律についても衆議院と同格に審議・議決する機関として位置づけられている。したがって、ドイツ連邦参議院の法律同意権限の将来的な意味を探る必要性は、日本の立法過程論において論じる必要性はないように思わ

---

1) BVerfGE 37, 363.
2) BVerfGE 37, 363(379).

256 第11章　地方自治特別法の憲法問題

れる。

　しかし、一つだけ憲法上の例外がある。それは国会が議決した法律について、「一の地方公共団体のみに適用される特別法」（憲法95条／地方自治特別法）を制定する場合に、「その地方公共団体の住民の投票」の「過半数の同意」が加重要件とされているため、次のような問題が理論的に発生する。それは、衆議院と参議院の意思に加えて地方公共団体の住民の意思を加えた法律の制定があった場合、将来における当該地方自治特別法の改正・廃止は、国会の意思だけで足りるとみるのか、国会のほかに当該地方公共団体の住民の意思をも必要とするのかという課題である。

　地方自治特別法は過去60年近く制定されず、現在では忘れられたテーマであるが、ドイツ連邦参議院の立法権限を分析する前に、日本の実例を先行的に調査することはやはり必要な手続であろう。そこで以下では、日本の地方自治特別法の改正問題について論じることにしたい。

第2節　地方自治特別法の制定

Ⅰ．地方自治特別法制定手続の法構造

　国会法67条は「一の地方公共団体のみに適用される特別法については、国会において最後の可決があつた場合は……その地方公共団体の住民の投票に付し、その過半数の同意を得たときに、さきの国会の議決が、確定して法律となる」と定めている。また地方自治法261条においては、「国会又は参議院の緊急集会」における議決手続、内閣総理大臣、総務大臣の任務も合わせて規定している。時間軸に沿っていえば、国会の特別法の議決→最後に議決した議院の議長から内閣総理大臣への通知→内閣総理大臣から総務大臣への通知→通知受領後5日以内に総務大臣から関係地方公共団体の長への通知がそれぞれ行われる。

　地方自治法261条3項によれば、住民投票は総務大臣の通知があった日から31日以後60日以内に行われなければならない。投票結果については、地方公共団体の長から総務大臣・内閣総理大臣に通知があげられ、内閣総理大臣は「直ちに当該法律の公布の手続をとるとともに、衆議院議長及び参議院議長に通知しなければならない」（同5項）とされている。要するに現行法上、

第2節　地方自治特別法の制定　**257**

地方公共団体における住民投票は、国会の最終的議決後に行われ、この国会
の議決は住民投票の賛成の意思によって初めて有効に成立するために、国会
の議決は停止条件付きの議決であると解される[3]——ある法律が地方自治特別
法であるか否かについての形式的判断権は、国会にあると解されているが[4]、
この後者の点については後述する。

　現憲法下の地方自治特別法の制定実例を通観すると、次の表にまとめるこ
とができる。

　このように地方自治特別法は、1949年から1952年までに改正法を含め16
法律が制定されており、現在まで有効な地方自治特別法は14法である[5]。

---

3) 同旨・佐藤功『ポケット註釈全書　憲法（下）〔新版〕』（有斐閣、1984年）1247頁参照。
　　また、住民投票が国会の議決前に行われる可能性について、佐藤は否定的評価を示し
　　ている。国による地方公共団体への特別な措置が適切であるか否かを住民が直接意思
　　表示をするというのが、憲法95条の規範的要請である以上、提出された案についての
　　み住民投票が可能だとみられる。国会の議決前に住民投票を行えば、①国会は住民の
　　意思を阻害する形式では法案の修正は不可能になり、②また国会における法案修正が
　　行われた場合には、改めて住民投票を行うなど不適切な事案が発生するであろう。こ
　　の点については、同・1248頁参照。
4) 宮沢俊義〔芦部信喜補訂〕『全訂　日本国憲法』（日本評論社、1978年）778頁参照。
5) 伊東国際観光温泉文化都市建設法は改正を含めて1法と数えた。

[地方自治特別法の制定／表1]

法律名	法律公布日	特別法の附則明記（※1）	住民投票日
1. 広島平和記念都市建設法	1949年8月6日	×	1949年7月7日
2. 長崎国際文化都市建設法	1949年8月9日	×	1949年7月7日
3. 別府国際観光温泉文化都市建設法	1950年7月18日	×	1950年6月15日
4. 熱海国際観光温泉文化都市建設法	1950年8月1日	○	1950年6月28日
5. 伊東国際観光温泉文化都市建設法	1950年7月25日	○	1950年6月15日
6. 首都建設法 （※2）	1950年6月28日	○	1950年6月4日
7. 旧軍港市転換法	1950年6月28日	○	1950年6月4日
8. 京都国際文化観光都市建設法	1950年10月22日	○	1950年9月20日
9. 奈良国際文化観光都市建設法	1950年10月21日	○	1950年9月20日
10. 横浜国際港都建設法	1950年10月21日	○	1950年9月20日
11. 神戸国際港都建設法	1950年10月21日	○	1950年9月20日
12. 松江国際文化観光都市建設法	1951年3月1日	○	1951年2月10日
13. 芦屋国際文化住宅都市建設法	1951年3月3日	○	1951年2月11日
14. 松山国際観光温泉文化都市建設法	1951年4月1日	○	1951年2月11日
15. 軽井沢国際親善文化観光都市建設法	1951年8月15日	○	1951年7月18日
16. 伊東国際観光温泉文化都市建設法の一部を改正する法律	1952年9月22日	○	1952年8月20日

（※1）法律附則において地方自治特別法の趣旨は、「この法律は、日本国憲法95条の規定により、××市の住民投票に付するものとする」という形式で表される。この記述がある場合は「○」、ない場合は「×」で表記した。

（※2）上記法律の内、首都建設法のみが現在廃止されている。廃止理由は「首都圏整備法（1956年4月26日／法律83号〔内閣提出第138号〕の制定による。同法附則4項において「首都建設法（昭和25年法律第219号）は、廃止する」と明記されている。

〔地方自治特別法にもとづく住民投票結果／表2〕

法律名	有権者数(人)	投票者数(人)	投票率(%)	有効投票(票)	賛成(票)	反対(票)	無効投票(票)	賛成票率(%)
1. 広島平和記念都市建設法	121,437	78,962	65.0	78,192	71,852	6,340	770	91.9
2. 長崎国際文化都市建設法	111,090	81,637	73.5	80,356	79,220	1,136	1,289	98.6
3. 別府国際観光温泉文化都市建設法	50,237	40,073	79.8	39,345	29,487	9,858	728	74.9
4. 熱海国際観光温泉文化都市建設法	17,903	10,821	60.4	10,623	8,792	1,831	198	82.8
5. 伊東国際観光温泉文化都市建設法	18,655	10,253	55.0	10,186	6,534	3,652	67	64.1
6. 首都建設法	3,341,232	1,840,312	55.1	1,702,342	1,025,792	676,550	137,970	60.3
7. 旧軍港市転換法 (※)								
①横須賀	147,155	101,678	69.1	97,545	88,644	8,901	4,133	90.9
②呉	107,040	87,993	82.2	84,878	81,355	3,523	3,115	95.8
③佐世保	93,677	83,350	89.0	78,795	76,678	2,117	4,555	97.3
④舞鶴	46,493	35,068	75.4	33,681	28,481	5,200	1,387	84.6
8. 京都国際文化観光都市建設法	612,723	193,018	31.5	190,524	132,263	58,261	2,494	69.4
9. 奈良国際文化観光都市建設法	40,882	30,039	73.5	29,824	22,089	7,735	215	74.1
10. 横浜国際港都建設法	500,232	197,618	39.5	195,333	175,361	19,972	2,285	89.8
11. 神戸国際港都建設法	383,952	166,114	43.3	163,910	138,272	25,638	2,204	84.4
12. 松江市国際文化観光都市建設法	39,189	28,733	73.3	28,290	21,486	6,804	453	75.9
13. 芦屋国際文化住宅都市建設法	23,802	13,400	56.3	13,237	10,288	2,949	163	77.7
14. 松山国際観光温泉文化都市建設法	88,058	49,729	56.5	48,587	40,571	8,016	1,142	83.5
15. 軽井沢国際親善文化観光都市建設法	6,832	5,548	81.2	5,548	5,138	410	0	92.6
16. 伊東国際観光温泉文化都市建設法の一部を改正する法律	19,331	13,035	67.4	12,966	12,710	256	69	98.0

参議院事務局『平成10年版 参議院先例諸表』491頁以下、全国選挙管理委員会事務局『選挙年鑑』(1950年) 221頁以下、自治庁選挙部『選挙年鑑』(1953年) 180頁以下を参照したが、『衆議院公報』『聚議院公報』を基本とした（筆者作図）。

(※) 旧軍港市転換法は、横須賀、呉、佐世保、舞鶴の各自治体を対象にしており、各四つの自治体において住民投票が行われた。したがって特別法の数は16件であるが、住民投票の数は19件である。

260 第11章 地方自治特別法の憲法問題

II. 地方自治特別法制定の識別基準

地方自治特別法制定時においてしばしば次の点が問題となる。すなわち、ある法律が全国に等しく適用される一般的・抽象的な法律の形式をもたず、一定の地域を他の地域とは異なった取扱いをすることがあるが、これを全て地方自治特別法の射程に入れることができるか否かである。つまり、地方自治特別法制定の要素となる「特別」の基準がどこにあるかである。

まず憲法95条に定める「一の地方公共団体」とは、「一つの」という意味ではなく、「特定の」という意味である[6]。したがってある地方自治特別法が複数の地方公共団体を対象にすることも許容される。実例としては、「旧軍港市転換法」において横須賀、呉、佐世保、舞鶴の四市を特定化した地方自治特別法が制定され、それぞれの各市において住民投票が行われたことがある（表2参照）。

では、特定化された地方公共団体に対する立法措置は、全て地方自治特別法と解せるであろうか。この点につき、通説を形成した清宮四郎は次のように地方自治特別法の意味の限定化を試みている。すなわち、「地方公共団体について、一般的・原則的な制度を定めている既存の法律に対し、新たに特別的・例外的制度を設ける法律をいう。したがって、都道府県市町村などの種別に応じて一般的な制度を定める法律は一般法であって、特別法ではない」[7]。

この言及は、基本的には地方自治法という一般法が存在し、この地方自治法の適用を特定の地方公共団体には除外し、あるいは特別な法律的措置を新たに加える場合に限って地方自治特別法を要するという発想に基づいている。そこには地方自治特別法の制定の契機をなるだけ押さえようとする姿勢がみられる。いわば一般法と特別法との関係性がある場合に限って、地方自治特別法の制定が許容されるという視点である。しかし、地方自治特別法の制定根拠となる識別としては、この清宮の言説は曖昧である。そこで成田頼明はさらに進んで、四つの識別基準を設定し、以下の四つの場合があるときは、地方自治特別法の制定理由は基本的にはないとみる[8]。

---

6) 代表的なものとして、清宮四郎『憲法 I 〔第3版〕』（有斐閣、1979年）421頁参照。
7) 同上・421頁。
8) 成田頼明「地方公共団体住民の憲法上の権利」田上穣治編『体系　憲法事典』（青林書院新社、1968年）665頁参照。

①国の特定の施策の実施に係る法律がたまたま特定の地方公共団体の区域のみに適用され、あるいは国の事務・事業について定める法律が特定の地方公共団体のみに適用される場合。

②社会的実体としての共通の自治意識に支えられた地域団体がいまだに成立していない特殊の地域について、完全な地方公共団体となるまでの間、暫定的に組織・運営について通常の自治制度によらず、国の特別法を制定する場合。

③特定の地方公共団体に国有財産の貸付・払い下げ、特別の財政援助その他の地方公共団体に認められていない特別の経済的利益を供与する場合。

④地方公共団体を一般的基準に従って分類し、それぞれの種類または等級に応じて異なった扱いを一般法で定める場合。

　以上の四つの識別基準は概ね妥当であるが、しかし、地方自治特別法の制定実体をみると、この識別基準とはかなり離れて地方自治特別法が制定されていることが分かる。すなわち、地方自治特別法の全てが、「広島平和記念都市建設法」の例にみられるように、「××建設法」という形式をとり——旧軍港市転換法もその一つであろう——「各都市に国が各種の財政援助などを与えることを主たる内容」[9]としつつ、特定都市の振興が目的とされており、一般法的な国レベルの法律の例外として地域限定型の特別な制限を課し、住民投票によってその同意を得なければならないとする法律とは若干距離感がある。この点について、佐藤功は、これら地方自治特別法は「特別法に該当しないのではないか」[10]と疑問を呈し、「少なくとも当初の『特別法』のイメージと一致しないものであることは確かである」[11]と指摘している。むしろ、各地方公共団体はそれぞれが観光地であることを競い合うことで、地方公共団体の側から国へ地方自治特別法の制定を求め、地元議員を動かし議員立法[12]として地方自治特別法の制定を要求したようにみえる。

　和田英夫がかかる地方特別自治法の一連の制定をみて、「地方自治体の一種の観光案内的PR価値をもつにすぎないのではないか」[13]と評しているが、

---

9) 佐藤功「憲法第九五条の諸問題」『杉村章三郎先生古稀記念（上）公法学研究』（有斐閣、1974年）367頁。

10) 同上。

11) 同上・369頁の脚註(5)。

12) 地方自治特別法は全て衆議院の提出法案である。この点については、参議院事務局『平成10年版　参議院先例諸表』（1998年）491頁以下参照。

13) 和田英夫「憲法95条」の注釈。有倉遼吉＝小林孝輔編『基本法コンメンタール憲法〔第3版〕』（日本評論社、1986年）320頁。

262 第11章 地方自治特別法の憲法問題

確かに地方公共団体への地方自治の憲法的保障という憲法原理的意義はそこにはみられない。では、憲法が想定していた地方自治特別法の制定事由、換言すれば、地方自治特別法を制定せざるを得ない実質的識別基準はどこにあるのであろうか。おそらく、憲法92条に定める「地方公共団体の組織及び運営」に関する国の一般法律に対する特定の地方公共団体への例外的取扱がその基本線にあるのであろう。したがって単に地域を立法対象にしつつ、国の行政事務を個別的に適用するのであれば、地方自治特別法の制定事由にはならないのであろう[14]。とはいえ、立法実体をみれば、事情は複雑である。以下では、「観光ＰＲ」的な地方自治特別法とはいえない首都建設法を事例に考察してみよう。

Ⅲ. 首都建設法と北海道開発法の相違

首都建設法は1950年6月28日に地方自治特別法として公布されたが、立法当時、この法律と北海道開発法との立法定立形式の相違が問題となっていた。すなわち、両者とも地域を特定化した法律ではありながらも、首都建設法（議員立法）は地方自治特別法として扱われ、北海道開発法（内閣提出法）は通常の法律とされていたからである。北海道開発法が地方自治特別法に該当しない理由として政府は次のような説明を国会において行っている。

「法制局長（奥野健一君）　北海道の開発法案につきましては、これは専ら問題になると考えますのは、この法案の第二条でありまして『国は、国民経済の復興及び人口問題の解決に寄与するため、北海道総合開発計画を樹立し、これに基く事業』云々というこの条文が専ら問題になるのではないかと考えるのでありますが、この条文はいろいろ考え方があると考えますが、北海道という地域を押さえて、別に北海道という自治体を押さえないで、その地域の開発、而もその開発は国民経済の復興、人口問題の解決という国家全体の見地から行う事業であるというふうに取りますと、これは自治体に関する自治行政の特例というのではないということになりますと、憲法九十五条の関係はないんではないかというふうな一応考えが成立つのではないかと考えます」[15]。

14）和田英夫『憲法体系〔新版〕』（勁草書房、1982年）379頁参照。

第2節　地方自治特別法の制定　**263**

　「政府委員（高辻正己君）　極めて御尤もな御質問を受けたわけでございますが、私共の見解といたしましては、こう考えておるわけでございます。御承知のように憲法第95条の住民投票の規定と申しますのは『一の地方公共団体のみに適用される特別法』について適用があるものであるのであります。併しながら北海道開発法は北海道という地域を対象として開発を行うことに関するものではありますけれども、それについて国の施策なり国の機関を定めた法律なのでございまして、北海道という地方公共団体そのものにつきまして、特別の規定を設けようとするものではないのでございます。この法律を御覧頂きますというと、第1条、第2条等に見えます『北海道』というのは、いずれも北海道という地方公共団体を言うのではなくして、地理的名称である北海道を指しておるのでございます。従つて憲法第95條に言いますところの『一の地方公共団体のみに適用される特別法』とは言い難いのでございます。従つて住民投票は不要と考えておる次第でございます」[16]。

　この答弁は、先の識別基準①の適用事例である。すなわち、地方自治特別法における地域的規制対象は、単に「地域」では足らず、「地方公共団体」そのものであることが不可欠である。しかもその際に、地方公共団体に対する特別の規定が設けられること、換言すれば、特定の地方公共団体に対する組織・運営に特例を設けることが要件となっている。逆にいえば、首都建設法が地方自治特別法とされたのは、（i）首都である東京都という地方公共団体のみを規律対象としていたこと（同法1条）、（ii）首都整備計画につき国家行政組織法に基づく首都建設委員会が首都建設計画を策定し、東京都の独自性がその限りにおいて制限されること（同法3条）、（iii）必要に応じて国の主管行政庁が事業執行すること（同法12条）など、既存の地方自治法とは異なり東京都に対する国の優越的支配権限が明記されていたからである[17]。

　この2つの法律の制定の事例は、①に関する識別基準の実際の適用であり、これ以降、この適用事例が前例となったことは確実である。すなわち、地方自治特別法＝「地方公共団体そのものを押さえて、その組織・権限・運営に特例を設ける法律」、通常の法律＝「たまたま特定の地方公共団体の地域を

15）『第7回国会参議院地方行政委員会会議録第28号』1950年〔昭和25年〕4月8日2頁。
　　旧字体は新字体に改めた。以下、同じ。
16）『第7回国会参議院内閣委員会会議録第15号』1950年〔昭和25年〕4月10日5頁。
17）首都建設法の原本は、『官報（号外）』1950年〔昭和25年〕6月28日に掲載されている。

264　第11章　地方自治特別法の憲法問題

対象とするものであっても、その地域に対する国の事務・事業に関する」法律という図式が成立し[18]、国主導型の地域開発立法は全て通常の法律、つまり地方自治特別法ではないと解されるに至っている。しかしこの後者の発想が適切であるかは、後述するように疑問である。

第3節　地方自治特別法の改正と住民投票

地方自治特別法が制定された後、当該立法を改正あるいは廃止するときには、その立法過程において地方自治特別法の法形式として処理されるべきか否かが次の論点である。そこでは、①地方自治特別法の廃止の場合、②地方自治特別法の部分的・技術的改正の場合、③地方自治特別法の実質的・本質的改正の場合、に分けて考察してみよう。

Ⅰ．首都建設法の廃止と首都圏整備法の制定

首都建設法は、首都圏整備法（1956年4月26日／法律83号）の制定により、廃止された。首都圏整備法制定理由は、次のように説明されている。

「東京都の首都としての整備については、昭和25年、第7国会において首都建設法が制定され、都の区域内に施行される重要施設の基本計画の作成並びにその実施の推進がはかられてきたのでありますが、単に東京都の区域内の整備だけでは不十分でありとして、同法の趣旨を拡充強化して、新たに本法案が提出されたものであります。すなわち本案は、東京都の区域及びその周辺の地域を一体とした広域について、総合的な計画を策定し、わが国の政治、経済、文化等の中心としてふさわしい首都圏の建設並びに秩序ある発展をはかろうとするのがこの趣旨であります」[19]。

ここでの論点に即していえば、地方自治特別法として制定された首都建設法の廃止は、地方自治特別法の成立要件である住民投票を要するか否かである。この点につき、参議院の審議では、次にみるように内閣は不用であると

---

18)　佐藤・前掲論文（註9）375頁。
19)『第24回国会参議院会議録第38号』1956年〔昭和31年〕4月20日506頁。

いう立場を示している。

「村上義一君　この首都建設法が廃止せられると、この首都建設法は成立の際に住民投票を経たと記憶しているのですが、廃止については住民投票——住民に意見を聞く必要はない、こういう見解をおとりになっておるのですか、ちょっと伺っておきたい」。

「政府委員（水野岑君）　ただいまの御質問でございますが、政府といたしましては、以下述べますような見解に基いて、住民投票は要らないというふうに考えておるのでございます。と申しますのは、今度のこの法律案が首都建設法の趣旨を継承いたしまして、首都建設計画及び首都建設委員会の拡充強化というものを考えまして、これが必要な規定を整備いたしておるということでございます。要するに首都建設法の趣旨はそのまま継承をして、これの趣旨を拡充強化していった、従って首都建設法の本旨というものは、そのまま引き継がれておる、こういうことで、私どもといたしましては、この住民投票は要らないというふうに考えておるのでございます」[20]。

この政府の説明は不自然である。政府委員の説明のように、旧法と新法との連続性を強調し、新法制定が旧法を「継承」するのであれば、法定立形式も同一であることが求められるはずである。佐藤功は、「一般に、『特別法を廃止する法律は特別法であるか』という問題としていえば、それは特別法であるというべきであろう」[21]という視点の下、「以前には特別法であったのに、後には特別法ではないということは理解しがたい」[22]と指摘しているが、確かに政府答弁は説得性をもっていない。

ただ佐藤功が、首都圏整備法の立法目的が東京都という地方公共団体ではなく、首都圏という広域地域を対象とし、国の事務として開発整備の事務・事業に関する法律であることを理由に、首都圏整備法が地方自治特別法ではないと捉え、当該立法が通常の法定立手続で成立させることに同意している点は注意が必要であろう。首都圏整備法が通常の法定立形式で成立した場合に、従来よりあった首都建設法の効力が別個問題となるからである。おそらく、「特別法を廃止する法律は特別法である」ことを前提にすれば、首都建

20）『第24回国会参議院建設委員会会議録第24号』1956年〔昭和31年〕4月17日1-2頁。
21）佐藤・前掲論文（註9）377頁。
22）同上・378頁。

266　第11章　地方自治特別法の憲法問題

設法の廃止は、廃止自体をめぐる住民投票に付す必要があるのであろう。しかし、このような法形式の同一性を確保することが、憲法92条の「地方自治の本旨」の中に含まれているとみるのは、やはり読みすぎであろう。地方自治特別法の廃止法は、当該地方公共団体をその他の地方公共団体と同列に扱うことを意味するのであるから、廃止法自体への住民投票は不必要である。その点では、首都圏整備法の附則の中に、首都建設法の廃止を明示したことは、憲法95条の許容範囲内にあったといえよう。

Ⅱ．伊東国際観光温泉文化都市建設法とその改正法の問題

　地方自治特別法として一度成立した法律に改正を加える場合、地方自治特別法と同じ法手続で改正法を成立させるべきか否かがここでの課題である。この課題については、先の論点、②地方自治特別法の部分的・技術的改正の場合、③地方自治特別法の実質的・本質的改正の場合の二つを分けてみた方が適切であろう。というのも、立法実務上、（前掲表1）の1〜4と7〜15までの各地方自治特別法は、全て立法改正を経験しているが、いずれも住民投票は課されておらず、通常の法律改正と同じ手続で改正が行われている。その一方で、「伊東国際観光温泉文化都市建設法」だけが、「伊東国際観光温泉文化都市建設法の一部を改正する法律」を制定する際に、地方自治特別法として改めて住民投票が課せられている。

　では、伊東市についてのみ地方自治特別法の形式で当該改正が行われた理由はどこにあるのであろうか。国会審議過程をみてもその理由は明白ではない。伊東国際観光温泉文化都市建設法が制定された根拠は、「国際観光温泉文化都市」として都市計画法が定める都市計画を超えた「諸施設の計画」を伊東市のために特別に実施する点にあり、地方自治特別法として制定されてきた各建設法と同趣旨である。

　しかし、当該法律の改正は、その他の地方自治特別法としての各建設法とは異なり、「諸施設の計画」をさらに強めるという意味での改正ではなく、伊東市が温泉都市として存在しうるか否かという「温泉」問題自体にあったように思われる。この点について、敷衍すれば次の通りであろう。

(ⅰ) 伊東市は鉱物・採石採掘による温泉枯れの危機感をもっていたこと。

(ⅱ) 鉱物・採石の制限を条例で行うことが、国の法律と抵触する可能性をもっていたこと。

第3節　地方自治特別法の改正と住民投票　**267**

(iii) そこで温泉保護のため、既存の地方自治特別法の中に、伊東市長と国の
機関（東京通商産業局長）との協議に基づき鉱業又は採石業に関する制限禁止
等の措置をとれるように法改正をする必要性があったことがあげられる[23]。
実際、改正法の法文は次のように規定されている。

「伊東国際観光温泉文化都市建設事業の執行者は、条例の定めるところに
より、伊東市の区域内における鉱物の掘採、土石の採取その他の行為で観光
温泉資源の保護に著しい影響を及ぼす虞のあるもの……を禁止し、若しくは
制限し、又は当該禁止若しくは制限に違反した者に対し、原状回復その他必
要な措置を命ずることができる。／伊東国際観光温泉文化都市建設事業の執
行者は、前項に掲げる行為のうち鉱業又は採石業に関するものについて、同
項の禁止又は制限をしようとするときは、あらかじめ東京通商産業局長の同
意を得なければならない」(以下、略)。

　こうした伊東市のみに適用される「鉱物の掘採、土石の採取等」について
条例規制ではなく、法律規制という必要性が発生したために、地方自治特別
法の改正が不可欠となり、その結果、再度の伊東市民の住民投票が行われた
といえる。
　この事例において、改めて住民投票を要するとした判断は適切であると思
われる。第1に、地方自治特別法を改正する場合には、原則として地方自治
特別法として処理するという基本線が維持されていること。換言すれば、法
定立形式の同一性が確保されるべきという立法概念が堅持されているからで
ある。第2に、立法内容の面でも、実質的な改正要素を内包しているからで
ある。たしかに温泉の源泉確保のために「鉱物の掘採、土石の採取等」につ

---

23) 『第13回国会参議院建設委員会会議録第53号』1952年〔昭和27年〕6月16日4頁。ま
た参議院本会議昭和27（1952年）年6月20日の改正理由説明の中では、次のように説
明されている。「一定の基準区域を定めて禁止制限ができるかについて、多くの質疑応
答がありましたが、条例で直接禁止制限することは法律の趣旨に反するとの法制局長
の発言があり、鉱山局長からは、条例によつて直接禁止制限するばかりでなく、実質
的に禁止制限するごとき規定を設けることは適当でないとの意見がありました。又提
案者からは『本案の運用に当つては、伊東市当局と通産局長との緊密な連繋を保ち、
条例の制定についても、関係当局との連絡、法制的な指導を受けることに努める』旨
の発言がありました。かくて質疑が終了、討論を省略して採決の結果、全会一致、衆
議院送付案通り可決すべきものと決定いたしました」(旧字体は新字体に変更した。『第
13回国会参議院建設委員会会議録第54号』1952年〔昭和27年〕6月20日1201頁)。

268　第11章　地方自治特別法の憲法問題

き伊東市固有の条例による規制可能性はあったであろう。しかし、当時の実務・学説状況では、「法律の範囲内で条例を制定する」（憲法94条）という憲法規範的意味が阻害要因になっていたと思われる。いわゆる「横だし規制」、「上乗せ規制」が論じられる前の法律先占論が主流を占めていた1950年代では、伊東市独自による条例規制は不可能だと判断されたのであろう。したがって、地方自治特別法としての伊東国際観光温泉文化都市建設法改正は、地方自治特別法の法形式に則して改正する必要性が国会サイド（衆議院議員提案）から求められたといえる。

　では、地方自治特別法の改正はいかなる場合にも、特別法の法形式で改正されなければならないかといえば、必ずしもそうみるべきではない。立法実務上もその立場に立っていない。というのも、法律の定立に特別の手続規定がある場合に、常時、同一の手続ルートでなければ、当該立法の同一性は確保できないとみるには不都合な場合があるからである。すなわち、立法技術の問題としてある通常の法律が改正される場合、これに附随して地方自治特別法として成立した法律に改正が及ぶ場合があり、その際に、当該地方自治特別法について改めて住民投票を求めることに、いかなる憲法的価値があるであろうか。例えば、地方自治特別法が引用している法律名称・条文の改正に住民投票を課す場合を考えてみよう。

　仮にそうした点についてまで住民投票が必要であるとした場合、そこでは次の問題が発生すると思われる。第1に、その住民投票は、当該住民が居住する地方公共団体への地方自治に関する実質内容を聞く内容をもたない点。第2に、そこでの住民投票は地方自治特別法の改正の賛否を問う形式をもちつつも、同時に関連する通常の法律の効力を問うことになる点。第3に、法形式の意味だけを問うとなれば、住民の政治的関心事は著しく低くなり、投票率の異常な低下と住民投票に関わるコストとの相関関係性が改めて問われる事態が発生する点。こうしたデメリットをみれば、地方自治特別法の改正は、当該改正の実質内容を基準にして、場合分けする必要がある。

　その実質的識別基準は、地方自治特別法として現に存在する法律の規定に改めて、当該地方公共団体に対し一定の規制を加えるなど、本来であれば、通常の法律ではできないような特定化された内容的変更を伴う改正であるか否かという点にあると考えられる。それ故に、これまでの地方自治特別法の改正が、伊東国際観光温泉文化都市建設法を除いて、通常の法律改正手続で行ったことは適切であったし、また伊東市の実例も法律改正に住民意思を導

入したことは、法手続の点でも評価できる。

　加えて、伊東市における住民投票の実体の面からみても、住民投票の憲法的価値はあったといえる。すなわち、最初の住民投票の投票率が55％であるのに対し、第2回目の住民投票の投票率は67.4％と高率を維持し、また法律改正の賛成率が64.1％から98.0％（前掲表2参照）へ高まっているという法的・政治的事実は、伊東国際観光温泉文化都市建設法の改正に伴う住民投票が、伊東市の「地方自治の本旨」を住民自治の側面で具体化した現れだといってもよいであろう。

第4節　地方自治特別法制定の回避

Ⅰ．沖縄問題と内閣の支配権確保

　これまでの地方自治特別法の制定は、全て衆議院側からの議員立法であった。おそらく、選挙区の地方公共団体の長／議会の要請を受け、その他の地方公共団体とは異なる特別な利益恩恵的政策を「地方自治特別法」としてその制定を求めたのであろう。逆にだからこそ、既存の地方自治特別法は観光・地域振興的な特別法の意味合いがあり、憲法が要請する「地方自治の本旨」に合致した、つまり団体自治と住民自治との合成力を加重した立法概念とは異質な地方自治特別法だったと思われる。

　従来の地方自治特別法の制定がその程度であったにせよ、憲法95条に定める「住民の投票」は、ある意味、政府、具体的には内閣にとってやはり大きな障害になる。内閣がある地方を対象にした法律を制定する場合、憲法95条の規定に従って地方自治特別法の制定を国会及び地方公共団体さらには当該住民の協力を求めざるを得ないからである。だが三者の協力を獲得することは、内閣にとって事実上、不可能であろう。既存の地方自治特別法では、地方公共団体の要請に基づき国会議員がこれを受け止め、議員立法化するといういわば「下から上へ」の構図がみられるのに対し、国の政策が「上から下へ」降ろされる図式の場合には、最後の住民投票が内閣にとって最大の障害物となるからである。

　この点については、首都圏整備法制定時に同時に議論になった北海道開発法の制定が参考になる。すなわち、先の識別基準①地域性及び政府主導型事

270　第11章　地方自治特別法の憲法問題

業遂行型法律の制定の場合は、地方自治特別法に該当しないという見方である。この識別基準①は、その後、政府主導型の立法は全て地方自治特別法とはしないという理由づけにもなったように思われる。その典型が沖縄問題に凝縮している。

　「沖縄」を対象とした法律は数多い。中でも地方自治特別法に該当するか否かが本格的に争われたのは、「沖縄駐留軍用地特別措置法」に関してである。内閣は、本法制定時に当該法律が地方自治特別法ではないことを次の答弁で説明している。

　「国務大臣（小川平二君）　憲法95条につきましては、従来解釈上いろいろな議論があったと承知いたしておりますが、今日の通説におきましては、地方公共団体の組織あるいは権能に制約を加えるような、そのような特別法についてのみ住民投票が必要である、これが今日の通説となっておるわけでございます」

　「政府委員（真田秀夫君）（憲法）95条に対する私たちの方の解釈は、従来からこの95条は憲法の『地方自治』という章の中に書いてあることからも明らかなように、これは特定の地方公共団体の組織なり権限なり、それにじかに適用される特別の立法、そういうふうに考えておりますので、今回の法案のように、なるほど特別な取り扱いを受ける土地は沖縄県の区域内にありますけれども、しかし、それはそこの土地について特例を書くだけであって、沖縄県という地方公共団体そのものの組織なり権限なりにじかに触れるというものではないのじゃないかと、そういう意味合いにおきまして、95条の特別法とは言えないというふうに実は考えておる次第でございます」[24]。

　この答弁は明らかに識別基準①の拡大事例である。沖縄駐留軍用地特別措置法が、一般法律の形式をとりながらも、その規制対象は沖縄地域であり、しかも沖縄の基地内に土地を所有している者に対する不利益立法措置である。立法概念の内、実質的意味の立法である「国家と国民との関係性を規律する成文の一般的法規範」[25]たる法規概念からすれば、「一般的法規範」の例外が、「地域的・人的対象」を限定化した法律内容を表し、沖縄駐留軍用地特別措置法という法形式における「特別」の意味は正にその点にあったはず

24）『第80回国会参議院内閣委員会会議録第11号』1977年〔昭和52年〕5月14日5頁。
25）清宮・前掲書（註6）204頁。

である。

　日本国憲法に則していえば、この立法制定手続の憲法上の例外として、「特別」な加重要件が課される地方自治特別法の実質概念が何であるかが問題となる。この点について、仲地博は本法のあり様について「一国二制度」と表現しているが[26]、確かにこの事例は、1997年改正過程をみれば、本法制定・改正が地方自治特別法における「地方自治の本旨」に適合的な住民投票を課す典型事例として憲法制定者が想定した概念と一致する。しかし逆にだからこそ、内閣も国会も住民投票回避のために、従来の国主導型立法は地方自治特別法ではないと強弁せざるを得なかったのであろう。当時の国会における答弁は次のようである。

　「国務大臣（久間章生君）　この改正をする前の特措法も日本全国を対象としている法律でございますし、今回の改正法もまた同じようなものでございます。現在進行中のものを対象とする部分については、これは沖縄の方に事実上適用されるのは確かにそのとおりでございます。また、沖縄において現在裁決が進行中のものについて無権原になるということから、これを解消すべく提出したわけでございまして、その点については現在進行中のものに深くかかわってくるのも事実でございます。しかしながら、憲法第95条というのは、御承知のとおり、ある地方公共団体の組織運営権限等にかかわるものについてはいわゆる住民投票ということを要求しているわけでございますけれども、この法律はそういう地方公共団体の組織運営権限等に影響するものではございませんので、これは憲法95条で言う投票は要らないというふうに私どもは解して、この法律を提案させてもらっているわけでございます」。

　「政府委員（大森政輔君）ある法案が95条に言う特別法に当たるかどうかということは、立法の流れからしますと最終的には国会がお決めいただくことである。すなわち、地方自治法の261条におきまして、最後に議決した議院の議長が当該法律をそういう特別法に当たるという判断をされた場合には、当該法律を添えてその旨を内閣総理大臣に通知しなければならない、このように定めておりまして、法律を提案いたします前に、これは地方特別法でございますということを内閣から申し上げるシステムにはなっておらない

26）　仲地博「有事と沖縄」全国憲法研究会編『法律時報増刊／憲法と有事法制』（日本評論社、2002年）110頁。

272 第11章 地方自治特別法の憲法問題

ということでございます」[27]。

　地方自治特別法制定の過去の16例が、地方公共団体の要請に基づき議員立法として、しかも基本的には地域振興的立法であったという歴史的経緯は、憲法95条の地方自治特別法の制定の契機をある意味限定化したように思われる。これらの事例は確かに地方自治特別法の制定事由の一要素を充足していたことは事実である。しかし地方自治特別法の制定事由には、これとは異なる残余の部分も存在しているはずである。佐藤功が過去16事例を「特別法」のイメージと一致しないと述べているのは、これらの地方自治特別法が、憲法が想定する地方自治特別法の概念と完全に一致し、その他の事例を排除する形でこれまで国会も内閣も同一歩調をとっていたからであろう。本来は、残余の部分を理論化し、「地方自治の本旨」の中の住民自治を実質化するための努力が行われるべきだったのであろう。

Ⅱ．地方自治特別法の形式的識別

　ある法律が地方自治特別法であるか否かの形式的識別について一言しておこう。内閣は、国会審議において一貫して、地方自治特別法であるか否かは内閣の問題ではなく、国会の問題であると答弁している。これには、地方自治法261条の規定が関係しているからである。すなわち同条は「一の普通地方公共団体のみに適用される特別法が国会又は参議院の緊急集会において議決されたときは、最後に議決した議院の議長（衆議院の議決が国会の議決となつた場合には衆議院議長とし、参議院の緊急集会において議決した場合には参議院議長とする。）は、当該法律を添えてその旨を内閣総理大臣に通知しなければならない」と定め、ある法律が地方自治特別法であるか否かを両議院のいずれかの議長の裁量に委ねているからである。もとより、ある法律が地方自治特別法としての性格を有するか否かは、実質的識別基準がそこでも機能するが、その基準を踏まえた上で両議院の議長が最終的判断をするという実定法構造は、政治状況によっては、微妙以上の問題を醸し出す。

　通常、内閣と与党は一体化し、衆議院が先議した法律案は参議院に送付される。次に参議院では、当該法案について参議院の政治勢力によって異なる

---

[27] 『第140回国会参議院日米安全保障条約の実施に伴う土地使用等に関する特別委員会会議録第4号』1977年〔平成9年〕4月15日36頁。

形式で議決される場合がある。第1に、衆議院と参議院の多数派が一致する場合である。その際には、法案は衆議院が議決した内容に変更を加えられず、参議院が法案につき最後に議決する議院であり、したがって参議院議長が問題のある法案を「地方自治特別法である」と判断することはまずない。

第2に、参議院多数派が衆議院多数派とは異なるいわゆる「逆転国会」現象がある場合である。衆議院が先議し、参議院が後院であるとき、参議院が修正議決あるいは法案否決をした場合には、「最後に議決した議院」は衆議院である。ただその際にも、衆議院多数派により議長が出されることが通例のため、ある法案を衆議院議長が地方自治特別法と判断する余地はないと思われる。

第3に、衆議院再議決が不可能な多数派しか政府・与党がもっていない場合、つまり、政府・与党の議席が衆議院の全議席の過半数以上3分の2未満の場合はどうであろうか。ある法案が地方自治特別法であるか否かが国会内で問題となり、衆議院先議→参議院送付→参議院否決あるいは修正議決→衆議院返付・回付→衆議院再議決不能のとき、地方自治特別法としての認定が両議院間の争点となることが想定できる。その場合、「最後に議決した議院」の議長（多くは衆議院議長）の役割は、極めて重要な意味をもつ。というのも、地方自治特別法の形式を当該法案に付与し国会の議決が行われた場合であっても、当該地方公共団体の住民投票が法律制定の必須条件であるため、与野党とも国会内の妥協を通じての法案成立の展望は望めないからである。

地方自治法261条の適用が現在まで顕在化したことはないが、国会内勢力に拮抗がある場合には、「最後に議決した議院」の議長に地方自治特別法の認定付与権を留保させる現在の仕組みは、今後大きな問題の発生を予想させる。

第5節　小　結

地方自治特別法は「伊東国際観光温泉文化都市建設法の一部を改正する法律」（公布日／1952年9月22日）を最後にこれまで制定されたことはない。日本国憲法が、代表民主制を基本としつつ例外的に直接民主制的制度を設けているが[28]、地方政治の場面で国が直接民主制を積極的に利用し、地方自治を確立させようというする意図は、今日まで認められない。むしろ内閣は、地方

274 第11章 地方自治特別法の憲法問題

公共団体がそれぞれ地方自治法に従い地方政治を国の法律枠組みの中で運営させることに限定化し、国の業務部面においては、国の支配力を留保させてきた。

その留保の仕方は二つある。第1に、国主導で法律先占型発想をもって地方自治を「上から」押さえる方法である。その一つの現れが地方自治特別法の概念自体を縮小する発想である。第2に、基本姿勢は第1と同じであるが、「下から」の要求でいわば直接民主制をテコとして、地方自治を後退させる発想である。この代表例として、戦後警察制度の「逆コース」的改革にみられる。すなわち、旧警察法（1947年12月17日公布制定）に基づき自治体警察が日本国憲法制定直後に設けられたが、自治体警察は当時の国家地方警察に吸収される過程において、住民投票によって自治体警察解散のための同意を得つつ、廃止されてきた。1952年までに1314の自治体の内1028の自治体において自治体警察の廃止に関する住民投票が行われ、1024自治体において自治体警察廃止に同意が得られた[29]。住民の安全・安心を地方公共団体が自ら地域レベルの民意に問いかけるという手法をとりつつ、国がこれを全面的バックアップするという形式で国の治安制度集中化が行われてきたといえる[30]。この事例は、地方政治を住民を利用して国主導型へと転換する試みとして記憶されていいであろう[31]。

こうした国主導型の地方政治制限政策、さらには、地方自治特別法制定の縮小化に対しては、今一度、地方自治特別法制定・改正の実質論の構築が不可欠であろう。ここでの関心事に照らせば、次のことが指摘されなければならない。

第1に、地方自治特別法制定理由の基準のさらなる実質化である。成田頼明は四つの識別基準を設定したが、特に、「①国の特定の施策の実施に係る

28）日本国憲法上、国家レベルでは代表民主制が原則とされ、その一方、地方自治レベルでは国の統治構造とは異なり直接民主制的諸制度が要求されている。たとえば地方政治の担当者への選定では、「住民が、直接これを選挙する」（憲法93条2項）と定め、直接選挙を国レベルとは異なり明示的に保障し、この直接選挙の対象に「地方公共団体の首長」（同）も含ませている。こうした地方政治の直接民主制的諸要素は、国からすれば、中央政治実現の妨げになる場合がある。

29）自治庁選挙部『選挙年鑑［1949〜1952］』（1953年）182頁参照。

30）その後、1954年には国家地方警察自体も廃止され、現行警察法が制定された。

31）「下からの要求」という発想で政治を動かす最悪の形態が、地方議会を利用した「改憲決議」運動である。1980年代改憲決議については、吉田善明『地方自治と住民の権利』（三省堂、1982年）122頁以下参照。

法律がたまたま特定の地方公共団体の区域のみに適用され、あるいは国の事務・事業について定める法律が特定の地方公共団体のみに適用される場合」については再考の余地がある。沖縄の事例が教えているように、国の特定の施策の実施が、「たまたま」特定の地方公共団体の区域のみに適用されるという言説は、不正確である。立法制定の最初の段階で内閣は、当該立法措置は特定の地方公共団体のみに適用されることを事前に認知しており、偶然、特定の地方公共団体だけに法律が適用されるわけではないからである。むしろ特定の地方公共団体についてターゲットにせざるを得ない立法措置を行う場合には、立法過程における当該地方公共団体の参与の方法が新たに設けられるべきであろう。

第2は、このことと関連する。地方自治法261条によれば、地方自治特別法の判断権は、「最後に議決した議院」の議長に委ねられている。地方自治特別法制定の場合、直接民主制の発露としての住民投票が憲法的義務として規定されているが、そのレベルに達しなければ、当該地方公共団体の組織・住民の意思を聞く必要性はないという現在の法制度は、極端に過ぎよう。この問題を解決するには、既存の地方自治法改正を伴う立法論となるが、一点だけ指摘しておきたい。地方自治特別法には至らないが、事実上、特定の地方公共団体のみに新たなる不利益・負担を求める立法措置が行われる場合には、両議院の議長より、当該地方公共団体の長に地方自治特別法の適用可能性を事前に通知し、当該地方公共団体の長は、住民の代表機関たる地方議会の議決をもって地方自治特別法の適用あるなしの判断権を付与することが適切である。地方自治特別法であるか否かの判断権をもっぱら「最後に議決した議院」の議長のみに留保させている現在のあり様は、再考の余地があろう。

本章では、小笠原返還時における小笠原諸島の国直轄論、秋田県八郎潟干拓事業に伴う大潟村問題にはふれることができなかった[32]。この両事例は、今後、北方四島の返還が現実味を増すにつれて、当該地域の地方公共団体としての法的地位・旧島民の法的地位などにつき多くのヒントを与えるであろう。こうした諸問題については、今後の研究課題にしておきたい。

---

32) 松本英昭「小笠原の復帰に伴う法律問題」『自治研究』44巻2号（1968年）115頁以下、特に125頁以下参照。

第12章

硬性憲法の脆弱性
——その硬質度と国民意思の相関関係性——

第1節　はじめに

　憲法典に憲法改正手続の方法が規範化され、当該改正手続が、通常の立法制定・改廃手続よりも法的に厳格な手続が規定される場合がある。そうした憲法は硬性憲法（rigid Constitution）と呼ばれる[1]。硬性憲法は、当初より、その時々の議会単純多数派からの憲法改正要求を憲法手続法上、困難にすることによって、憲法典の継続的安定性を確保することにその目的をもつ。「硬性」の「硬質度」については、各憲法典によって異なる。たとえば、大日本帝国憲法73条によれば、天皇の「勅命」によってのみ、憲法改正の「議案」が帝国議会に提出され、その議決には両議院それぞれの「出席議員三分ノ二以上ノ多数」を要すると定めている。また日本国憲法96条では、「各議院の総議員の三分の二以上の賛成」で国会による憲法改正の発議が行われ、その後、当該憲法改正案に関する国民投票に基づく国民による「承認」が加重される場合もある。

1）清宮四郎『憲法 I 〔第3版〕』（有斐閣、1979年）11頁。もっとも、「軟性憲法」と「硬性憲法」との区別を提唱したブライス（J.Bryce）は、憲法典の改正手続の難易度には無関心である。清宮を始めとする通説への批判として、小嶋和司『憲法学講話』（有斐閣、1982年）12頁以下参照。もっとも、日本的通説は、ブライスではなくダイシーに依拠しているとの指摘もある。この指摘も含めて、ブライスにかかわる邦語文献としてA.パーチェ〔井口文男訳〕『憲法の硬性と軟性』（有信堂、2003年）所収の「訳者解説」169-181頁。A.V.ダイシー〔伊藤正己＝田島裕訳〕『憲法序説』（学陽書房、1983年）120-122頁参照。また高見勝利「硬性憲法と憲法改正の本質」『レファレンス』650号（2005年）9-20頁がある。

278　第12章　硬性憲法の脆弱性

　憲法典上根拠をもつ憲法改正権の権限配分に国民を関与させ、国民を憲法改正権の担い手として設定しておくことは、硬性憲法の硬質度を著しく高める。そこでは、憲法典の改正の現実的可能性は、本来、低減化するはずである。しかし、硬性憲法の硬質度が高まれば高まるほど、現憲法典を改正したい諸勢力にとっては、現憲法典自体への様々な論理に基づく憲法変動を描き、あるいは「新憲法制定」への憧憬を抱くこともあろう。

　そこで、本小論では、硬性憲法である日本国憲法典が、憲法生活の場面においてその「硬質性」がどのように変化するのか、その要因を確認し、日本国憲法が立脚する地盤の現況を分析することにしたい。その作業を通じて、憲法典の通用性の課題を浮き彫りにすることができると考えるからである。

第2節　憲法解釈の度量

Ⅰ. 憲法解釈の機会

　広義の意味における立憲政治とは、憲法に即した政治を行うこと、すなわち、憲法——成文憲法、不文憲法を問わず——によって生の政治権力行使を阻止することを意味する。国民主権を定める憲法典では、政治権力の源泉は、憲法上規範化された「国民」に存し、また同時にそこに政治権力の正当性の根拠がある。政治権力担当者、具体的には政権政党が、ある一定の政策を実現する場合に、自らその個別的政策が憲法違反であることを認めず、憲法に沿った政策であるといわざるを得ない理由は、憲法的正当性がなければ、非立憲政治を自白したことになるからである。

　戦後日本政治の中軸を担った自由民主党は、結党以来、日本国憲法の改正を党の基本文書に明記し[2]、政権政党として日本国憲法が描く規範世界とは

---

2)　自由民主党の「党の使命」（1955年11月15日）において「現行憲法の自主的改正」、また「党の政綱」（同日）において、「六、独立体制の整備／平和主義、民主主義及び基本的人権尊重の原則を堅持しつつ、現行憲法の自主的改正をはかり、また占領諸法制を再検討し、国情に即してこれが改廃を行う」ことが明記されている（『自由民主党党史　資料編』〔1987年〕9-10頁参照）。この流れは「新綱領」（2005年11月22日）、「平成22年綱領」（2010年1月24日）においても継続し、後者では、「日本らしい日本の姿を示し、世界に貢献できる新憲法の制定を目指す」ことが謳われている。また、『日本国憲法改正草案』（2012年4月27日決定）が公表されている。自由民主党の基本文書は、同党HPからも検索可能である。

異なった政治を推進してきた。その政治環境下で、日本国憲法典の解釈は特異な様相を示してきた。すなわち、日本国憲法の改正を望む政党の政治世界において、憲法解釈の枠が、「柔軟」に運用されてきた点である。いわゆる「解釈改憲」手法である。その一翼を担ったのが内閣法制局が主体となった「政府解釈」である。

憲法解釈は、最高裁判所及び下級裁判所の独占対象ではない。日本のような具体的・附随的法令審査制の下では、訴訟対象になる事物に限って、裁判所による憲法解釈が行われ、基本的には最高裁判所大法廷判決（裁判所法10条）で示された憲法解釈が、公定的・有権的憲法解釈とされる。この裁判所による公定的・有権的憲法解釈の機会は、単に裁判所が受動的に憲法判断をせざるを得ないという性質上の問題から、低減化されているだけではなく、そもそも主観訴訟中心の訴訟形態の中、国家行為それ自体を争うことが、具体的・附随的法令審査権の下では、著しく困難であることも含まれている。

加えて、裁判所は、憲法解釈を要する場面においても、「憲法判断回避の準則」の訴訟技術を用い、受動的国家機関以上の謙抑性を維持しているため、裁判所が公定的・有権的憲法解釈を行う契機自体が相当程度、最小化されている[3]。そこで、憲法解釈とこれに基づく合憲的憲法の通用性の余白を埋めているのが、内閣法制局を中軸とした政府解釈である。

Ⅱ．内閣法制局の役割の限界

内閣法制局設置法3条1号は、「閣議に附される法律案、政令案及び条約案を審査し、これに意見を附し、及び所要の修正を加えて、内閣に上申すること」、同3号は「法律問題に関し内閣並びに内閣総理大臣及び各省大臣に対し意見を述べること」と定める。前者は審査事務、後者は意見事務と呼ばれる[4]。意見事務では、内閣法制局が内閣の「補佐機関」として、憲法問題について「意見の具申」を行いつつも、最終的には内閣によって憲法解釈が定まる[5]。したがって、内閣は内閣法制局の見解に縛られず、硬性憲法の「軟

---

3) 同旨・野坂泰司「憲法解釈の理論と課題」『公法研究』66号（2004年）20頁以下参照。
4) 阪田雅裕「内閣法制局と憲法解釈」『憲法問題』22号（2011年）105頁参照。
5) 同上。平岡秀夫「政府における内閣法制局の役割」『北大法学論集』46巻6号（1996年）343-368頁に内閣法制局の任務内容の概略がある。また内閣法制局による解釈態度の概要については、間柴泰治「内閣法制局による憲法解釈小論」『レファレンス』685号（2008年）75-80頁参照。

280　第12章　硬性憲法の脆弱性

化させた憲法解釈」、政府統一見解を発することも可能である。

　その一例が靖国神社への首相の公式参拝問題である[6]。「国務大臣の靖国神社参拝問題についての政府統一見解」(1980年11月17日／参議院議院運営委員会理事会) において、「政府としては、従来から、内閣総理大臣その他の国務大臣が国務大臣としての資格で靖国神社に参拝することは、憲法第20条第3項との関係で問題があるとの立場で一貫してきている。……（これ）については、いろいろな考え方があり、政府としては違憲とも合憲とも断定していないが、このような参拝が違憲ではないかとの疑いをなお否定できないということである。そこで政府としては、従来から事柄の性質上慎重な立場をとり、国務大臣としての資格で靖国神社に参拝することは差し控えることを一貫した方針としてきたところである」と答弁していた。

　しかし、中曽根内閣成立後 (1982年11月)、「戦後政治の総決算」の一つとして、中曽根首相は靖国神社への公式参拝を憲法上合理化しようとしていた。そこで、従来の政府統一見解を変更するために、内閣法制局とは切断された私的諮問機関である「閣僚の靖国神社参拝問題に関する懇談会」(靖国神社懇談会) を設置し、その『報告書』(1985年8月9日) を下に、「内閣総理大臣その他の国務大臣の靖国神社公式参拝について」と題する藤波内閣官房長官談話 (同年8月14日) を公表した。そこでは「本殿において一礼する方式、又は、社頭において一礼するような方式で参拝する」「公式参拝を行っても、社会通念上、憲法が禁止する宗教的活動に該当しないと判断した。したがって、今回の公式参拝の実施は、その限りにおいて、従来の政府統一見解を変更するものである」とした[7]。

　この憲法解釈の変更は、内閣の責任において行われたと考えられる。この実例は、次のことを教えている。第1に、その時々の政権によって、憲法規

---

6) 一連の政府統一見解については、『緊急特集・靖国神社公式参拝』ジュリスト臨時増刊848号 (1985年) 110頁以下所収の「資料編」に依った。

7) 公式参拝後、1985年8月20日の衆議院内閣委員会 (閉会中審査) において、政府は次のような政府の見解を公表した。「政府は、従来、内閣総理大臣その他の国務大臣が国務大臣としての資格で靖国神社に参拝することについては、憲法第20条第3項の規定との関係で違憲ではないかとの疑いをなお否定できないため、差し控えることとしていた。今般『閣僚の靖国神社参拝問題に関する懇談会』から報告書が提出されたので、政府としては、これを参考として鋭意検討した結果、内閣総理大臣その他の国務大臣が国務大臣としての資格で、戦没者に対する追悼を目的として、靖国神社の本殿又は社頭において一礼する方式で参拝することは、同項の規定に違反する疑いはないとの判断に至つたので、このような参拝は、差し控える必要がないという結論を得て、昭和55年11月17日の政府統一見解をその限りにおいて変更した」(同上・115頁)。

範の通用性に振幅があり、広範な憲法解釈が憲法実例を可能にすること。第2に、政府の憲法解釈は、「内閣法制局の解釈」と時の政権の「内閣の解釈」があり、後者が政府解釈として統一的通用性を獲得する点である。問題は、その当否にあるのではなく、硬性憲法の特定憲法条文に対する「内閣の憲法解釈」に関し——内閣が「合憲」といわざるを得ない文脈で——かかる「内閣の憲法解釈」が合憲の範囲内に位置するという多義的意味である。それは、政治文脈では、政権党の憲法改正手続着手の機会を少なくすることもある。また、憲法改正権を有する日本国民が、合憲的な政府の憲法解釈を前に微妙な安心感をもつこともある——憲法改正だけは回避できたという意味で。また逆に、憲法規範の役割としての国家権力を封鎖する機能が低減化することによって、立憲主義の意味喪失といった副作用を特に国民側に与える面もある。

このような多義的意味をもちつつも、確実に指摘できる点は、硬性憲法が弾力的に運用されてきた日本政治の実体は、その「硬質度」の故に「軟性化された憲法運用」あるいは「軟性憲政」であった点である。そしてそうした政治実態の継続が臨界点に達したとき、憲法学の世界では憲法変遷論へと、また政治世界では新憲法制定あるいは日本国憲法改正の論議へと誘導されていく。

第3節　憲法制定権力の「復活」

Ⅰ．憲法制定権力の凍結

日本国憲法を改正するには、憲法96条の手続を経なければならない。憲法典の一部改廃・追加のみならず、全部改正についても必ず本条の手続充足が憲法改正の前提条件である。

同96条1項によれば、憲法改正時に国民の「承認」が必要条件であり、当該「承認」は、憲法改正手続法1条によれば「国民の承認に係る投票」の形式による。そこでは、実定化された憲法改正権に国民が「権限者」として関与し、国民投票によって憲法改正が定まることから、憲法改正権が国民主権の行使と捉える向きもある。しかし、憲法改正の国民投票は、国民主権に基づく国民意思の法的発動であると論理必然的にいえることではない。という

のも、国民投票は、憲法改正権の権限内のことだからである。すなわち、「憲法を作る力」＝「憲法制定権力」(pouvoir constituant) とは区別された「憲法によって作られた権限」＝「憲法改正権力」(pouvoir constitué) が国民に実定憲法上、割りあてられ、その権限行使者として「国会」と「国民」が実定法化されている。およそ憲法典の改正には、一般的に国民が関与する必要性はなく、日本国憲法典上、国民が国民投票権者として実定化されただけである。

確かに、国民投票が主権行使の一形態と把握するならば、日本国憲法上、憲法制定権力の発動と憲法改正権の発動は、同一視することもできよう[8]。しかし、憲法学の主流は、憲法制定権力の発動には慎重であり、現憲法の変動を憲法改正に限定化する[9]。中でも樋口陽一は、憲法制定権力凍結論を打ち出し、現憲法におけるその有害性を主張している[10]。また、長谷部恭男は、さらに進んで憲法制定権力の「消去可能性」を構想している[11]。

樋口によれば、主権を「超実定法的」存在と捉え、「国民主権」を「国民の憲法制定権力」そのものと同一視し、国民主権の発動を「凍結」させ、実定法の世界で憲法制定権力を解放することの問題性を指摘している[12]。

この見解は、樋口独特な見解ではない。ドイツ憲法学でも、憲法制定権力を国民の権力の正当性、すなわち権力の源泉に限定化することが指摘されている[13]。たとえば、従来よりクリィーレは、次のように指摘している。すなわち、憲法制定権力 (verfassungsgebender Gewalt) は、憲法制定によって尽き、憲法制定後では、憲法の法的正当化は憲法自体に根拠をおく。民主主義の将来にとって、民主主義の概念をひとえに憲法制定権力に関係づけることは危険な惑わせでしかない[14]。つまり、クリィーレにあっては、主権が法外の全

---

8) いわゆる「主権全能論的無限界説」である。この学説の主張者として、結城光太郎「憲法改正無限界の理論」『山形大学紀要（人文科学）』3巻3号（1956年）281頁以下がある。

9) 清宮・前掲書（註1）34頁参照。同『国家作用の理論』（有斐閣、1968年）177-180頁参照。芦部信喜『憲法制定権力』（東京大学出版会、1983年）109-110頁参照。

10) 樋口陽一『近代立憲主義と現代国家』（勁草書房、1973年）302頁以下参照。

11) 長谷部恭男「憲法制定権力の消去可能性について」同ほか編『岩波講座　憲法6』（岩波書店、2007年）51頁以下、同「われら日本国民は、国会における代表者を通じて行動し、この憲法を確定する」『公法研究』70号（2008年）1-21頁所収。本稿では前者の論文を利用した。

12) 樋口・前掲書（註10）302頁参照。

13) ただし、シュミット学派に属するベッケンフェルデは、憲法制定権力を国民の「精神」概念に位置づけ、規範的に捉える見方を否定している。E.-W.ベッケンフェルデ〔初宿正典編訳〕『現代国家と憲法・自由・民主制』（風行社、1999年）180-181頁参照。

14) M.Kriele,Einführung in die Staatslehre,6.Aufl.,2003,S.239.

能的権力であり、「主権＝憲法制定権力」の論理からすれば、「憲法国家の内側では、主権は存在しない。国民の主権は、直接的に憲法国家の始期と終期に登場する。つまり憲法国家の創造の時と終焉の時にだけ登場するのである」[15]。

　憲法の規範的要素から切断されたそのような憲法制定権力が、「民主主義の正当性の論理」のみに還元されるとすれば、正にその点に憲法制定権力を「凍結」させなければならない理由がある。他方、憲法制定権力の「凍結」論は、憲法改正権力を憲法の内側の論理にあるとしたとき、憲法改正の限界を認めるのか否か、またどの範囲内であるのかという課題について、別の問題に遭遇する。すなわち、憲法改正の限界部分をどこに置くかという選択問題の中では、憲法制定権力を「凍結」させない方が、実際的な意味をもつのではないかという課題である。

　樋口は、清宮四郎の学説を継受し、憲法制定権力と憲法改正権力とを区別した上で、憲法改正の限界を設定する。憲法改正の限界領域は、二つの部面にある。第1に、憲法制定権力の主体の変更、すなわち、主権所在の変更の禁止である。第2に、憲法の内容的限界、「決定された内容」に関わる限界である。前者は法理的に憲法改正の限界設定可能な領域であるのに対して、後者は「その法論理的身分」が異なるが故に、憲法原理の理解によって憲法改正の限界の領域は可変的である。樋口の主張によれば、憲法改正権の限界論は、「予防的なかぎりで法的に意味を持つ」主張であるが、そこで「予防」すべき価値は、「個人の尊厳」であり、そうした憲法価値を内在化させた日本国憲法の「価値の擁護」が憲法改正の限界の実質的意味である[16]。すなわち、ファシズムを経験した1945年以降の憲法は、「個人の尊厳」を実定憲法化し、その価値の擁護を憲法の使命とする。日本国憲法はその系列に属し、この究極価値の変更を憲法改正権者に留保させないところに、憲法改正限界説の実践的意味がある。

　しかし、憲法改正を主導する勢力からすれば、この第2の憲法改正の限界に関する内容自体を問いただしている。主権所在の変更という復古的主張ではなく、国民主権の権力性とその支配からの自由を支える「人たるに値する個人主義」への懐疑である。憲法改正限界説における「決定された内容」の擁護は、そこに憲法の限界を置き、硬性憲法の担保力を維持しようとするが、

15）Ibid.,S.241.
16）樋口陽一『憲法Ⅰ』（青林書院、1998年）380-382頁参照。

284　第12章　硬性憲法の脆弱性

逆にだからこそ「憲法改正の限界」論は、「人たるに値する個人主義」を備えた硬性憲法自体を改正したい勢力から攻撃にさらされ、硬性憲法の硬質性の縮小化に直面する[17]。

II. 憲法制定権力の「保存」の意義

憲法改正には限界があるという言説は、憲法制定権者の変更、すなわち主権所在の変更の不可能性のほかに、憲法原理に関わる変更に対する拒絶をも含意している。日本国憲法を維持する側からは、その改正の限界に多くの要素を入れることによって、憲法改正の試みを防止する機能を憲法典自体に含ませている。しかし、日本国憲法を改正したい側からは、その内容物を節約し、自己が選択する改正内容を憲法改正の限界内のこととし、憲法改正原案を策定すると思われる。しかし、もう一つの論理が想定できる。それは、C.シュミットの議論である。憲法改正の限界内容が豊富であればあるほど、憲法改正の幅が狭められるため、憲法改正権力の土俵自体をとばし、新たな憲法制定権力の発動を模索する発想である[18]。

日本国憲法の誕生の法理を再確認すれば、大日本帝国憲法の下に国民主権を設定し、これに基づく新憲法制定としての日本国憲法が成立したという法体験[19]は、日本国憲法典の「出自」への懐疑の問題よりも、現在進行形の問題でもある。確かに、日本国憲法の維持を目的とすれば、あの8月革命説の復活を現憲法の下で再現することは、許容されない。「憲法制定権力の凍結」＝「国民の主権の発動の禁止」を求め、主権を国家権力の正当性の契機に限定化する樋口の凍結論は、その文脈において理解できる。また、杉原泰雄が、憲法制定権力の概念自体を非科学的と捉え、憲法制定権力（論）は、「憲法

17）自由民主党による『日本国憲法改正草案』（2012年4月27日決定）13条は、「全て国民は、人として尊重される」と定め、意識的に現憲法13条に定める「個人」が置き換えられている。これは、「新しい日本国の形」を西欧型民主主義と切断しようとする意図と関連する。「個人主義なくしても民主主義が成立する」という発想は、民主主義を「数の数え方」問題として矮小化する。

18）C.シュミット〔尾吹善人訳〕『憲法理論』（創文社、1972年）133-134頁参照。

19）大日本帝国憲法から日本国憲法制定に法的連続性をみず、ポツダム宣言受諾により国民主権が生まれ、この主権所在の変動に新たな憲法制定の根拠（憲法制定権力の発生）を置くという8月革命説（通説／宮沢俊義）の下では、大日本帝国憲法73条の改正規定に基づく日本国憲法の制定は、「借用」に止まることになる。清宮・前掲書（註1）52頁参照。

を作り出す社会的経済的政治的力の正当化論にすぎない」[20]として不要論を展開している。長谷部恭男は、憲法制定権力の「削除可能性」を俎上にあげ、清宮説（超実定法的根本規範論）、芦部説（超実定法的人権保障目的型規範論）[21]によって主張された規範拘束型憲法制定権力ではなく、「直接に憲法典の道徳的正当性、つまり超実定的政治道徳との整合性」に日本国憲法典の正当化根拠を置き、憲法制定権力概念が「不要な剰余物」であることを主張している[22]。

　こうした一連の憲法制定権力駆逐論は、日本国憲法の変更を憲法改正権力に収斂させることを基本姿勢としている。しかし、憲法制定権力なき憲法論は、次の全く異なる方向性において改めて大きな問題と遭遇する。第1に、国民の側からの問題設定である。すなわち、将来、「全面改正された日本の憲法」への批判的視座として、「国民が日本国憲法96条に基づき憲法改正の承認を付与したのであるから、この憲法には正当性がある」という場面において、しかもその「改正された憲法」への懐疑が国民の間に生まれたときに、「国民の憲法制定権力」を発動し、もう一度、日本国憲法と順接しうる選択肢が国民に留保させる法理的可能性が排除されるという課題である。仮に新憲法典において、憲法改正権力から国民が排除された場合に[23]、国民の側からの「憲法改正」を求める意思は、実定憲法上、憲法改正権力ではなく、憲法制定権力の発動を前提としなければ、法理上、その説明が困難になると思われる。このいわば「下からの憲法制定権力」の法理的説明には、憲法制定権力の実在性が必要である。もとより、この理解は、日本国憲法における憲法解釈論ではなく、憲法認識の領域群の課題である。

　第2に、現在の政権政党による憲法改正問題の場面である。仮に政権政党によって憲法全面改正のための日本国憲法96条に基づく国会発議が行われたが、その後の国民投票によって、国民がこれを僅差で不承認したとしよう。その場合、政権政党による政治的エネルギーは消滅するよりも、さらなるエネルギー充当を目指して、「運動（Bewegung）」していくように思われる。そこでは、憲法改正の公式ルートではなく、新憲法制定に向けた彼らのいう意味での「国民運動」へと質的変化が生じうる。いわば「上からの憲法制定権

20）杉原泰雄『憲法と国家論』（有斐閣、2006年）192頁。
21）芦部信喜『憲法学Ⅰ・憲法総論』（有斐閣、1992年）46-49頁参照。憲法制定権力自体を扱った作品として、同・前掲書（註9）がある。
22）長谷部・前掲論文（註11）57頁参照。
23）もっとも自由民主党「日本国憲法改正草案」100条では、憲法改正権者に国民を入れている。

286　第12章　硬性憲法の脆弱性

力」の発動問題である。

　確かに、憲法制定権力を日本国憲法に保存させることは、両義性をもつ[24]。一つの局面では、「下からの憲法制定権力」問題。すなわち芦部信喜にみられる憲法制定権力に権力的契機を読み取り、「『非常な場合』には例外的に働く」国民の憲法制定権力の実在性を許容する見方である[25]。もう一つの局面では、政治権力が一部国民とともに「新憲法制定への憧憬」を抱き、日本国憲法の破壊へと運動する局面である。C.シュミットが描いた何人にもよる「政治的統一体の実存」への意思の課題である。

　憲法制定権力の存在を認め、「凍結された憲法制定権力」が憲法に保存され、その「氷解」が生じる氷点を見定めることは、著しく困難である。おそらくは、国民の「回復権としての抵抗権」[26]が利用される場面が、この氷点に近いのであろう。

　他方、次の憲法状況変化も重要である。それは、憲法改正問題が憲法改正権の問題として処理され、憲法制定権力を使用しない「凍結論」、「消去可能性」の論理を唱える幸福な政治状況よりも、「新しい国の形」を求めて、「形なきものに形を与える」時代に向き合っている不幸な現在である。それは、日本国憲法の硬質的建屋が、それに依って立つ土台の液状化の影響から無縁ではなくなった21世紀初頭の、ヴァイマル期にも似た政治状況の問題性である。本来であれば、憲法改正問題は、「憲法の留保」すなわち、何が憲法典に留保されているのか、また同時にその憲法典の変更によって新たに何を憲法典に留保させようとするのかという課題のはずである。しかし、日本国憲法に留保された価値自体への敵視とその共鳴振動は、憲法制定権力の「復活」の内実を再吟味する契機を与えたと思われる。

24）辻村みょ子「国民主権」辻村＝長谷部恭男編『憲法理論の再創造』（日本評論社、2011年）121頁参照、山内敏弘『改憲問題と立憲平和主義』（敬文堂、2012年）20-24頁参照。

25）芦部・前掲書（註9）324頁。もっとも芦部説は、国民の抵抗権の発生を前提とした「国民の憲法制定権力」の有意義性を「非常な場合」として想定していると思われる。

26）加藤一彦『憲法〔第3版〕』（法律文化社、2017年）32頁参照。

第4節　憲法の留保とポピュリズム

I. 背 景

　ドイツ語圏ではプレビシットは、直接民主制と同義である。通例、プレビシットは政策決定型（Sachentscheidung）と人的選出／リコール決定型（Personalentscheidung）の二つに分けられる。プレビシットを憲法に導入するか否かは、その国のプレビシットに対する評価問題と関係する。戦後の西ドイツ基本法（現在のドイツ基本法）は、意識的にプレビシットを避け、国民が国家権力に関与する機会は最小化されている。それにはヴァイマル憲法時代における負の体験に原因がある。

　ヴァイマル憲法の政策決定型プレビシットの代表例は、ヴァイマル憲法73条各項における国民投票による法律議決である[27]。憲法実践上、1919年から1933年まで8回の国民発案（Volksbegehren）の申立があったが、憲法上、国民発案の対象になり得たのは、次の3件のみである[28]。

①共産党及び社会民主党が中心となった旧貴族財産（Fürstenvermögen）の没収に関する国民発案（1926年6月8日）。

②共産党による装甲巡洋艦建設禁止の国民発案（1928年）。

③DNVP（ドイツ国家国民党）及びナチス党によるヤングプランに反対する国民発案（1929年12月22日）。

　この内、②については国民発案に必要な最低要件を満たさず、国民投票は成立しなかったが、残りの二つは国民投票が行われた。ただこの二事例とも、必要な賛成票を獲得できなかったため、ヴァイマル憲法73条に基づく国民立法は全て失敗している[29]。

　しかし、このプレビシット体験は、反ヴァイマル派が国民を動員したこと、国民発案失敗後も極左・極右は、政治的エネルギーを保持し、ラディカルな

---

27) 人的決定型プレビシットとしては、ヴァイマル憲法41条のライヒ大統領直接選挙制度、リコール決定型プレビシットとしては、同43条2項の国民投票による解職制度がある。

28) P.Krause,Verfassungsrechtliche Möglichkeiten unmittelbarer Demokratie,in:J.Isensee und P.Kirchhof,Handbuch des Staatsrecht Bd.3,3Aufl.,2005,S.61.;E.R.Huber,Deutsche Verfassungsgeschichte seit 1789, Bd.6,1981,S.437.

29) Huber,a.a.O.,S.437.; H.Schneider,Volksabstimmungen in der rechtsstaatlichen Demokratie,in: Gedächtnisschrift für W.Jellinek,Forschungen und Bericht aus dem öffentlichen Recht,1955, S.157f.

288 第12章 硬性憲法の脆弱性

政治的雰囲気を誘発し得たことを実証したように思われる[30]。実際、ヴァイマル憲法上のプレビシットは、その後、ナチス政権が成立した1933年以降、姿を変えて利用されていく。いわゆる授権法制定（1933年3月24日）によりライヒ政府による立法権行使が可能になり、同法に基づき国民投票法（同年7月14日）が制定され[31]、「ライヒ政府の意図した措置」に関し、国民投票に付し、「有効投票の過半数」によって法律的効力が「措置」に与えられることが可能になった。同法に基づく政府の行為に対する「措置」に関する国民投票は、ナチス政権時代、3回行われた。人的プレビシットに関しては、ヒトラーの国家元首化の国民投票（1934年8月19日／約89.9％賛成）[32]、政策プレビシットに関しては、国際連盟脱退（1933年11月12日／約95.1％賛成）、オーストリア併合（1938年4月10日／約99％賛成）である[33]。この実例は、政権の思惑によって国民動員化が簡単に実現することを教えている。

　戦後のドイツ基本法20条2項後段は、「国家権力は、選挙（Wahlen）及び投票（Abstimmungen）において国民により、かつ立法、執行権および裁判の個別の諸機関を通じて行使される」と定めているが、通説はこの「投票」に国民投票の可能性を認めてはいない[34]——本条項の「投票」は、ドイツ基本法29条に基づく連邦領域の新編成における「住民表決」（Volksentscheid）と対応

---

30) Krause,a.a.O.,(Fn.28),S.62.

31) 「国民投票法（Gesetz über Volksabstimmung）」（RGBl.1933 I, S.479.）の最初の法文は、「ライヒ政府は、以下の法律を議決し、公示する」である。この法文が授権法の性格を表している。

32) 人的プレビシットについては、ヒトラーの国家元首就任に関する国民投票がある。ライヒ政府は国家元首（1934年8月1日）を議決し、「ライヒ大統領の官職は、ライヒ宰相の官職に統合」（1条）され、ヒンデンブルク大統領が翌日2日に死去すると、ヒトラーが直ちに国家元首に就任し、3日に同法施行令に基づき国民投票を行うことが明らかにされた。8月19日に国民投票が行われ、約95％がヒトラーが国家元首になることに同意する賛成票であった。

33) 当時の国民投票の詳細については、Hrsg.,Ingo von Münch,Gesetz des NS-Staates , 1994, S.16f.;H.Schneider,Volksabstimmung in der rechtsstaatlichen Demokratie,in:Gedächtnisschrift für Walter Jellinek,1955,SS.160-163.また、NS時代の項目を調べるには、Hrsg.,W.Benz, Enzyklopädie des Nationalsozialismus,1997.が便利である。国民投票の結果に関しては、同書S.793.などを参照した。なお、1936年3月29日にライヒ議会選挙とラインラント占領につき、同一の投票用紙によって、国民投票が行われたことがある。ラインラント占領賛成票の割合は、約98.8％であった。この点については、O.Jung,Wahlen und Abstimmungen in Dritten Reich 1933-1938,in: hrsg.,E.Jesse und K.Löw,Wahlen in Deutschland,1998, S.83f. ユンク論文 SS.93-97.に当時の投票用紙が掲載されている。

34) K.ヘッセ〔初宿正樹＝赤坂幸一訳〕『ドイツ憲法の基本的特質』（成文堂、2006年）95頁参照。バドゥーラも、ドイツ統一後、プレビシットによる国民立法の要求が増大化している点について懐疑的である。P.Badur,Staatsrecht, 5.Aufl.,2012,S.527f.

関係性をもつにとどまる。もちろんこの見方に対しては反対論もあり、プレビシットを連邦レベルに導入する見解もある[35]。また、各ラント憲法全てに国民発案などの政策決定型プレビシットが導入され、現在では行政過程への参加民主主義的発想からプレビシットの有効性が論じられている[36]。

筆者の関心事は、このヴァイマル期におけるプレビシットの失敗があるにもかかわらず、日本国憲法の下、プレビシットに親和的な見方がある点である。戦前の日本型ファシズムがドイツとは異なり、国民の投票者としての動員化を経験せず、疑似宗教としての神勅天皇制の下に国民が糾合化された特殊型ファシズムであったせいか、プレビシットの負の作用を吟味せず、民主主義の実質化としてプレビシットを描いてきた節もある。だが、プレビシットへの無警戒は、国民のもつ政治権力に対する「安易な信頼」を想定していたように思われる[37]。

Ⅱ．憲法の留保と憲法附属法

ここでいう「憲法の留保」とは、硬性憲法がその憲法典の中に何を憲法規範力の維持のために保存しているのかという意味で用いている。「法律の留保」の場合は、立法者によって憲法の制限規範の下、その具体的内容が法律として決定され得るが、「憲法の留保」の場合は、立法者からの憲法防禦をその基本としている。もちろん、「憲法の留保」は、憲法改正権者から自由であるか否かは、前節でふれたように憲法改正の限界論と関連する。ここで問題とするのは、国民を利用することによって、憲法に留保されている実体が侵食されることへの予防機能として「憲法の留保」を考えている。

35）H.Meyer,Volksabstimmungen in Bund:Verfassungslage nach Zeitgeist?,in:JZ.11/2012, SS.538-546.

36）「シュトッツガルト21」問題が、最近ではプレビシットとの関係で論争を引き起こした。この概要については、朝日新聞朝刊2013年2月11日。また、「シュトッツガルト21」問題を契機にインフラ整備に関する財政支出主体に対する市民参加は、どこまで許容できるかという新たな問題が発生している。プレビシットを認める立場からしても、「住民投票」の範囲の策定は重要である。この点については、E.Gurlit,Neue Formen der Bürgerbeteiligung?,in:JZ. 17/2012,SS.833-841.

37）首相解散権との関係で戦後憲法学がプレビシットを軽視してきたことを指摘したことがある。加藤一彦『議会政治の憲法学』（日本評論社、2009年）158頁以下、特に177頁参照。

290　第12章　硬性憲法の脆弱性

(1)　立法権能の限定

　まず、日本国憲法41条における国会が「国の唯一の立法機関」とする憲法解釈についてである。通説は、この規定には国会中心立法と国会単独立法の2つの要素があると捉える。特に、国会単独立法では、国の立法は、全て「国会の議決のみで成立する」[38]ことがその内容である。これに対し、国会単独立法の意味を半代表制論から、国民の意思の関与を可能とする見解もある。辻村みよ子は、「決定型ではない諮問型・助言型レファレンダムの活用は十分可能」とし、「条約や行政の方針に対する世論調査的な意味をもつレファレンダムも、憲法上禁止されていない」[39]と述べ、プレビシットに親和的である。

　もっとも辻村もプレビシットの負の側面である国民動員の可能性を認め、「現状では、効果よりもリスクのほうが大きいと思われる」と指摘し、「主権者の民主的成熟度」との相関関係性への配慮を正確に指摘している[40]。ここで問題としたいのは、国民の立法過程への関与がプレビシットに転化するという危険性よりも──この点については、後述する──憲法41条における国会単独立法の拡大化が、「憲法の留保」を侵食する可能性がある点である。つまり、諮問型・助言型国民立法（レファレンダム）を構想した場合、そもそも国会がかかる制度を認め、それに対応した法律を制定しなければならない。では、国会は、自己の承認があれば、そもそもそうした立法を作る権能をもっているのかという問いかけである。

　「憲法の留保」の視点からすれば、立法府は全能ではない。憲法上保障された人権に対抗する法律制定が許容されないのは、成文憲法典優位の下、人権条項への侵害禁止を立法府に求めているからである。それと同様に統治構造における国会の権能は、憲法典上の権限配分の結果であり、この領域を法律でもって変更することは許容されない。その「憲法の留保」の意味は、国会の承認があろうとも、立法者に対しそうした立法の動機それ自体を禁止している点にある。これを見誤れば、立法権と憲法改正権との識別が相対化され、その時々の国会における多数派によって、統治構造の柔軟な変更が可能になり、硬性憲法が有する権力への制限規範性の喪失可能性は高まる。

---

38)　清宮・前掲書（註1）204頁。

39)　辻村みよ子『憲法〔第6版〕』（日本評論社、2018年）351頁。人民主権論からは当然、国民の立法過程への参加は排除されない。杉原泰雄『憲法Ⅱ』（有斐閣、1989年）221頁参照。

40)　辻村・同上。

憲法の制限規範性を軽視する傾向は、「憲法改革」としての憲法附属法の概念にすでにみられる。大石眞によれば、「憲法附属法とは、国政の組織と運営に必要な規範、すなわち実質的意味の憲法に属する法規範であって、憲法典を補充する意味をもつ規範又はそれを内容とする議会制定法」[41]である。この憲法附属法が実質的憲法と目されるのは——統治構造のあり方を定める法律群が、最高裁判所による公定的・有権解釈の対象になりにくいため——憲法補充法による憲法実質化機能を本来備えているからである。1999年以降の行政改革では、憲法附属法は確実に「憲法改革法」としてその機能を果たしてきた。

加えて、「基本法」の制定・改正という一連の立法行為も、同一の流れにある。2000年代以降の「基本法」の制定及び既存基本法の改正は、明らかに日本国憲法典の補充法というよりも、日本国憲法の理念を切断する意味で利用されてきた。この点、川崎政司が、昨今の基本法制定に関し、「憲法と現実との齟齬や乖離が問題とされる中で、齟齬する部分を埋め合わせ、あるいは憲法と現実との乖離に歯止めをかけ、さらに場合によっては憲法の解釈を実質的に変更することなどを狙い」とした[42]点に批判を向けているが、確かに基本法制定は、非改憲的「憲法改革」の実質的機能を果たしてきている。

もとより日本国憲法は、法律形式集合体にその法段階構造を認めず、法律は憲法の授権範囲内において同一段階に立脚し、制定される。だが、立法者の「憲法改革」の姿勢は、国会には広範な立法裁量が付与され、統治組織法が裁判所の法令審査の対象になりにくいという法環境の下、「基本法」の制定は、内閣と国会との共同作業による「憲法改正を最終目標とした憲法改革」を目的としていたと思われる。だが本来、かかる統治方法を予防するのが、憲法典にその硬質性を付与した意味であったはずである。憲法附属法の概念を改めて重視し、憲法附属法群としての基本法の制定は、立法者による憲法改正権への侵食作用を営む。そこでは憲法の優位性とその制限規範性の力量は、確実に低減され、硬性憲法の実質的意義は相対化されてゆく。

(2) ポピュリズムと草の根からの侵食

人的決定型プレビシットは、政策選択とワンセットとなる場合が多く、その点、全権委譲型プレビシットへ転換する可能性が著しく高い。「大阪維新

---

41) 大石眞『憲法秩序への展望』(有斐閣、2008年) 9頁。
42) 川崎政司「基本法再考 (三)」『自治研究』82巻1号 (2006年) 67頁。

292 第12章　硬性憲法の脆弱性

の会」、これに続く「日本維新の会」にみられるポピュリズムは、戦後日本で最初に経験するポピュリストによる地方自治体支配であった。

ポピュリズムは、「多数派を決起させること」[43]に意味がある。ポピュリズムは、既存制度を「民主主義の赤字」として描き、「民主主義の不均衡を是正する」[44]自己回復運動として展開していく。

ポピュリズムが日本国憲法と対照点に立つとき、地域住民の多数派意思によって民主的ルートが利用され、自己利益の実現が図られる。つまり、各地方自治体の首長及び地方議会議員に自己勢力の構成員を民意によって当選させ、自己勢力を拡大化していく。その上で、自己の政策に関し既存制度の公的権威づけ作用を利用し、条例制定・改正及び予算措置を確保する。本来であれば、地方自治体を枠づける「憲法の留保」と「法律の留保」、また地方自治法による制限規範性が、当該地方自治体に向き合うのであるが、地方自治体の自治を尊重する建前と当該自治体の政策内容が国レベルの政権政党の思惑と一致するため、ポピュリズム運動に裏づけられた政策は、多方面と共鳴しあう。実例をあげれば、明らかに人権制限条例とみられる大阪府と大阪市の「君が代起立斉唱条例」[45]の制定問題がある。

この実例は、ポピュリズムが「民意」を選挙によって作りだし、自己の政策の正当性を確保しつつ、その決定された政策を実施していく場面において、非公式的住民の意思によって、「喝采」を受ける運動が成立することを示している。殊に、大阪府レベルのポピュリズムが、それよりも下位に位置する市町村に下降しつつ、同時に都道府県レベルの横軸にも波及し、現在では上昇的に国政レベルにまで達している。運動であれば、止まることは許されず、常に運動理念の再生産が、横と縦に風船のごとく拡大化していく。

ポピュリズムの成功の結果、当該条例が合憲・合法の枠と憲法解釈を公定化する最高裁判所の判例との間隙をぬったとき、そこには下位規範による上

43）B.クリック〔添谷育志＝金田耕一訳〕『デモクラシー』（岩波書店、2004年）134頁。

44）吉田徹『ポピュリズムを考える』（NHKブックス、2011年）209頁。

45）「大阪府の施設における国旗の掲揚及び教職員による国歌の斉唱に関する条例」（2011年／大阪府条例83号）、「大阪市の施設における国旗の掲揚及び教職員による国歌の斉唱に関する条例」（2012年／大阪市条例16号）。一連の流れについては、塚田哲之「日の丸・君が代強制問題の現在」『労旬』1768号（2012年）6-17頁。なお、2013年9月4日、大阪府教育委員会は、「君が代斉唱」を確実にするため、教職員が実際に斉唱しているかを確かめるため、管理職が「口元チェック」をする通知を発した。個人の身体にまで公権力を及ぼそうとするその姿は、法令遵守の名を借りた隷従そのものである。指導者への隷従は、ファシズムの共通要素である。

位規範と日本国憲法への侵食作用が生じる。その侵食作用によって、社会の基底部分における「人間の良識」を瞬間的にも麻痺させ、日本国憲法自体が依って立ち、同時に民主主義の成熟性にとって最も必要な個々人の存在は、分離化する。関西地区のポピュリズム運動は、ヴァイマル後期におけるファシズムと相似しているという意味で、深刻である[46]。とくに「日本維新の会」による国政選挙への進出は、上昇的支配関係性を指向しながら、「住民」から「国民」への民意動員化の結果であり、またその動員の変質は、ポピュリズムからファシズムへの移行を予感させる。現時点では、日本維新の会の運動は停滞しているが、新たなる指導者を擁したとき、いつでも再起動できる素地が関西地区には残されている。

硬性憲法の「決定された内容」、すなわち「憲法の留保」に関し、法段階構造への謙譲なき投票者への依存性は、確実に日本国憲法典が継受してきた少数派保護のための「個人の尊重」(13条)と抵触する。ポピュリズムの行き先は、個人を投票者に限定し、また格下げすることにより、「果たされない約束」としての幻想的政策の継続に到る。

第5節　小　結

本来、政治は、憲法に基づいて統治を行う。これを立憲政治という。成文憲法である日本国憲法は、戦後政治を規律していたが、憲法改正勢力が政権政党として政治権力を行使してきた結果、常に日本国憲法は、「憲法改正」と「憲法改革」に晒されてきた。日本国憲法制定から三世代を迎えた現在、憲法典の原点と現点には距離感がある。

筆者がここで問題とした点は、憲法を動かす勢力が改憲指向をもったとき、硬性憲法はどのように軟化していくのかという点である。再確認していえば、第1に、憲法典の解釈を政権政党の都合に合わせ増幅させ、これを最高裁判所が追認するという問題性である。憲法典のテクストに何を読み、何を読み込んではならないのかという準則設定に、日本国憲法典の継受元さらには、憲法典制定の動機要因が重要な意味をもっていたにもかかわらず。

第2に、憲法を動かす国家機関が、現況に対応するための憲法テクストを

46）H.ケルゼン〔長尾龍一訳〕「民主制の擁護」上原行雄ほか訳『ハンス・ケルゼン著作集Ⅰ』(慈学社、2009年)所収13頁参照。民主制が崩壊する内在的要因を示している。

294　第12章　硬性憲法の脆弱性

解釈するとき、憲法典と政府解釈によって生み出された憲法現実との間には、乖離が生じる。その距離が限界点になれば、憲法改正権の利用が行われる。ただ、日本では「解釈改憲」手法がとられた結果、これまで憲法改正権のルートは利用されなかった。しかし、それは日本政治に則していえば、国民が憲法改正権者であるがため、国民の同意が得られる環境がこれまでなかったという結果でしかない。もっとも「解釈改憲」手法によって作られた憲法現実が、憲法典との距離を広げていくならば、憲法改正権の発動はより一層可能となろう。そのことは、新安保関連法律が通用力を持ち始め、これに呼応するかのように憲法9条改正が現実味を帯びてきた現在にあてはまる。

　第3に、その場合、「硬性憲法典は、何を憲法に留保させているのか」という憲法改正権限界の問題と出会う。憲法改正権者としての国民の同意は、日本国憲法典の基幹部分の変更を許容しているのか、また憲法制定権力の新規発動は日本国憲法では封印されているのかという問題である。

　憲法改正権力には限界があるという言説と、日本国憲法の下では憲法制定権力の新規発動は「凍結」、「消去可能」だという言説は、前提として日本国憲法の規範維持を想定している。しかし、一般化された日本の憲法典を想定した場合、「国民の憲法制定権力」は、消去することはできないと思われる。というのも、国家形式の最終決定権は国民に留保されているからである。ただし、憲法制定権力にあっては、「国民」を詐称する政治勢力がこれを利用する場合もあり、憲法制定権力の両義性を見誤れば、憲法制定権力論は自己破壊的論理へと劣化する。日本国憲法の拘束の下、憲法制定権力を主張する意義は、事実上、憲法改正無限界説と接続する。そこでは、憲法改正は、「内容に関する決定」と同時に、「手続法上の問題」として改めて論議される。

　第4に、硬性憲法が硬性として描かれなければならない理由自体への懐疑が、国民意思によって作り出されるというポピュリズムの問題がある。ポピュリズムが運動である以上、常に敵は必要であり、その敵は日本国憲法であり、日本国憲法の存在根拠である少数派のための「人たるに値する個人の尊重」への敵視である。関西地区のポピュリズムが、国レベルに上昇した今、憲法改正権者としての「国民」の動員化はたやすい。

　ここでは、硬性憲法がそれ自体の硬質性によってその硬質が維持されるのではなく、つまり、手続法規によって硬質が存在するのではなく、硬質を尊重する人間意思によって、硬性憲法が維持できることを主張したつもりであ

る。ただ逆にいえば、人間意思を通じたその尊重がなければ、硬性憲法は軟化される危険性が生じる。硬性憲法としての日本国憲法は、何を「硬化させた価値」として描いたのか、その敬意をもった憲法理論がなければ、無邪気な憲法改正論が跋扈するだけであろう。

第13章

日本国憲法改正の条件
——なぜ、今、何を変えなければならないというのであろうか——

第1節　はじめに

　2012年4月27日、自由民主党が野党であったとき、「日本国憲法改正草案」が決定された。この改正草案は、2005年11月22日に公表された同党の「新憲法草案」を下敷きに「旧草案を全面的に再検討し、内容を補強」[1]したものとなっている。改正草案の内容については後述するが、両者間の大きな相違は、草案の名称にある。「新憲法草案」の名称それ自体は、あたかも日本国憲法との切断を意図し、新規の憲法制定権力を発動し、新たな日本国の憲法を制定するという意味が含意されていた。

　今回の「日本国憲法改正草案」は、第1次安倍政権（2006年9月26日-2007年8月27日）の下、憲法改正手続法が2007年5月18日に公布された後に立案されたこともあり、外見上、日本国憲法改正手続に準拠する姿勢をみせている。もちろん、「日本国憲法改正草案」と現憲法とはその思想的出生を別にしている。両者間には憲法的性格の近似性はない。むしろ「新憲法草案」の後継たる「日本国憲法改正草案」は、日本国憲法とは異質であるが故に、「新日本国憲法草案」と名乗った方が正確であろう。というのも、「日本国憲法改正草案」の名称を使用する限りでは、次のことが問題となるからである。すなわち、現在有効な憲法が、自ら設定した憲法改正作用を通じて、現憲法

---

1) 自由民主党『日本国憲法改正草案　Q&A〔増補版〕』（2017年）3頁。以下、引用では『Q&A』と略記する。

298 第13章　日本国憲法改正の条件

とは異質な憲法典へと変化させられるとき、この「改正憲法」がなおも日本国憲法を名乗り続けること自体が、名称の簒奪に値するのではないかという問題である。2019年春の段階では、自由民主党の「日本国憲法改正草案」が日本国憲法を吸収する可能性は小さい。しかし、自由民主党とその補完勢力が、日本国憲法を全面的に攻撃し始めれば、その政治勢力は、「日本国憲法改正草案」に準拠しながら憲法改正運動を展開することとなろう。

　ただここ最近の「日本国憲法改正草案」の行方は流動的である。というのも、大方の国民は、この改正草案を受け入れれば、これまでの政治世界が激変するであろうという「ぼんやりながらも確実な不安」を感じとっているからである。そこで、政権に再度ついた安倍首相（第2次安倍政権／2012年12月26日‐現在）は、2017年5月に憲法9条に自衛隊を書き込む一点突破的改憲構想を提案した。自由民主党はこれに続いて、2017年10月22日の衆議院議員総選挙に向けた政権公約文書『政策パンフレット』において、「国民の幅広い理解を得て、憲法改正を目指します」と公約し、憲法改正について次の4項目を有権者に発信した。自衛隊の明記、教育の無償化・充実化、緊急事態対応、参議院の合区解消である。

　これに先立ち2017年9月28日に衆議院が解散されたが、この解散も憲法7条解散であり、しかも異例の形をとる臨時会召集日の冒頭解散である。この突然の解散に自由民主党を含め各党が練り上げた政権公約を有権者に提示できるはずはなく、選挙時には憲法改正が争点とされてはいなかった。つまり、先の4項目改正がどの程度、自由民主党の党内議論を尽くしたかは不明であり、ましてや野党が衆議院議員総選挙の間、これに応答した形跡はない。とはいえ、衆議院総選挙の結果は、安倍首相のもくろみ通り自由民主党の大勝であった。自由民主党は、465議席中284議席を獲得し、連立政権の一翼を担い続けている公明党も29議席であり、自公連立政権は衆議院内において憲法改正国会発議に必要な3分の2（310議席）以上の313議席を得た。連立政権の勝利を利用して、自由民主党は、早速、憲法改正推進本部において先の4項目に特化した形で条文構成作業に着手した。

　そこで最後のこの章では、この4項目の憲法改正問題を扱うことにしたい。特にここでは、議会政と密接に関連する参議院の合同選挙区（合区）解消問題、緊急事態対応を中心に論じつつ、現行憲法の平和主義と自衛隊との関係についてもふれることにしたい。この一連の作業を通じて、日本国憲法改正の本義を明らかにしつつ、筆者の見解を提示しておきたい。

第2節　四つの憲法改正条項

Ⅰ.「日本国憲法改正草案」の前提

　自由民主党の「日本国憲法改正草案」を通読すると、これは自由民主党に集う人々にとってのみ通用する「自由民主党王国憲法」であって、日本国の憲法ではないというのが率直な印象である。改正案前文では「日本国は、長い歴史と固有の文化を持ち、国民統合の象徴である天皇を戴く国家」[2]として、「日本国民は、良き伝統と我々の国家を末永く子孫に継承するため、ここに、この憲法を制定する」からである。この憲法の形は立憲君主制である。そのことは第1条において「天皇は日本国の元首」と定められていることから明白である。しかも、「第一章　天皇」の章において国旗、国歌（改正草案第3条）、元号（改正草案第4条）条項が導入されているため、国民代表機関たる国会が、通常の立法作用を用いて天皇と天皇にまつわる象徴的装置に関し、これに触れることは許されないという条文構造である。現憲法では慎重にも象徴天皇制という特異な政治形態、すなわち立憲君主制と共和制以外にも独特な政治形態がありうることを表示し得たが[3]、「日本国憲法改正草案」の天皇条項はこの特異性を払拭させ、立憲君主政体を打ち出したといえる。

　この政治形態の変更は、人間の扱いにも及ぶ。改正草案第13条は「全て国民は、人として尊重される」と定め、現憲法13条が「個人として尊重される」という規定を意識的に「人」に変更している。おそらくここでの「人」は生物学的な「ヒト」、動植物とは区別される「ヒト」なのであろう。「ヒト」は、社会の中で「人間」となり、その政治社会が個々の「人間」を認め合う段階となれば、「人間」は「個人」となる。この「個人」は、自己の生を自分のこととして全うし、この生の営みを他者が尊敬し、場合によっては支えあうという「個人」を意味し、そうした「威厳をもった個人」から出発する社会を作り出すことが、近代立憲主義の根本であったはずである。改正草案は、日本の伝統に郷愁を覚え、「人」が「個人」になることを拒絶する。「人」

---

2)「日本国憲法改正案」は、前出の『Q&A』第2章の「日本国憲法改正草案対照表」に掲載されている。引用はすべてこれによる。引用箇所は42頁。

3) 日本国憲法を「独特な共和制」と「独特な君主制」として描くことに苦悩した佐藤功の基本書がある。同『日本国憲法概説〔全訂第5版〕』（学陽書房、1996年）359-360頁参照。

は改正草案が想定した「国民」になり、改正草案の色に同調する「何人」になることを求めている[4]。

改正草案の解説が「現行憲法の規定の中には、西欧の天賦人権説に基づいて規定されていると思われるのが散見されることから、こうした規定は改める必要がある」[5]と明示しているように、日本国憲法が接続した近現代立憲主義自体が憎悪の対象である。人権は、キリスト教的文化の中で確かに展開してきたが、次第にキリスト教の神なくしても人間の交換不可能な個性それ自体に根拠を置き、自らが人間であること、このただ一点に人権を語る出発点をみる。宮沢俊義は、人権の歴史を追跡し、「人権を承認する根拠として、もはや特に神や、自然法をもち出す必要はなく、『人間性』とか、『人間の尊厳』とかによってそれを根拠づけることでじゅうぶんだと考えている」[6]と指摘し、「社会的意味における人間は、人間社会における最高価値だという考えにもとづく。この考え方は通常人間主義と呼ばれる」と語る。そしてこの人間主義は、「具体的な個々人の人間」を前提とするが故に、「ここにいう人間主義は、また個人主義（individualism）でもある」[7]と述べ、人権と個人主義が相互依存関係にあることを立証した。20世紀の第2次世界大戦後の国際社会では、人権は正にそのようなものとして捉えられ、だからこそ人権の普遍化が──それぞれの国家がいかような文化的背景によって国家運営されようとも──21世紀においても求め続けられる政治社会の価値なのであろう。

これに対し、改正草案の「国民の権利及び義務」では、「権利は、共同体の歴史、伝統、文化の中で徐々に生成されてきたもの」といい、「人権」の用語を避け、法律上の「権利」と同格な「権利としての基本的人権」へと転換させた。そこにある人権観は、日本社会の共同体同調的・家産的しかも恩寵的利益を反映している。あたかも「虚像としての伝統」、すなわち大日本帝国憲法の告文にまでさかのぼれる「国体の不変性」に依拠するこの極端な論理は[8]、およそ保守思想とも合致しない。

4）ハンナ・アーレント〔大久保和郎＝大島かおり訳〕『全体主義の起源 3〔新版〕』（みすず書房、2017年）「第1章 階級社会の崩壊」参照。人はいつでも大衆となり、モッブへと転落していく可能性がある。そこでは盲従と隷属が政治的支持を与え続ける運動体へと転換していく。これを阻止する論理が複数の仮面（Persona）をもつ個人の自由な選択権行使である。

5）『Q&A』13頁。

6）宮沢俊義『憲法Ⅱ〔新版〕』（有斐閣、1974年）78頁。

7）同上・79頁。

8）内田貴『法学の誕生』（筑摩書房、2018年）324-329頁参照。

第2節　四つの憲法改正条項　**301**

日本国憲法制定は、文明史の上で市民革命もキリスト教的文化背景のない中でも、個人主義が成立可能であるのかという「戦後のプロジェクト」を意味していた。この極東の地に「人類普遍の原理」としての人権概念が成立し、これが維持され続けるならば、西欧文化とは異なる文化的土壌の中でも、人権保障と権力分立により国家権力を抑制するという近代立憲主義とその漸次的発展形式が、人類の共同目標になりうることを証明できるはずである[9]。いわば日本国憲法の制定とその後の展開は、世界史的実験あるいは文明としての憲法とは何かを教示する役割をもっていた。しかし、「改正草案」はこの実験の中止を求め、「日本には日本のやり方がある」という半ば投げやりの日本文化第一主義に依存している。そこにあるのは、自国の人権状況が、先進国クラブとの対比において謙譲的に検証されるのではなく、「この国の人権」と「あの国の人権」が異なるのは当然であり、その差異はそれとして認めようという安直な文化相対主義に陥っている。この姿勢は、日本国憲法97条が「この憲法が日本国民に保障する基本的人権は、人類の多年にわたる自由獲得の努力の成果」と定める条項について、「改正草案」では完全に削除されていることに端的に表れている[10]。この憲法97条は、人類が何を問題とし何を解決しようとしてきたのかを想起させる条項である。その想起は、人類の幸福の条件整備のためには何が必要なのかを自省させることである。その意味で「改正草案」の97条削除は、この想起の機会の消滅であり、問いかけへの忘却を誘発させる。

Ⅱ．四つの憲法条項改正の検討

自由民主党憲法改正推進本部による「憲法改正に関する論点取りまとめ」（2017年12月20日）では、「わが国を取り巻く安全保障環境の緊迫化、阪神淡路大震災や東日本大震災などで経験した緊急事態への対応、過疎と過密による人口偏在がもたらす選挙制度の変容、家庭の経済事情のいかんに関わらずより高い教育を受けることのできる環境の整備の必要性など」が、憲法改正の「優先的検討項目」として列挙された。2018年3月24日にこの4項目について暫定的条文が公表されたが[11]、自由民主党内の条文確定までには至って

9）この営みを継続的にしてきたのが樋口陽一である。多くの書物があるが、同『自由と国家』（岩波新書、1989年）がわかりやすい。とくに201頁以下参照。
10）『Q&A』64頁。

302 第13章 日本国憲法改正の条件

はいない。以下では、この4項目について考察してみたい。

(1) 「教育の充実」条項

　4項目のうち、この論点だけが人権規定の改正と直接関連する。自由民主党の会合では、「憲法26条3項」として、「……各個人の経済的理由にかかわらず教育を受ける機会を確保することを含め、教育環境の整備に努めなければならない」との規定の導入が提言されている。この項目がとりあげられたのは、明らかに自由民主党の補完勢力となる日本維新の会が、教育の無償化を改憲リストにあげていることに応答したからである。本来は、大学までの教育の無償化が想定されていたようである。自由民主党内の議論の結果、早くも「無償化」の文言は削除されることとなった。つまり、教育の無償化は、所詮、日本維新の会へのリップ・サービス程度であり、憲法改正するほどの課題ではないことを端無くも示したといえる。高等教育の無償化には約4兆円の財源が必要であり、これが継続的義務経費となれば、国家財政の逼迫度合いは益々深刻になることも関連していよう。

　現憲法上、「無償」は義務教育までであり、しかも無償の範囲は授業料のみである[12]。小学校及び中学校まで使用される『教科用図書』(教科書／学校教育法34条・49条) は、「義務教育諸学校の教科用図書の無償措置に関する法律」によって無償対象とされている。すなわち同法3条によれば、「国は、毎年度、義務教育諸学校の児童及び生徒が各学年の課程において使用する教科用図書……を購入し、義務教育諸学校の設置者に無償で給付するものとする」と定めていることから、生徒は地元自治体から無償で配布を受けている。つまり、教科書無償は、憲法から導き出されるのではなく、法律事項として把握され、義務教育課程においてどこまで無償化するかは、国会の裁量行為である。

　今後、大学までの授業料を無償とする政策が実行された場合、憲法26条2項の義務教育無償規定は、阻害要因とはならない。憲法は義務教育の授業料を有償化することを禁じているのであり、残余の部分と義務教育課程以上の全教育課程を無償化することを許容しているからである。すなわち憲法26条2項の義務教育無償規定は、ナショナル・ミニマムであり、上乗せ無償化

---

11)『東京新聞』2018年3月24日朝刊参照。

12) 通説・判例とも授業料無償説である。芦部信喜〔高橋和之補訂〕『憲法〔第6版〕』(岩波書店、2015年) 276頁参照。最大判1964年〔昭和39年〕2月26日民集18巻2号343頁。

政策を禁止していない。高等教育全てを無償化するか否かは、もっぱら法律事項、すなわち立法府の判断次第というのが、憲法26条2項の意味である。

　先の自由民主党の案に即して一言すれば、たとえば「高等教育の無償」の法文がないまま「憲法26条3項」が追加改正された場合、高等学校以上に在籍する者が、教育の無償を求めて提訴しても、この「新憲法26条3項」は実効性のある規定ではない。というのも、本条項は裁判規範ではないからである。当該条項は、国家努力目標規定であり、せいぜいのところ社会権の学説上、抽象的権利説にとどまる。おそらく最高裁判所は、本条項の意義について、「この規定は、国の努力目標を定めた規定であって、高等学校及び大学における授業料の無償を保障し、国民に無償教育を受ける具体的権利を付与したものではない。したがって、全教育課程を無償にするか否かは、立法府の広汎な裁量に委ねられており……」という判旨でもって、訴えを斥けるであろう。憲法に書き込む事項と法律制定事項との峻別が、教育条項に関して検討されていないと思われる。

(2) 「参議院の合同選挙区解消」条項

　参議院選挙制度は、選挙区選挙制と非拘束名簿式比例代表制の2本立てである。総定数は、248人であり、選挙区選出議員は148人、比例代表は100人である（公選法4条2項）。任期は6年ではあるが、その半数は3年ごとに改選する半数改選制である（憲法46条）。参議院には内閣による解散制度がないため、確実に3年ごとにそれぞれの選挙制度の半数の定員について選挙が行われる。したがって、実際の選挙では、選挙区選挙74人、比例代表50人が選挙される。選挙区選挙は、基本的に都道府県が一つの選挙区である（公選法14条1項・別表第3）。議員定数は人口に応じて各選挙区あたり2名から12名であるが、1回の選挙ではその半数が選挙されるため、1名から6名である。選挙制度上、小選挙区制と大選挙区制（中選挙区制）の混在型である。比例代表選挙は、全国を一選挙区とする非拘束名簿式である（公選法95条の3第1-3項）。

　2015年7月に公職選挙法が改正され、1票の較差是正のため、有権者数が極端に少ない県単位の選挙区について合併させる合同選挙区（「合区」という）が新たに設けられた（公選法5条の6第1項・別表第3）。現在、合同選挙区は、「鳥取県及び島根県」と「徳島県及び高知県」の二つある。当該合同選挙区の議員定数は2名であるため、半数改選制による選挙では2県で1名のみが

304 第13章 日本国憲法改正の条件

選挙される。したがって、この二つの合同選挙区では、選挙区が両県を跨ぐ結果、各県選出の参議院議員が不存在となる。従来は、例えば鳥取県選出参議院議員1名、島根県選出参議院議員1名であったが、2015年改正法によって両県で1名のみが参議院議員を選出する方式に改められた。

　そうした公選法改正手法を下にすれば、今後とも1票の較差の是正のために合同選挙区が増加する可能性がある。そこで自由民主党内から合同選挙区制度自体への批判が——各県の知事と共闘して——提起されてきた。本来であれば、2015年公選法改正にあたり同附則7条が「平成31年に行われる参議院議員の通常選挙に向けて、参議院の在り方を踏まえて、選挙区間における議員一人当たりの人口の較差の是正等を考慮しつつ選挙制度の抜本的な見直しについて引き続き検討を行い、必ず結論を得るものとする」との定めに応じて、抜本的改革が構築されなければならなかった。しかし現在の議論は、参議院選挙制度を法律によって抜本的改正を行うというよりも、憲法改正によって法律改正の枠組みを事前に設定しておく点に移ってきている。従来の選挙制度改革の方法をみれば、選挙制度審議会の新規設置、あるいは参議院内の制度改革会議による提言を待ち、参議院選挙制度改革が提言され、これを軸に法案化が推進されていった。しかし、自由民主党は、合同選挙区を解消したいとの強い希望をもち、「合区解消」のために「新憲法47条」に次の法文を入れる計画を立てている。すなわち「参議院議員の全部又は一部の選挙について、広域の地方公共団体（都道府県のこと——引用者）のそれぞれの区域を選挙区とする場合には、改選ごとに各選挙区において少なくとも1人を選挙すべきものとすることができる」との憲法改正である。この「新憲法47条」は、合区を憲法上、不可能にし、確実に都道府県単位の選挙区を残し、最低でも各選挙区において1名は定数配分される枠組みを設定することが立案されている。

　しかしこの改革は、逆コースである。確かに当初、参議院が誕生したときには、地域代表的要素と職能代表的要素を想定し、都道府県単位の「地方選出議員」（「地方区」）と「全国選出議員」（「全国区」）の二本立て選挙制度から出発した[13]（第3章参照）。また過去に最高裁判所が、各選挙区間において最

13）旧参議院議員選挙法1条1項は、「参議院議員の定数は、250人とし、そのうち、150人を地方選出議員、100人を全国選出議員とする」と定め、同2項において地方選出議員の各選挙区は「別表」によると定められていた。「別表」では、各都道府県単位が1選挙区とされ、定数配分は最小2議席最大8議席（東京都）となっている。半数改選制のため、2以上の偶数値が議員定数配分の値である。

大1対5.26の較差を合憲と判断したとき、次のような判旨を展開したことがある。すなわち、「参議院議員を全国選出議員と地方選出議員とに分かち、前者については、全国を一選挙区として選挙させ特別の職能的知識経験を有する者の選出を容易にすることによって、事実上ある程度職能代表的な色彩が反映されることを図り、また、後者については、都道府県が歴史的にも政治的、経済的、社会的にも独自の意義と実体を有し一つの政治的まとまりを有する単位としてとらえうることに照らし、これを構成する住民の意思を集約的に反映させるという意義ないし機能を加味しようとしたものであると解することができる」、「参議院地方選出議員の選挙の仕組みについて事実上都道府県代表的な意義ないし機能を有する要素を加味したからといつて、これによつて選出された議員が全国民の代表であるという性格と矛盾抵触することになるものということもできない」[14]。

　しかしその後、最高裁判所は、約5倍の較差がある状況とその是正が行われない現状に直面して、2012年に実質的に従前の判断を変え、次のような改革の方向性を打ち出した。すなわち最高裁判所は、「国民の意思を適正に反映する選挙制度が民主政治の基盤であり、投票価値の平等が憲法上の要請であることや、さきに述べた国政の運営における参議院の役割に照らせば、より適切な民意の反映が可能となるよう、単に一部の選挙区の定数を増減するにとどまらず、都道府県を単位として各選挙区の定数を設定する現行の方式をしかるべき形で改めるなど、現行の選挙制度の仕組み自体の見直しを内容とする立法的措置を講じ」、「できるだけ速やかに……不平等状態を解消する必要がある」[15]と判示し、都道府県別選挙区制の改正を求める判断を下した[16]。

　半数改選制のため最小議席配分2を基準に常に偶数値を各都道府県に配分する現行制度は、数学上、較差を1対2以内に収めることは不可能である。

---

14) 最大判1983年〔昭和58年〕4月27日民集37巻3号345頁。
15) 最大判2012年〔平成24年〕10月17日民集66巻10号3357頁。
16) 2014年判決も同様に合区を求める判断を下している。最大判2014年〔平成26年〕11月26日民集68巻9号1363頁。2017年判決でも「平成27年改正は、都道府県を各選挙区の単位とする選挙制度の仕組みを改めて、長年にわたり選挙区間における大きな投票価値の不均衡が継続してきた状態から脱せしめるとともに、更なる較差の是正を指向するものと評価することができる」と判示し、合区の推進を求めている。最大判2017年〔平成29年〕9月27日民集71巻7号1139頁。ただし、本判決は較差が2.97倍（選挙当時は3.08）に縮小したことから合憲と判断された。この判旨では合区の推進力は低下しよう。

306 第13章　日本国憲法改正の条件

　この不可能性があるため、2012年判決が出され、これ以降、参議院議員選挙区間の較差是正は都道府県にとらわれず、県境を跨ぐ改革としての合同選挙区設定が行われたはずである。こうした経緯を無視し、都道府県単位の選挙区を復活させようというのは、次の2つの点で問題を惹起させる。

　第1に、1票の較差は、選挙制度の問題と同時に、有権者側からすれば、「平等な選挙」としての憲法上の主観的権利が継続的に侵害されているという問題である。衆議院議員選挙では、この平等な選挙権侵害が深刻であるが故に、1対2以内になるよう最高裁判所と国会が較差是正にこれまで努め、ギリギリの合憲性をなんとか実現してきた。これに対し、「合区解消」の名の下に較差是正を放棄するのであれば、都市部の有権者の平等な選挙権は、今後とも継続的に侵害され続ける（第2章参照）。

　第2に、制度としての参議院の民主的正当性の問題である。民意を反映しなくてもよい選挙制度によって選出される参議院議員とは、一体どのような民主的正当性をもつのかという課題である。参議院は衆議院と一緒になって国会を形成し（憲法42条）、その国会は国権の最高機関であり（同41条）、全国民の代表機関（同43条）である。参議院が全国民の代表機関であるためには、参議院議員が国民代表の要素によって選挙されることが絶対条件である。憲法上、参議院が国民代表機関として位置づけられるように憲法は、参議院の構成について、衆議院とは異なり任期固定6年制、半数改選制のみを憲法上の条件としている。憲法的権能でも憲法所定事由以外、参議院は衆議院と同格とし、各議院の権能は、議院自律権として保障されている。

　この文脈を度外視し、参議院選挙制度が地方代表要素を強めるならば、逆に参議院の全国民の代表制の意味は喪失していく。全国民の代表制の論理は、部分代表を禁止するところにある[17]。地域代表・職能代表の禁止が憲法43条の基本的意味であり、代表機関は「全国民の意思をできるだけ反映すべしという積極的要請」に拘束される[18]。この拘束性の故に、参議院の選挙制度には、旧全国区制度、これを引き継いだ全国単一選挙区としての比例代表制（従来は拘束名簿式、現在は非拘束名簿式）があり、また、参議院選挙区選挙において人口比例配分制度が導入されてきた経緯がある。仮に、自由民主党の合区解消策に基づく参議院選挙制度改革が行われ、地方代表の要素を一層、深めていくならば、参議院の憲法的地位・権能は見直しせざるを得ない。

---

17) 樋口陽一『憲法 I』（青林書院、1998年）152-153頁参照。
18) 同上・153頁。

そこではおそらく、立法過程に衆議院と別の組織体たる地方代表機関が参与するという意味で、「参与院」、「参事院」あるいは「地方院」なる立法団体が検討されざるを得ない。というのも、参議院は全国民の代表機関たることを自己の選挙制度で否定し、部分代表を要求しているからである。また、「参与院」は、当然、全国民の代表機関たる衆議院よりも数段格下の組織体としてみなされ、「強すぎる参議院」、「決められない政治」が復活しないように、既存の参議院の憲法的権能の縮小・削減が不可欠となろう。参議院は地方代表機関だという認識は——逆にいえば、参議院が全国民の代表機関ではないという認識は——参議院の憲法的権能の縮小・削減とワンセットでなければ到達し得ない姿である。自由民主党内の議論では、参議院の憲法的地位・権能に一切ふれることなく、都道府県別の選挙区を維持し、しかも1名は必ず選挙される小選挙区を残したい、という非合理的理由が開陳されている。しかしこれは、あまりにも自己都合過ぎよう。そうではなく、法律の規定通り、2019年までに憲法的枠組みを遵守しながら、参議院選挙制度の抜本改革を模索すべきだったのであろう[19]。

しかし実際は、違う形で選挙制度の改革が行われた。すなわち、島根・鳥取合同選挙区と徳島・高知合同選挙区からはじき出された自由民主党の立候補予定者が確実に当選できるように、比例代表選挙の定員が48名から2名増員され、定員50名（全体では100名）とする公職選挙法改正が2018年7月に行われた。しかも合同選挙区からはじかれた立候補予定者に当選を確約する必要から、非拘束名簿に「特別枠」を新規に設定し、予め当選順位の優先権を特別枠候補者に付与する拘束名簿式が導入された。これによって参議院比例代表選挙が非拘束名簿式とされているにもかかわらず、「特別枠」に人数の制限がないため、各政党の比例代表名簿は、1名の候補者を除き、残余をすべての候補者に順位を付した拘束名簿式に改変することが可能となった。

この法改正は、明らかに公職選挙法46条3項の基本に抵触し、公職選挙法内の法体系上の齟齬を生み出している。非拘束名簿式の意味は、有権者が予め提出された政党名簿について、政党に投票するだけではなく、当選させた

---

19) 西岡武夫参議院議長は、「参議院選挙制度の見直しについて」（たたき台）（2010年12月22日）と題する私案を公表した。この私案によれば、選挙区選挙と比例代表選挙は全廃され、全国を9ブロックに分割し、それぞれ非拘束名簿式によって選挙する比例代表制とされている。『朝日新聞』2010年12月23日朝刊参照。この「たたき台」は日の目を見なかったが、完全比例代表制導入は、民意の多様性を反映しうる点で評価に値する。とくに、合区問題の解消には適切であろう。

い人物に投票することによって、各党の比例代表名簿の当選者数とその名簿に登載された人物に対して評価するところに基本的意義がある。しかし、「特別枠」候補者に対しては、事前に名簿順位が付されているため、有権者が人物に対する意思を表明し、当選の適否を投票の累積数の大きさで動かすことはできない。また「特別枠」の人数を何人にするかは、政党の裁量に委ねられている。各政党が「特別枠」という名の「特別座席指定券」発行権をもち、その発行枚数も任意であるとなれば、各政党によって党内の「比例代表名簿ゲリマンダー」を構築することが可能である。こうした比例代表選挙は、果たして公的で公正な競争を基本とする選挙といえるであろうか。

　ただ、この参議院議員選挙制度改革は、自由民主党の自己都合から始まったとはいえ、必ずしも自由民主党にとって有利な改革ではない部分もある。第1に、比例代表の定数を50議席に増員したことである。比例代表選挙において、母数が大きくなれば、投票の比例性は増していく。既存の投票結果でいえば、2名増員は自由民主党の当選者2名獲得とはならないからである。もちろん、それぞれの選挙において、その結果は異なるが、母数の拡大は自由民主党よりも野党、小政党が当選者を獲得する機会は増大すると考えることもできる。

　加えて、今回の改正では埼玉選挙区が6名から8名に増員され、1回あたりの選挙では、議席配分は3名から4名となった。この1名増員が自由民主党に有利に働くか否かは、微妙である。埼玉選挙区は典型的な都市型選挙区であり、自由民主党が2議席獲得できる保障はないからである。

　2018年参議院選挙制度改革の国会審議において、各党が法案を練り上げ、討議しその改革案のメリット／デメリットを熟議した形跡はみられない。自由民主党の党内事情による「特別枠」設定のみがクローズアップされた感がある。参議院議員の増員が、与野党の議席配分・勢力にどのように機能するかは、2019年7月に行われる参議院議員選挙によって測定することができる。おそらく選挙後、「特別枠」の意味をも含めて参議院選挙制度改革の必要性が、改めて論じられることであろう。

(3)　緊急事態条項
〔内閣の緊急政令権〕
　緊急事態条項を考える場合、一体どのような事態が想定されるかが先決問題である。憲法54条2項・3項において参議院の緊急集会制度が法定されて

いる。本条は、衆議院が解散によって衆議院議員不存在の場合、参議院が国会の代行機能を果たす条項である。緊急集会は通常の国会の権能を行使できる。性質上、緊急集会によって議決できない事項は、内閣総理大臣の指名、憲法改正の国会発議だけである[20]。そこで想定すべき緊急事態の法的事象は、参議院の緊急集会が開催できない法的事例は何かという問題に絞られる（第4章参照）。現行法上、衆議院議員の任期4年満了が国会開会中に発生する場合が問題となりうる。国会法10条は、「常会の会期は、150日間とする。但し、会期中に議員の任期が満限に達する場合には、その満限の日をもって、会期は終了するものとする」と定め、また公職選挙法31条2項は、任期満了総選挙に関し「総選挙を行うべき期間が国会開会中又は国会閉会の日から23日以内にかかる場合においては、その総選挙は、国会閉会の日から24日以後30日以内に行う」としていることから、その場合には、満了日を以て国会は閉会となり、新しい衆議院が形成される間、国会活動不能状態が存在することになる。しかし、衆議院の任期満了後による総選挙は実例はなく（衆議院任期満了による総選挙は一度だけある。三木内閣のときの1976年12月5日に行われた第34回衆議院議員総選挙。但し、この総選挙は任期満了前〔任期満了日：12月9日〕に行われた）、衆議院解散による総選挙が常態化しているがために、国会活動不能事態の発生可能性は最小化されている。したがって、衆議院議員不存在の事由は、解散にほぼ限定されており、その場合には内閣が前例に従い参議院の緊急集会を請求すれば、特段問題は発生しない。

　次に想定すべきは、法的条件ではなく、緊急事態の事象の範囲である。緊急集会が開催できないほどの「危機的事態」は何かという法外現象の課題である。憲法56条1項によれば、議事成立定足数は各議院とも総議員の3分の1以上である。緊急集会の場合もこの規定適用があるとみられる。衆議院解散に基づく衆議院総選挙と参議院議員任期満了後の参議院議員通常選挙が同時に行われた場合でも、残余半数の参議院議員が存在するため、緊急集会は開催可能である[21]。そうすると、緊急集会の開催ができないほどの「緊急事態」とは、参議院の法定数の3分の1以下の参議院議員しか存在していないという危機的状況があると考えなければならない。そうした事態は、もはや統治不能状況のように思われる。この状況を想定して、緊急事態条項が作られるべきだという主張は確かに一理あるが、提言されている緊急事態条項を

20）清宮四郎『憲法Ⅰ〔第3版〕』（有斐閣、1979年）242頁参照。
21）樋口・前掲書（註17）234頁参照。

310　第13章　日本国憲法改正の条件

一瞥すると、通常の統治が可能な状態を想定した条文構造となっている。後述するように、内閣が閣議を開き、国会が議事を行うことが前提となっているからである。当該条文は、危機的国難を想定していないのであろう[22]。

次に具体的な案について考察してみよう。先の「改正草案」では「第9章緊急事態」が新設され、98条1項は「内閣総理大臣は、我が国に対する外部からの武力攻撃、内乱等による社会秩序の混乱、地震等による大規模な自然災害その他の法律で定める緊急事態において、特に必要があると認めるときは、法律の定めるところにより、閣議にかけて、緊急事態の宣言を発することができる」と定めている。この緊急事態の宣言の時間的効力は基本的には100日とされ、国会の承認によってこれを延長できるとされている。緊急事態条項の特質は、同99条1項にある。同条項によれば、「緊急事態の宣言が発せられたときは、法律の定めるところにより、内閣は法律と同一の効力を有する政令を制定することができるほか、内閣総理大臣は財政上必要な支出その他の処分を行い、地方自治体の長に対して必要な指示をすることができる」と定め、内閣が事実上、法律制定権と予算議決権を有し、各地方自治体への「指示」という形式で命令を発する権限を有するところにある。また、同4項では「緊急事態の宣言が発せられた場合においては、法律の定めるところにより、その宣言が効力を有する期間、衆議院は解散されないものとし、両議院の議員の任期及びその選挙期日の特例を設けることができる」という国会議員の身分に関する規定も定められている。

「優先的検討項目」における緊急事態条項は、これを継受している。「第73条の2第1項」は、「大地震その他の異常かつ大規模な災害により、国会による法律の制定を待ついとまがないと認める特別の事情があるときは、内閣は、法律で定めるところにより、国民の生命、身体及び財産を保護するため、政令を制定することができる」と規定し、内閣が立法権を有する条項を引き継いでいる。また「改正草案第99条4項」の国会議員身分に関わる規定は、「衆議院議員の総選挙又は参議院議員の通常選挙の適正な実施が困難で

22）緊急事態／非常事態を実定法にもれなく書き込み、その事態に対応した国家権力の発動形式を設定することは、事実上困難である。実定法が想定している以上のことが、常に発生するからである。学説上、実定法無限界説（非常時にも実定法を貫徹させる立場）、法無限界説（不文の法により非常時に対処する立場。イギリスのマーシャル・ローの法理）、法限界説（非常時を法の世界から排除する立場）のいずれをとっても、国家存立のために行われる政府の行為に合法性を付与することは成功していない。この点については、岩間昭道『憲法破毀の概念』（尚学社、2002年）308頁以下参照。

あると認めるときは、国会は法律で定めるところにより、各議院の出席議員の３分の２以上の多数で、その任期の特例を定めることができる」に改められ、国会議員の身分に関する規定が、国会議員の任期延長を意味することを明確にしている。

では、「優先的検討項目」で出された緊急事態条項は、どの点で問題があるのであろうか。

第１に、緊急事態の定義である。「優先的検討項目」では、「大地震その他の異常かつ大規模な災害」が緊急事態とされている。しかし、日本国が武力攻撃を受け、その結果、大きな災厄が発生した場合も、本条項の「その他の異常かつ大規模な災害」に該当するのは明白である。たとえば、原子力施設への攻撃によって、放射性物質が飛散することは「異常かつ大規模な災害」であろう。そのため、本条項は内閣が「国難」と判断すれば、自然災害のみならず武力攻撃事態にも対応できる内閣による非常事態権限行使の根拠規定とみることができる。

そもそも「改正草案」が依拠した緊急事態条項は、旧憲法下の非常事態条項に起因する。旧憲法では、国家の非常時に対応した条文が整備されていた。天皇大権としての緊急命令大権、戒厳大権（旧憲法14条）[23]、非常大権（同憲法31条）[24]である。この内、緊急命令大権は、緊急勅令発布大権（同８条１項）及び緊急財産処分命令大権（同70条１項）の２種類があった。先の99条１項に基づいて制定されるはずの「緊急事態法」では、緊急政令の範囲のみならず、財政・予算条項が設けられ、予算の議決も内閣の権限とすることが予想される。災害救援・支援活動に財政を伴う政令制定は当然だからである。予算の議決も内閣が行うとなれば、すでに成立した予算の組み替えも緊急政令によって可能となる。たとえば、歳入不足を理由に一部予算執行停止など、内閣は任意に予算変更をすることが可能であるし、また既存租税法の税率を引

---

23) 戒厳令は法令の名称であり、旧憲法制定前の1882年（明治15年）に太政官布告36号として公布され、1886年（明治19年）に勅令74号として改正）公布された。旧憲法14条2項によれば、戒厳法規は法律として定められることとなっていたが、憲法制定後、新たに立法措置がとられることはなかった。旧憲法76条１項にいう「法律規則命令又ハ何等ノ名称ヲ用ヰタルニ拘ラス此ノ憲法ニ矛盾セサル現行ノ法令ハ総テ遵由ノ効力ヲ有ス」との規定に準拠し、戒厳令がそのまま旧憲法14条の具体化法律として法的効力を継続していた。当時の戒厳の宣告実例については、加藤一彦「大日本帝国憲法における非常大権の法概念」『現代法学』（東京経済大学現代法学会誌）28号（2015年）100-104頁参照。
24) 同上・95頁以下参照。但し、非常大権は一度も発動されたことはない。

き上げることもできるであろう。

第2に、「緊急政令」の範囲についてである。緊急事態における内閣の政令制定権の本質は、新規の法令が「緊急政令」として内閣によって議決されるというだけではなく、既存の法律が「緊急政令」によって改廃対象となる点にある。先の条項だけでは、「緊急政令」の対象が明示されていないため、政令規制対象は無限定である。場合によっては、緊急事態に枠をはめたはずの「緊急事態法」それ自体も「緊急政令」の改正対象になりうる。

第3に、「緊急政令」の時間的効力についても不明確である。改正草案98条では「緊急事態の宣言の時間的効力は基本的には100日」とされている。100日の始期は緊急事態の宣言からであり、その時点で同73条の2第2項によって内閣は緊急政令を発することが可能である。同条項によれば、「内閣は、前項の政令を制定したときは、法律で定めることにより、速やかに国会の承認を求めなければならない」と定めているため、緊急事態の宣言と「緊急政令」の法的根拠は、国会の議決によって追認され、緊急宣言から100日までその効力が継続するとみられる。しかし、緊急宣言の終期はこの100日の満了日とは限らない。というのも、「基本的に100日」であるからだけではなく、「緊急政令」により国会法あるいは「緊急事態法」の手続規定が改廃対象となるからである。換言すれば、事前に法律によって「緊急事態法」を制定させ内閣の行動に規制を加えても、当該規制法が「緊急政令」によっていかようにも改正可能となり、「100日制限規定」を形骸化することもできる。

およそ行政府が立法権を一時的にも掌握することの危険性は、すでに歴史が証明している。ヴァイマル期のナチス政権の負の遺産である。ヴァイマル憲法48条2項は、大統領に緊急命令（Notverordnung）の権限を付与していた。ヒットラー首相は、1933年2月27日のライヒ議会議事堂放火事件を契機として、翌28日に「国民と国家の保護のためのライヒ大統領の命令」[25]をヒンデンブルク大統領に発せさせた。この緊急命令1条により明示的にヴァイマル憲法が保障する「114条（人身の自由）、115条（住居の不可侵）、117条（信書の秘密）、118条（表現の自由と検閲の禁止）、123条（集会の自由）、124条（結社の自由）の各基本権条項は、当分の間、効力を有さない」とされた――この緊急命令はその後も維持され、ナチス政権崩壊時までヴァイマル憲法上の基

25）RGBl.1933 I, S.83.

第2節　四つの憲法改正条項　**313**

本権を停止させ続けた。加えて、3月23日にナチス政権は授権法[26)]を制定し、その第1条において「ライヒの法律は、ライヒ憲法に定める手続によるのほか、ライヒ政府によってもこれを議決することができる」とし、政府が法律制定権を有することが確定した。この歴史的事実は、憲法上、一定の条件を付しても内閣が立法権をもつに至ったとき、必ず既存法体系の毀損が発生することを教えている。

〔国会議員の任期延長〕

　次に国会議員延長条項についてである。地方公共団体の首長・地方議会議員の任期については、憲法上の定めはなく地方自治法に委ねられている。長の任期は4年（地方自治法140条1項）、議員の任期も4年である（同93条1項）。そこで災害により被災自治体の選挙が執行できなくなった場合、特例法を制定することによって、長・議員の任期延長を認め、新たな法律期日まで選挙を先延ばしすることは可能である。実際、阪神淡路大震災の折には、「阪神・淡路大震災に伴う地方公共団体の議会の議員及び長の選挙期日等の臨時特例に関する法律」[27)]が定められ、統一地方選挙執行に関し「選挙の期日においては選挙を適正に行うことが困難と認められる市町村」について、同年6月11日までの2ヶ月延長したことがある。また、東日本大震災時にも「平成23年東北地方太平洋沖地震に伴う地方公共団体の議会の議員及び長の選挙期日等の臨時特例に関する法律」[28)]を制定し、被災地の地方選挙を「この法律の施行の日から起算して2月を超え6月を超えない範囲内において政令で定める日（特例選挙期日）」（同法1条1項）まで延長したこともある。これら特例法による任期延長は、憲法上合理化可能であり、違憲の問題は発生しない。

　衆議院議員任期延長は、旧憲法下の帝国議会では実例がある。旧憲法35条は、「衆議院ハ選挙法ノ定ムル所ニ依リ公選セラレタル議員ヲ以テ組織ス」と定め、任期は憲法上定められてはいなかった。任期は衆議院議員選挙法（1889年）[29)]に授権されていた。同法66条は、「議員ノ任期ハ四箇年トス　但

---

26) RGBl.1933 I,S.141. 正式名称は、「民族及び国家の危機を除去するための法律（Das Gesetz zur Behebung der Not von Volk und Reich）」である。別名授権法（Ermächtigungsgesetz）という。条文の翻訳として、高田敏＝初宿正典編訳『ドイツ憲法集〔第7版〕』（信山社、2016年）156-158頁を参照した。

27) 1995年〔平成7年〕3月13日法律第25号。

28) 2011年〔平成23年〕3月22日法律第2号。

29) 1889年〔明治22年〕2月11日法律第37号。

314 第13章　日本国憲法改正の条件

シ任期ヲ終リタル後仍選挙ニ応スルコトヲ得」と定め、任期4年が法律事項とされていた。ただ1900年に衆議院議員選挙法は全面改正され、任期規定については、「議員ノ任期ハ総選挙ノ期日ヨリ四箇年トス但シ議会開会中ニ任期終ルモ閉会ニ至ル迄在任ス」（同法77条）と改正された。この改正によって任期満了が発生しても、帝国議会開会中は、その閉会日まで衆議院議員の任期の延長が、法律上、認められていた。その実例として以下の二つが記録されている。

　第1に、第9回衆議院議員総選挙に関してである。第9回衆議院議員総選挙は、1904年〔明治37〕3月1日に行われ（召集詔書公布日は翌3月2日）、衆議院議員任期満了日は4年後の2月29日までであったが、1908年の第24回帝国議会は解散されなかったため、会期終了日の1908〔明治41〕年3月26日（閉会式は翌27日）まで延長された。約1ヶ月間の任期延長[30]が行われた。

　第2に、第2次世界大戦中の衆議院議員任期延長である。第2次近衛内閣の下、「衆議院議員ノ任期延長ニ関スル法律」[31]が議決され、任期を1年延長することが法定されたことがある。同法は次のように定めていた。「第1項　現任衆議院議員ノ任期ハ之ヲ一年延長ス　第2項　前項ノ場合ニ於テハ衆議院議員選挙法第七十五条及第七十九条ノ選挙ハ之ヲ行ハズ（以下、省略）」。第20回衆議総選挙によって選挙された衆議院議員の任期は、1937年4月30日より始まり、1941年4月29日に任期満了日である。しかし延長法律によって、第79回通常回の会期終了日の1942年3月25日（閉会式は翌26日）まで衆議院議員身分は継続した[32]。約1年間の任期延長である。なお、結果論であるが、先の第20回衆議院議員総選挙が第2次世界大戦中の最後の選挙であった。1年の任期延長により、対英米戦争に対する有権者の判断を示す機会が失われたことは記憶されてよいであろう。

　では、「改正草案99条4項」にいう「衆議院議員の総選挙又は参議院議員の通常選挙の適正な実施が困難であると認めるときは、国会は法律で定めるところにより、各議院の出席議員の3分の2以上の多数で、その任期の特例を定めることができる」との規定、また4項目の草案64条の2にいう「大地震その他の異常かつ大規模な災害により、衆議院議員の総選挙又は参議院議

30）衆議院＝参議院編『議会制度百年史　資料編』（1990年）3頁の表参照。
31）1941年〔昭和16年〕2月24日法律第4号。『官報』1941年〔昭和16年〕2月24日第4238号881頁。
32）衆議院＝参議院編・前掲書（註30）8-9頁の表参照。

員の通常選挙の適正な実施が困難であると認めるときは、国会は、法律で定めるところにより、各議院の出席議員の3分の2以上の多数で、その任期の特例を定めることができる」との規定をどうみるべきであろうか。

　この任期延長問題は場合分けをしなければならない。第1に、衆議院議員総選挙についてである。現憲法下の衆議院議員総選挙は25回行われたが（2019年4月現在）、任期満了の総選挙は、1976年12月5日の三木内閣のときだけである。これを前提にいえば、衆議院議員総選挙は内閣による衆議院解散を原因として行われていることが常である。この場合、「各議院の出席議員の3分の2以上の多数で、その任期の特例を定めることができる」との要件を満たすことは、そもそもありうるのであろうか。衆議院解散は、全衆議院議員の任期満了前にその議員たる身分を剥奪する行為である。解散によって衆議院議員の不存在、すなわち衆議院が議院として形成されない状況が生じる。そこでは衆議院解散後の衆議院議員の任期の延長は、法理上あり得ない。不存在の衆議院議員の延長は不能だからである。では、「任期の延長」は、衆議院議員の「身分の復活」を意図しているのであろうか。しかし、「身分の復活」は、内閣による衆議院解散をそもそも無効・撤回することが前提となる。そのときに初めて衆議院議員の「身分の復活」の効力が遡及的に発生するとみなければならない。そのようなことはありうるのであろうか。

　第2に、参議院議員選挙についてである。参議院議員選挙は、憲法上の与件の下、3年ごとに7月頃に行われることは確実である。その場合、「国会は法律で定めるところにより、各議院の出席議員の3分の2以上の多数で、その任期の特例を定めることができる」との規定が、参議院通常選挙に適用できるかが問題となる。具体的にいえば、参議院議員選挙の公示前後から投票日までに災害が発生し、「選挙の適正な実施が困難である」事態が存在すると判断された場合である。しかし、そうした事態の範囲がここでも問題となる。まず、北海道から沖縄まで全選挙区において選挙執行不能の事態があるのか否か。あるいは限定的な被災地において、今、選挙執行をすれば被災者救援活動等ができなくなるのか否かが、先決問題でる。前者であれば、おそらく「各議院の出席議員の3分の2以上の多数で、その任期の特例を定める」こと自体が不可能であろう。大多数の国会議員が東京の国会議事堂に参集することなど、到底不可能なほどの「大災害」が発生していると思われるからである。その場合には、国会は活動不能な事態のはずである。国会活動不能事態であれば、そもそも「各議院の出席議員の3分の2以上の多数」は存在

し得ないと考えるのが自然であろう——もっとも、「緊急政令」により「特例」を定立するという究極的脱法手法が考えられるが。

　他方、後者の東日本大震災に相当する災害の場合は、全選挙区選挙執行不能には該当しない。被災地では確かに目前に迫った選挙は執行不能と判断しうるが、その場合には特例法を制定し、被災地の選挙を1年延長するなどすれば十分である。その場合には、ほかの参議院議員の任期満了とそろえる必要から、被災地選出参議院議員の1年程度の任期短縮が発生するが、違憲とするほどの問題は発生しない。また、1年の遅れの被災地に限定した選挙によって議席関係に変動があろうとも、それは許容範囲内の憲法事象である。というのも、次回選挙において是正可能だからである。このことは、参議院比例代表選挙及び衆議院議員の任期満了による総選挙にもあてはまる。以上の点からすると、国会議員の任期延長は憲法改正ではなく、公職選挙法の法律改正事項だといえよう。

(4)　憲法9条改正条項

　今回の「優先的検討項目」の中心は、憲法9条改正にある。緊急事態条項は、第9条改正とワンセットで捉えられるが、安倍首相の意図は、憲法9条の改正であり、自衛隊を憲法に書き込む増補型憲法改正にある。2012年の改正草案では、憲法9条1項・2項は次のように構想されていた。「第1項　日本国民は、正義と秩序を基調とする国際平和を誠実に希求し、国権の発動としての戦争を放棄し、武力による威嚇及び武力の行使は、国際紛争を解決する手段としては用いない」、「第2項　前項の規定は、自衛権の発動を妨げるものではない」。また、「憲法9条の2」が新設され、同1項は「我が国の平和と独立並びに国及び国民の安全を確保するため、内閣総理大臣を最高指揮官とする国防軍を保持する」と定め、同5項は「国防軍に属する軍人その他の公務員がその職務の実施に伴う罪又は国防軍の機密に関する罪を犯した場合の裁判を行うため、法律の定めるところにより、国防軍に審判所を置く。この場合においては、被告人が裁判所へ上訴する権利は、保障されなければならない」とし、軍法会議に相当する「国防審判所」の設置も構想していた。

　2018年の「優先的検討項目」の検討段階では、「改正草案」に基づく憲法9条全面改正論は影を潜め、「自衛隊の明記」、「必要な自衛の措置」、自衛権発動要件として「必要最小限度」の法文の挿入など多様な見解が表明されている。安倍首相個人は、憲法9条1項・2項を残したまま、「憲法9条の2」あ

るいは「憲法9条3項」を追加し、その法文に「国防軍」に代わる「自衛隊」を挿入することに集中しているようである。そのことは安倍首相が「9条については、平和主義の理念はこれからも堅持していく。そこで例えば、1項、2項をそのまま残し、その上で自衛隊の記述を書き加える。そういう考え方もある中で、現実的に私たちの責任を果たしていく道を考えるべきだ。それは国民的な議論に値するだろう。私の世代が何をなし得るかと考えれば、自衛隊を合憲化することが使命ではないかと思う」[33]と語っていることからも明らかであろう。

　現段階では自由民主党内の意見が拡散しており、第9条改正原案がどのような条文構造に到達するか不明である。そこでここでは、考えるべき主論点を列挙しておこう。

　第1に、自衛隊の文言を憲法9条に追加増補し、9条1項・2項を残す案についてである。この目的は、平和主義条項の最も重要な条項である憲法9条2項を残しつつ、同2項に定める戦力不保持、交戦権の否認の意味を実質的に改変することにある。現在でも自衛隊は戦力には該当しないとされつつも、「自衛隊」の文言挿入によって「自衛力」と「戦力」の定義を今以上に相対化することが目的と考えられる。例えば、自衛隊は戦力ではないというこれまでの解釈を維持しながら、「戦力」を侵略戦争的軍事装備と再定義すれば、実質的に憲法9条2項の内容を変化させることが可能であろう。

　第2に、自衛隊の明記は、憲法・国内法上の自衛権の存在を明確にする。もちろんその目的は、個別的自衛権及び集団的自衛権の保持・行使を一元的に国家行為とする点にある。2014年7月1日に政府はいわゆる新三要件型集団的自衛権行使[34]を打ち出し、これに基づいて2015年9月に新安保関連法を制定させた。とはいえ、現在でも当該関連法律の内、集団的自衛権行使に関わる部分については、違憲の見解が大勢を占めている。これを払拭するには、憲法9条の軸を動かし、集団的自衛権行使の憲法上の根拠を与えること

33）『読売新聞』2017年5月3日朝刊。

34）2014年7月1日に政府は、「積極的平和主義」を名目に集団的自衛権の行使を容認する立場を表明した。集団的自衛権行使が憲法上可能とする3要件は、次の通りである。①わが国に対する武力攻撃が発生した場合のみならず、わが国と密接な関係にある他国に対する武力攻撃が発生した場合、②これによりわが国の存立が脅かされ、国民の生命、自由及び幸福追求の権利が根底から覆される明白な危険がある場合、③わが国の存立を全うし、国民を守るために他に適当な手段がない場合に、「必要最小限度の実力を行使」することは、「自衛のための措置として、憲法上許容される」という内容である。

318　第13章　日本国憲法改正の条件

が不可欠である。仮に自衛隊・自衛権が憲法上、明記されたならば、今後どのようなことが生じるであろうか。一つは、対裁判所との関係である。政府の意図は、この憲法改正の効果を裁判所に及ぼし、裁判所の憲法判断に枠を与えるところにある。現状では、裁判所が集団的自衛権行使に関わる法律規定について、違憲判断する可能性は高い。そこで違憲判断の基軸となる憲法9条自体の改正を早めに行い、違憲判決を回避し、むしろ裁判所が合憲判断しやすい――あるいは違憲判断回避ができるように――憲法環境整備を行うとの発想が垣間みえる。

　もう一つは、国連憲章との関係である。国連憲章51条に定める「この憲章のいかなる規定も、国際連合加盟国に対して武力攻撃が発生した場合には、安全保障理事会が国際の平和及び安全の維持に必要な措置をとるまでの間、個別的又は集団的自衛の固有の権利を害するものではない」とする規定の運用上の問題である。憲法9条改正が行われれば、国連憲章51条は国内法としての憲法にストレートに受容され、その結果、まず新三要件型集団的自衛権行使が、憲法上、国際法上、合法化される。二つの法体系の統合である。次の段階ではこの統合により、国際社会の求めに応じ――おそらくはアメリカの求めに応じ――いわゆるフル・スペックの集団的自衛権行使の合憲化へと進めることができる。この段階に至れば、既存の防衛法制の見直しは可能である。専守防衛政策から先制攻撃型防衛政策への転換が図られることとなろう。

　第3に、自衛隊の指揮監督権の課題である。憲法65条は「行政権は、内閣に属する」と定め、同72条は「内閣総理大臣は、内閣を代表して議案を国会に提出し、一般国務及び外交関係について国会に報告し、並びに行政各部を指揮監督する」と規定している。そこでは行政権の主体たる内閣とその長である内閣総理大臣の権限が異なることが明示されている。また本条項を受けて内閣法5条は、「内閣総理大臣は、内閣を代表して内閣提出の法律案、予算その他の議案を国会に提出し、一般国務及び外交関係について国会に報告する」としつつも、同6条は「内閣総理大臣は、閣議にかけて決定した方針に基いて、行政各部を指揮監督する」と定め、内閣総理大臣の権限が閣議によって拘束されることが定められている。国家防衛の基本法である自衛隊法も7条において「内閣総理大臣は、内閣を代表して自衛隊の最高の指揮監督権を有する」と定めるが、この規定は軍事指揮権が内閣総理大臣のみにあることを意味しない。軍事指揮権は、合議体たる内閣に帰属し、その長とし

て内閣総理大臣が内閣を代表して「最高の指揮監督権」を行使する法構造である。

これに対し、「改正草案」9条の2第1項、65条、72条の条文構造からすると、合議体たる内閣の権能が削減され、内閣総理大臣の権限強化が図られている。すなわち、「改正草案」72条1項は、「内閣総理大臣は、行政各部を指揮監督し、その総合調整を行う」と定め、これを受け同3項は「内閣総理大臣は、最高指揮官として、国防軍を統括する」としている。この点について、『Q＆A』は、「現行憲法では、行政権は、内閣総理大臣その他の国務大臣で組織する『内閣』に属するとされています。内閣総理大臣は、内閣の首長であり、国務大臣の任免権などを持っていますが、そのリーダーシップをより発揮できるよう、今回の草案では、内閣総理大臣が、内閣（閣議）に諮らないでも、自分一人で決定できる『専権事項』を、以下のとおり、3つ設けました。(1)行政各部の指揮監督・総合調整権、(2)国防軍の最高指揮権、(3)衆議院の解散の決定権」[35]と語り、内閣総理大臣の優越的地位の導入が図られている。これはいわば「首相大権」の創設である。復古的憲法改正案として知られている広瀬久忠（憲法調査会委員／元自主憲法期成議員同盟会長）の「日本国憲法改正広瀬試案」[36]でさえも、同138条では「自衛軍に対する最高の指揮命令権は、内閣に属し、国務委員長（行政権の長であり首相に相当する——引用者）が内閣を代表して、これを行使する」[37]とされていた。現時点で自衛隊に対する内閣総理大臣の憲法上の権限がどのようになるかは定まってはいないが、「改正草案」9条の2第1項のように「内閣総理大臣を最高指揮官とする」という内閣を飛ばした条文構造となれば、「首相大権」を抑制する機能は、内閣には存在しないこととなろう。

第4に、上記のことと関連して、首相の軍事指揮権それ自体の問題がある。先の「首相大権事項」の三つの内、(1)行政各部の指揮監督・総合調整権は行政作用に含まれるが、(2)国防軍の最高指揮権と(3)衆議院の解散の決定権は行政作用ではなく、憲法上、特別に認められた内閣総理大臣の権能である。旧憲法の下、天皇大権は立法及び行政とは把握されず、「大権作用トハ天皇ガ帝国憲法上ノ大権事項ニ付国家ノ作用ヲ行ヒタマフルコトヲ謂フ」[38]のであ

---

35)『Q＆A』22頁。
36) 広瀬久忠『再建日本の憲法構想』（洋々社、1961年）巻末資料「一、日本国憲法改正広瀬試案と現行憲法との比較」に試案の全文が掲載されている。
37) 同上・巻末資料64頁。
38) 佐々木惣一『日本憲法要論〔訂正第4版〕』（金刺芳流堂、1933年）678頁。

320　第13章　日本国憲法改正の条件

り、天皇大権の内容が立法作用及び行政作用の要素を含むものの、通常の立法・行政から除外され、その結果、帝国議会及び内閣の統制が天皇大権事項に及ぶことはなかった。

　「改正草案」の制定者意思が、文民統制の確保のために内閣総理大臣の最高指揮権を明示したのにせよ、最高指揮権を内閣総理大臣の専権事項とすることは、軍令権が内閣総理大臣のみに帰属することになる。これは、新たな「首相の大権事項」の創出であり、それ故、この権能は従来の行政の範囲外の新たな国家作用の根拠となる。この新規の憲法上の国家作用、すなわち軍令作用は、内閣の国務作用ではないため、内閣はこれに関与できないことになる。内閣の関与は、軍政権（軍の編成、軍の設備などの国家統治作用）に限定され、国会は財政・法律を通じた限定的関与にとどまる。この法構造は、天皇大権の下、統帥権が天皇のみに帰属すると解された[39]旧憲法と同様である。したがって最高指揮権を憲法に導入する改正は、「天皇大権から首相大権への移行」を含意する。かかる改正が行われれば、既存の国家作用法の法構造に変革をもたらすだけではなく、日本国憲法本体の憲法解釈に大きな修正を迫るであろう[40]。

---

39) 憲法義解では憲法11条の統帥権は、「本条ハ兵馬ノ統一ハ至尊ノ大権ニシテ専ラ帷幄ノ大令ニ属スルコトヲ示スナリ」と記述されている。枢密院議長伊藤伯『帝国憲法皇室典範義解』（国家学会、1889年）24頁。なお伊藤博文〔宮沢俊義校注〕『憲法義解』（岩波文庫、1940年）39頁も参照。立憲学派の旗手たる美濃部達吉は、『憲法撮要〔訂正第4版〕』（有斐閣、1926年）において「軍令権ハ即チ軍統帥ノ大権ニシテ、帷幄ノ大権ニ属シ、国務大臣ノ職務ニ属セザル」（563-564頁）と述べていた。もっとも美濃部は、軍政権については「国務大臣ノ職務ノ範囲ニ属スルコトハ一般国務ニ於ケルト同ジ」（同564頁）といい、軍政権を通じて軍隊の内閣統制を働かせようとしていた。

40) 軍事指揮権が内閣総理大臣にあると規定される一方で、旧憲法13条の「天皇ハ戦ヲ宣シ和ヲ講シ及諸般ノ条約ヲ締結ス」に相当する条文がみあたらないことが不自然である。相手国に対する「開戦の通告」と自国民に向けての「宣戦の布告」、戦争終結のための「講和」の権能が内閣総理大臣にあるのか内閣にあるのかの課題は、日本国が改めて敗戦国となった場合、その国内法上・国際軍事法廷上の法的戦争責任問題と直結するからである。戦争を覚悟する憲法は、憲法崩壊に至るまでの憲法的連続性を構想しておく必要があろう。なお、旧憲法13条の学説整理として、久保健助「大日本帝国憲法13条『戦ヲ宣』する大権に関する覚書」『現代法学』（東京経済大学現代法学会誌）28号（2015年）123-152頁がある。

第3節　憲法改正の手順

　日本国憲法改正は、二つの大きな要素から成り立っている。一つは国会発議であり、もう一つは国民投票である（憲法96条1項）。これは憲法改正にあたり間接民主制（国民代表制）と直接民主制に基づく「意思の一致と合意」が不可欠であることを意味する。ここで問題となるのは、この両者の時間的前後関係と時間軸に沿った各主体の意思の確認手法である。

Ⅰ．憲法改正の端緒

　まず日本国憲法改正の端緒に関する憲法構造問題についてである。憲法改正では、最初に国会の発議があり、その後に発議に係る「憲法改正案」（改正手続法14条1項1号）に対する国民投票が行われる。つまり、国会の発議が国民投票に先行する。これは憲法改正の必要性の始原的判断が国会にあり、国民にはないことを意味する。逆にみれば、国民が憲法改正の国会発議に至る過程にも国会発議自体にも関与できないことを意味する。国民が憲法改正の必要性を公式のルートで表明する機会は——憲法16条の請願権行使を除けば——既存制度の下では存在しない。憲法改正の最後の段階において初めて国民は、憲法改正権限をもった有権者として呼び出しを受けるだけである。定まった「憲法改正案」の是非を問う段階において、国民が公式に関与するという点で日本国憲法改正の国民投票は、下降型国民投票と評しうる。

　民主主義国家において、直接民主制がとられる場合、国民にラスト・ワードの機会を与えることは、しばしばみられる。しかし、国民投票により政策を確定的に決定しようとする場合、国民が最後の段階で登場すれば十分とするのは一面的であろう。下降型国民投票としてのレフアレンダムだけが、直接民主制の方策ではないからである。その点、参考になるのがヴァイマル憲法における直接民主制の国家実践である。

　ヴァイマル憲法は、多種の直接民主制度を規定しているが、中でもヴァイマル憲法73条3項に基づく国民発案（Volksbegehren）と国民投票（Volksentscheid）を組み合わせた政策決定制度が重要である。同条項は、有権者の10分の1以上の者が、法律案の発案（請願）をしたとき、当該法律がライヒ議会で賛成の議決を得られなかった場合に国民投票に付すと定めている。本条項に基づ

く国民発案の実例は僅かである。この実例は過去3回記録されている[41]。①共産党及び社会民主党が中心となった旧貴族財産（Fürstenvermögen）の没収に関する国民発案（1926年）、②共産党による装甲巡洋艦建設禁止の国民発案（1928年）、③DNVP（ドイツ国家国民党）及びナチス党によるヤングプランに反対する国民発案（1929年）である。この3回の内、②の装甲巡洋艦建設禁止問題については、国民発案に必要な最低署名数に達せず（73条3項）、発案手続は失敗した[42]。国民発案から国民投票へ移行した実例は、①③である。国民投票は、それぞれ1926年6月20日と1929年12月22日に行われたが、ともに有権者の50％以上の投票参加がなかったため[43]、国民発案は不成立であった[44]。

　この国民発案と国民投票を組み合わせる直接民主制の制度が、直接民主制の権力的契機と正当性の契機を同時並列的に実現する最適な法制度である。というのも、憲法イニシアチブは国民に留保され、憲法政治を動かす最初の機会が国民に与えられ、一定数の連署をもって公式の法律案となり、この法律案が一部国民の特殊利益の実現にならないように、全有権者が次の段階で法律案自体への賛否を明らかにする機会が確保されているからである。ヴァイマル憲法下の2つの事例は——有権者の一部がファースト・ワードを語り、これを後日改めて全有権者がラスト・ワードを発することを前提に——国民がイニシアチブを政治過程において発揮できれば、国民投票は、結果においても正常に機能しうることを教えている[45]。日本国憲法改正の国民投票制度

41）P.Krause, Verfassungsrechtliche Möglichkeiten unmittelbarer Demokratie, in : J.Isensee und P.Kirchhof, Handbuch des Staatsrecht Bd.3, 3. Aufl., 2005, S.61.; E.R.Huber, Deutsche Verfassungsgeschichte seit 1789, Bd.6, 1981, S.437.

42）有権者数は、4134万691人、署名者数は121万6968人であり、署名率は2.8％にとどまる。国民発案の手続開始の10％に及ばなかったため、国民発案は消滅した。この点については、E.R.Huber, Deutsche Verfassungsgeschichte seit 1789, Bd.7, S.645. 参照。

43）当時のGesetz über den Volksentscheid（RGBl.1921 I, S.790, 27. Juni 1921）の21条2項において「有権者の過半数の参加」が条件とされ、同1項では「有効に投じられた過半数で決せられる」と定められている。

44）ヴァイマル憲法76条1項は、憲法改正手続を定めている。ドイツでは憲法改正は、憲法改正法律の国法形式において行われる。憲法改正法律への国民発案は認められているが、その実例はない。

45）地方自治法74条に基づく住民の条例制定・改廃請求もイニシアチブの一種ではあるが、住民が住民投票というラスト・ワードを語り得ないという意味では住民イニシアチブは不完全である。逆にだからこそ、住民投票条例が新規に作られ、個別的具体的争点について住民投票が行われる傾向が強まっている。住民投票条例の実例について、簡易な表を作成したことがある。右崎正博＝加藤一彦ほか『事例で学ぶ憲法〔第2版〕』（法学書院、2018年）〔加藤執筆〕270頁参照。

もヴァイマル憲法のような仕組みで構築されるべきだったのであろう。国民は憲法改正について公式にファースト・ワードをいえないことは、国民サイドからみれば、国民自身が憲法改正の必要性に関し公式な国民の現意識を確認する手段をもたないことを意味する。憲法改正手続法を改正し、憲法改正原案提起権たる憲法イニシアチブ権を国民に付与する方策が模索されるべきであろう。

Ⅱ．国会発議の時期

　憲法改正の国会発議には、衆議院と参議院においてそれぞれ法定議員定数の3分の2以上の賛成が不可欠である。ここで問題としたいのは、主に衆議院におけるどの政治過程において、憲法改正勢力が3分の2を獲得したのかという点である。具体的にいえば、2017年の衆議院総選挙において、自公連立政権が何をもって大勝したのかという選挙自体への評価問題である。

　自由民主党が、1955年の結党以来「現行憲法の自主的改正をはかり、また占領諸法制を再検討し、国情に即してこれが改廃を行う」[46]（党の政綱／1955年11月15日）政治勢力であり、今日までほぼ一貫して政権政党として君臨してきた。ただ国民は、この約60年余、憲法改正をして欲しいが故に自由民主党を第一党として支持してきたわけではない。というのも、自由民主党が、衆議院議員総選挙において憲法改正原案を国民に提示し、これを重大な選挙争点として選挙戦を戦ったことは一度もなかったからである。公明党に至っては、憲法改正に慎重であり、意識的に憲法改正を争点から外し続けている。2017年の衆議院総選挙に限ってみても、自由民主党の政策パンフレットのタイトルは「この国を、守り抜く」であり、「憲法改正」が看板ではない。公明党は「教育負担軽減へ」という現世ご利益主義を看板としていた。つまり、与党勢力は、この選挙において憲法改正を大きな争点とはしておらず、安倍首相の自己都合解散によって、自らの政治的地位を高めるため総選挙が行われたとみるのが自然である。この衆議院総選挙では、野党分裂選挙も手伝い自公両党が3分の2以上を獲得したが、これによって国民が憲法改正を支持したという政治評価を下すことは困難である。自由民主党は、そもそも憲法改正原案も国民に示していなかったからである。国会発議に至

46）自由民主党編集『自由民主党史　資料編』（1987年）10頁。

る前に衆議院議員総選挙が先行し、その選挙戦において憲法改正が重大争点として争われるべきなのであろう。憲法改正の国会発議をするにあたっては、国民の意思を間接民主制のルートで事前に確認する手法が構築されるべきであろう。

次に国会発議自体の時間的効力についてである。国会発議から国民投票までの期間について、憲法改正手続法2条1項は「国民投票は、国会が憲法改正を発議した日……から起算して60日以後180日以内において、国会の議決した期日に行う」と定めている。この規定からすると180日を経過しても国民投票が行われない場合は、国会発議自体が消滅したと解釈するのが自然である。国会の発議は、「憲法改正案を決定して、これを他の者に向かって発案すること」[47]であり、発議自体には「国民に対する『提案』」[48]が含まれており、国民投票が期間内に行われなかった場合は、「提案」が消滅し「発議」も存在しなくなったとみるしかないであろう。では、180日の期間が経過しそうな場合、憲法改正手続法を改正し、期間延長規定を設ければ、国会発議はその有効性を維持できるであろうか。おそらくは、180日経過によって国会発議が消滅したと解し、改めて国会発議を行うのが適切であろう。

また、国会は国会発議を撤回できるであろうか。国会発議後、衆議院議員総選挙が行われ、これまでの与党が野党となり、憲法改正に反対する勢力が政権党になった場合、「撤回」が現実問題となる。国会発議自体は有効に成立しているので、政権交代によって国会発議が自動的に無効にはならない。また憲法改正手続法上、内閣は国会発議自体に関与できないため、国会発議に手をふれることもできない。おそらく、政権交代があった場合には、憲法改正手続法を改正し、いずれかの議院の議決により、国会発議の撤回議決を行いうる制度が構想されるべきであろう。国会発議後の衆議院議員総選挙によって、間接民主制における国民の国会発議に対する意思が定まり、新規の衆議院議員の構成と衆議院総体の意思によって、国会発議への二つの意思が確定するからである[49]。この制度を作るには、各議院の議決は過半数か3分の2以上であるのか、また国会発議と同様の手続を必要とするか、「直近の民意」に優先権を与えるのかなど、複雑な論点をもつことだけを指摘しておきたい。

憲法改正の国会発議後に直接民主制としての国民投票があるが故に、間接

47）清宮・前掲書（註20）397頁。
48）同上・401頁。

第3節　憲法改正の手順　**325**

民主制の固有価値をなおざりにした結果、国会発議の時間的範囲と各議院の意思の尊重という間接民主制の大きなテーマが忘れられたようである。直接民主制を正常に機能させるためには、事前の間接民主制における手続的正義の使い方の方が重要なのだという民主主義論のイロハが復習されなかったと考えられる。

Ⅲ．最低投票率制度の導入

　ここ数年の「安倍一強」政治によって、衆参両院とも自公勢力とその補完勢力は3分の2以上の議席を獲得し続けている。2019年春の段階では、政権党が憲法改正原案を作成し、国会発議を成立させることは十分に可能である。この政治環境の下、国会発議がされた場合、必然的に国民投票が行われる。国民投票では、有効投票の内、賛成が2分の1を超えたときには「当該憲法改正について日本国憲法第96条第1項の国民の承認があったものとする」（改正手続法126条1項）とされる。この条文構造からすれば、「国民の承認」の計算上の分母は、投票しかつ有効な投票に限定される。分母は18歳以上の日本国民たる有権者総数ではない。また、憲法改正手続法上、投票自体が有効に成立するための数的条件の定めはない。いわゆる最低投票率制度は規定されていない。

　最低投票率制度の導入を求める見解は、現在の選挙を取り巻く政治状況を勘案してのことであろう。たとえば、2012年以降の衆議院議員総選挙では50％台で推移し、参議院議員通常選挙では1992年以降50％台であり続けている[50]。こうした低投票率が憲法改正の国民投票においても継続し、仮に投票率が50％を切ることになれば、憲法改正案に対する「国民の承認」に関し憲法政治的にその正当性が疑われ、それ以降、新規に挿入された憲法条文のもつ意味について微妙な解釈論も展開されかねない。換言すれば、国民主

49）憲法96条1項後段は「国会の定める選挙の際行はれる投票」と定め、衆議院議員総選挙あるいは参議院議員通常選挙の期日と同日に行うことができる規定がある。しかし、政党選択選挙と憲法改正案への賛否は別個の問題であり、選挙と投票の同質化は不適切であろう。国民投票は単独で行うのが適切である。同旨・清宮・前掲書（註20）402頁参照。なお、実際問題として国政選挙と国民投票が同日に行われ、衆議院あるいは参議院の与党への投票が減り、憲法改正に必要な3分の2を下回り、逆に国民投票では賛成が過半数を上回るという「ねじれ」が発生することもあろう。その場合の憲法政治的評価は困難を極める。

50）総務省HP「国政選挙における年代別投票率について」の表参照。

326 第13章 日本国憲法改正の条件

権の下、憲法改正権限をもつ有権者の主権的意思の正当性自体が問われることとなる。

　最低投票率制度の導入を考えるにあたっては、ここでもヴァイマル時代の実例が参考になる。ヴァイマル憲法73条各項に基づく国民投票については、国民投票法（1921年6月27日）[51]がその詳細を定めている。同法21条によれば、有権者の過半数が投票に参加しなければ投票自体が成立しない旨を定めている。つまり50％の最低投票率制度が導入されている。その上で、国民投票では賛成／反対のみが明確に記載された投票のみが有効とされ（同法18条）、この有効投票の過半数によって国民意思が決せられると規定されている（同法21条）。

　しかし、ナチス政権時にこの最低投票率制度は撤廃された。1933年3月24日に施行された「民族及び国家の危機を除去するための法律（Das Gesetz zur Behebung der Not von Volk und Reich）」、別名授権法（Ermächtigungsgesetz）に基づいて制定された政府法律である国民投票法（1933年7月14日）[52]は、「国民投票においては、有効投票の過半数でこれを決する」とのみ定め、国民投票の成立条件（最低投票率）については特に規定されていない。もちろんそこには、ナチス政権の意図がある。第1に、ヴァイマル憲法とは異なり、ナチス政権が国民投票に付したい措置を時期を選んで、国民に提示する下降型国民投票のみを法律化したこと、第2に、有権者が国民投票のボイコット運動をしても、国民投票は有効に成立させること、第3に、ナチス政権からすれば、有権者の投票に行かない行為は、サボタージュとして弾圧の対象にできること、である。有権者がナチスに刃向う方法は、危険を冒しながら投票所に行き、投票用紙上の反対欄に「×」（クロイツ）を記載するしかなかった。ナチス政権が提示した措置について、賛成するための有権者の動員、それが1933年国民投票法制定の意味であり、その投票実態は「決定への単なるアクラマチィオの手段」[53]でしかなかった[54]。

　憲法改正手続法制定時に「ナチスの手口」をまねたわけではないだろう。しかし、国民投票が民意を確かめる最後の手段であればこそ、その数の数え

51）RGBl.1921 I, S.790.
52）RGBl.1933 I, S.479.
53）H-J Wiegand, Direktdemokratische Elemente in der deutschen Verfassungsgeschichte, 2006, S.164.
54）ナチス政権下の国民投票について、分析したことがある。加藤一彦「ナチス政権下の国民投票」『現代法学』（東京経済大学現代法学会誌）35号（2018年）3-24頁。

方はもっと慎重に検討すべきだった。直接民主制における「数の範囲の意味」について、再検討に値する。

第4節 小 結

　国民投票で承認された日本国憲法の改正法文は、改正前の日本国憲法と統合することによって、改正前の憲法と同一の法形式と効力をもった日本国憲法として存在する。憲法96条2項に定める「この憲法と一体を成す」との文言はその意味である[55]。日本の法令改正では、既存法令の法文に変更を加える方式であり、法文自体を残し新規の法文を追加する増補は採用されていない。いわゆる「溶け込み方式」である[56]。これは、改正前の法令が改正する法令を自己の中に溶け込ませ、全体としての法令が融合化する方式である。憲法改正の場合も同じである。

　ただ憲法96条2項の「この憲法と一体を成す」との法文は、アメリカ型の憲法改正方式である増補（Amendment）を念頭に置いていたことも事実である[57]。アメリカでは憲法改正にあたって、改正される対象の法文はそのまま残り、新規の法文を増補する形式がとられている。憲法96条2項は、そのアメリカ型の増補がありうることを前提にしている。日本では増補型は旧憲法時代において皇室典範を唯一の例外として存在していただけであり[58]、「溶け込み方式」が旧憲法以来、伝統的に確立している。仮に増補型の日本国憲法改正があったとしても、「その場合でも、その増補がもとの憲法と一体をなし、全体としては憲法の一部としてそれと同じ形式的効力をもつべきことを示したもの」[59]と解するのが「この憲法と一体を成す」の意味である。

　法論理的には「この憲法と一体を成す」の意味は、改正前の日本国憲法の

---

55) 清宮・前掲書（註20）406頁参照。
56) 川崎政司『法律学の基礎技法〔第2版〕』（法学書院、2013年）94-95頁参照。
57) 法学協会『註解日本国憲法　下巻〔初版22刷〕』（有斐閣、1964年）1451頁。
58) 清宮・前掲書（註20）406頁参照。皇室典範は2回増補された。皇室典範増補（1907年〔明治40年〕2月11日）と皇室典範増補（1918年〔大正7年〕11月28日）である。なお、皇室典範は増補も含め、「皇室典範及皇室典範増補廃止ノ件」（1947年5月1日）に基づく「明治二十二年裁定ノ皇室典範並ニ明治四十年及大正七年裁定ノ皇室典範増補ハ昭和二十二年五月二日限リ之ヲ廃止ス」との定めにより廃止された。現皇室典範は、国会の議決した法令である（1947年〔昭和22年〕法律第3号）。
59) 佐藤功『ポケット注釈全書　憲法（下）〔新版〕』（有斐閣、1984年）1263頁。

中に日本国憲法改正の文言が溶け込み、日本国憲法は全体として改正の前後に関わりなく同一の法形式と効力をもち続ける点にある。しかし、内容的に把握すると当然、「改正前の日本国憲法」と「改正後の日本国憲法」は、異なる次元に立つ。改正により新規の文言が挿入・削除され、「改正前の日本国憲法」とは異なる「改正後の日本国憲法」が施行されるからである。2018年の四つの「優先的検討項目」が憲法改正として成立した場合、「改正前の日本国憲法」と「改正後の日本国憲法」は同格の法形式をもちつつも、「改正後の日本国憲法」が全ての出発点となる。自然科学の事象において、新発見があるときしばしばいわれる「教科書を書き換える発見」という言説は、法律学の分野では法令改正がこれに該当する。「改正後の日本国憲法」に対する憲法解釈は、従前の憲法解釈を全段階において再検討の対象となるからである[60]。「憲法9条1・2項をそのまま残し、自衛隊だけを憲法に書き込む改正があっても、何も変わらない」との言説は虚偽である。特に、憲法9条は日本国憲法の原理である平和主義条項である。この条項の改正は、平和主義の内容の変更を当然含んでいる。現段階でいえることは、「憲法9条の2」あるいは「同3項」において自衛隊の存在を憲法的に合理化すれば、自衛のための組織体たる自衛隊は、憲法上の法的根拠をもつだけではなく、自衛権の法的枠組みの変動をもたらす。集団的自衛権行使の拡大化である。そうであれば、当然、既存の憲法9条の下で拘束されてきた防衛政策の変更(例えば非核3原則の放棄)、また新規防衛政策の策定に基づく自衛隊の具体的装備・兵器・兵力も質的に増強せざるを得ない。何も変わらないのではなく、何もかもが変わる。この変化によって「憲法改正後の新憲法9条の法的空間」は、現在とは切断された異次元の世界を切り開いていく。

　憲法改正を受容した憲法の座標軸は、その改正前の位置とは異なるところに立脚する。これが憲法改正の基本的意義である。「この国の形」としての憲法「Constitution/Verfassung」が変わるのである。その変動過程に日本人がどのように関わるかが、ここ数年の大きな政治課題である。その変化をもたらす政治的力それ自体への向かい方は、21世紀前半の日本人の生き方と関

---

60) 旧憲法から現憲法への転換にあたって、美濃部達吉の『憲法撮要』の変化が参考になる。美濃部・前掲書(註39)573頁では、第10章「軍隊」の章があった。現憲法の下で改訂された『改訂　憲法撮要』(有斐閣、1946年)では、「軍隊」の章は削除されている。同書の「陸海軍統帥ノ大権」における記述は次のように変更されている。「将来我ガ国ニ於テ再ビ軍備ヲ保有シ得ルノ時期アリトスルモ、過去ニ於ケルガ如キ兵権ノ独立ハ恐ラクハ復活スルコトナカルベシト思ハル」(198-199頁)。

第4節　小　結　**329**

係する。文明に接続し、越境してきた西洋法を継受した[61]日本国憲法が、人類の克服対象である反文明的不幸に対し、これを除去しようと努めていくのか否かは、戦後民主主義の壁からの反響音を聞き取る聴力に依存する。見たいと思っている現実しか見ない人にとって、せめて聴力だけは退化させてはならない。日本国憲法の改正は、文明を聞き漏らすまいと努力してきた人たちによって、よりよく語ることができる。その語りの場としての公共圏域を作り続けること、それが日本国憲法改正を論ずるための最初の条件である。

61）日本法の西洋法継受過程を穂積陳重・八束兄弟を軸に描いた作品として、内田・前掲書（註8）が最適書である。

330 索　引

索　引

あ　行

青木泰助……………………165
アクラマティオ………………3
芦田均……………………163,168
芦田連立内閣…………………168
芦部信喜……………………185,286
アチソン………………………46
アデナウアー…………………221
安倍能成（よししげ）………163
安藤正次………………………59
異議法律……………………191,206
イギリス型議院内閣制……165,182
違憲有効型判決……………25,38
一院制………………………129
1票の較差……………………5
伊東国際観光温泉文化都市建設法……266
入江俊郎………56,84,152,154,179
ヴァイマル憲法………219,220,287
ウィリアムズ………170,173,176,184
ウエストミンスターモデル…………203
殖田俊吉………………………171
潮恵之輔（しげのすけ）………61,161
エスマン………………………151
エマージェンシー・パワー………88
エラマン………………………151
大石眞………………………291
岡田信弘………………………255
尾崎行雄……………………169,170
尾高朝雄………………………1
小畑薫良（しげよし）………155
オプラー………………………173

か　行

カーペンター…………………173
カール・シュミット………3,284,286
戒厳大権………………………311
外見的立憲主義………………181

解散権………………………235
解散詔書……………………177,178,183
解釈改憲……………………279,294
較差訴訟………………………25
カジノ資本主義………………23
片山哲………………………168,176
片山連立内閣…………………168
金森徳次郎…………………163,164
川崎政司………………………291
議院運営委員会………………146
議員定数不均衡訴訟…………25
議員定数不均衡問題…………5
議院内閣制…………………217,236
議員立法………………………269
貴族院………………54,65,163
木戸幸一………………………46
基本方針決定権限……………225
逆転国会………16,127,187,205
行政国家………………………9
清宮四郎……………53,260,283
緊急財産処分…………………101
緊急事態………83,106,309,310
緊急集会………………………308
　　参議院の――…………………83
緊急政令………………………312
緊急勅令……………………101,311
緊急命令………………………312
　　――大権……………………311
国に緊急の必要………………105
クライン………………………199
クリィーレ……………………282
クルーツ………………………214
クレーンケ……………………225
グローバル経済………………13
軍政権…………………………320
軍令権…………………………320
警察法…………………………106

索　引　331

ケーディス……55, 87, 129, 151, 155, 170, 172
ケルゼン ……………………………………… 2
原案所持主義 ………………………… 133, 139
原子力災害対策特別措置法 …………… 123
建設的不信任制度 ……………………… 184
建設的不信任投票制度 ………………… 237
憲法9条改正 …………………………… 316
憲法69条解散 ………………………… 176
憲法解釈 ………………………………… 279
憲法改正権力 ………………… 282, 283, 294
憲法改正草案 …………………………… 91
　　　──要綱 ……………… 87, 157, 159
憲法改正手続 …………………………… 277
憲法改正特別委員会 …………………… 163
憲法口語化 ……………………………… 59
憲法習律 ………………………………… 21
憲法制定権力 ………………………… 282, 294
憲法尊重擁護義務 ……………………… 21
憲法の留保 ……………………………… 289
憲法附属法 ……………………………… 291
憲法問題調査委員会 ……………… 50, 152
権利一元説 ……………………………… 30
合区 ……………………………………… 303
公式令 …………………………………… 119
公職追放令 ……………………………… 61
硬性憲法 ………………………………… 277
合同選挙区 ……………………………… 303
公明党 …………………………………… 11
「合理的期間」論 ……………………… 33
コール …………………………………… 241
　　　──政権 ……………………… 198
国際平和支援法 ………………………… 107
国政調査権 ……………………………… 19
国民投票 …………………………… 321, 325
　　　──法 ………………………… 326
国民内閣制論 …………………………… 8
国民の承認に係る投票 ………………… 281
国民発案 ………………………………… 321
国連憲章 ………………………………… 318
小嶋和司 ………………………………… 183
55年体制 ………………………………… 10

五大改革指令 ……………………… 49, 60
国会同意人事案件 ……………………… 145
国会発議 ………………………………… 323
国家非常事態特別措置 …………… 105, 122
近衛文麿 ………………………………… 46
個別大臣責任制 ………………………… 231
コリート ……………………………… 196, 197
今野或男（しげお） …………………… 133

さ 行

災害対策基本法 ………………………… 123
宰相デモクラシー→首相デモクラシー
最低投票率制度 ………………………… 325
齋藤隆夫 ………………………………… 70
佐々木惣一 ……………………………… 46
佐藤功 …………………… 137, 261, 265, 272
佐藤栄作 ………………………………… 171
佐藤幸治 ………………………………… 8
佐藤達夫 ……… 56, 84, 90, 152, 154, 155, 171
佐藤吉弘 …………………………… 133, 139
参議院 ………………… 45, 53, 59, 188, 303
　　　──緊急集会規則 …………… 124
　　　──の緊急集会 ………………… 83
　　　ライヒ── …………………… 202
　　　連邦── ………… 188, 191, 201, 205
自衛隊法 ………………………………… 106
GHQ ……………………………… 49, 84, 121
　　　──民政局 … 150, 160, 169, 170, 182
　　　──民政局行政部 …………… 149
シェーファー ……………………… 212, 213
自治体警察 ……………………………… 274
執政権 …………………………………… 218
幣原喜重郎 ……………………………… 49
司馬遼太郎 ……………………………… 9
清水澄（とおる） ……………………… 61
衆議院（の）解散 ………… 147, 235, 252, 315
衆議院議員任期延長 …………………… 313
衆議院再議決 ……………………… 134, 273
衆議院先議 ……………………………… 138
　　　──の法律案 ………………… 140
集団的自衛権 ……………………… 317, 328

索　引

自由民主党······9, 12, 278, 323
住民投票······268
住民の投票······269
授権法······288, 313, 326
首相大権······319
首相デモクラシー······217
首都圏整備法······264
首都建設法······262, 264
シュレイダー政権······198
シュレーダー······243
小選挙区制······5, 11, 25, 38
小選挙区比例代表並立制······5, 25
職能代表······63
　　──制······67, 71
白洲次郎······55, 155
新安保関連法······317
新憲法草案······297
新自由主義······12
真正な信任決議案······245
信任動議······235
枢密院······60, 61, 160
　　──審査委員会······161
杉原泰雄······284
鈴木貫太郎······61
鈴木隆夫······133
成案······134, 137, 143, 145
政治改革関連4法······33
政治改革四法案······141
政治的美称説······18
政治的無関心······12
選挙区割委員会······27
選挙の公務性······40
全国区制······70
戦力······317
総司令部案······55
増補······327
ソールズベリー原則······18

た　行

大規模地震対策特別措置法······123
大臣出席義務······20

代表······4
高橋和之······8
地域代表制······67
地方自治特別法······256
中選挙区制······4
直接民主制······321
直近の民意······17
辻村みよ子······290
帝国議会······159
帝国憲法改正案······161, 162, 163
ドイツ基本法······220
同意法律······191, 206
統帥権······320
投票率······12
特別枠······307

な　行

内閣告示······119, 120
内閣不信任案······176
内閣不信任決議案······252
仲地博······271
ナチス政権······288
楢橋渡······159
成田頼明······260
馴れ合い解散······111
二院制······16, 129
二元説······30
二大政党制······11
日本型議院内閣制······15
日本共産党······12
日本国憲法改正草案······297, 299
日本自由党······168
任意的両院協議会······131, 139
抜き打ち解散······95, 181, 183
ねじれ国会→逆転国会

は　行

破壊的不信任投票······238
橋本実斐（さねあや）······164
長谷川元吉······55, 155
長谷部恭男······282, 285

索引　**333**

8月革命説…………………………284
ハッシー……………………87,151
鳩山一郎……………………………94
派閥政治……………………………14
原健三郎…………………………166
樋口陽一………………………3,282
非拘束名簿式比例代表制…………303
非常大権…………………………311
ビスマルク憲法…………………219
必要的両院協議会…………131,144
1人別枠方式………………………34
比例代表……………………………5
広瀬久忠…………………………319
封鎖政策…………………………198
不真正な信任決議案……………245
不信任決議………………………176
ブラント…………………………239
フリアウフ…………………224,228
プレビシット……8,13,249,252,287
プロイス…………………………220
文民条項…………………………167
ヘイゲン…………………………173
ヘルメス…………………………227
ヘレンヒムゼー草案……………238
ホイットニー………………55,129
法案審議合同協議会…192,205,207
細川護貞…………………………46
北海道開発法……………………262
ポピュリズム………………292,294
　　──論…………………………234

ま　行

マウラー……………………221,249
マウンツ……………………197,223
マッカーサー………………46,168
　　──草案………84,129,148,152
松本委員会………………………152

松本烝治…………50,55,84,129,152,155
美濃部達吉…………………………62
宮沢俊義…………1,55,136,169,181,300
民主自由党………………………168
無党派層……………………………12
メルケル…………………………245

や　行

ヤェンチュ………………………250
靖国神社…………………………280
山本有三………………………59,75
吉田茂……………………55,161,168

ら・わ　行

ライヒ議会………………………237
ライヒ参議院……………………202
ラウエル…………………………151
立憲民主党…………………………11
立法裁量……………………………36
両院協議会…………………128,205
　　──の協議委員………………144
両院法規委員会………21,178,180
緑風会…………………………75,77
臨時会召集…………………………20
臨時会の召集……………………104
臨時法制調査会……………………67
レッズローブ……………………182
連帯責任制………………………231
連邦議会……………………191,205
　　──解散権……………………220
連邦憲法裁判所……184,193,215,246
連邦参議院………188,191,201,205
連邦首相…………………………235
連邦政府…………………………218
ロイター…………………………200
和田英夫…………………………261

◆著者略歴

加藤　一彦（kazuhiko KATO）

1959年4月　東京生まれ
1982年3月　獨協大学法学部卒業
1988年3月　明治大学大学院法学研究科博士後期課程単位取得
現　在　　東京経済大学現代法学部教授　博士（法学）

主　著

『政党の憲法理論』（単著／有信堂、2003年）
『議会政治の憲法学』（単著／日本評論社、2009年）
『憲法〔第3版〕』（単著／法律文化社、2017年）
『現代憲法入門講義〔新5版〕』（編著／北樹出版、2017年）
『新憲法判例特選〔第2版〕』（編著／敬文堂、2018年）
ほか、共著多数。

> 2019年度東京経済大学
> 学術研究センター
> 学術図書刊行助成

議会政の憲法規範統制
——議会政治の正軌道を求めて

2019年5月20日　初版第1刷発行

著　者	加　藤　一　彦
発行者	株式会社　三　省　堂
	代表者　北口克彦
印刷者	三省堂印刷株式会社
発行所	株式会社　三　省　堂

〒101-8371　東京都千代田区神田三崎町二丁目22番14号
電話 編集　(03)3230-9411
営業　(03)3230-9412
https://www.sanseido.co.jp/

©K. Kato 2019　　　　　　　　　　　　Printed in Japan

落丁本・乱丁本はお取り替えいたします。　　〈憲法規範統制・352pp.〉

> 本書を無断で複写複製することは、著作権法上の例外を除き、
> 禁じられています。また、本書を請負業者等の第三者に依頼し
> てスキャン等によってデジタル化することは、たとえ個人や家
> 庭内での利用であっても一切認められておりません。

ISBN978-4-385-32331-2